文部科学統計要覧

STATISTICAL ABSTRACT

(EDUCATION, CULTURE, SPORTS, SCIENCE AND TECHNOLOGY)

令和６年版（２０２４）

文部科学省

Ministry of Education, Culture, Sports,

Science and Technology

JAPAN

目 次

CONTENTS

SECONDARY SCHOOLS

SCHOOLS FOR SPECIAL NEEDS EDUCATION

COLLEGES OF TECHNOLOGY

PHYSICAL EDUCATION AND SPORTS

SCIENCE AND TECHNOLOGY

利 用 者 の た め に

1　「学校教育総括」から「各種学校」までの各表のうち，資料の出所・調査期日の明記していない表は，各年５月１日現在調査の「学校基本統計」によっています。

2　「社会教育」の中の各表は，いずれも各年１０月１日現在（ただし，昭和５６年以前は5月１日現在，昭和５９年は7月１日現在）調査の「社会教育統計（社会教育調査報告書）」によっています。

3　「科学技術・学術」の中の各表のうち，資料の出所・調査期日の明記していない表は，総務省統計局が行っている「科学技術研究調査報告」によっています。

4　特に注記しない限り「年」は暦年（１月に始まる期間）を，「年度」は学校年度又は会計年度（４月に始まる期間）を示しています。

5　四捨五入した数を使用している表では，内訳の数の合計が，計欄の数と一致しない場合があります。

6　表に使用している記号

「…」--------計数があり得ない場合，又は計数を入手していない場合

「－」--------計数が０の場合

「０」・「０．０」---計数が０ではないが，表示する値に達しない場合

7　昭和４７年以前の資料については，沖縄県は含まれていません。

User's Guide

1. Symbols used in charts

″…″ ------- Figure not applicable or unavailable

″—″ ------- Figure is 0

″0″/ ″0.0″ ----- Figure not 0, but too small to meet publication standard

2. In many tables, details will not add to the totals shown because of rounding.

学校数・在学者数・

Schools, Students, Teachers and

国・公・私立合計<National, Local and Private>

区分	学校数 Schools	在学者数 Students 計 Total	男 Male	女 Female	計 Total
計 Total	56,182	17,897,008	9,221,328	8,675,680	2,043,374
幼稚園 Kindergarten	8,837	841,824	423,781	418,043	108,842
幼保連携型認定こども園 Integrated center for early childhood education and care	6,982	843,280	431,327	411,953	170,655
小学校 Elementary school	18,980	6,049,685	3,092,456	2,957,229	477,167
中学校 Lower secondary school	9,944	3,177,508	1,625,405	1,552,103	294,767
義務教育学校 Compulsory education school	207	76,045	39,038	37,007	8,196
高等学校 Upper secondary school	4,791	2,918,501	1,485,991	1,432,510	296,288
中等教育学校 Secondary school	57	33,817	16,444	17,373	3,670
特別支援学校 Schools for special needs education	1,178	151,362	100,502	50,860	94,771
高等専門学校 College of technology	58	56,576	43,858	12,718	5,888
短期大学 Junior college	303	86,689	11,224	75,465	20,701
大学 University	810	2,945,599	1,631,245	1,314,354	393,571
(再掲)大学院 (of which, Graduate school)	(661)	(265,977)	(178,755)	(87,222)	(…)
専修学校 Specialized training college	3,020	607,951	262,418	345,533	152,104
各種学校 Miscellaneous school	1,015	108,171	57,639	50,532	16,754
(別掲)通信制 Correspondence course					
高等学校 Upper secondary school	289	264,974	127,383	137,591	8,933
短期大学 Junior college	11	21,553	4,824	16,729	3,069
大学 University	46	223,792	100,689	123,103	10,881
大学院 Graduate school	27	7,058	4,089	2,969	1,145
(再掲)					
高等教育 Higher education	1,171	3,053,191	1,658,869	1,394,322	420,160

(注)1　令和5年5月1日現在である。
2　「学校数」は，本校と分校の合計数である。
3　「在学者数」は，①特別支援学校は，それぞれ幼稚部・小学部・中学部及び高等部の合計数である。②高等学校は，本科・専攻科・別科の合計数である。③中等教育学校は前期課程と後期課程の合計数である。④大学，短期大学，高等専門学校は，学部，本科のほか大学院・専攻科・別科・その他の合計数である。
4　「大学院」は，大学の再掲で，学校数欄は大学院を設置する大学数，在学者数欄は大学院（修士課程・博士課程・専門職学位課程）の学生数及び教員数の本務者欄は大学院担当者（大学院を本務とする教員を含む。）数である。
5　「(別掲)通信制」において，①通信教育を行う高等学校274校のうち，126校は通信教育のみ行う学校である。②短期大学11校のうち2校は通信教育のみ行う学校である。③大学，大学院で通信教育を行う大学は54校（大学と大学院の両方で通信教育を行う大学は18校）あり，そのうち6校は通信教育のみ行う学校である。

教 職 員 数 (4−1)
Non-teaching Staff, 2023

(MAY 1, 2023)

教員数 Teachers				職員数 Non-teaching staff	女の割合(%) Percentage of female (%)	
本務者 Full-time			兼務者 Part-time	(本務者) (Full-time)	在学者 Students	本務教員 Teachers (Full-time)
計 Total	男 Male	女 Female				
1, 471, 075	**665, 308**	**805, 767**	**572, 299**	**480, 335**	***48. 5***	***54. 8***
85, 432	5, 627	79, 805	23, 410	15, 078	*49. 7*	*93. 4*
142, 281	7, 584	134, 697	28, 374	28, 606	*48. 9*	*94. 7*
424, 297	158, 775	265, 522	52, 870	59, 482	*48. 9*	*62. 6*
247, 485	137, 205	110, 280	47, 282	27, 178	*48. 8*	*44. 6*
7, 448	3, 413	4, 035	748	974	*48. 7*	*54. 2*
223, 246	148, 631	74, 615	73, 042	43, 854	*49. 1*	*33. 4*
2, 829	1, 820	1, 009	841	435	*51. 4*	*35. 7*
87, 869	32, 709	55, 160	6, 902	13, 966	*33. 6*	*62. 8*
3, 984	3, 485	499	1, 904	2, 764	*22. 5*	*12. 5*
6, 529	3, 023	3, 506	14, 172	3, 596	*87. 1*	*53. 7*
191, 878	139, 607	52, 271	201, 693	264, 064	*44. 6*	*27. 2*
(106, 669)	(84, 029)	(22, 640)	(…)	(…)	*(32. 8)*	*(21. 2)*
39, 306	18, 715	20, 591	112, 798	16, 631	*56. 8*	*52. 4*
8, 491	4, 714	3, 777	8, 263	3, 707	*46. 7*	*44. 5*
6, 231	3, 690	2, 541	2, 702	1, 465	*51. 9*	*40. 8*
198	67	131	2, 871	63	*77. 6*	*66. 2*
621	460	161	10, 260	1, 349	*55. 0*	*25. 9*
128	91	37	1, 017	44	*42. 1*	*28. 9*
202, 391	146, 115	56, 276	217, 769	270, 424	*45. 7*	*27. 8*

6 「高等教育」は，大学（大学院を含む。），短期大学及び高等専門学校（4・5年生，専攻科及び聴講生等）の合計数である。

学 校 数 ・ 在 学 者 数 ・
Schools, Students, Teachers and

国　立<National>

区　分	学校数 Schools	在学者数 Students			
		計 Total	男 Male	女 Female	計 Total
計 Total	398	736, 165	467, 463	268, 702	115, 680
幼稚園 Kindergarten	49	4, 490	2, 213	2, 277	563
幼保連携型認定こども園 Integrated center for early childhood education and care	—	—	—	—	—
小学校 Elementary school	67	35, 721	17, 742	17, 979	2, 179
中学校 Lower secondary school	68	27, 004	13, 552	13, 452	2, 152
義務教育学校 Compulsory education school	5	3, 773	1, 909	1, 864	301
高等学校 Upper secondary school	15	8, 004	3, 987	4, 017	901
中等教育学校 Secondary school	4	2, 863	1, 321	1, 542	281
特別支援学校 Schools for special needs education	45	2, 856	1, 830	1, 026	1, 743
高等専門学校 College of technology	51	51, 034	39, 143	11, 891	5, 081
短期大学 Junior college	—	—	—	—	—
大学 University	86	600, 177	385, 685	214, 492	102, 159
(再掲)大学院 (of which, Graduate school)	(86)	(154, 706)	(108, 422)	(46, 284)	(…)
専修学校 Specialized training college	8	243	81	162	320
各種学校 Miscellaneous school	—	—	—	—	—
(別掲)通信制 Correspondence course					
高等学校 Upper secondary school	—	—	—	—	—
短期大学 Junior college	—	—	—	—	—
大学 University	—	—	—	—	—
大学院 Graduate school	—	—	—	—	—
(再掲)					
高等教育 Higher education	137	619, 008	400, 306	218, 702	107, 240

教 職 員 数（4−2）
Non-teaching Staff, 2023

(MAY 1.2023)

教員数 Teachers				職員数 Non-teaching staff	女の割合(%) Percentage of female (%)	
本務者 Full-time			兼務者 Part-time	（本務者） (Full-time)	在学者 Students	本務教員 Teachers (Full-time)
計 Total	男 Male	女 Female				
73, 525	57, 818	15, 707	42, 155	93, 474	*36. 5*	*21. 4*
360	47	313	203	44	*50. 7*	*86. 9*
–	–	–	–	–	–	–
1, 712	1, 089	623	467	258	*50. 3*	*36. 4*
1, 539	1, 024	515	613	119	*49. 8*	*33. 5*
233	134	99	68	13	*49. 4*	*42. 5*
563	385	178	338	61	*50. 2*	*31. 6*
196	117	79	85	40	*53. 9*	*40. 3*
1, 513	676	837	230	174	*35. 9*	*55. 3*
3, 551	3, 102	449	1, 530	2, 609	*23. 3*	*12. 6*
–	–	–	–	–	–	–
63, 778	51, 191	12, 587	38, 381	90, 084	*35. 7*	*19. 7*
(50, 194)	(41, 208)	(8, 986)	(…)	(…)	*(29. 9)*	*(17. 9)*
80	53	27	240	72	*66. 7*	*33. 8*
–	–	–	–	–	–	–
–	–	–	–	–	–	–
–	–	–	–	–	–	–
–	–	–	–	–	–	–
–	–	–	–	–	–	–
67, 329	54, 293	13, 036	39, 911	92, 693	*35. 3*	*19. 4*

学校数・在学者数・
Schools, Students, Teachers and

公 立<Local>

区分	学校数 Schools	在学者数 Students 計 Total	男 Male	女 Female	計 Total
計 Total	36, 571	11, 370, 868	5, 832, 625	5, 538, 243	1, 117, 482
幼稚園 Kindergarten	2, 744	97, 889	50, 297	47, 592	17, 693
幼保連携型認定こども園 Integrated center for early childhood education and care	948	98, 398	51, 084	47, 314	21, 468
小学校 Elementary school	18, 669	5, 933, 907	3, 039, 465	2, 894, 442	467, 592
中学校 Lower secondary school	9, 095	2, 902, 882	1, 492, 265	1, 410, 617	261, 125
義務教育学校 Compulsory education school	201	72, 048	37, 014	35, 034	7, 865
高等学校 Upper secondary school	3, 455	1, 897, 321	966, 984	930, 337	197, 245
中等教育学校 Secondary school	35	23, 678	10, 843	12, 835	2, 377
特別支援学校 Schools for special needs education	1, 118	147, 608	98, 139	49, 469	92, 632
高等専門学校 College of technology	3	3, 814	3, 223	591	534
短期大学 Junior college	15	5, 190	1, 000	4, 190	1, 191
大学 University	102	165, 915	77, 485	88, 430	33, 609
(再掲)大学院 (of which, Graduate school)	(90)	(17, 796)	(11, 151)	(6, 645)	(…)
専修学校 Specialized training college	181	21, 844	4, 722	17, 122	14, 059
各種学校 Miscellaneous school	5	374	104	270	92
(別掲)通信制 Correspondence course					
高等学校 Upper secondary school	(72) 78	57, 437	26, 906	30, 531	1, 923
短期大学 Junior college	—	—	—	—	—
大学 University	—	—	—	—	—
大学院 Graduate school	—	—	—	—	—
(再掲)					
高等教育 Higher education	120	172, 532	79, 699	92, 833	35, 334

(注)1 「高等学校」の（ ）内の数値は併置校の学校数である。
ここで言う「併置校」とは，全日制課程を置く高等学校，定時制課程を置く高等学校又は，全日制課程と定時制課程を併置する高等学校に併設されている通信制学校である。

教職員数 (4−3)
Non-teaching Staff, 2023

(MAY 1.2023)

教員数 Teachers 本務者 Full-time 計 Total	男 Male	女 Female	兼務者 Part-time	職員数 Non-teaching staff (本務者) (Full-time)	女の割合(%) Percentage of female (%) 在学者 Students	本務教員 Teachers (Full-time)
949, 890	435, 597	514, 293	167, 592	154, 359	*48. 7*	*54. 1*
13, 616	674	12, 942	4, 077	1, 058	*48. 6*	*95. 0*
15, 694	681	15, 013	5, 774	2, 672	*48. 1*	*95. 7*
417, 007	155, 058	261, 949	50, 585	58, 166	*48. 8*	*62. 8*
229, 980	126, 472	103, 508	31, 145	24, 804	*48. 6*	*45. 0*
7, 189	3, 266	3, 923	676	953	*48. 6*	*54. 6*
160, 306	104, 790	55, 516	36, 939	31, 320	*49. 0*	*34. 6*
1, 917	1, 205	712	460	238	*54. 2*	*37. 1*
86, 042	31, 860	54, 182	6, 590	13, 683	*33. 5*	*63. 0*
284	255	29	250	102	*15. 5*	*10. 2*
399	259	140	792	162	*80. 7*	*35. 1*
14, 807	10, 350	4, 457	18, 802	20, 075	*53. 3*	*30. 1*
(8, 422)	(6, 178)	(2, 244)	(…)	(…)	*(37. 3)*	*(26. 6)*
2, 621	708	1, 913	11, 438	1, 112	*78. 4*	*73. 0*
28	19	9	64	14	*72. 2*	*32. 1*
1, 521	955	566	402	170	*53. 2*	*37. 2*
−	−	−	−	−	−	−
−	−	−	−	−	−	−
−	−	−	−	−	−	−
15, 490	10, 864	4, 626	19, 844	20, 339	*53. 8*	*29. 9*

学校数・在学者数・
Schools, Students, Teachers and

私　立<Private>

区分	学校数 Schools	在学者数 Students 計 Total	男 Male	女 Female	計 Total
計 Total	19, 213	5, 789, 975	2, 921, 240	2, 868, 735	810, 212
幼稚園 Kindergarten	6, 044	739, 445	371, 271	368, 174	90, 586
幼保連携型認定こども園 Integrated center for early childhood education and care	6, 034	744, 882	380, 243	364, 639	149, 187
小学校 Elementary school	244	80, 057	35, 249	44, 808	7, 396
中学校 Lower secondary school	781	247, 622	119, 588	128, 034	31, 490
義務教育学校 Compulsory education school	1	224	115	109	30
高等学校 Upper secondary school	1, 321	1, 013, 176	515, 020	498, 156	98, 142
中等教育学校 Secondary school	18	7, 276	4, 280	2, 996	1, 012
特別支援学校 Schools for special needs education	15	898	533	365	396
高等専門学校 College of technology	4	1, 728	1, 492	236	273
短期大学 Junior college	288	81, 499	10, 224	71, 275	19, 510
大学 University	622	2, 179, 507	1, 168, 075	1, 011, 432	257, 803
(再掲)大学院 (of which, Graduate school)	(485)	(93, 475)	(59, 182)	(34, 293)	(…)
専修学校 Specialized training college	2, 831	585, 864	257, 615	328, 249	137, 725
各種学校 Miscellaneous school	1, 010	107, 797	57, 535	50, 262	16, 662
(別掲)通信制 Correspondence course					
高等学校 Upper secondary school	(86) 211	207, 537	100, 477	107, 060	7, 010
短期大学 Junior college	11	21, 553	4, 824	16, 729	3, 069
大学 University	46	223, 792	100, 689	123, 103	10, 881
大学院 Graduate school	27	7, 058	4, 089	2, 969	1, 145
(再掲)					
高等教育 Higher education	914	2, 261, 651	1, 178, 864	1, 082, 787	277, 586

(注)1　「高等学校」の（　）内の数値は併置校の学校数である。
ここで言う「併置校」とは，全日制課程を置く高等学校，定時制課程を置く高等学校又は，全日制課程と定時制課程を併置する高等学校に併設されている通信制学校である。

教 職 員 数 (4−4)
Non-teaching Staff, 2023

(MAY 1.2023)

教員数 Teachers				職員数 Non-teaching staff	女の割合(%) Percentage of female (%)	
本務者 Full-time			兼務者		在学者	本務教員
計 Total	男 Male	女 Female	Part-time	(本務者) (Full-time)	Students	Teachers (Full-time)
447, 660	**171, 893**	**275, 767**	**362, 552**	**232, 502**	***49. 5***	***61. 6***
71, 456	4, 906	66, 550	19, 130	13, 976	*49. 8*	*93. 1*
126, 587	6, 903	119, 684	22, 600	25, 934	*49. 0*	*94. 5*
5, 578	2, 628	2, 950	1, 818	1, 058	*56. 0*	*52. 9*
15, 966	9, 709	6, 257	15, 524	2, 255	*51. 7*	*39. 2*
26	13	13	4	8	*48. 7*	*50. 0*
62, 377	43, 456	18, 921	35, 765	12, 473	*49. 2*	*30. 3*
716	498	218	296	157	*41. 2*	*30. 4*
314	173	141	82	109	*40. 6*	*44. 9*
149	128	21	124	53	*13. 7*	*14. 1*
6, 130	2, 764	3, 366	13, 380	3, 434	*87. 5*	*54. 9*
113, 293	78, 066	35, 227	144, 510	153, 905	*46. 4*	*31. 1*
(48, 053)	(36, 643)	(11, 410)	(…)	(…)	*(36. 7)*	*(23. 7)*
36, 605	17, 954	18, 651	101, 120	15, 447	*56. 0*	*51. 0*
8, 463	4, 695	3, 768	8, 199	3, 693	*46. 6*	*44. 5*
4, 710	2, 735	1, 975	2, 300	1, 295	*51. 6*	*41. 9*
198	67	131	2, 871	63	*77. 6*	*66. 2*
621	460	161	10, 260	1, 349	*55. 0*	*25. 9*
128	91	37	1, 017	44	*42. 1*	*28. 9*
119, 572	80, 958	38, 614	158, 014	157, 392	*47. 9*	*32. 3*

学　　校

区分	計	幼稚園	幼保連携型認定こども園	小学校	中学校	義務教育学校	高等学校
計	56, 182	8, 837	6, 982	18, 980	9, 944	207	(131) 4, 791
北海道	2, 797	331	319	950	563	26	(5) 270
青森	869	85	247	249	153	0	63
岩手	760	64	129	271	149	1	79
宮城	1, 120	208	112	361	200	4	(2) 96
秋田	498	32	87	174	104	3	52
山形	568	55	80	223	94	3	(1) 60
福島	1, 124	207	112	390	212	7	(1) 97
茨城	1, 302	196	175	449	224	15	(9) 119
栃木	877	74	124	336	156	6	(1) 76
群馬	1, 001	111	208	303	160	3	77
埼玉	2, 290	491	132	803	446	2	(10) 191
千葉	2, 108	451	137	756	388	4	(9) 181
東京	4, 377	959	55	1, 323	800	8	(4) 429
神奈川	2, 581	608	168	881	471	5	(5) 228
新潟	1, 203	64	210	436	230	1	(3) 101
富山	532	27	133	178	76	3	49
石川	647	43	165	202	90	3	(1) 56
福井	564	60	150	191	80	1	(1) 32
山梨	484	54	62	176	92	0	40
長野	920	91	56	359	193	6	(9) 99
岐阜	963	145	87	351	181	6	(5) 82
静岡	1, 719	328	300	493	290	1	(1) 136
愛知	2, 610	390	249	967	434	2	(2) 221
三重	932	150	75	363	167	1	(7) 70
滋賀	687	121	124	219	103	2	(2) 56

数（都道府県別）（2－1）

中等教育学校	特別支援学校	高等専門学校	短期大学	大学	専修学校	各種学校	区分
57	1,178	58	(2) 303	(6) 810	3,020	1,015	計
2	73	4	14	37	159	49	北海道
0	21	1	5	10	25	10	青森
0	17	1	4	6	32	7	岩手
1	29	1	5	14	67	22	宮城
0	15	1	4	7	16	3	秋田
0	19	1	3	7	20	3	山形
0	26	1	5	8	49	10	福島
6	25	1	3	11	67	11	茨城
1	17	1	6	9	54	17	栃木
2	28	1	7	15	68	18	群馬
1	56	—	11	28	105	24	埼玉
3	46	1	8	27	92	14	千葉
8	71	3	34	144	389	154	東京
4	53	—	12	33	106	12	神奈川
7	38	1	5	22	83	5	新潟
0	15	1	2	5	21	22	富山
0	13	2	4	14	36	19	石川
0	12	1	1	6	18	12	福井
0	14	—	3	7	24	12	山梨
1	20	1	8	11	55	20	長野
0	23	1	11	13	33	30	岐阜
0	41	1	5	14	89	21	静岡
1	43	1	18	52	171	61	愛知
1	20	3	4	7	36	35	三重
1	17	—	3	9	22	10	滋賀

区分	計	幼稚園	幼保連携型認定こども園	小学校	中学校	義務教育学校	高等学校	
京都	1,179	189	142	365	188	10	(2)	105
大阪	3,360	520	704	983	513	10	(12)	254
兵庫	2,593	428	569	737	375	8	(4)	205
奈良	665	133	99	188	107	8	(3)	51
和歌山	593	63	51	240	126	1	(1)	47
鳥取	319	18	44	114	56	6		32
島根	496	76	23	196	95	3		47
岡山	1,061	199	127	375	163	2	(3)	86
広島	1,371	208	169	463	261	7	(5)	128
山口	831	155	35	296	160	0	(2)	75
徳島	497	85	63	184	89	0		36
香川	524	108	84	160	75	0	(3)	40
愛媛	721	114	59	279	131	0	(3)	65
高知	500	36	18	222	122	4		43
福岡	2,010	407	88	714	353	8	(3)	163
佐賀	480	46	83	163	91	6		44
長崎	865	96	114	318	184	2	(1)	79
熊本	905	97	137	330	170	3	(4)	73
大分	798	141	121	260	127	2	(1)	54
宮崎	719	88	150	232	132	4		51
鹿児島	1,263	134	248	491	220	10	(1)	89
沖縄	899	151	158	266	150	0	(5)	64

(注)1 令和5年5月1日現在である。
2 国・公・私立の合計数である。
3 本校・分校の合計数である。
4 「大学」，「短期大学」は本部所在の都道府県に計上してある。
5 「高等学校」，「短期大学」，「大学」の（ ）内の数値は，通信教育のみを行う学校数で別掲である(都道府県別の内訳は「高等学校」のみ公表)。

数（都道府県別）（2−2）

中等教育学校	特別支援学校	高等専門学校	短期大学	大学	専修学校	各種学校	区分
0	25	1	9	34	61	50	京都
1	50	1	21	58	216	29	大阪
2	48	2	15	35	95	74	兵庫
2	10	1	3	10	28	25	奈良
0	11	1	1	5	23	24	和歌山
0	10	1	1	3	20	14	鳥取
0	12	1	1	2	19	21	島根
2	16	1	8	18	50	14	岡山
1	18	2	4	21	69	20	広島
1	14	3	5	10	40	37	山口
1	12	2	3	4	14	4	徳島
0	10	1	3	4	25	14	香川
5	11	2	5	5	35	10	愛媛
0	17	1	1	5	25	6	高知
2	39	3	18	35	162	18	福岡
0	11	—	3	2	30	1	佐賀
0	18	1	2	8	34	9	長崎
0	24	1	2	9	52	7	熊本
0	18	1	5	5	49	15	大分
1	13	1	2	7	35	3	宮崎
0	17	1	4	6	40	3	鹿児島
0	22	1	2	8	61	16	沖縄

在　学　者

区　分	計	幼稚園	幼保連携型認定こども園	小学校	中学校	義務教育学校	高等学校
計	18,346,503	841,824	843,280	6,049,685	3,177,508	76,045	2,918,501
北海道	678,517	29,964	38,698	221,397	119,115	3,587	109,290
青森	160,717	3,404	18,008	52,437	28,541	—	28,286
岩手	153,639	3,294	12,802	52,972	29,109	604	28,501
宮城	345,010	19,248	13,089	108,637	57,116	1,638	53,555
秋田	108,141	1,715	9,188	36,478	20,725	407	20,438
山形	136,218	4,352	8,285	46,867	25,805	1,191	26,060
福島	234,485	13,499	13,014	83,340	44,224	1,374	42,668
茨城	388,634	16,261	21,951	130,570	70,048	10,253	68,813
栃木	265,107	7,783	19,555	90,969	49,295	2,446	47,409
群馬	277,112	6,740	26,311	89,890	48,968	862	45,978
埼玉	967,222	69,597	21,583	355,456	185,034	518	160,362
千葉	841,004	56,945	19,259	299,819	155,991	1,839	136,735
東京	2,348,359	110,422	8,709	623,631	314,459	8,405	299,865
神奈川	1,228,588	82,798	24,555	439,962	223,823	2,588	191,661
新潟	292,743	2,961	23,901	99,137	52,334	777	49,151
富山	141,285	1,502	17,358	46,089	25,068	410	24,689
石川	184,958	3,578	19,120	55,181	29,094	271	28,988
福井	115,357	857	15,438	37,597	20,549	708	20,350
山梨	114,642	3,241	7,208	37,448	20,231	—	21,471
長野	257,970	7,888	6,477	98,334	52,811	934	50,607
岐阜	271,020	16,164	8,526	96,495	52,631	2,806	48,480
静岡	501,413	24,401	37,432	175,775	95,770	115	88,766
愛知	1,172,410	57,300	37,295	395,820	207,714	432	181,249
三重	230,886	10,149	9,965	86,500	46,472	236	42,567
滋賀	226,051	8,521	17,472	78,073	40,845	465	35,868

数（都道府県別）（2－1）

中等教育学校	特別支援学校	高等専門学校	短期大学	大学	専修学校	各種学校	（再掲）高等教育	区分
33,817	151,362	56,576	86,689	2,945,599	607,951	108,171	3,053,191	計
1,373	5,958	3,606	3,182	90,651	25,399	2,993		北海道
—	1,696	885	957	16,462	2,203	137		青森
—	1,505	799	663	12,249	4,484	442		岩手
809	2,709	1,610	2,621	57,087	16,110	1,981		宮城
—	1,308	859	560	10,068	1,592	59		秋田
—	1,146	825	905	13,197	1,986	53		山形
—	2,447	1,070	1,413	16,132	5,721	304		福島
3,177	4,525	1,039	558	36,144	9,166	602		茨城
365	2,606	1,048	1,325	23,251	7,947	577		栃木
1,486	2,301	1,112	1,395	30,593	9,764	1,227		群馬
778	8,801	—	3,275	112,757	19,359	2,417		埼玉
362	7,349	1,113	2,887	119,099	20,033	530		千葉
7,011	14,633	3,546	8,211	775,005	126,395	24,280		東京
4,181	8,357	—	4,132	188,900	25,810	3,568		神奈川
3,022	2,713	1,113	1,259	33,275	15,082	95		新潟
—	1,241	1,399	976	12,673	2,700	4,021		富山
—	1,364	1,170	1,143	32,503	4,791	3,936		石川
—	987	1,058	400	11,230	1,532	1,849		福井
—	1,087	—	872	17,007	2,377	578		山梨
513	2,683	1,063	1,989	19,849	5,864	1,122		長野
—	2,596	1,123	3,099	22,172	3,529	2,454		岐阜
—	5,060	1,080	1,711	36,324	14,134	1,717		静岡
393	7,518	1,145	4,902	194,846	48,636	10,726		愛知
748	2,001	2,582	1,336	15,144	4,425	1,739		三重
128	2,384	—	777	35,565	1,576	1,086		滋賀

在　学　者

区分	計	幼稚園	幼保連携型認定こども園	小学校	中学校	義務教育学校	高等学校
京都	485, 036	17, 204	17, 784	116, 346	63, 604	4, 489	65, 266
大阪	1, 374, 910	62, 788	97, 171	410, 467	217, 213	6, 678	198, 941
兵庫	825, 224	35, 056	63, 530	270, 738	140, 958	4, 020	123, 589
奈良	189, 903	8, 436	12, 342	62, 281	34, 054	2, 486	31, 118
和歌山	119, 225	3, 695	7, 715	42, 164	23, 002	749	22, 311
鳥取	77, 467	1, 514	5, 355	27, 232	13, 904	977	13, 868
島根	86, 685	2, 002	2, 082	32, 449	16, 609	1, 675	16, 854
岡山	285, 004	9, 934	15, 202	94, 614	49, 563	501	47, 875
広島	416, 041	16, 632	21, 086	141, 948	74, 909	2, 365	66, 888
山口	179, 397	11, 583	3, 596	61, 935	33, 333	—	29, 697
徳島	98, 860	3, 906	7, 189	33, 085	17, 116	—	15, 854
香川	135, 467	6, 823	9, 798	47, 498	25, 113	—	23, 658
愛媛	179, 613	8, 481	7, 869	63, 576	32, 779	—	30, 435
高知	85, 054	2, 137	1, 779	30, 103	16, 288	347	16, 462
福岡	794, 965	47, 629	11, 674	274, 421	140, 707	3, 015	123, 387
佐賀	120, 303	2, 926	10, 463	42, 834	23, 136	2, 267	21, 997
長崎	184, 968	6, 613	12, 067	66, 615	35, 119	47	33, 330
熊本	255, 281	7, 057	16, 773	94, 258	48, 877	289	43, 286
大分	163, 059	6, 306	11, 837	54, 625	29, 304	1, 207	28, 637
宮崎	157, 698	4, 575	14, 743	57, 196	30, 341	673	28, 754
鹿児島	239, 163	7, 425	22, 319	85, 954	45, 323	1, 394	41, 952
沖縄	251, 692	6, 518	15, 707	100, 472	50, 484	—	42, 535

(注)1　令和5年5月1日現在である。
2　国・公・私立の合計数である。
3　特別支援学校は，幼稚部・小学部・中学部及び高等部の合計数である。
4　高等学校は，本科・専攻科・別科の合計数である。
5　中等教育学校は，前期課程と後期課程の合計数である。

数（都道府県別）（2−2）

中等教育学校	特別支援学校	高等専門学校	短期大学	大学	専修学校	各種学校	（再掲）高等教育	区分
—	3, 032	812	2, 765	169, 124	14, 774	4, 007		京都
47	9, 998	846	7, 150	254, 809	65, 958	8, 594		大阪
1, 169	6, 259	2, 184	4, 329	124, 822	17, 867	6, 573		兵庫
971	1, 538	1, 114	1, 402	22, 223	2, 584	2, 321		奈良
—	1, 645	865	281	10, 112	2, 174	1, 260		和歌山
—	781	1, 052	526	7, 880	1, 719	1, 674		鳥取
—	982	1, 064	263	8, 125	2, 415	257		島根
1, 111	2, 317	874	2, 004	42, 577	8, 966	1, 539		岡山
683	2, 833	1, 602	1, 303	60, 714	12, 285	1, 590		広島
580	1, 940	2, 482	865	20, 263	4, 242	2, 560		山口
815	1, 018	887	578	13, 792	2, 048	73		徳島
—	1, 176	1, 538	672	9, 930	4, 363	116		香川
3, 279	1, 589	1, 781	821	18, 161	4, 661	299		愛媛
—	837	870	443	10, 511	2, 442	123		高知
597	6, 834	3, 353	5, 767	121, 714	40, 917	3, 780		福岡
—	1, 327	—	772	8, 625	3, 642	120		佐賀
—	1, 769	896	746	19, 056	3, 278	363		長崎
—	2, 335	1, 399	609	27, 027	7, 880	1, 574		熊本
—	1, 553	881	1, 860	16, 378	4, 057	1, 597		大分
219	1, 362	853	516	10, 413	4, 489	32		宮崎
—	2, 715	1, 095	1, 689	17, 457	6, 859	42		鹿児島
—	2, 547	883	780	19, 703	9, 716	1, 184		沖縄

6　大学，短期大学，高等専門学校は学部，本科のほか大学院・専攻科・別科・その他の学生の合計数である。
大学・短期大学の学生数は学部・本科所在の都道府県に計上してある。
7　通信教育部の学生・生徒は含まれていない。
8　「（再掲）高等教育」は，大学，短期大学及び高等専門学校（4・5年生，専攻科および聴講生等）の合計数である（全国計のみ公表）。

教　　員

区　分	計	幼稚園	幼保連携型認定こども園	小学校	中学校	義務教育学校	高等学校
計	1,471,075	85,432	142,281	424,297	247,485	7,448	223,246
北海道	64,330	3,837	6,822	18,691	11,333	655	9,704
青森	17,178	631	3,745	4,361	2,910	－	2,631
岩手	15,802	452	2,295	4,441	2,799	48	2,821
宮城	30,085	2,031	2,557	7,940	4,837	168	4,474
秋田	11,371	296	1,828	2,957	2,073	81	1,970
山形	12,846	652	1,544	3,790	2,183	119	2,390
福島	22,398	1,536	2,278	6,510	4,056	179	3,806
茨城	33,212	1,737	3,126	9,607	5,789	737	5,422
栃木	25,172	990	3,228	6,761	3,959	213	3,416
群馬	24,841	1,063	4,798	6,704	4,017	97	3,496
埼玉	64,868	5,710	2,725	21,431	12,627	53	11,038
千葉	56,492	4,705	2,899	18,642	10,888	166	9,624
東京	158,770	10,240	1,390	36,462	20,415	515	19,216
神奈川	78,540	7,369	3,649	26,751	14,833	215	12,834
新潟	27,606	539	4,536	8,035	4,692	58	3,784
富山	13,669	208	2,863	3,661	2,015	72	2,138
石川	17,202	545	3,802	4,025	2,193	51	2,296
福井	11,898	172	2,810	3,117	1,835	39	1,636
山梨	11,136	495	1,495	3,247	1,807	－	1,744
長野	22,542	896	1,165	7,131	4,652	150	4,226
岐阜	23,269	1,760	1,452	7,157	4,205	232	3,966
静岡	40,294	2,705	6,607	11,358	6,915	20	6,342
愛知	81,003	4,395	5,174	25,531	14,214	55	12,244
三重	19,770	1,060	1,627	6,743	3,775	27	3,311
滋賀	18,067	1,028	2,698	5,655	3,149	61	2,698

数（都道府県別）（2－1）

中等教育学校	特別支援学校	高等専門学校	短期大学	大学	専修学校	各種学校	区分
2,829	87,869	3,984	6,529	191,878	39,306	8,491	計
115	3,902	271	261	6,677	1,800	262	北海道
—	1,101	64	118	1,370	223	24	青森
—	1,072	59	60	1,356	328	71	岩手
59	1,641	105	185	5,042	925	121	宮城
—	897	59	58	1,008	137	7	秋田
—	788	60	67	1,063	182	8	山形
—	1,636	80	126	1,617	515	59	福島
266	2,400	78	46	3,111	809	84	茨城
35	1,348	72	134	4,287	675	54	栃木
133	1,482	76	125	2,009	742	99	群馬
73	4,666	—	217	4,776	1,387	165	埼玉
34	3,983	75	164	4,082	1,178	52	千葉
556	6,520	251	643	53,463	7,062	2,037	東京
277	4,880	—	264	5,572	1,505	391	神奈川
246	1,673	78	87	2,843	1,021	14	新潟
—	911	108	75	1,152	229	237	富山
—	736	111	70	2,736	346	291	石川
—	747	76	27	1,046	154	239	福井
—	771	—	61	1,328	168	20	山梨
33	1,738	77	164	1,691	520	99	長野
—	1,710	71	229	1,949	331	207	岐阜
—	2,860	73	111	2,197	1,013	93	静岡
53	3,915	73	353	11,765	2,622	609	愛知
48	1,203	166	82	1,273	357	98	三重
42	1,353	—	61	1,090	151	81	滋賀

教　　員

区分	計	幼稚園	幼保連携型認定こども園	小学校	中学校	義務教育学校	高等学校
京都	37, 895	1, 887	3, 062	8, 399	5, 138	430	5, 203
大阪	107, 980	6, 017	16, 443	29, 280	17, 219	619	13, 864
兵庫	65, 464	3, 623	10, 098	18, 407	10, 382	348	9, 605
奈良	16, 282	952	1, 946	4, 800	2, 802	254	2, 416
和歌山	12, 181	424	1, 267	3, 971	2, 300	48	2, 016
鳥取	8, 243	215	781	2, 333	1, 348	153	1, 378
島根	9, 468	352	433	2, 999	1, 808	120	1, 721
岡山	25, 201	1, 165	2, 317	7, 496	4, 089	69	3, 854
広島	33, 234	1, 718	3, 646	10, 040	5, 657	243	5, 125
山口	16, 259	1, 405	608	4, 930	2, 901	―	2, 725
徳島	10, 870	532	1, 486	2, 980	1, 679	―	1, 491
香川	12, 039	800	1, 705	3, 493	2, 033	―	1, 993
愛媛	15, 296	977	1, 113	4, 718	2, 717	―	2, 741
高知	9, 424	299	285	2, 864	1, 926	81	1, 931
福岡	59, 841	4, 897	2, 010	18, 136	10, 334	324	8, 353
佐賀	11, 820	356	1, 591	3, 536	2, 135	252	1, 966
長崎	18, 175	888	2, 214	5, 395	3, 273	27	3, 167
熊本	22, 088	884	2, 668	6, 991	4, 108	72	3, 660
大分	15, 452	798	2, 245	4, 292	2, 504	88	2, 651
宮崎	15, 797	736	2, 838	4, 322	2, 704	97	2, 561
鹿児島	24, 440	771	3, 902	7, 512	4, 259	212	4, 121
沖縄	21, 265	684	2, 510	6, 695	3, 998	―	3, 477

(注) 1　令和5年5月1日現在である。
2　国・公・私立の合計数である。
3　本務教員である。
4　通信教育の教員は含まれていない。

数（都道府県別）（2−2）

中等教育学校	特別支援学校	高等専門学校	短期大学	大学	専修学校	各種学校	区分
−	2,051	52	154	10,430	813	276	京都
14	5,501	66	546	14,303	3,702	406	大阪
89	3,888	156	296	6,867	1,232	473	兵庫
77	956	75	99	1,490	203	212	奈良
−	1,017	56	24	751	186	121	和歌山
−	641	71	43	813	181	286	鳥取
−	823	69	16	867	221	39	島根
102	1,260	62	168	3,899	605	115	岡山
54	1,636	116	94	3,985	775	145	広島
57	1,226	180	84	1,463	377	303	山口
73	725	81	94	1,532	186	11	徳島
−	724	104	66	743	360	18	香川
283	896	121	70	1,245	371	44	愛媛
−	690	58	41	1,006	229	14	高知
73	3,600	220	399	8,958	2,286	251	福岡
−	879	−	69	756	276	4	佐賀
−	1,108	61	55	1,692	268	27	長崎
−	1,276	103	47	1,608	584	87	熊本
−	1,034	62	156	1,095	399	128	大分
37	976	60	42	1,053	367	4	宮崎
−	1,434	71	139	1,458	550	11	鹿児島
−	1,595	57	39	1,361	755	94	沖縄

学 校
Schools (National, Local

区分	計 Total	幼稚園 Kindergarten	幼保連携型認定こども園 Integrated center for early childhood education and care	小学校 Elementary school	中学校 Lower secondary school	義務教育学校 Compulsory education school	高等学校 Upper secondary school	中等教育学校 Secondary school	盲学校 Schools for the blind	聾学校 Schools for the deaf
昭和23年	48, 181	1, 529	…	25, 237	16, 285	…	3, 575	…	74	64
24	49, 538	1, 787	…	25, 638	14, 200	…	4, 180	…	74	78
25	51, 136	2, 100	…	25, 878	14, 165	…	4, 292	…	76	82
26	52, 514	2, 455	…	26, 056	13, 836	…	4, 477	…	76	84
27	53, 770	2, 874	…	26, 377	13, 748	…	4, 506	…	77	86
28	55, 002	3, 490	…	26, 555	13, 685	…	4, 572	…	78	92
29	57, 051	4, 471	…	26, 804	13, 773	…	4, 606	…	77	96
30	58, 658	5, 426	…	26, 880	13, 767	…	4, 607	…	77	99
31	59, 811	6, 141	…	26, 957	13, 724	…	4, 575	…	77	99
32	60, 578	6, 620	…	26, 988	13, 622	…	4, 577	…	76	101
33	60, 502	6, 837	…	26, 964	13, 392	…	4, 586	…	76	103
34	60, 456	7, 030	…	26, 916	13, 135	…	4, 615	…	76	102
35	60, 488	7, 207	…	26, 858	12, 986	…	4, 598	…	76	103
36	60, 404	7, 359	…	26, 741	12, 849	…	4, 602	…	76	103
37	60, 233	7, 520	…	26, 615	12, 647	…	4, 637	…	78	105
38	60, 286	7, 687	…	26, 423	12, 502	…	(3) 4, 811	…	77	105
39	60, 314	8, 022	…	26, 210	12, 310	…	(7) 4, 847	…	77	106
40	60, 377	8, 551	…	25, 977	12, 079	…	(7) 4, 849	…	77	107
41	60, 543	9, 083	…	25, 687	11, 851	…	(9) 4, 845	…	77	108
42	60, 773	9, 588	…	25, 487	11, 684	…	(10) 4, 827	…	75	107
43	60, 864	10, 021	…	25, 262	11, 463	…	(13) 4, 817	…	75	107
44	60, 876	10, 418	…	25, 013	11, 278	…	(14) 4, 817	…	75	107
45	60, 782	10, 796	…	24, 790	11, 040	…	(14) 4, 798	…	75	108
46	60, 791	11, 180	…	24, 540	10, 839	…	(15) 4, 791	…	75	108
47	60, 850	11, 564	…	24, 325	10, 686	…	(14) 4, 810	…	75	108
48	61, 988	12, 186	…	24, 592	10, 836	…	(14) 4, 862	…	76	108
49	62, 548	12, 686	…	24, 606	10, 802	…	(14) 4, 916	…	77	107
50	62, 993	13, 106	…	24, 650	10, 751	…	(14) 4, 946	…	77	107
51	63, 410	13, 492	…	24, 717	10, 719	…	(14) 4, 978	…	77	107
52	64, 073	13, 855	…	24, 777	10, 723	…	(15) 5, 028	…	76	107
53	64, 631	14, 229	…	24, 828	10, 778	…	(13) 5, 098	…	73	110
54	65, 164	14, 627	…	24, 899	10, 746	…	(14) 5, 135	…	73	110
55	65, 533	14, 893	…	24, 945	10, 780	…	(14) 5, 208	…	73	110
56	65, 778	15, 059	…	25, 005	10, 810	…	(13) 5, 219	…	72	110
57	65, 883	15, 152	…	25, 043	10, 879	…	(12) 5, 213	…	72	110
58	66, 033	15, 189	…	25, 045	10, 950	…	(12) 5, 369	…	72	110
59	66, 119	15, 211	…	25, 064	11, 047	…	(13) 5, 427	…	72	110
60	66, 136	15, 220	…	25, 040	11, 131	…	(13) 5, 453	…	72	107
61	66, 057	15, 189	…	24, 982	11, 190	…	(13) 5, 491	…	70	107
62	65, 917	15, 156	…	24, 933	11, 230	…	(13) 5, 508	…	70	107
63	65, 724	15, 115	…	24, 901	11, 266	…	(13) 5, 512	…	70	107

数 (年次別) (2－1)
and Private), 1948 to 2023

養護学校 Schools for the other disabled	特別支援学校 Schools for special needs education	高等専門学校 College of technology	短期大学 Junior college (2)	大学 University (1)	国立養護教諭養成所 NTINT (3)	専修学校 Specialized training college	各種学校 Miscellaneous school	(再掲) 盲・聾・養護学校 Spec. ed. school	(再掲) 高等教育 Higher education	区分
—	…	…	…	12	…	…	1,405	138	12	1948
1	…	…	…	178	…	…	3,402	153	178	49
3	…	…	149	201	…	…	4,190	161	350	50
3	…	…	180	203	…	…	5,144	163	383	51
3	…	…	205	220	…	…	5,674	166	425	52
5	…	…	228	226	…	…	6,071	175	454	53
5	…	…	251	227	…	…	6,741	178	478	54
5	…	…	264	228	…	…	7,305	181	492	55
10	…	…	268	228	…	…	7,732	186	496	56
19	…	…	269	231	…	…	8,075	196	500	57
26	…	…	269	234	…	…	8,015	205	503	58
38	…	…	272	239	…	…	8,033	216	511	59
46	…	…	280	245	…	国 …	8,089	225	525	60
64	…	…	290	250	…	立 9	8,061	243	549	61
86	…	19	305	260	…	工 9	7,952	269	593	62
107	…	34	321	270	…	業 9	7,940	289	634	63
126	…	46	339	291	…	教 9	7,931	309	685	64
151	…	54	369	317	…	員 9	7,837	335	749	65
168	…	54	413	346	5	養 9	7,897	353	827	66
192	…	54	451	369	5	成 9	7,925	374	888	67
206	…	60	468	377	8	所 9	7,991	388	922	68
224	…	60	473	379	8	(4) …	8,024	406	920	69
234	…	60	479	382	9	…	8,011	417	930	70
255	…	63	486	389	9	…	8,056	438	947	71
276	…	63	491	398	9	…	8,045	459	961	72
316	…	63	500	405	9	…	8,035	500	977	73
368	…	63	505	410	9	…	7,999	552	987	74
393	…	65	513	420	9	…	7,956	577	1,007	75
419	…	65	511	423	9	893	7,000	603	1,008	76
452	…	65	515	431	9	1,941	6,094	635	1,020	77
502	…	64	519	433	7	2,253	5,737	685	1,023	78
654	…	62	518	443	2	2,387	5,508	837	1,025	79
677	…	62	517	446	…	2,520	5,302	860	1,025	80
695	…	62	523	451	…	2,745	5,027	877	1,036	81
700	…	62	526	455	…	2,804	4,867	882	1,043	82
713	…	62	532	(1) 457	…	2,860	4,674	895	1,051	83
720	…	62	536	(1) 460	…	2,936	4,474	902	1,058	84
733	…	62	543	(1) 460	…	3,015	4,300	912	1,065	85
741	…	62	548	(1) 465	…	3,088	4,124	918	1,075	86
747	…	62	561	(1) 474	…	3,151	3,918	924	1,097	87
754	…	62	571	(1) 490	…	3,191	3,685	931	1,123	88

学　　校
Schools (National, Local

区　分	計 Total	幼稚園 Kindergarten	幼保連携型認定こども園 Integrated center for early childhood education and care	小学校 Elementary school	中学校 Lower secondary school	義務教育学校 Compulsory education school	高等学校 Upper secondary school	中等教育学校 Secondary school	盲学校 Schools for the blind	聾学校 Schools for the deaf
平成元	65, 613	15, 080	…	24, 851	11, 264	…	(12)　5, 511	…	70	108
2	65, 529	15, 076	…	24, 827	11, 275	…	(12)　5, 506	…	70	108
3	65, 440	15, 041	…	24, 798	11, 290	…	(14)　5, 503	…	70	107
4	65, 287	15, 006	…	24, 730	11, 300	…	(16)　5, 501	…	70	107
5	65, 068	14, 958	…	24, 676	11, 292	…	(17)　5, 501	…	70	107
6	64, 868	14, 901	…	24, 635	11, 289	…	(17)　5, 497	…	70	107
7	64, 666	14, 856	…	24, 548	11, 274	…	(16)　5, 501	…	70	107
8	64, 474	14, 790	…	24, 482	11, 269	…	(18)　5, 496	…	71	107
9	64, 187	14, 690	…	24, 376	11, 257	…	(19)　5, 496	…	71	107
10	63, 919	14, 603	…	24, 295	11, 236	…	(19)　5, 493	…	71	107
11	63, 600	14, 527	…	24, 188	11, 220	…	(21)　5, 481	1	71	107
12	63, 352	14, 451	…	24, 106	11, 209	…	(25)　5, 478	4	71	107
13	62, 961	14, 375	…	23, 964	11, 191	…	(26)　5, 479	7	71	107
14	62, 545	14, 279	…	23, 808	11, 159	…	(35)　5, 472	9	71	106
15	62, 085	14, 174	…	23, 633	11, 134	…	(38)　5, 450	16	71	106
16	61, 631	14, 061	…	23, 420	11, 102	…	(47)　5, 429	18	71	106
17	61, 092	13, 949	…	23, 123	11, 035	…	(59)　5, 418	19	71	106
18	60, 569	13, 835	…	22, 878	10, 992	…	(67)　5, 385	27	71	104
19	60, 072	13, 723	…	22, 693	10, 955	…	(70)　5, 313	32	…	…
20	59, 555	13, 626	…	22, 476	10, 915	…	(80)　5, 243	37	…	…
21	59, 017	13, 516	…	22, 258	10, 864	…	(87)　5, 183	42	…	…
22	58, 418	13, 392	…	22, 000	10, 815	…	(88)　5, 116	48	…	…
23	57, 845	13, 299	…	21, 721	10, 751	…	(89)　5, 060	49	…	…
24	57, 312	13, 170	…	21, 460	10, 699	…	(91)　5, 022	49	…	…
25	56, 657	13, 043	…	21, 131	10, 628	…	(93)　4, 981	50	…	…
26	56, 096	12, 905	…	20, 852	10, 557	…	(98)　4, 963	51	…	…
27	56, 419	11, 674	1, 943	20, 601	10, 484	…	(100)　4, 939	52	…	…
28	56, 473	11, 252	2, 822	20, 313	10, 404	22	(104)　4, 925	52	…	…
29	56, 643	10, 878	3, 673	20, 095	10, 325	48	(107)　4, 907	53	…	…
30	56, 824	10, 474	4, 521	19, 892	10, 270	82	(110)　4, 897	53	…	…
令和元	56, 912	10, 070	5, 276	19, 738	10, 222	94	(113)　4, 887	54	…	…
2	56, 809	9, 698	5, 847	19, 525	10, 142	126	(117)　4, 874	56	…	…
3	56, 649	9, 418	6, 269	19, 336	10, 076	151	(119)　4, 856	56	…	…
4	56, 441	9, 111	6, 657	19, 161	10, 012	178	(126)　4, 824	57	…	…
5	**56, 182**	**8, 837**	**6, 982**	**18, 980**	**9, 944**	**207**	**(131)　4, 791**	**57**	…	…

(注)1 国・公・私立の合計数である。
2 本校・分校の合計数である。
3 「大学」は新制大学のみである。
4 (　)内の数値は，通信教育のみを行う学校数で別掲である。
5 「高等教育」は，大学(通信教育のみを行う大学を除く。)，短期大学(通信教育のみを行う大学を除く。)，国立養護教諭養成所，国立工業教員養成所及び高等専門学校の合計数である。

数 (年次別) (2－2)
and Private), 1948 to 2023

養護学校 Schools for the other disabled	特別支援学校 Schools for special needs education	高等専門学校 College of technology	短期大学 Junior college (2)	大学 University (1)	国立養護教諭養成所 NTINT (3)	専修学校 Specialized training college	各種学校 Miscellaneous school	(再掲)盲・聾・養護学校 Spec. ed. school	(再掲)高等教育 Higher education	区分
760	…	62	584	(1) 499	…	3, 254	3, 570	938	1, 145	89
769	…	62	593	(1) 507	…	3, 300	3, 436	947	1, 162	90
783	…	63	592	(1) 514	…	3, 370	3, 309	960	1, 169	91
786	…	62	591	(1) 523	…	3, 409	3, 202	963	1, 176	92
787	…	62	595	(1) 534	…	3, 431	3, 055	964	1, 191	93
791	…	62	593	(1) 552	…	3, 437	2, 934	968	1, 207	94
790	…	62	596	(1) 565	…	3, 476	2, 821	967	1, 223	95
797	…	62	598	(1) 576	…	3, 512	2, 714	975	1, 236	96
800	…	62	595	(1) 586	…	3, 546	2, 601	978	1, 243	97
805	…	62	588	(1) 604	…	3, 573	2, 482	983	1, 254	98
810	…	62	585	(1) 622	…	3, 565	2, 361	988	1, 269	99
814	…	62	572	(2) 649	…	3, 551	2, 278	992	1, 283	2000
818	…	62	559	(2) 669	…	3, 495	2, 164	996	1, 290	01
816	…	62	541	(2) 686	…	3, 467	2, 069	993	1, 289	02
818	…	63	525	(2) 702	…	3, 439	1, 955	995	1, 290	03
822	…	63	508	(4) 709	…	3, 444	1, 878	999	1, 280	04
825	…	63	488	(4) 726	…	3, 439	1, 830	1, 002	1, 277	05
831	…	64	(1) 468	(4) 744	…	3, 441	1, 729	1, 006	1, 276	06
…	1, 013	64	(1) 434	(5) 756	…	3, 435	1, 654	…	1, 254	07
…	1, 026	64	(1) 417	(6) 765	…	3, 401	1, 585	…	1, 246	08
…	1, 030	64	(1) 406	(6) 773	…	3, 348	1, 533	…	1, 243	09
…	1, 039	58	(1) 395	(6) 778	…	3, 311	1, 466	…	1, 231	10
…	1, 049	57	(1) 387	(6) 780	…	3, 266	1, 426	…	1, 224	11
…	1, 059	57	(1) 372	(7) 783	…	3, 249	1, 392	…	1, 212	12
…	1, 080	57	(1) 359	(7) 782	…	3, 216	1, 330	…	1, 198	13
…	1, 096	57	(1) 352	(7) 781	…	3, 206	1, 276	…	1, 190	14
…	1, 114	57	(2) 346	(7) 779	…	3, 201	1, 229	…	1, 182	15
…	1, 125	57	(2) 341	(7) 777	…	3, 183	1, 200	…	1, 175	16
…	1, 135	57	(2) 337	(6) 780	…	3, 172	1, 183	…	1, 174	17
…	1, 141	57	(2) 331	(6) 782	…	3, 160	1, 164	…	1, 170	18
…	1, 146	57	(2) 326	(6) 786	…	3, 137	1, 119	…	1, 169	19
…	1, 149	57	(2) 323	(6) 795	…	3, 115	1, 102	…	1, 175	20
…	1, 160	57	(2) 315	(6) 803	…	3, 083	1, 069	…	1, 175	21
…	1, 171	57	(2) 309	(6) 807	…	3, 051	1, 046	…	1, 173	22
…	**1, 178**	**58**	(2) **303**	(6) **810**	…	**3, 020**	**1, 015**	…	**1, 171**	**23**

(1) Not including 6 universities providing correspondence courses only (The Open University of Japan and 5 private university).
(2) Not including 2 junior college providing correspondence course only (2 private junior college).
(3) National Training Institute for Nursing Teachers.
(4) Figures for the National Training Institute for Engineering Teachers.

在　学　者
Students (National, Local

区　分	計 Total	幼稚園 Kindergarten	幼保連携型認定こども園 Integrated center for early childhood education and care	小学校 Elementary school	中学校 Lower secondary school	義務教育学校 Compulsory education school
昭和23年	17, 215, 747	198, 946	…	10, 774, 652	4, 792, 504	…
24	18, 621, 278	228, 807	…	10, 991, 927	5, 186, 188	…
25	19, 427, 182	224, 653	…	11, 191, 401	5, 332, 515	…
26	19, 970, 331	244, 423	…	11, 422, 992	5, 129, 482	…
27	20, 136, 770	370, 667	…	11, 148, 325	5, 076, 495	…
28	20, 799, 743	519, 750	…	11, 225, 469	5, 187, 378	…
29	22, 076, 027	611, 609	…	11, 750, 925	5, 664, 066	…
30	22, 974, 002	643, 683	…	12, 266, 952	5, 883, 692	…
31	23, 607, 342	651, 235	…	12, 616, 311	5, 962, 449	…
32	23, 974, 889	663, 253	…	12, 956, 285	5, 718, 182	…
33	24, 248, 731	673, 879	…	13, 492, 087	5, 209, 951	…
34	24, 357, 495	699, 778	…	13, 374, 700	5, 180, 319	…
35	24, 457, 713	742, 367	…	12, 590, 680	5, 899, 973	…
36	24, 696, 074	799, 085	…	11, 810, 874	6, 924, 693	…
37	24, 696, 411	855, 909	…	11, 056, 915	7, 328, 344	…
38	24, 609, 675	935, 805	…	10, 471, 383	6, 963, 975	…
39	24, 629, 381	1, 060, 968	…	10, 030, 990	6, 475, 693	…
40	24, 481, 274	1, 137, 733	…	9, 775, 532	5, 956, 630	…
41	24, 119, 005	1, 221, 926	…	9, 584, 061	5, 555, 762	…
42	23, 739, 579	1, 314, 607	…	9, 452, 071	5, 270, 854	…
43	23, 453, 082	1, 419, 593	…	9, 383, 182	5, 043, 069	…
44	23, 282, 466	1, 551, 017	…	9, 403, 193	4, 865, 196	…
45	23, 235, 009	1, 674, 625	…	9, 493, 485	4, 716, 833	…
46	23, 335, 987	1, 715, 756	…	9, 595, 021	4, 694, 250	…
47	23, 565, 991	1, 842, 458	…	9, 696, 133	4, 688, 444	…
48	24, 187, 529	2, 129, 471	…	9, 816, 536	4, 779, 593	…
49	24, 641, 093	2, 233, 470	…	10, 088, 776	4, 735, 705	…
50	25, 158, 719	2, 292, 591	…	10, 364, 846	4, 762, 442	…
51	25, 690, 388	2, 371, 422	…	10, 609, 985	4, 833, 902	…
52	26, 186, 777	2, 453, 422	…	10, 819, 651	4, 977, 119	…
53	26, 656, 819	2, 497, 895	…	11, 146, 874	5, 048, 296	…
54	27, 110, 438	2, 486, 604	…	11, 629, 110	4, 966, 972	…
55	27, 451, 909	2, 407, 093	…	11, 826, 573	5, 094, 402	…
56	27, 667, 407	2, 292, 810	…	11, 924, 653	5, 299, 282	…
57	27, 793, 979	2, 227, 615	…	11, 901, 520	5, 623, 975	…
58	27, 828, 833	2, 192, 808	…	11, 739, 452	5, 706, 810	…
59	27, 801, 187	2, 132, 942	…	11, 464, 221	5, 828, 867	…
60	27, 763, 003	2, 067, 951	…	11, 095, 372	5, 990, 183	…
61	27, 541, 049	2, 018, 523	…	10, 665, 404	6, 105, 749	…
62	27, 336, 289	2, 016, 224	…	10, 226, 323	6, 081, 330	…
63	27, 087, 146	2, 041, 820	…	9, 872, 520	5, 896, 080	…

数 （年次別） （4－1）
and Private), 1948 to 2023

高等学校 Upper secondary school	中等教育学校 Secondary school	盲学校 Schools for the blind	聾学校 Schools for the deaf	養護学校 Schools for the other disabled	特別支援学校 Schools for special needs education	区分
1, 203, 963	…	4, 457	7, 930	—	…	1948
1, 624, 625	…	4, 396	9, 964	89	…	49
1, 935, 118	…	5, 155	11, 600	110	…	50
2, 193, 362	…	6, 161	13, 345	165	…	51
2, 342, 869	…	7, 136	14, 784	171	…	52
2, 528, 000	…	7, 901	16, 143	268	…	53
2, 545, 254	…	8, 604	17, 555	326	…	54
2, 592, 001	…	9, 090	18, 694	358	…	55
2, 702, 604	…	9, 460	19, 505	610	…	56
2, 897, 646	…	9, 864	20, 044	1, 701	…	57
3, 057, 190	…	10, 126	20, 397	2, 670	…	58
3, 216, 152	…	10, 264	20, 744	3, 745	…	59
3, 239, 416	…	10, 261	20, 723	4, 794	…	60
3, 118, 896	…	10, 235	20, 489	6, 406	…	61
3, 281, 522	…	10, 127	20, 180	8, 288	…	62
3, 896, 682	…	10, 099	20, 036	10, 398	…	63
4, 634, 407	…	10, 011	19, 890	12, 856	…	64
5, 073, 882	…	9, 933	19, 684	14, 699	…	65
4, 997, 385	…	10, 038	19, 280	17, 012	…	66
4, 780, 628	…	10, 101	18, 650	19, 658	…	67
4, 521, 956	…	9, 955	18, 026	21, 303	…	68
4, 337, 772	…	9, 722	17, 288	23, 173	…	69
4, 231, 542	…	9, 510	16, 586	24, 700	…	70
4, 178, 327	…	9, 412	15, 916	26, 900	…	71
4, 154, 647	…	9, 296	15, 372	29, 840	…	72
4, 201, 223	…	9, 244	15, 119	34, 144	…	73
4, 270, 943	…	8, 938	14, 558	37, 899	…	74
4, 333, 079	…	9, 015	13, 897	40, 636	…	75
4, 386, 218	…	8, 802	13, 342	43, 522	…	76
4, 381, 137	…	8, 579	12, 673	46, 391	…	77
4, 414, 896	…	8, 589	12, 393	50, 792	…	78
4, 484, 870	…	8, 330	11, 911	68, 606	…	79
4, 621, 930	…	8, 113	11, 577	72, 122	…	80
4, 682, 827	…	7, 830	11, 308	74, 931	…	81
4, 600, 551	…	7, 557	10, 786	76, 521	…	82
4, 716, 105	…	7, 273	10, 328	76, 770	…	83
4, 891, 917	…	7, 013	9, 716	78, 139	…	84
5, 177, 681	…	6, 780	9, 404	79, 217	…	85
5, 259, 307	…	6, 551	9, 088	80, 218	…	86
5, 375, 107	…	6, 432	8, 851	80, 745	…	87
5, 533, 393	…	6, 257	8, 538	81, 030	…	88

在　学　者
Students (National, Local

区　分	計 Total	幼稚園 Kindergarten	幼保連携型認定こども園 Integrated center for early childhood education and care	小学校 Elementary school	中学校 Lower secondary school	義務教育学校 Compulsory education school
平成元	26,767,567	2,037,614	…	9,606,627	5,619,297	…
2	26,349,707	2,007,964	…	9,373,295	5,369,162	…
3	25,874,430	1,977,611	…	9,157,429	5,188,314	…
4	25,365,318	1,948,868	…	8,947,226	5,036,840	…
5	24,825,745	1,907,110	…	8,768,881	4,850,137	…
6	24,300,710	1,852,183	…	8,582,871	4,681,166	…
7	23,796,698	1,808,432	…	8,370,246	4,570,390	…
8	23,297,307	1,798,051	…	8,105,629	4,527,400	…
9	22,789,970	1,789,523	…	7,855,387	4,481,480	…
10	22,331,363	1,786,129	…	7,663,533	4,380,604	…
11	21,942,875	1,778,286	…	7,500,317	4,243,762	…
12	21,598,920	1,773,682	…	7,366,079	4,103,717	…
13	21,270,841	1,753,422	…	7,296,920	3,991,911	…
14	20,972,428	1,769,096	…	7,239,327	3,862,849	…
15	20,734,350	1,760,494	…	7,226,910	3,748,319	…
16	20,513,652	1,753,393	…	7,200,933	3,663,513	…
17	20,367,965	1,738,766	…	7,197,458	3,626,415	…
18	20,147,205	1,726,520	…	7,187,417	3,601,527	…
19	19,907,976	1,705,402	…	7,132,874	3,614,552	…
20	19,748,904	1,674,163	…	7,121,781	3,592,378	…
21	19,605,281	1,630,336	…	7,063,606	3,600,323	…
22	19,541,832	1,605,912	…	6,993,376	3,558,166	…
23	19,430,606	1,596,170	…	6,887,292	3,573,821	…
24	19,283,319	1,604,225	…	6,764,619	3,552,663	…
25	19,127,474	1,583,610	…	6,676,920	3,536,182	…
26	18,993,974	1,557,461	…	6,600,006	3,504,334	…
27	19,005,563	1,402,448	281,136	6,543,104	3,465,215	…
28	18,958,205	1,339,761	397,587	6,483,515	3,406,029	12,702
29	18,886,465	1,271,918	505,740	6,448,658	3,333,334	22,370
30	18,799,367	1,207,884	603,954	6,427,867	3,251,670	34,559
令和元	18,678,598	1,145,576	695,214	6,368,550	3,218,137	40,747
2	18,514,962	1,078,496	759,013	6,300,692	3,211,219	49,677
3	18,346,309	1,008,815	796,882	6,223,395	3,229,697	58,568
4	18,127,861	923,295	821,411	6,151,305	3,205,220	67,799
5	**17,897,008**	**841,824**	**843,280**	**6,049,685**	**3,177,508**	**76,045**

(注)1 国・公・私立の合計数である。
2 盲学校，聾学校，養護学校及び特別支援学校は，それぞれ幼稚部・小学部・中学部及び高等部の合計数である。
3 高等学校は，本科・専攻科・別科の合計数である。
4 中等教育学校は，前期課程と後期課程の合計数である。
5 大学，短期大学は学部，本科のほか，大学院・専攻科・別科・その他の学生の合計数である。

数 (年次別) (4－2)
and Private), 1948 to 2023

高等学校 Upper secondary school	中等教育学校 Secondary school	盲学校 Schools for the blind	聾学校 Schools for the deaf	養護学校 Schools for the other disabled	特別支援学校 Schools for special needs education	区分
5, 644, 376	…	6, 006	8, 319	80, 683	…	89
5, 623, 336	…	5, 599	8, 169	79, 729	…	90
5, 454, 929	…	5, 228	8, 149	78, 157	…	91
5, 218, 497	…	4, 919	7, 997	76, 668	…	92
5, 010, 472	…	4, 773	7, 842	75, 426	…	93
4, 862, 725	…	4, 696	7, 557	74, 966	…	94
4, 724, 945	…	4, 611	7, 257	74, 966	…	95
4, 547, 497	…	4, 442	6, 999	74, 852	…	96
4, 371, 360	…	4, 323	6, 841	75, 280	…	97
4, 258, 385	…	4, 199	6, 826	76, 420	…	98
4, 211, 826	236	4, 172	6, 824	77, 818	…	99
4, 165, 434	1, 702	4, 089	6, 818	79, 197	…	2000
4, 061, 756	2, 166	4, 001	6, 829	81, 242	…	01
3, 929, 352	3, 020	3, 926	6, 719	83, 526	…	02
3, 809, 827	4, 736	3, 882	6, 705	85, 886	…	03
3, 719, 048	6, 051	3, 870	6, 573	88, 353	…	04
3, 605, 242	7, 456	3, 809	6, 639	91, 164	…	05
3, 494, 513	11, 648	3, 688	6, 544	94, 360	…	06
3, 406, 561	14, 902	…	…	…	108, 173	07
3, 367, 489	17, 689	…	…	…	112, 334	08
3, 347, 311	20, 544	…	…	…	117, 035	09
3, 368, 693	23, 759	…	…	…	121, 815	10
3, 349, 255	26, 759	…	…	…	126, 123	11
3, 355, 609	28, 644	…	…	…	129, 994	12
3, 319, 640	30, 226	…	…	…	132, 570	13
3, 334, 019	31, 499	…	…	…	135, 617	14
3, 319, 114	32, 317	…	…	…	137, 894	15
3, 309, 342	32, 428	…	…	…	139, 821	16
3, 280, 247	32, 618	…	…	…	141, 944	17
3, 235, 661	32, 325	…	…	…	143, 379	18
3, 168, 369	32, 153	…	…	…	144, 434	19
3, 092, 064	32, 426	…	…	…	144, 823	20
3, 008, 172	32, 756	…	…	…	146, 285	21
2, 956, 900	33, 367	…	…	…	148, 635	22
2, 918, 501	**33, 817**	…	…	…	**151, 362**	**23**

6 高等専門学校は本科のほか，専攻科・その他の学生の合計数である。なお専攻科は平成4年度より設置，その他の学生は平成16年度より計上している。
7 通信教育の学生・生徒は含まれていない。
8 「高等教育」は大学（大学院を含む。），短期大学，国立養護教諭養成所，国立工業教員養成所及び高等専門学校（4・5年生，専攻科及び聴講生等）の合計数である。

在　　　学　　　者
Students (National, Local

区　分	高等専門学校 College of technology	短期大学 Junior college	大学 University	国立養護教諭養成所 (NTINT
昭和23年	…	…	11, 978	…
24	…	…	126, 868	…
25	…	15, 098	224, 923	…
26	…	36, 331	313, 158	…
27	…	53, 230	399, 513	…
28	…	64, 197	446, 927	…
29	…	73, 497	491, 956	…
30	…	77, 885	523, 355	…
31	…	77, 114	547, 253	…
32	…	73, 137	564, 454	…
33	…	71, 254	578, 060	…
34	…	75, 697	597, 697	…
35	…	83, 457	626, 421	…
36	…	93, 361	670, 192	…
37	3, 375	107, 714	727, 104	…
38	8, 560	122, 292	794, 100	…
39	15, 398	127, 904	852, 572	…
40	22, 208	147, 563	937, 556	…
41	28, 795	194, 997	1, 044, 296	291
42	33, 998	234, 748	1, 160, 425	494
43	38, 365	255, 262	1, 270, 189	838
44	41, 637	263, 362	1, 354, 827	955
45	44, 314	263, 219	1, 406, 521	988
46	46, 707	275, 256	1, 468, 538	1, 013
47	47, 853	287, 974	1, 529, 163	1, 039
48	48, 288	309, 824	1, 597, 282	1, 100
49	48, 391	330, 360	1, 659, 338	1, 149
50	47, 955	353, 782	1, 734, 082	1, 076
51	47, 055	364, 880	1, 791, 786	845
52	46, 762	374, 244	1, 839, 363	543
53	46, 636	380, 299	1, 862, 262	243
54	46, 187	373, 996	1, 846, 368	87
55	46, 348	371, 124	1, 835, 312	…
56	46, 468	372, 406	1, 822, 117	…
57	46, 909	374, 273	1, 817, 650	…
58	47, 245	379, 425	1, 834, 493	…
59	47, 527	381, 873	1, 843, 153	…
60	48, 288	371, 095	1, 848, 698	…
61	49, 174	396, 455	1, 879, 532	…
62	50, 078	437, 641	1, 934, 483	…
63	50, 934	450, 436	1, 994, 616	…

数 （年次別） （4－3）
and Private), 1948 to 2023

専修学校 Specialized training college	各種学校 Miscellaneous school	（再掲） 盲・聾・養護学校 Spec. ed. school	（再掲） 高等教育 Higher education	区分
…	221, 317	12, 387	11, 978	1948
…	448, 414	14, 449	126, 868	49
…	486, 609	16, 865	240, 021	50
…	610, 912	19, 671	349, 489	51
…	723, 580	22, 091	452, 743	52
…	803, 710	24, 312	511, 124	53
…	912, 235	26, 485	565, 453	54
…	958, 292	28, 142	601, 240	55
…	1, 020, 801	29, 575	624, 367	56
…	1, 070, 323	31, 609	637, 591	57
…	1, 133, 117	33, 193	649, 314	58
…	1, 178, 399	34, 753	673, 394	59
…	1, 239, 621	35, 778	709, 878	60
国立工業教員養成所(2) 799	1, 241, 044	37, 130	764, 352	61
1, 557	1, 295, 376	38, 595	836, 535	62
2, 312	1, 374, 033	40, 533	919, 175	63
2, 217	1, 386, 475	42, 757	983, 440	64
2, 142	1, 383, 712	44, 316	1, 090, 304	65
1, 780	1, 443, 382	46, 330	1, 248, 629	66
1, 110	1, 442, 235	48, 409	1, 407, 338	67
475	1, 470, 869	49, 284	1, 539, 250	68
…	1, 414, 324	50, 183	1, 632, 515	69
…	1, 352, 686	50, 796	1, 685, 284	70
…	1, 308, 890	52, 228	1, 760, 799	71
…	1, 263, 772	54, 508	1, 835, 335	72
…	1, 245, 705	58, 507	1, 926, 108	73
…	1, 211, 566	61, 395	2, 009, 177	74
…	1, 205, 318	63, 548	2, 107, 074	75
131, 492	1, 087, 137	65, 666	2, 175, 037	76
356, 790	870, 103	67, 643	2, 232, 142	77
406, 613	781, 031	71, 774	2, 260, 519	78
416, 438	770, 959	88, 847	2, 237, 602	79
432, 914	724, 401	91, 812	2, 223, 599	80
472, 808	659, 967	94, 069	2, 211, 760	81
478, 934	627, 688	94, 864	2, 209, 422	82
512, 180	605, 944	94, 371	2, 231, 404	83
536, 545	579, 274	94, 868	2, 242, 556	84
538, 175	530, 159	95, 401	2, 237, 668	85
587, 609	483, 439	95, 857	2, 294, 317	86
653, 026	466, 049	96, 028	2, 390, 770	87
699, 534	451, 988	95, 825	2, 463, 947	88

在 学 者
Students (National, Local

区 分	高等専門学校 College of technology	短期大学 Junior college	大学 University	国立養護教諭養成所 NTINT (
平成元	51, 966	461, 849	2, 066, 962	…
2	52, 930	479, 389	2, 133, 362	…
3	53, 698	504, 087	2, 205, 516	…
4	54, 786	524, 538	2, 293, 269	…
5	55, 453	530, 294	2, 389, 648	…
6	55, 938	520, 638	2, 481, 805	…
7	56, 234	498, 516	2, 546, 649	…
8	56, 396	473, 279	2, 596, 667	…
9	56, 294	446, 750	2, 633, 790	…
10	56, 214	416, 825	2, 668, 086	…
11	56, 436	377, 852	2, 701, 104	…
12	56, 714	327, 680	2, 740, 023	…
13	57, 017	289, 198	2, 765, 705	…
14	57, 349	267, 086	2, 786, 032	…
15	57, 875	250, 062	2, 803, 980	…
16	58, 698	233, 754	2, 809, 295	…
17	59, 160	219, 355	2, 865, 051	…
18	59, 380	202, 254	2, 859, 212	…
19	59, 386	186, 667	2, 828, 708	…
20	59, 446	172, 726	2, 836, 127	…
21	59, 386	160, 976	2, 845, 908	…
22	59, 542	155, 273	2, 887, 414	…
23	59, 220	150, 007	2, 893, 489	…
24	58, 765	141, 970	2, 876, 134	…
25	58, 226	138, 260	2, 868, 872	…
26	57, 677	136, 534	2, 855, 529	…
27	57, 611	132, 681	2, 860, 210	…
28	57, 658	128, 460	2, 873, 624	…
29	57, 601	123, 949	2, 890, 880	…
30	57, 467	119, 035	2, 909, 159	…
令和元	57, 124	113, 013	2, 918, 668	…
2	56, 974	107, 596	2, 915, 605	…
3	56, 905	102, 232	2, 917, 998	…
4	56, 754	94, 713	2, 930, 780	…
5	**56, 576**	**86, 689**	**2, 945, 599**	…

(1) National Training Institute for Nursing Teachers.
(2) Figures for the National Training Institute for Engineering Teachers.
(3) Not including students of correspondence courses.

数　（年次別）（4－4）
and Private), 1948 to 2023

専修学校 Specialized training college	各種学校 Miscellaneous school	（再掲）盲・聾・養護学校 Spec. ed. school	（再掲）高等教育 Higher education	区分
741, 682	442, 186	95, 008	2, 548, 267	89
791, 431	425, 341	93, 497	2, 632, 459	90
834, 713	406, 599	91, 534	2, 729, 678	91
861, 903	389, 807	89, 584	2, 838, 567	92
859, 173	366, 536	88, 041	2, 941, 310	93
837, 102	339, 063	87, 219	3, 024, 258	94
813, 347	321, 105	86, 834	3, 067, 242	95
799, 551	306, 544	86, 293	3, 092, 195	96
788, 996	279, 946	86, 444	3, 102, 565	97
761, 049	253, 093	87, 445	3, 106, 932	98
753, 740	230, 502	88, 814	3, 101, 132	99
750, 824	222, 961	90, 104	3, 090, 211	2000
752, 420	208, 254	92, 072	3, 077, 829	01
765, 558	198, 588	94, 171	3, 076, 412	02
786, 091	189, 583	96, 473	3, 077, 724	03
792, 054	178, 117	98, 796	3, 067, 252	04
783, 783	163, 667	101, 612	3, 108, 939	05
750, 208	149, 934	104, 592	3, 086, 262	06
703, 490	147, 261	…	3, 040, 491	07
657, 502	137, 269	…	3, 034, 027	08
624, 875	134, 981	…	3, 032, 019	09
637, 897	129, 985	…	3, 068, 176	10
645, 834	122, 636	…	3, 069, 019	11
650, 501	120, 195	…	3, 043, 569	12
660, 078	122, 890	…	3, 032, 041	13
659, 452	121, 846	…	3, 016, 314	14
656, 106	117, 727	…	3, 017, 274	15
656, 649	120, 629	…	3, 026, 452	16
655, 254	121, 952	…	3, 039, 283	17
653, 132	123, 275	…	3, 052, 703	18
659, 693	116, 920	…	3, 055, 914	19
661, 174	105, 203	…	3, 066, 949	20
662, 135	102, 469	…	3, 044, 537	21
635, 574	102, 108	…	3, 049, 734	22
607, 951	108, 171	…	3, 053, 191	23

教 員

Full-time Teachers (National,

区分	計 Total	幼稚園 Kindergarten	幼保連携型認定こども園 Integrated center for early childhood education and care	小学校 Elementary school	中学校 Lower secondary school	義務教育学校 Compulsory education school	高等学校 Upper secondary school	中等教育学校 Secondary school	盲学校 Schools for the blind	聾学校 Schools for the deaf
昭和23年	534, 821	5, 917	…	282, 236	169, 283	…	68, 707	…	783	1, 039
24	591, 896	7, 169	…	302, 151	182, 727	…	75, 381	…	990	1, 453
25	610, 411	8, 028	…	305, 520	182, 008	…	82, 932	…	1, 168	1, 791
26	637, 696	9, 245	…	313, 513	181, 184	…	91, 603	…	1, 375	2, 058
27	671, 277	12, 142	…	322, 573	183, 900	…	100, 881	…	1, 520	2, 330
28	695, 335	16, 796	…	323, 362	185, 189	…	105, 316	…	1, 650	2, 575
29	726, 534	21, 607	…	331, 107	193, 014	…	108, 825	…	1, 737	2, 747
30	752, 823	24, 983	…	340, 572	199, 062	…	111, 617	…	1, 839	2, 957
31	767, 286	26, 970	…	345, 326	200, 798	…	113, 849	…	1, 859	3, 082
32	778, 556	28, 344	…	351, 532	195, 615	…	118, 231	…	1, 911	3, 212
33	790, 371	29, 200	…	364, 004	187, 394	…	123, 418	…	1, 942	3, 310
34	805, 097	30, 134	…	368, 077	188, 766	…	128, 394	…	2, 003	3, 430
35	823, 303	31, 330	…	360, 660	205, 988	…	131, 719	…	2, 055	3, 501
36	843, 928	32, 789	…	348, 876	231, 593	…	134, 378	…	2, 104	3, 573
37	862, 276	34, 703	…	340, 838	246, 555	…	140, 186	…	2, 176	3, 627
38	890, 294	37, 041	…	340, 216	245, 952	…	158, 629	…	2, 220	3, 687
39	920, 934	40, 975	…	343, 306	241, 630	…	178, 735	…	2, 266	3, 775
40	943, 458	45, 193	…	345, 118	237, 750	…	193, 524	…	2, 344	3, 871
41	962, 987	49, 821	…	347, 438	233, 986	…	198, 559	…	2, 399	3, 921
42	977, 175	53, 406	…	351, 416	232, 138	…	199, 880	…	2, 451	3, 992
43	993, 111	57, 625	…	356, 012	230, 516	…	199, 971	…	2, 501	4, 081
44	1, 005, 513	62, 481	…	361, 149	227, 407	…	200, 804	…	2, 569	4, 211
45	1, 016, 925	66, 579	…	367, 941	224, 546	…	202, 440	…	2, 682	4, 337
46	1, 031, 376	68, 607	…	374, 883	224, 646	…	204, 541	…	2, 781	4, 428
47	1, 048, 241	72, 797	…	381, 591	225, 836	…	207, 204	…	2, 851	4, 480
48	1, 082, 873	79, 826	…	392, 937	232, 123	…	213, 431	…	2, 990	4, 652
49	1, 106, 223	82, 032	…	403, 939	232, 827	…	218, 107	…	3, 065	4, 712
50	1, 131, 608	85, 680	…	415, 071	234, 844	…	222, 915	…	3, 206	4, 804
51	1, 156, 876	89, 664	…	424, 355	237, 595	…	226, 799	…	3, 201	4, 772
52	1, 185, 011	93, 981	…	433, 168	243, 109	…	230, 613	…	3, 233	4, 746
53	1, 214, 232	97, 549	…	445, 767	247, 741	…	233, 852	…	3, 310	4, 874
54	1, 242, 079	100, 331	…	459, 580	246, 146	…	237, 637	…	3, 346	4, 800
55	1, 267, 044	100, 958	…	467, 953	251, 279	…	243, 592	…	3, 363	4, 755
56	1, 287, 876	100, 229	…	473, 965	258, 487	…	247, 718	…	3, 352	4, 749
57	1, 303, 084	99, 587	…	475, 043	269, 645	…	248, 107	…	3, 378	4, 718
58	1, 313, 427	99, 808	…	473, 987	273, 703	…	252, 714	…	3, 353	4, 709
59	1, 321, 695	99, 170	…	468, 672	278, 933	…	258, 624	…	3, 351	4, 600
60	1, 330, 898	98, 455	…	461, 256	285, 123	…	266, 809	…	3, 328	4, 560
61	1, 335, 690	97, 758	…	454, 760	289, 885	…	270, 630	…	3, 279	4, 537
62	1, 341, 343	98, 095	…	448, 977	292, 057	…	274, 913	…	3, 309	4, 545
63	1, 346, 224	99, 331	…	445, 222	288, 641	…	280, 325	…	3, 325	4, 543

数 （年次別） （２－１）
Local and Private), 1948 to 2023

養護学校 Schools for the other disabled	特別支援学校 Schools for special needs education	高等専門学校 College of technology	短期大学 Junior college	大学 University	国立養護教諭養成所 NTINT (1)	専修学校 Specialized training college	各種学校 Miscellaneous school	（再掲）盲・聾・養護学校 Spec. ed. school	（再掲）高等教育 Higher education	区分
—	…	…	…	…	…	…	6,856	1,822	…	1948
7	…	…	…	7,437	…	…	14,581	2,450	7,437	49
15	…	…	2,124	11,534	…	…	15,291	2,974	13,658	50
15	…	…	2,956	17,475	…	…	18,272	3,448	20,431	51
14	…	…	3,620	23,123	…	…	21,174	3,864	26,743	52
23	…	…	4,221	32,819	…	…	23,384	4,248	37,040	53
24	…	…	5,023	36,489	…	…	25,961	4,508	41,512	54
27	…	…	5,505	38,010	…	…	28,251	4,823	43,515	55
51	…	…	5,687	39,289	…	…	30,375	4,992	44,976	56
178	…	…	6,187	40,444	…	…	32,902	5,301	46,631	57
279	…	…	6,087	41,481	…	…	33,256	5,531	47,568	58
402	…	…	6,161	42,775	…	…	34,955	5,835	48,936	59
534	…	…	6,394	44,434	…	国 …	36,688	6,090	50,828	60
720	…	…	6,743	45,471	…	立 55	37,626	6,397	52,269	61
980	…	298	7,284	47,850	…	工 85	37,694	6,783	55,517	62
1,317	…	680	7,918	50,911	…	業 129	41,594	7,224	59,638	63
1,848	…	1,166	8,704	54,408	…	教 155	43,966	7,889	64,433	64
2,322	…	1,691	9,321	57,445	…	員 155	44,724	8,537	68,612	65
2,864	…	2,198	11,492	62,642	14	養 162	47,491	9,184	76,508	66
3,470	…	2,506	13,449	66,738	26	成 137	47,565	9,913	82,856	67
3,992	…	2,855	14,829	71,786	49	所 79	48,815	10,574	89,598	68
4,682	…	3,081	15,445	74,706	62	(2) …	48,916	11,462	93,294	69
5,310	…	3,245	15,320	76,275	75	…	48,175	12,329	94,915	70
6,126	…	3,369	14,910	78,848	80	…	48,155	13,335	97,207	71
6,985	…	3,513	14,677	80,959	82	…	47,266	14,316	99,231	72
8,630	…	3,605	14,868	83,838	85	…	45,888	16,272	102,396	73
10,489	…	3,652	15,169	86,576	85	…	45,570	18,266	105,482	74
12,089	…	3,691	15,557	89,648	82	…	44,021	20,099	108,978	75
13,254	…	3,711	15,769	92,929	74	6,593	38,160	21,227	112,483	76
14,774	…	3,712	15,917	95,470	47	15,796	30,445	22,753	115,146	77
17,028	…	3,734	16,027	98,173	27	18,214	27,936	25,212	117,961	78
22,796	…	3,713	16,208	100,735	11	19,056	27,720	30,942	120,667	79
25,373	…	3,721	16,372	102,989	…	20,211	26,478	33,491	123,082	80
27,081	…	3,722	16,696	105,117	…	21,867	24,893	35,182	125,535	81
28,271	…	3,751	16,866	107,422	…	22,213	24,083	36,367	128,039	82
29,268	…	3,772	17,202	109,139	…	22,616	23,156	37,330	130,113	83
30,239	…	3,772	17,411	110,662	…	23,530	22,731	38,190	131,845	84
31,340	…	3,770	17,760	112,249	…	24,238	22,010	39,228	133,779	85
32,258	…	3,797	18,205	113,877	…	25,622	21,082	40,074	135,879	86
33,266	…	3,841	18,774	115,863	…	27,171	20,532	41,120	138,478	87
34,293	…	3,881	19,264	118,513	…	28,780	20,106	42,161	141,658	88

教　　　　員
Full-time Teachers (National,

区　分	計 Total	幼稚園 Kindergarten	幼保連携型認定こども園 Integrated center for early childhood education and care	小学校 Elementary school	中学校 Lower secondary school	義務教育学校 Compulsory education school	高等学校 Upper secondary school	中等教育学校 Secondary school	盲学校 Schools for the blind	聾学校 Schools for the deaf
平成元年	1,354,960	100,407	…	445,450	286,301	…	284,461	…	3,346	4,563
2	1,361,434	100,932	…	444,218	286,065	…	286,006	…	3,381	4,605
3	1,370,542	101,493	…	444,903	286,965	…	286,092	…	3,481	4,765
4	1,367,564	102,279	…	440,769	282,737	…	284,409	…	3,572	4,900
5	1,362,577	102,828	…	438,064	278,267	…	282,499	…	3,547	4,884
6	1,357,987	103,014	…	434,945	273,527	…	282,085	…	3,517	4,880
7	1,353,209	102,992	…	430,958	271,020	…	281,117	…	3,528	4,830
8	1,348,675	103,518	…	425,714	270,972	…	278,879	…	3,523	4,830
9	1,343,314	103,839	…	420,901	270,229	…	276,108	…	3,500	4,861
10	1,335,474	104,687	…	415,680	266,729	…	273,307	…	3,479	4,864
11	1,328,218	105,048	…	411,439	262,226	…	271,210	37	3,467	4,883
12	1,320,810	106,067	…	407,598	257,605	…	269,027	124	3,459	4,877
13	1,319,007	106,703	…	407,829	255,494	…	266,548	194	3,439	4,896
14	1,320,257	108,051	…	410,505	253,954	…	262,371	257	3,449	4,920
15	1,320,436	108,822	…	413,890	252,050	…	258,537	380	3,401	4,915
16	1,320,752	109,806	…	414,908	249,794	…	255,605	470	3,409	4,935
17	1,322,460	110,393	…	416,833	248,694	…	251,408	560	3,383	4,974
18	1,323,418	110,807	…	417,858	248,280	…	247,804	818	3,323	4,908
19	1,326,480	111,239	…	418,246	249,645	…	243,953	1,148	…	…
20	1,327,655	111,223	…	419,309	249,509	…	241,226	1,369	…	…
21	1,329,561	110,692	…	419,518	250,771	…	239,342	1,576	…	…
22	1,333,019	110,580	…	419,776	250,899	…	238,929	1,893	…	…
23	1,337,391	110,402	…	419,467	253,104	…	237,526	2,046	…	…
24	1,339,300	110,836	…	418,707	253,753	…	237,224	2,192	…	…
25	1,338,854	111,111	…	417,553	254,235	…	235,062	2,369	…	…
26	1,341,642	111,059	…	416,475	253,832	…	235,306	2,432	…	…
27	1,373,077	101,497	37,461	417,152	253,704	…	234,970	2,509	…	…
28	1,393,092	99,957	57,118	416,973	251,978	934	234,611	2,556	…	…
29	1,412,182	97,840	75,615	418,790	250,060	1,798	233,925	2,610	…	…
30	1,428,614	95,592	92,883	420,659	247,229	3,015	232,802	2,629	…	…
令和元	1,444,067	93,579	109,515	421,935	246,825	3,520	231,319	2,642	…	…
2	1,454,899	91,785	120,785	422,554	246,814	4,486	229,245	2,683	…	…
3	1,462,191	90,140	129,100	422,864	248,253	5,382	226,721	2,721	…	…
4	1,465,670	87,752	136,543	423,440	247,348	6,368	224,734	2,749	…	…
5	**1,471,075**	**85,432**	**142,281**	**424,297**	**247,485**	**7,448**	**223,246**	**2,829**	…	…

(注)1 国・公・私立の合計数である。
2 本務教員である。
3 通信教育の教員は含まれていない。
4 「高等教育」は，大学，短期大学，国立養護教諭養成所，国立工業教員養成所及び高等専門学校の合計数である。

数 （年次別） （2－2）
Local and Private), 1948 to 2023

養護学校 Schools for the other disabled	特別支援学校 Schools for special needs education	高等専門学校 College of technology	短期大学 Junior college	大学 University	国立養護教諭養成所 NTINT (1)	専修学校 Specialized training college	各種学校 Miscellaneous school	（再掲）盲・聾・養護学校 Spec. ed. school	（再掲）高等教育 Higher education	区分
35, 391	…	3, 954	19, 830	121, 140	…	30, 277	19, 840	43, 300	144, 924	89
36, 812	…	4, 003	20, 489	123, 838	…	31, 773	19, 312	44, 798	148, 330	90
39, 147	…	4, 061	20, 933	126, 445	…	33, 512	18, 745	47, 393	151, 439	91
40, 767	…	4, 126	21, 170	129, 024	…	35, 211	18, 600	49, 239	154, 320	92
41, 786	…	4, 184	21, 111	131, 833	…	35, 818	17, 756	50, 217	157, 128	93
42, 720	…	4, 265	20, 964	134, 849	…	36, 073	17, 148	51, 117	160, 078	94
43, 555	…	4, 306	20, 702	137, 464	…	36, 433	16, 304	51, 913	162, 472	95
44, 370	…	4, 345	20, 294	139, 608	…	36, 830	15, 792	52, 723	164, 247	96
45, 630	…	4, 384	19, 885	141, 782	…	37, 220	14, 975	53, 991	166, 051	97
46, 913	…	4, 408	19, 040	144, 310	…	37, 415	14, 642	55, 256	167, 758	98
48, 143	…	4, 433	18, 206	147, 579	…	37, 463	14, 084	56, 493	170, 218	99
49, 211	…	4, 459	16, 752	150, 563	…	37, 656	13, 412	57, 547	171, 774	2000
50, 282	…	4, 467	15, 638	152, 572	…	38, 163	12, 782	58, 617	172, 677	01
51, 497	…	4, 465	14, 491	155, 050	…	39, 062	12, 185	59, 866	174, 006	02
52, 778	…	4, 474	13, 534	156, 155	…	39, 764	11, 736	61, 094	174, 163	03
53, 912	…	4, 473	12, 740	158, 770	…	40, 663	11, 267	62, 256	175, 983	04
55, 275	…	4, 469	11, 960	161, 690	…	41, 776	11, 045	63, 632	178, 119	05
56, 826	…	4, 471	11, 278	164, 473	…	42, 171	10, 401	65, 057	180, 222	06
…	66, 807	4, 453	11, 022	167, 636	…	42, 103	10, 228	…	183, 111	07
…	68, 677	4, 432	10, 521	169, 914	…	41, 602	9, 873	…	184, 867	08
…	70, 518	4, 400	10, 128	172, 039	…	40, 922	9, 655	…	186, 567	09
…	72, 803	4, 373	9, 657	174, 403	…	40, 416	9, 290	…	188, 433	10
…	74, 854	4, 357	9, 274	176, 684	…	40, 509	9, 168	…	190, 315	11
…	76, 387	4, 337	8, 916	177, 570	…	40, 424	8, 954	…	190, 823	12
…	77, 663	4, 336	8, 631	178, 669	…	40, 380	8, 845	…	191, 636	13
…	79, 280	4, 344	8, 438	180, 879	…	40, 774	8, 823	…	193, 661	14
…	80, 905	4, 354	8, 266	182, 723	…	40, 917	8, 619	…	195, 343	15
…	82, 372	4, 284	8, 140	184, 248	…	41, 190	8, 731	…	196, 672	16
…	83, 802	4, 278	7, 924	185, 343	…	41, 368	8, 829	…	197, 545	17
…	84, 600	4, 224	7, 660	187, 163	…	41, 246	8, 912	…	199, 047	18
…	85, 336	4, 169	7, 440	187, 862	…	41, 104	8, 821	…	199, 471	19
…	85, 933	4, 114	7, 211	189, 599	…	40, 824	8, 866	…	200, 924	20
…	86, 141	4, 085	7, 015	190, 448	…	40, 620	8, 668	…	201, 548	21
…	86, 816	4, 025	6, 785	190, 646	…	39, 982	8, 482	…	201, 456	22
…	**87, 869**	**3, 984**	**6, 529**	**191, 878**	…	**39, 306**	**8, 491**	…	**202, 391**	**23**

(1) National Training Institute for Nursing Teachers.
(2) Figures for the National Training Institute for Engineering Teachers.
(3) Not including teachers of correspondence courses.

入　学　者

New Entrants (National,

区分	幼稚園 Kindergarten	幼保連携型認定こども園 Integrated center for early childhood education and care	小学校 Elementary school	義務教育学校 Compulsory education school	高等学校 Upper secondary school	高等専門学校 College of technology	短期大学 Junior college
昭和23年	150, 691	…	2, 054, 956	…	606, 668	…	…
24	184, 715	…	1, 955, 466	…	727, 621	…	…
25	183, 052	…	2, 026, 613	…	722, 736	…	12, 646
26	…	…	1, 820, 201	…	821, 261	…	21, 802
27	285, 548	…	1, 445, 872	…	843, 386	…	29, 513
28	414, 984	…	1, 999, 201	…	883, 719	…	32, 967
29	498, 894	…	2, 553, 530	…	835, 551	…	36, 358
30	517, 889	…	2, 482, 733	…	886, 359	…	37, 544
31	518, 853	…	2, 404, 103	…	976, 270	…	36, 285
32	516, 793	…	2, 168, 317	…	1, 043, 455	…	34, 133
33	518, 793	…	1, 978, 147	…	1, 049, 403	…	34, 888
34	531, 789	…	1, 874, 453	…	1, 118, 220	…	37, 889
35	555, 356	…	1, 760, 960	…	1, 060, 423	…	42, 318
36	583, 924	…	1, 688, 107	…	929, 068	…	47, 278
37	608, 625	…	1, 640, 964	…	1, 265, 757	2, 781	55, 613
38	651, 479	…	1, 576, 861	…	1, 691, 740	5, 107	61, 417
39	719, 519	…	1, 534, 146	…	1, 707, 721	6, 559	61, 070
40	755, 488	…	1, 612, 844	…	1, 699, 480	7, 465	80, 563
41	790, 642	…	1, 568, 223	…	1, 580, 801	7, 681	108, 052
42	839, 528	…	1, 551, 803	…	1, 479, 462	8, 391	121, 263
43	889, 683	…	1, 566, 817	…	1, 439, 239	9, 363	127, 365
44	970, 187	…	1, 593, 870	…	1, 395, 263	9, 937	128, 124
45	1, 011, 640	…	1, 621, 635	…	1, 381, 998	10, 318	126, 659
46	1, 020, 386	…	1, 711, 196	…	1, 391, 153	10, 301	136, 392
47	1, 132, 228	…	1, 666, 498	…	1, 376, 779	10, 015	141, 631
48	1, 257, 909	…	1, 564, 124	…	1, 393, 192	9, 908	154, 771
49	1, 196, 140	…	1, 859, 908	…	1, 483, 981	10, 006	164, 077
50	1, 310, 732	…	1, 891, 543	…	1, 467, 533	9, 540	174, 930
51	1, 348, 187	…	1, 889, 945	…	1, 460, 191	9, 581	174, 683
52	1, 388, 078	…	1, 941, 181	…	1, 480, 811	9, 539	183, 224
53	1, 399, 741	…	2, 012, 899	…	1, 509, 919	9, 637	181, 181
54	1, 366, 172	…	2, 051, 333	…	1, 541, 753	9, 715	176, 979
55	1, 299, 741	…	2, 055, 669	…	1, 628, 069	9, 729	178, 215
56	1, 213, 061	…	1, 987, 310	…	1, 587, 885	9, 764	179, 071
57	1, 177, 305	…	1, 865, 573	…	1, 474, 789	9, 814	179, 601
58	1, 140, 550	…	1, 778, 059	…	1, 740, 335	9, 985	183, 871
59	1, 086, 094	…	1, 735, 943	…	1, 771, 300	9, 968	181, 223
60	1, 043, 684	…	1, 682, 671	…	1, 770, 884	10, 207	173, 503
61	1, 021, 886	…	1, 624, 306	…	1, 817, 582	10, 432	206, 083
62	1, 018, 450	…	1, 546, 854	…	1, 885, 836	10, 439	215, 088
63	1, 022, 126	…	1, 511, 632	…	1, 926, 817	10, 824	218, 036

数 (年次別) (2－1)

Local and Private), 1948 to 2023

大学 University	大学院 Graduate school 修士課程 Master's course	博士課程 Doctor's course	専門職学位課程 Professional Degree course	国立養護教諭養成所 NTINT (1)	専修学校 Specialized training college	各種学校 Miscellaneous school	(再掲) 高等教育 Higher education	区分
…	…	…	…	…	…	…	…	1948
89, 398	…	…	…	…	…	…	89, 398	49
91, 472	…	…	…	…	…	…	104, 118	50
110, 255	…	…	…	…	…	…	132, 057	51
123, 002	…	…	…	…	…	…	152, 515	52
129, 848	…	…	…	…	…	…	162, 815	53
135, 833	…	…	…	…	…	…	172, 191	54
132, 296	3, 870	902	…	…	…	…	174, 612	55
135, 740	3, 632	668	…	…	…	…	176, 325	56
137, 451	3, 457	712	…	…	…	…	175, 753	57
142, 584	3, 536	1, 793	…	…	…	…	182, 801	58
151, 879	3, 172	2, 429	…	…	…	…	195, 369	59
162, 922	3, 460	2, 223	…	…	…	…	210, 923	60
175, 832	3, 688	2, 342	…	…	799	…	229, 939	61
197, 211	4, 247	2, 490	…	…	839	…	260, 560	62
211, 681	5, 449	2, 889	…	…	858	…	282, 607	63
217, 763	6, 778	3, 206	…	…	690	…	289, 956	64
249, 917	8, 341	3, 551	…	79	687	894, 405	345, 745	65
292, 958	10, 309	3, 773	…	212	427	925, 012	420, 523	66
312, 747	10, 684	3, 780	…	207	…	897, 834	454, 752	67
325, 632	10, 974	3, 773	…	313	…	918, 459	474, 867	68
329, 374	11, 999	3, 513	…	329	…	852, 286	480, 353	69
333, 037	12, 357	3, 336	…	328	…	818, 433	483, 838	70
357, 821	13, 129	3, 791	…	336	…	786, 504	519, 988	71
376, 147	14, 723	3, 979	…	382	…	752, 117	545, 909	72
389, 560	14, 457	4, 076	…	391	…	743, 322	572, 482	73
407, 528	14, 448	4, 182	…	392	…	734, 396	600, 012	74
423, 942	15, 770	4, 158	…	302	…	732, 487	628, 091	75
420, 616	16, 941	4, 466	…	156	76, 270	629, 211	625, 681	76
428, 412	16, 687	4, 539	…	86	204, 344	482, 764	642, 271	77
425, 718	16, 258	4, 623	…	…	229, 206	434, 361	636, 497	78
407, 635	16, 187	4, 845	…	…	235, 689	419, 769	614, 315	79
412, 437	16, 844	4, 669	…	…	245, 849	394, 792	620, 923	80
413, 236	17, 857	4, 753	…	…	274, 573	346, 157	623, 763	81
414, 536	19, 717	4, 914	…	…	277, 681	334, 488	627, 732	82
420, 458	20, 549	5, 322	…	…	305, 745	323, 542	639, 149	83
416, 002	22, 201	5, 749	…	…	310, 225	370, 730	634, 275	84
411, 993	23, 594	5, 877	…	…	300, 325	330, 936	624, 095	85
436, 896	25, 164	6, 645	…	…	351, 489	294, 640	684, 358	86
465, 503	26, 644	6, 848	…	…	383, 623	287, 931	723, 550	87
472, 965	27, 342	7, 170	…	…	404, 218	280, 207	735, 277	88

国立工業教員養成所 (2) (1961–1966: 799, 839, 858, 690, 687, 427)

入 学 者

New Entrants (National,

区分	幼稚園 Kindergarten	幼保連携型認定こども園 Integrated center for early childhood education and care	小学校 Elementary school	義務教育学校 Compulsory education school	高等学校 Upper secondary school	高等専門学校 College of technology	短期大学 Junior college
平成元	999, 286	…	1, 511, 870	…	1, 930, 910	10, 986	225, 364
2	968, 422	…	1, 501, 786	…	1, 871, 333	11, 127	235, 195
3	942, 787	…	1, 464, 220	…	1, 760, 619	11, 191	249, 552
4	912, 068	…	1, 410, 441	…	1, 686, 055	11, 300	254, 676
5	868, 932	…	1, 365, 860	…	1, 649, 987	11, 240	254, 953
6	828, 908	…	1, 325, 449	…	1, 606, 178	11, 175	244, 895
7	818, 048	…	1, 300, 033	…	1, 551, 685	11, 313	232, 741
8	805, 144	…	1, 237, 685	…	1, 478, 787	11, 269	220, 875
9	787, 886	…	1, 213, 244	…	1, 446, 104	11, 277	207, 546
10	789, 931	…	1, 217, 059	…	1, 446, 090	11, 306	191, 430
11	768, 764	…	1, 203, 127	…	1, 436, 437	11, 330	168, 973
12	759, 342	…	1, 192, 258	…	1, 400, 228	11, 225	141, 491
13	746, 889	…	1, 232, 206	…	1, 345, 838	11, 315	130, 246
14	737, 211	…	1, 181, 629	…	1, 302, 944	11, 253	121, 441
15	718, 307	…	1, 201, 425	…	1, 268, 027	11, 335	113, 029
16	703, 883	…	1, 191, 708	…	1, 242, 591	11, 572	106, 204
17	692, 013	…	1, 199, 756	…	1, 183, 689	11, 345	99, 431
18	671, 531	…	1, 181, 519	…	1, 157, 291	11, 330	90, 740
19	653, 656	…	1, 176, 236	…	1, 158, 117	11, 112	84, 596
20	630, 169	…	1, 169, 396	…	1, 143, 843	11, 288	77, 339
21	596, 466	…	1, 142, 706	…	1, 130, 034	11, 280	73, 163
22	596, 586	…	1, 122, 283	…	1, 165, 758	10, 936	72, 047
23	591, 458	…	1, 097, 148	…	1, 118, 144	10, 873	68, 432
24	574, 998	…	1, 061, 279	…	1, 134, 515	10, 994	64, 063
25	559, 259	…	1, 088, 481	…	1, 125, 329	10, 856	64, 653
26	544, 306	…	1, 090, 643	…	1, 132, 011	10, 969	61, 699
27	481, 788	209, 480	1, 082, 770	…	1, 114, 281	10, 910	60, 998
28	451, 206	123, 689	1, 066, 375	1, 408	1, 109, 511	10, 948	58, 225
29	421, 062	125, 365	1, 063, 762	2, 481	1, 099, 556	10, 621	56, 432
30	392, 550	129, 649	1, 044, 213	3, 959	1, 072, 925	10, 815	53, 858
令和元	365, 177	133, 555	1, 028, 675	4, 708	1, 048, 733	10, 771	51, 306
2	324, 029	124, 803	1, 018, 315	5, 648	1, 023, 004	10, 745	49, 495
3	290, 021	110, 891	1, 007, 488	6, 527	983, 987	10, 620	45, 585
4	254, 443	106, 325	998, 137	7, 645	1, 000, 600	10, 741	41, 850
5	**222, 694**	**100, 739**	**962, 507**	**7, 922**	**993, 103**	**10, 689**	**37, 484**

(注)1 国・公・私立の合計数である。
2 「小学校」及び「義務教育学校」は第1学年児童数である。
3 「高等学校」及び「短期大学」は本科入学者,「大学」は学部入学者(昭和29年以前は医学及び歯学専門課程の入学者を含む。)である。
4 「大学院」の昭和50年以降については,「修士課程」は修士課程, 博士前期課程及び一貫制博士課程(医歯学を除く。)への入学者であり,「博士課程」は博士後期課程, 一貫制博士課程(医歯学)への入学者である。

数 （年次別） （2－2）
Local and Private), 1948 to 2023

大学 University	大学院 Graduate school 修士課程 Master's course	博士課程 Doctor's course	専門職学位課程 Professional Degree course	国立養護教諭養成所 NTINT (1)	専修学校 Specialized training college	各種学校 Miscellaneous school	(再掲) 高等教育 Higher education	区分
476, 786	28, 177	7, 478	…	…	429, 307	274, 012	747, 837	89
492, 340	30, 733	7, 813	…	…	454, 122	263, 058	776, 160	90
521, 899	34, 927	8, 505	…	…	465, 454	249, 696	825, 337	91
541, 604	38, 709	9, 481	…	…	471, 782	243, 572	855, 198	92
554, 973	44, 401	10, 681	…	…	459, 160	229, 307	876, 042	93
560, 815	50, 852	11, 852	…	…	439, 463	203, 516	879, 447	94
568, 576	53, 842	13, 074	…	…	431, 795	185, 723	879, 386	95
579, 148	56, 567	14, 345	…	…	426, 538	172, 903	881, 983	96
586, 688	57, 065	14, 683	…	…	416, 011	148, 482	876, 797	97
590, 743	60, 241	15, 491	…	…	397, 858	131, 354	868, 790	98
589, 559	65, 382	16, 276	…	…	385, 424	122, 084	850, 958	99
599, 655	70, 336	17, 023	…	…	386, 471	117, 098	839, 369	2000
603, 953	72, 561	17, 128	…	…	386, 688	113, 065	834, 847	01
609, 337	73, 636	17, 234	…	…	398, 049	108, 484	832, 600	02
604, 785	75, 698	18, 232	572	…	407, 239	102, 796	823, 379	03
598, 331	76, 749	17, 944	7, 231	…	400, 035	95, 622	817, 651	04
603, 760	77, 557	17, 553	5, 969	…	386, 836	84, 048	815, 464	05
603, 054	77, 851	17, 131	8, 899	…	358, 241	71, 540	808, 870	06
613, 613	77, 451	16, 926	9, 059	…	334, 417	67, 109	813, 081	07
607, 159	77, 396	16, 271	9, 468	…	306, 225	64, 053	798, 612	08
608, 731	78, 119	15, 901	9, 247	…	297, 730	62, 332	796, 233	09
619, 119	82, 310	16, 471	8, 931	…	318, 324	60, 741	810, 086	10
612, 858	79, 385	15, 685	8, 073	…	312, 371	55, 533	795, 647	11
605, 390	74, 985	15, 557	7, 545	…	313, 321	54, 182	778, 930	12
614, 183	73, 353	15, 491	7, 208	…	319, 527	56, 823	785, 673	13
608, 247	72, 856	15, 418	6, 638	…	311, 023	53, 584	775, 583	14
617, 507	71, 965	15, 283	6, 759	…	312, 821	52, 789	783, 494	15
618, 423	72, 380	14, 972	6, 867	…	309, 415	52, 319	781, 647	16
629, 733	73, 441	14, 766	6, 877	…	312, 752	52, 840	792, 100	17
628, 821	74, 091	14, 903	6, 950	…	310, 220	52, 742	789, 436	18
631, 273	72, 574	14, 976	7, 722	…	320, 349	47, 468	788, 518	19
635, 003	71, 954	14, 659	8, 103	…	315, 451	37, 303	789, 834	20
627, 040	74, 325	14, 629	8, 295	…	308, 229	39, 381	780, 565	21
635, 156	75, 749	14, 382	9, 074	…	285, 914	43, 219	786, 925	22
632, 902	**76, 844**	**15, 014**	**8, 937**	**…**	**272, 889**	**40, 583**	**781, 780**	**23**

5 「専修学校」，「各種学校」は，各年の4月1日から同年5月1日までの入学者（入学後5月1日までの退学者を除く。）である。
6 「高等教育」は，短期大学，大学，大学院修士課程・博士課程・専門職学位課程，国立養護教諭養成所，国立工業教員養成所の入学者及び高等専門学校4年生の合計数である。

(1) National Training Institute for Nursing Teachers.
(2) Figures for the National Training Institute for Engineering Teachers.

卒　　業　　者

New Graduates (National,

区　分	幼　稚　園 Kindergarten	幼保連携型認定こども園 Integrated center for early childhood education and care	中　学　校 Lower secondary school	義務教育学校 Compulsory education school	高等学校 Upper secondary school	中等教育学校 Secondary school 前期課程 Lower division	 後期課程 Upper division	(盲・聾・養護学校)特別支援学校 Special ed. sch. 中学部 Lower sec.dept.	 高等部 Upper sec.dept
昭和23年	150, 880	…	…	…	…	…	…	1, 011	442
24	174, 918	…	…	…	…	…	…	863	454
25	180, 221	…	1, 588, 227	…	253, 278	…	…	947	507
26	…	…	1, 713, 361	…	443, 851	…	…	…	…
27	174, 684	…	1, 682, 239	…	565, 840	…	…	…	…
28	280, 288	…	1, 746, 709	…	585, 767	…	…	1, 094	712
29	435, 906	…	1, 531, 488	…	680, 191	…	…	1, 065	816
30	500, 141	…	1, 663, 184	…	715, 916	…	…	…	773
31	523, 285	…	1, 871, 682	…	755, 847	…	…	1, 542	876
32	512, 310	…	1, 997, 931	…	731, 036	…	…	2, 512	947
33	498, 910	…	1, 895, 967	…	776, 753	…	…	2, 669	1, 018
34	501, 689	…	1, 974, 872	…	854, 377	…	…	2, 903	1, 136
35	506, 150	…	1, 770, 483	…	933, 738	…	…	2, 954	1, 592
36	525, 710	…	1, 401, 646	…	956, 342	…	…	2, 877	1, 595
37	541, 733	…	1, 947, 657	…	1, 016, 171	…	…	2, 928	1, 702
38	574, 024	…	2, 491, 231	…	987, 426	…	…	3, 549	1, 824
39	596, 180	…	2, 426, 802	…	871, 534	…	…	4, 017	1, 797
40	666, 658	…	2, 359, 558	…	1, 160, 075	…	…	4, 267	1, 783
41	693, 900	…	2, 133, 508	…	1, 556, 983	…	…	4, 597	2, 137
42	731, 843	…	1, 947, 237	…	1, 603, 122	…	…	4, 628	2, 282
43	773, 760	…	1, 846, 787	…	1, 601, 499	…	…	4, 738	2, 434
44	825, 437	…	1, 737, 458	…	1, 496, 972	…	…	4, 925	2, 664
45	872, 088	…	1, 667, 064	…	1, 402, 962	…	…	5, 220	2, 622
46	961, 174	…	1, 621, 728	…	1, 359, 654	…	…	4, 921	2, 607
47	972, 221	…	1, 561, 360	…	1, 318, 548	…	…	4, 936	2, 738
48	948, 502	…	1, 542, 904	…	1, 325, 777	…	…	5, 069	3, 075
49	1, 150, 721	…	1, 623, 574	…	1, 336, 839	…	…	5, 304	3, 032
50	1, 201, 244	…	1, 580, 495	…	1, 327, 407	…	…	5, 348	3, 498
51	1, 209, 152	…	1, 563, 868	…	1, 325, 087	…	…	5, 416	3, 908
52	1, 244, 295	…	1, 579, 953	…	1, 403, 343	…	…	5, 451	4, 115
53	1, 290, 023	…	1, 607, 183	…	1, 392, 320	…	…	5, 669	4, 533
54	1, 320, 838	…	1, 635, 460	…	1, 383, 539	…	…	6, 053	4, 830
55	1, 323, 137	…	1, 723, 025	…	1, 399, 292	…	…	7, 168	5, 020
56	1, 279, 727	…	1, 677, 764	…	1, 424, 273	…	…	7, 747	5, 262
57	1, 194, 788	…	1, 556, 578	…	1, 449, 109	…	…	7, 611	5, 654
58	1, 133, 946	…	1, 850, 694	…	1, 519, 424	…	…	9, 710	6, 262
59	1, 108, 844	…	1, 882, 768	…	1, 482, 312	…	…	8, 632	7, 020
60	1, 071, 648	…	1, 882, 034	…	1, 373, 713	…	…	8, 617	6, 917
61	1, 032, 892	…	1, 933, 616	…	1, 620, 425	…	…	8, 912	7, 949
62	984, 168	…	2, 005, 425	…	1, 654, 685	…	…	9, 157	8, 575
63	963, 330	…	2, 044, 923	…	1, 653, 156	…	…	9, 723	8, 835

数 （年次別） （２－１）
Local and Private), 1948 to 2023

高等専門学校 College of technology	短期大学 Junior college	大学 University	大学院 Graduate school 修士課程 Master's course	博士課程 Doctor's course	専門職学位課程 Professional Degree course	国立工業教員養成所 (2)	国立養護教諭養成所 NTINT (1)	専修学校 Specialized training college	各種学校 Miscellaneous school	区分
…	…	…	…	…	…		…	…	268, 518	1948
…	…	…	…	…	…		…	…	372, 582	49
…	…	1, 858	…	…	…		…	…	415, 043	50
…	838	18, 997	…	…	…		…	…	…	51
…	10, 293	28, 122	…	…	…		…	…	…	52
…	17, 385	79, 583	…	…	…		…	…	…	53
…	23, 903	81, 887	…	…	…		…	…	603, 882	54
…	28, 407	94, 735	2, 310		…		…	…	681, 506	55
…	31, 117	107, 867	2, 702		…		…	…	681, 980	56
…	31, 903	113, 622	2, 825		…		…	…	753, 888	57
…	31, 096	116, 083	2, 980		…		…	…	786, 114	58
…	29, 197	117, 974	3, 139		…		…	…	842, 544	59
…	30, 401	119, 809	3, 553		…		…	…	912, 042	60
…	32, 893	121, 979	3, 505		…		…	…	975, 211	61
…	38, 348	128, 153	3, 813		…		…	…	982, 864	62
…	42, 761	138, 479	3, 109	1, 413	…		…	…	1, 101, 799	63
158	50, 995	149, 384	3, 688	2, 128	…	663	…	…	1, 272, 981	64
285	55, 728	162, 349	4, 790	2, 061	…	675	…	…	1, 291, 102	65
433	55, 371	178, 279	6, 104	2, 240	…	713	…	…	1, 300, 920	66
2, 431	74, 695	187, 418	7, 413	2, 407	…	593	…	…	1, 354, 507	67
4, 421	100, 166	194, 628	9, 149	2, 740	…	584	76	…	1, 375, 459	68
5, 616	111, 091	217, 805	9, 350	2, 945	…	452	204	…	1, 393, 453	69
6, 245	114, 803	240, 921	9, 415	3, 152	…		310	…	1, 320, 345	70
6, 282	117, 512	272, 949	10, 823	2, 971	…		302	…	1, 243, 982	71
6, 998	118, 390	292, 946	11, 168	3, 106	…		337	…	1, 220, 051	72
7, 569	125, 593	297, 166	12, 555	2, 791	…		317	…	1, 156, 650	73
8, 100	130, 786	300, 135	13, 832	2, 757	…		320	…	995, 907	74
8, 346	140, 938	313, 072	13, 505	2, 882	…		361	…	1, 095, 262	75
8, 578	150, 863	326, 167	13, 349	3, 082	…		376	…	1, 110, 893	76
8, 125	160, 044	339, 819	14, 900	3, 257	…		387	95, 997	991, 860	77
8, 137	162, 626	356, 981	15, 723	3, 181	…		298	177, 465	924, 010	78
8, 485	170, 816	374, 887	15, 846	3, 444	…		153	194, 870	912, 894	79
7, 951	169, 930	378, 666	15, 258	3, 614	…		86	202, 738	895, 973	80
7, 933	166, 743	386, 057	15, 320	3, 887	…		…	208, 669	878, 808	81
7, 930	167, 170	382, 466	15, 855	3, 969	…		…	231, 075	814, 901	82
8, 139	168, 535	369, 069	16, 733	4, 063	…		…	235, 537	828, 981	83
8, 133	170, 041	372, 247	18, 493	4, 090	…		…	247, 882	799, 522	84
8, 031	174, 624	373, 302	19, 315	4, 358	…		…	262, 716	770, 150	85
8, 293	171, 845	376, 260	21, 021	4, 496	…		…	264, 961	692, 395	86
8, 329	164, 399	382, 655	22, 200	4, 898	…		…	275, 610	679, 702	87
8, 713	196, 110	382, 828	23, 779	5, 330	…		…	306, 460	672, 156	88

卒業者

New Graduates (National,

区分	幼稚園 Kindergarten	幼保連携型認定こども園 Integrated center for early childhood education and care	中学校 Lower secondary school	義務教育学校 Compulsory education school	高等学校 Upper secondary school	中等教育学校 Secondary school 前期課程 Lower division	中等教育学校 Secondary school 後期課程 Upper division	特別支援学校 (盲・聾・養護学校) Special ed. sch. 中学部 Lower sec.dept.	特別支援学校 (盲・聾・養護学校) Special ed. sch. 高等部 Upper sec.dept
平成元	967, 186	…	2, 049, 471	…	1, 700, 789	…	…	9, 365	9, 574
2	961, 842	…	1, 981, 503	…	1, 766, 917	…	…	9, 042	10, 301
3	937, 880	…	1, 860, 300	…	1, 803, 221	…	…	8, 563	10, 938
4	903, 948	…	1, 773, 712	…	1, 807, 175	…	…	8, 105	11, 086
5	872, 061	…	1, 732, 437	…	1, 755, 338	…	…	7, 930	11, 025
6	841, 978	…	1, 680, 006	…	1, 658, 949	…	…	7, 415	10, 798
7	822, 209	…	1, 622, 198	…	1, 590, 720	…	…	7, 307	10, 717
8	777, 675	…	1, 545, 270	…	1, 554, 549	…	…	6, 921	10, 692
9	758, 467	…	1, 510, 994	…	1, 503, 748	…	…	6, 919	10, 621
10	757, 660	…	1, 511, 845	…	1, 441, 061	…	…	7, 114	10, 722
11	741, 362	…	1, 502, 711	…	1, 362, 682	…	…	6, 816	10, 648
12	728, 334	…	1, 464, 760	…	1, 328, 902	40	38	6, 943	11, 223
13	747, 154	…	1, 410, 403	…	1, 326, 844	276	265	6, 835	11, 741
14	707, 642	…	1, 365, 471	…	1, 314, 809	333	270	6, 999	11, 717
15	712, 935	…	1, 325, 208	…	1, 281, 334	514	322	7, 207	12, 287
16	702, 255	…	1, 298, 718	…	1, 235, 012	853	470	7, 465	12, 473
17	700, 745	…	1, 236, 363	…	1, 202, 738	931	513	7, 276	13, 022
18	682, 082	…	1, 211, 242	…	1, 171, 501	1, 257	586	7, 333	13, 853
19	672, 925	…	1, 213, 709	…	1, 147, 159	2, 134	949	7, 680	14, 284
20	662, 958	…	1, 199, 309	…	1, 088, 170	2, 625	1, 018	8, 034	14, 417
21	644, 771	…	1, 188, 032	…	1, 063, 581	3, 178	1, 831	8, 345	14, 966
22	631, 221	…	1, 227, 736	…	1, 069, 129	3, 381	2, 293	8, 948	16, 073
23	611, 036	…	1, 176, 923	…	1, 061, 564	3, 915	2, 510	9, 103	16, 854
24	584, 417	…	1, 195, 204	…	1, 053, 180	4, 773	3, 207	9, 280	17, 707
25	595, 976	…	1, 185, 054	…	1, 088, 124	5, 208	3, 490	9, 568	19, 439
26	590, 632	…	1, 192, 990	…	1, 047, 392	5, 300	3, 951	9, 648	19, 576
27	578, 804	…	1, 174, 529	…	1, 064, 376	5, 279	4, 613	9, 967	20, 532
28	518, 301	73, 369	1, 169, 415	…	1, 059, 266	5, 386	5, 086	10, 221	20, 882
29	496, 269	101, 297	1, 160, 351	1, 474	1, 069, 568	5, 523	5, 087	10, 500	21, 292
30	467, 594	124, 646	1, 133, 016	2, 609	1, 056, 378	5, 515	5, 187	10, 491	21, 657
令和元	439, 907	147, 670	1, 112, 083	3, 856	1, 050, 559	5, 346	5, 248	10, 130	21, 764
2	414, 932	169, 570	1, 087, 468	4, 518	1, 037, 284	5, 430	5, 265	10, 240	22, 515
3	392, 755	188, 349	1, 052, 489	5, 524	1, 012, 007	5, 438	5, 090	9, 836	21, 846
4	371, 564	199, 469	1, 078, 207	6, 656	990, 230	5, 699	4, 879	10, 289	21, 191
5	**340, 610**	**205, 237**	**1, 079, 596**	**7, 505**	**962, 009**	**5, 563**	**4, 948**	**10, 490**	**21, 023**

(注) 1 各年3月卒業者数である。
2 国・公・私立の合計数である。
3 「特別支援学校」は、平成19年度以前は盲学校、聾学校、養護学校の合計値である。
4 「高等学校」，「特別支援学校（平成19年度までは盲・聾・養護学校）（高等部）」，「短期大学」は本科卒業者，「大学」は学部卒業者，「大学院」は研究科卒業者である。

数 (年次別) (2－2)
Local and Private), 1948 to 2023

高等専門学校 College of technology	短期大学 Junior college	大学 University	大学院 Graduate school 修士課程 Master's course	博士課程 Doctor's course	専門職学位課程 Professional Degree course	国立養護教諭養成所 NTINT (1)	専修学校 Specialized training college	各種学校 Miscellaneous school	区分
8, 706	205, 098	376, 688	25, 250	5, 576	…	…	333, 025	658, 091	89
9, 038	208, 358	400, 103	25, 804	5, 812	…	…	350, 360	645, 098	90
9, 257	216, 267	428, 079	26, 815	6, 201	…	…	366, 603	623, 310	91
9, 280	226, 432	437, 878	29, 193	6, 484	…	…	393, 009	598, 651	92
9, 574	240, 916	445, 774	32, 847	6, 765	…	…	404, 462	578, 133	93
9, 898	246, 596	461, 898	36, 581	7, 366	…	…	405, 404	553, 532	94
10, 189	246, 474	493, 277	41, 681	8, 019	…	…	401, 317	497, 953	95
10, 175	236, 557	512, 814	47, 747	8, 968	…	…	385, 522	466, 099	96
10, 232	220, 934	524, 512	50, 430	9, 860	…	…	368, 804	445, 796	97
10, 077	207, 528	529, 606	53, 153	10, 974	…	…	364, 134	422, 721	98
9, 836	193, 190	532, 436	52, 850	12, 192	…	…	335, 755	389, 719	99
9, 849	177, 909	538, 683	56, 038	12, 375	…	…	336, 770	371, 582	2000
9, 833	156, 837	545, 512	60, 635	13, 179	…	…	334, 367	354, 169	01
9, 780	130, 597	547, 711	65, 275	13, 642	…	…	332, 883	340, 852	02
10, 056	119, 151	544, 894	67, 412	14, 512	…	…	335, 784	326, 658	03
10, 011	112, 006	548, 897	69, 073	15, 160	90	…	342, 858	306, 831	04
10, 061	104, 621	551, 016	71, 440	15, 286	649	…	348, 251	296, 753	05
10, 140	99, 611	558, 184	72, 531	15, 973	3, 524	…	344, 538	276, 376	06
10, 207	92, 100	559, 090	73, 993	16, 801	6, 777	…	333, 863	254, 159	07
10, 160	83, 900	555, 690	73, 881	16, 281	8, 034	…	310, 443	234, 655	08
10, 474	78, 056	559, 539	73, 811	16, 463	8, 292	…	292, 798	218, 971	09
10, 126	71, 394	541, 428	73, 220	15, 842	8, 669	…	270, 328	206, 914	10
10, 155	66, 871	552, 358	74, 680	15, 892	8, 812	…	266, 035	202, 383	11
10, 163	65, 682	558, 692	78, 711	16, 260	8, 562	…	267, 350	199, 035	12
10, 101	62, 375	558, 853	76, 511	16, 445	8, 001	…	268, 292	197, 961	13
10, 307	58, 797	565, 573	73, 154	16, 003	7, 611	…	273, 045	203, 363	14
9, 811	59, 435	564, 035	71, 301	15, 684	7, 152	…	277, 800	199, 941	15
9, 764	57, 108	559, 678	71, 016	15, 773	6, 677	…	272, 085	194, 500	16
10, 086	56, 722	567, 763	71, 187	15, 658	6, 758	…	275, 150	194, 553	17
9, 960	54, 598	565, 436	71, 446	15, 658	7, 028	…	272, 348	193, 555	18
10, 009	52, 664	572, 639	73, 169	15, 578	6, 974	…	274, 825	189, 705	19
9, 769	49, 893	573, 947	73, 813	15, 522	7, 076	…	269, 952	186, 761	20
9, 710	46, 779	583, 518	71, 714	15, 968	7, 883	…	269, 397	184, 512	21
9, 943	46, 073	590, 137	71, 766	15, 837	8, 237	…	270, 420	182, 481	22
9, 859	**42, 313**	**590, 162**	**74, 258**	**15, 831**	**8, 301**	…	**263, 344**	**169, 149**	23

5 昭和51年以降の「大学院・修士課程」は，修士課程及び博士前期課程であり，「大学院・博士課程」は博士課程及び一貫制博士課程である。
6 「専修学校」，「各種学校」は，各年5月1日現在調査による前年の4月1日から当該年の3月31日までの卒業者数である。

(1) National Training Institute for Nursing Teachers.
(2) Figures for the National Training Institute for Engineering Teachers.

就学率・進学率
Enrollment and Advancement

区分	幼稚園就園率 (1) Kindergarten	幼保連携型認定こども園就園率 Integrated center for early childhood education and care	義務教育就学率 Compulsory education 学齢児童 Elem.sch.	学齢生徒 Lower sec.sch.	高等学校等への進学率 Upper secondary school level 計 Total	男 Male	女 Female	高等学校の通信制課程の進学者を除く Upper secondary school 計 Total	男 Male
昭和23年	7.3	…	99.64	99.27	…	…	…	…	…
24	8.9	…	99.63	99.08	…	…	…	…	…
25	8.9	…	99.64	99.20	…	…	…	42.5	48.0
26	…	…	99.72	99.47	…	…	…	45.6	51.4
27	12.1	…	99.72	99.51	…	…	…	47.6	52.9
28	14.0	…	99.75	99.91	…	…	…	48.3	52.7
29	17.1	…	99.75	99.91	…	…	…	50.9	55.1
30	20.1	…	99.77	99.92	…	…	…	51.5	55.5
31	21.8	…	99.78	99.91	…	…	…	51.3	55.0
32	23.6	…	99.79	99.93	…	…	…	51.4	54.3
33	25.2	…	99.81	99.93	…	…	…	53.7	56.2
34	26.8	…	99.82	99.93	…	…	…	55.4	57.5
35	28.7	…	99.82	99.93	…	…	…	57.7	59.6
36	31.1	…	99.82	99.93	…	…	…	62.3	63.8
37	33.0	…	99.82	99.92	…	…	…	64.0	65.5
38	36.4	…	99.82	99.92	…	…	…	66.8	68.4
39	38.9	…	99.81	99.91	…	…	…	69.3	70.6
40	41.3	…	99.81	99.91	…	…	…	70.7	71.7
41	44.2	…	99.82	99.90	…	…	…	72.3	73.5
42	47.2	…	99.83	99.90	…	…	…	74.5	75.3
43	49.4	…	99.83	99.90	…	…	…	76.8	77.0
44	51.8	…	99.83	99.90	…	…	…	79.4	79.2
45	53.8	…	99.83	99.89	…	…	…	82.1	81.6
46	56.2	…	99.83	99.89	…	…	…	85.0	84.1
47	58.3	…	99.85	99.89	…	…	…	87.2	86.2
48	60.6	…	99.87	99.89	…	…	…	89.4	88.3
49	61.9	…	99.89	99.90	…	…	…	90.8	89.7
50	63.5	…	99.91	99.91	…	…	…	91.9	91.0
51	64.0	…	99.92	99.92	…	…	…	92.6	91.7
52	64.1	…	99.93	99.93	…	…	…	93.1	92.2
53	64.1	…	99.94	99.94	…	…	…	93.5	92.7
54	64.4	…	99.98	99.98	…	…	…	94.0	93.0
55	64.4	…	99.98	99.98	…	…	…	94.2	93.1
56	64.4	…	99.98	99.99	…	…	…	94.3	93.2
57	64.0	…	99.99	99.98	…	…	…	94.3	93.2
58	63.8	…	99.99	99.99	…	…	…	94.0	92.8
59	63.9	…	99.99	99.99	94.1	93.0	95.3	93.9	92.8
60	63.7	…	99.99	99.99	94.1	93.1	95.3	93.8	92.8
61	63.6	…	99.99	99.98	94.2	93.1	95.3	93.8	92.8
62	63.6	…	99.99	99.98	94.3	93.2	95.4	93.9	92.8
63	63.7	…	99.99	99.99	94.5	93.4	95.7	94.1	92.9

(4−1)
Rate, 1948 to 2023

(単位:%)

(本科)へ level (2)	大学・短期大学等への現役進学率 University & Junior college (3)			大学・短期大学の通信教育部への進学者を除く University & Junior college (4)			区分
女 Female	計 Total	男 Male	女 Female	計 Total	男 Male	女 Female	
…	…	…	…	…	…	…	1948
…	…	…	…	…	…	…	49
36.7	…	…	…	30.3	34.6	17.2	50
39.6	…	…	…	23.6	30.1	12.9	51
42.1	…	…	…	21.6	26.9	13.0	52
43.7	…	…	…	21.5	25.4	15.7	53
46.5	…	…	…	19.7	23.3	14.7	54
47.4	…	…	…	18.4	20.9	14.9	55
47.6	…	…	…	16.0	18.7	12.5	56
48.4	…	…	…	16.1	18.2	13.3	57
51.1	…	…	…	16.5	19.0	13.3	58
53.2	…	…	…	16.9	19.6	13.8	59
55.9	…	…	…	17.2	19.7	14.2	60
60.7	…	…	…	17.9	20.2	15.3	61
62.5	…	…	…	19.3	21.9	16.5	62
65.1	…	…	…	20.9	23.8	17.8	63
67.9	…	…	…	23.4	26.9	19.6	64
69.6	…	…	…	25.4	30.1	20.4	65
71.2	…	…	…	24.5	28.2	20.6	66
73.7	…	…	…	23.7	26.1	21.1	67
76.5	…	…	…	23.1	24.7	21.4	68
79.5	…	…	…	23.2	24.1	22.3	69
82.7	…	…	…	24.2	25.0	23.5	70
85.9	…	…	…	26.8	27.6	25.9	71
88.2	…	…	…	29.2	30.0	28.4	72
90.6	…	…	…	31.2	31.6	30.8	73
91.9	…	…	…	32.2	32.2	32.2	74
93.0	…	…	…	34.2	33.8	34.6	75
93.5	…	…	…	33.9	32.8	35.1	76
94.0	…	…	…	33.2	32.2	34.3	77
94.4	…	…	…	32.8	31.9	33.7	78
95.0	…	…	…	31.9	30.5	33.4	79
95.4	…	…	…	31.9	30.3	33.5	80
95.4	…	…	…	31.4	29.7	33.1	81
95.5	…	…	…	30.9	28.9	32.8	82
95.2	…	…	…	30.1	27.7	32.4	83
95.0	29.6	26.6	32.6	29.6	26.6	32.5	84
94.9	30.5	27.0	33.9	30.5	27.0	33.9	85
94.9	30.3	26.4	34.1	30.3	26.3	34.1	86
95.0	31.0	26.7	35.3	31.0	26.6	35.3	87
95.3	30.9	25.7	36.2	30.9	25.6	36.1	88

就学率・進学率
Enrollment and Advancement

区分	幼稚園就園率 Kindergarten (1)	幼保連携型認定こども園就園率 Integrated center for early childhood education and care	義務教育就学率 Compulsory education 学齢児童 Elem. sch.	学齢生徒 Lower sec. sch.	高等学校等への進学率 Upper secondary school level 計 Total	男 Male	女 Female	高等学校の通信制課程の進学者を除く Upper secondary school 計 Total	男 Male
平成元	64.0	…	99.99	99.99	94.7	93.6	95.9	94.1	93.0
2	64.0	…	99.99	99.99	95.1	94.0	96.2	94.4	93.2
3	64.1	…	99.99	99.99	95.4	94.3	96.4	94.6	93.5
4	64.1	…	99.99	99.99	95.9	94.8	96.9	95.0	93.9
5	63.8	…	99.99	99.99	96.2	95.3	97.2	95.3	94.2
6	63.5	…	99.99	99.99	96.5	95.6	97.5	95.7	94.6
7	63.2	…	99.99	99.99	96.7	95.8	97.6	95.8	94.7
8	62.8	…	99.98	99.98	96.8	95.9	97.8	95.9	94.8
9	62.5	…	99.98	99.98	96.8	95.9	97.7	95.9	94.8
10	62.3	…	99.98	99.98	96.8	96.0	97.8	95.9	94.8
11	61.6	…	99.98	99.98	96.9	96.1	97.7	95.8	94.8
12	61.1	…	99.98	99.98	97.0	96.3	97.7	95.9	95.0
13	60.6	…	99.98	99.98	96.9	96.3	97.6	95.8	95.0
14	59.9	…	99.98	99.98	97.0	96.5	97.5	95.8	95.2
15	59.3	…	99.98	99.98	97.3	96.9	97.7	96.1	95.7
16	58.9	…	99.97	99.98	97.5	97.2	97.8	96.3	96.0
17	58.4	…	99.97	99.98	97.6	97.3	97.9	96.5	96.1
18	57.7	…	99.97	99.98	97.7	97.4	98.0	96.5	96.2
19	57.2	…	99.97	99.98	97.7	97.4	98.0	96.4	96.1
20	56.7	…	99.96	99.97	97.8	97.6	98.1	96.4	96.2
21	56.4	…	99.96	99.97	97.9	97.7	98.2	96.3	96.2
22	56.2	…	99.96	99.97	98.0	97.8	98.3	96.3	96.1
23	55.7	…	99.95	99.96	98.2	98.0	98.5	96.4	96.2
24	55.1	…	99.95	99.96	98.3	98.0	98.6	96.5	96.2
25	54.8	…	99.96	99.96	98.4	98.1	98.7	96.6	96.2
26	54.2	…	99.96	99.96	98.4	98.1	98.7	96.5	96.1
27	53.5	…	99.96	99.97	98.5	98.3	98.8	96.6	96.2
28	48.5	6.9	99.95	99.96	98.7	98.5	99.0	96.6	96.3
29	46.5	9.5	99.95	99.96	98.8	98.6	99.0	96.4	96.1
30	44.6	11.9	99.95	99.96	98.8	98.6	99.0	96.3	96.0
令和元	42.6	14.3	99.96	99.96	98.8	98.7	99.0	95.8	95.6
2	40.5	16.6	99.96	99.96	98.8	98.7	99.0	95.5	95.5
3	38.7	18.6	99.96	99.96	98.9	98.8	99.0	95.0	94.9
4	36.9	19.8	99.96	99.96	98.8	98.7	98.9	94.3	94.5
5	35.1	21.1	99.96	99.96	98.7	98.6	98.8	93.5	94.0

(注) 1 幼稚園就園率：小学校及び義務教育学校第1学年児童数に対する幼稚園修了者数の比率。
2 義務教育就学率：義務教育学齢人口（外国人を除く就学者数＋就学免除・猶予者数＋1年以上居所不明者数）に対する外国人を除く就学者数の比率。
3 高等学校等への進学率：中学校卒業者及び中等教育学校前期課程修了者のうち，高等学校等の本科・別科，高等専門学校に進学した者（就職進学した者を含み，浪人は含まない。）の占める比率。
4 大学・短期大学等への現役進学率：各年3月の高等学校及び中等教育学校後期課程本科卒業者のうち，大学の学部・通信教育部・別科，短期大学の本科・通信教育部・別科及び高等学校等の専攻科に進学した者（就職進学した者を含む。）の占める比率。

(4−2)
Rate, 1948 to 2023

(単位:%)

(本科)へ level (2)	大学・短期大学等への現役進学率 University & Junior college (3)			大学・短期大学の通信教育部への進学者を除く University & Junior college (4)			区分
女 Female	計 Total	男 Male	女 Female	計 Total	男 Male	女 Female	
95. 3	30. 7	24. 6	36. 7	30. 6	24. 5	36. 7	89
95. 6	30. 6	23. 8	37. 3	30. 5	23. 8	37. 2	90
95. 8	31. 7	24. 6	38. 7	31. 6	24. 5	38. 6	91
96. 2	32. 7	25. 2	40. 2	32. 7	25. 1	40. 1	92
96. 5	34. 5	26. 6	42. 4	34. 5	26. 5	42. 3	93
96. 8	36. 1	27. 9	44. 2	36. 0	27. 8	44. 1	94
97. 0	37. 6	29. 7	45. 4	37. 5	29. 6	45. 4	95
97. 1	39. 0	31. 8	46. 0	38. 9	31. 7	46. 0	96
97. 0	40. 7	34. 5	46. 8	40. 6	34. 4	46. 8	97
97. 0	42. 5	37. 2	47. 6	42. 4	37. 2	47. 6	98
96. 9	44. 2	40. 2	48. 1	44. 1	40. 1	48. 1	99
96. 8	45. 1	42. 6	47. 6	45. 1	42. 6	47. 6	2000
96. 7	45. 1	43. 1	47. 1	45. 1	43. 1	47. 1	01
96. 5	44. 9	42. 8	46. 9	44. 8	42. 7	46. 9	02
96. 6	44. 6	42. 7	46. 6	44. 6	42. 7	46. 5	03
96. 7	45. 3	43. 6	47. 1	45. 3	43. 5	47. 0	04
96. 8	47. 3	45. 9	48. 7	47. 2	45. 9	48. 6	05
96. 8	49. 4	48. 1	50. 6	49. 3	48. 1	50. 6	06
96. 6	51. 2	50. 0	52. 5	51. 2	49. 9	52. 4	07
96. 6	52. 9	51. 4	54. 4	52. 8	51. 4	54. 3	08
96. 5	53. 9	52. 3	55. 6	53. 9	52. 3	55. 5	09
96. 5	54. 3	52. 8	56. 0	54. 3	52. 7	55. 9	10
96. 7	53. 9	51. 9	55. 9	53. 9	51. 9	55. 9	11
96. 8	53. 6	51. 6	55. 6	53. 5	51. 6	55. 5	12
96. 9	53. 2	50. 9	55. 6	53. 2	50. 9	55. 5	13
96. 9	53. 9	51. 6	56. 2	53. 8	51. 5	56. 1	14
97. 0	54. 6	52. 2	57. 0	54. 5	52. 2	56. 9	15
96. 9	54. 8	52. 3	57. 4	54. 8	52. 3	57. 3	16
96. 8	54. 8	52. 2	57. 4	54. 8	52. 2	57. 4	17
96. 5	54. 8	51. 9	57. 8	54. 8	51. 8	57. 8	18
96. 0	54. 8	51. 7	57. 9	54. 7	51. 7	57. 9	19
95. 7	55. 9	53. 4	58. 5	55. 8	53. 3	58. 4	20
95. 1	57. 5	55. 3	59. 7	57. 4	55. 3	59. 6	21
94. 1	59. 6	57. 9	61. 4	59. 5	57. 8	61. 3	22
93. 1	60. 9	59. 5	62. 2	60. 8	59. 5	62. 1	23

(1) Kindergarten graduates as a percentage of enrollment in the 1st year of elementary school and compulsory education school.
(2) Excluding those advancing to correspondence courses of upper secondary schools. Figures include completion numbers of lower division of secondary school.
(3) New graduates from upper secondary school who advanced to university and junior college upon graduation, as a percentage of the total upper secondary school graduates for each year. Figures include new graduates of upper division of secondary schools.
(4) Excluding those advancing to correspondence courses of universities and junior colleges.

就　学　率　・　進
Enrollment and Advancement

区　分	高等教育機関への進学率（過年度高卒者等を含む） Higher Education (1)			大学（学部）・短期大学（本科）への進学率（過年度高卒者等を含む） University & Junior college (2)			大学（学部）への（過年度高卒者等 University	
	計 Total	男 Male	女 Female	計 Total	男 Male	女 Female	計 Total	男 Male
昭和23年	…	…	…	…	…	…	…	…
24	…	…	…	…	…	…	…	…
25	…	…	…	…	…	…	…	…
26	…	…	…	…	…	…	…	…
27	…	…	…	…	…	…	…	…
28	…	…	…	…	…	…	…	…
29	…	…	…	10.1	15.3	4.6	7.9	13.3
30	10.1	15.0	5.0	10.1	15.0	5.0	7.9	13.1
31	9.8	14.7	4.9	9.8	14.7	4.9	7.8	13.1
32	11.2	16.8	5.4	11.2	16.8	5.4	9.0	15.2
33	10.7	16.0	5.2	10.7	16.0	5.2	8.6	14.5
34	10.1	15.0	5.1	10.1	15.0	5.1	8.1	13.7
35	10.3	14.9	5.5	10.3	14.9	5.5	8.2	13.7
36	11.8	17.0	6.5	11.8	16.9	6.5	9.3	15.4
37	12.9	18.2	7.4	12.8	18.1	7.4	10.0	16.5
38	15.5	21.8	9.0	15.4	21.7	9.0	12.0	19.8
39	20.0	28.0	11.6	19.9	27.9	11.6	15.5	25.6
40	17.1	22.7	11.4	17.0	22.4	11.3	12.8	20.7
41	16.3	20.6	11.8	16.1	20.2	11.8	11.8	18.7
42	18.1	22.7	13.4	17.9	22.2	13.4	12.9	20.5
43	19.5	24.3	14.5	19.2	23.8	14.4	13.8	22.0
44	21.8	27.2	16.1	21.4	26.6	16.1	15.4	24.7
45	24.0	30.0	17.8	23.6	29.2	17.7	17.1	27.3
46	27.2	33.4	20.8	26.8	32.5	20.8	19.4	30.3
47	30.3	36.7	23.7	29.8	35.7	23.7	21.6	33.5
48	33.2	38.5	26.7	32.7	38.0	27.0	23.4	35.6
49	35.8	41.0	29.4	35.2	40.5	29.8	25.1	38.1
50	39.0	44.1	32.4	38.4	43.6	32.9	27.2	41.0
51	42.7	46.2	39.0	38.6	43.3	33.6	27.3	40.9
52	47.8	48.9	46.6	37.7	41.9	33.3	26.4	39.6
53	50.0	51.6	48.4	38.4	43.1	33.5	26.9	40.8
54	49.6	50.5	48.6	37.4	41.5	33.1	26.1	39.3
55	50.0	51.0	49.0	37.4	41.3	33.3	26.1	39.3
56	49.8	50.8	48.7	36.9	40.5	33.0	25.7	38.6
57	49.2	50.3	48.0	36.3	39.8	32.7	25.3	37.9
58	48.3	49.0	47.5	35.1	37.9	32.2	24.4	36.1
59	49.5	50.3	48.6	35.6	38.3	32.8	24.8	36.4
60	51.7	52.9	50.4	37.6	40.6	34.5	26.5	38.6
61	48.7	48.4	48.9	34.7	35.9	33.5	23.6	34.2
62	51.0	50.8	51.2	36.1	37.1	35.1	24.7	35.3
63	52.5	52.2	52.9	36.7	37.2	36.2	25.1	35.3

学　　率（4－3）
Rate, 1948 to 2023

（単位：%）

進学率 を含む） (3)	短期大学（本科）への進学率（過年度高卒者を含む） Junior college (4)			大学院への進学率 Graduate school (5)			区分
女 Female	計 Total	男 Male	女 Female	計 Total	男 Male	女 Female	
…	…	…	…	…	…	…	1948
…	…	…	…	…	…	…	49
…	…	…	…	…	…	…	50
…	…	…	…	…	…	…	51
…	…	…	…	…	…	…	52
…	…	…	…	…	…	…	53
2.4	2.1	2.0	2.2	…	…	…	54
2.4	2.2	1.9	2.6	…	…	…	55
2.3	2.1	1.6	2.6	…	…	…	56
2.5	2.2	1.6	2.9	…	…	…	57
2.4	2.1	1.4	2.8	…	…	…	58
2.3	2.0	1.3	2.8	…	…	…	59
2.5	2.1	1.2	3.0	…	…	…	60
3.0	2.5	1.5	3.5	…	…	…	61
3.3	2.8	1.6	4.1	…	…	…	62
3.9	3.5	1.9	5.1	…	…	…	63
5.1	4.4	2.3	6.5	…	…	…	64
4.6	4.1	1.7	6.7	4.2	4.7	1.9	65
4.5	4.3	1.5	7.3	5.2	5.7	2.3	66
4.9	5.0	1.6	8.5	5.0	5.5	2.4	67
5.2	5.4	1.7	9.2	4.8	5.3	2.4	68
5.8	6.0	1.9	10.3	4.9	5.5	2.3	69
6.5	6.5	2.0	11.2	4.4	5.1	1.5	70
8.0	7.4	2.2	12.8	3.8	4.4	1.5	71
9.3	8.2	2.2	14.4	4.0	4.6	1.7	72
10.6	9.3	2.4	16.4	4.2	4.7	1.7	73
11.6	10.1	2.4	18.2	4.0	4.6	1.6	74
12.7	11.2	2.6	20.2	4.3	5.1	1.7	75
13.0	11.3	2.4	20.6	4.4	5.2	1.6	76
12.6	11.3	2.3	20.7	4.2	5.0	1.6	77
12.5	11.5	2.3	21.0	4.0	4.7	1.6	78
12.2	11.3	2.1	20.9	3.8	4.5	1.6	79
12.3	11.3	2.0	21.0	3.9	4.7	1.6	80
12.2	11.1	1.9	20.8	4.1	4.9	1.7	81
12.2	11.0	1.9	20.5	4.5	5.3	2.1	82
12.2	10.7	1.8	19.9	4.9	5.8	2.1	83
12.7	10.8	1.9	20.1	5.2	6.2	2.3	84
13.7	11.1	2.0	20.8	5.5	6.5	2.5	85
12.5	11.1	1.8	21.0	5.7	6.7	2.8	86
13.6	11.4	1.8	21.5	6.0	7.1	2.9	87
14.4	11.6	1.8	21.8	6.0	7.3	2.7	88

就 学 率 ・ 進
Enrollment and Advancement

区分	高等教育機関への進学率 (過年度高卒者等を含む) Higher Education (1)			大学（学部）・短期大学（本科）への進学率 (過年度高卒者等を含む) University & Junior college (2)			大学（学部）への (過年度高卒者等 University	
	計 Total	男 Male	女 Female	計 Total	男 Male	女 Female	計 Total	男 Male
平成元	52.8	51.7	54.0	36.3	35.8	36.8	24.7	34.1
2	53.7	52.3	55.2	36.3	35.2	37.4	24.6	33.4
3	55.6	54.0	57.2	37.7	36.3	39.2	25.5	34.5
4	57.2	55.0	59.4	38.9	37.0	40.8	26.4	35.2
5	59.6	56.8	62.5	40.9	38.5	43.4	28.0	36.6
6	62.4	59.3	65.5	43.3	40.9	45.9	30.1	38.9
7	64.7	61.8	67.8	45.2	42.9	47.6	32.1	40.7
8	66.2	63.4	69.1	46.2	44.2	48.3	33.4	41.9
9	67.4	65.0	70.0	47.3	45.8	48.9	34.9	43.4
10	68.3	66.0	70.7	48.2	47.1	49.4	36.4	44.9
11	69.8	67.8	71.8	49.1	48.6	49.6	38.2	46.5
12	70.5	69.0	72.1	49.1	49.4	48.7	39.7	47.5
13	70.1	68.1	72.2	48.6	48.7	48.5	39.9	46.9
14	71.1	69.2	73.1	48.6	48.8	48.5	40.5	47.0
15	72.9	71.6	74.2	49.0	49.6	48.3	41.3	47.8
16	74.5	74.0	75.1	49.9	51.1	48.7	42.4	49.3
17	76.2	75.9	76.5	51.5	53.1	49.8	44.2	51.3
18	75.9	75.2	76.5	52.3	53.7	51.0	45.5	52.1
19	76.3	75.3	77.4	53.7	54.9	52.5	47.2	53.5
20	76.8	75.6	78.0	55.3	56.5	54.1	49.1	55.2
21	77.6	76.3	79.0	56.2	57.2	55.3	50.2	55.9
22	79.7	78.4	81.1	56.8	57.7	56.0	50.9	56.4
23	79.5	77.8	81.4	56.7	57.2	56.1	51.0	56.0
24	79.3	77.4	81.3	56.2	56.8	55.6	50.8	55.6
25	77.9	75.3	81.3	55.1	55.1	55.2	49.9	54.0
26	80.0	77.6	82.5	56.7	57.0	56.5	51.5	55.9
27	79.8	77.0	82.8	56.5	56.4	56.6	51.5	55.4
28	80.0	76.9	83.3	56.8	56.6	57.1	52.0	55.6
29	80.6	77.4	83.9	57.3	56.8	57.7	52.6	55.9
30	81.5	78.1	85.0	57.9	57.3	58.5	53.3	56.3
令和元	82.8	79.6	86.2	58.1	57.6	58.7	53.7	56.6
2	83.5	80.7	86.4	58.6	58.7	58.6	54.4	57.7
3	83.8	80.8	87.0	58.9	59.0	58.8	54.9	58.1
4	83.8	80.7	87.1	60.4	60.6	60.1	56.6	59.7
5	**84.0**	**80.9**	**87.1**	**61.1**	**61.6**	**60.6**	**57.7**	**60.7**

(注)1　高等教育機関への進学率（過年度高卒者等を含む）：大学学部・短期大学本科入学者数（過年度高卒者等を含む），高等専門学校第４学年在学者（国立工業教員養成所入学者（昭和36～41年），国立養護教諭養成所入学者（昭和42～52年）を含む），専修学校（専門課程）入学者を3年前の中学校卒業者数及び中等教育学校前期課程修了者数で除した比率。

2　「過年度高卒者等」とは，高等学校または中等教育学校卒業後１年以上経過した者等である。

3　大学（学部）・短期大学（本科）への進学率（過年度高卒者等を含む）：大学学部・短期大学本科入学者数（過年度高卒者等を含む）を3年前の中学校卒業者数及び中等教育学校前期課程修了者数で除した比率。

4　大学院への進学率：大学学部卒業者のうち，ただちに大学院に進学した者の比率。

学　　率　（4－4）
Rate, 1948 to 2023

（単位：%）

進学率 を含む） (3)	短期大学（本科）への進学率（過年度高卒者を含む） Junior college (4)			大学院への進学率 Graduate school (5)			区分
女 Female	計 Total	男 Male	女 Female	計 Total	男 Male	女 Female	
14.7	11.7	1.7	22.1	6.3	7.6	3.0	89
15.2	11.7	1.7	22.2	6.4	7.7	3.1	90
16.1	12.2	1.8	23.1	6.7	8.1	3.3	91
17.3	12.4	1.8	23.5	7.4	8.8	3.7	92
19.0	12.9	1.9	24.4	8.2	9.8	4.4	93
21.0	13.2	2.0	24.9	9.1	10.9	5.1	94
22.9	13.1	2.1	24.6	9.0	10.7	5.5	95
24.6	12.7	2.3	23.7	9.0	10.7	5.4	96
26.0	12.4	2.3	22.9	8.8	10.6	5.3	97
27.5	11.8	2.2	21.9	9.0	11.0	5.6	98
29.4	10.9	2.1	20.2	9.8	12.0	6.0	99
31.5	9.4	1.9	17.2	10.3	12.8	6.3	2000
32.7	8.6	1.8	15.8	10.3	12.8	6.3	01
33.8	8.1	1.8	14.7	10.6	13.2	6.4	02
34.4	7.7	1.8	13.9	11.0	13.8	6.8	03
35.2	7.5	1.8	13.5	11.4	14.4	7.1	04
36.8	7.3	1.8	13.0	11.6	14.8	7.2	05
38.5	6.8	1.5	12.4	11.7	15.1	7.1	06
40.6	6.5	1.4	11.9	11.6	15.0	7.0	07
42.6	6.3	1.3	11.5	11.8	15.2	7.1	08
44.2	6.0	1.2	11.1	11.8	15.5	6.8	09
45.2	5.9	1.3	10.8	12.9	17.4	7.1	10
45.8	5.7	1.2	10.4	12.3	16.4	7.0	11
45.8	5.4	1.2	9.8	11.3	15.4	6.2	12
45.6	5.3	1.1	9.5	10.9	15.0	6.0	13
47.0	5.2	1.1	9.5	10.8	14.8	5.9	14
47.4	5.1	1.1	9.3	10.7	14.8	5.8	15
48.2	4.9	1.0	8.9	10.7	14.7	5.9	16
49.1	4.7	1.0	8.6	10.7	14.9	5.7	17
50.1	4.6	1.0	8.3	10.6	14.8	5.8	18
50.7	4.4	1.0	7.9	10.3	14.3	5.5	19
50.9	4.2	1.0	7.6	10.1	14.2	5.6	20
51.7	4.0	0.9	7.2	10.6	14.6	5.9	21
53.4	3.7	0.9	6.7	11.0	15.1	6.4	22
54.5	**3.4**	**0.9**	**6.1**	**11.2**	**15.2**	**6.6**	**23**

(1) New entrants to university, junior college, specialized training college (post secondary cource) and students of college of technology in the fourth year, as a percentage of the 18-year old age cohort.
(2) New entrants to university and junior college, as a percentage of the 18-year old age cohort.
(3) New entrants to university as a percentage of the 18-year old age cohort.
(4) New entrants to junior college as a percentage of the 18-year old age cohort.
(5) New entrants who entered upon completion of bachelor's course, as a percentage of the total bachelor's course graduates.

卒 業 者 に 占 め る 就 職 者 の
Percenta Percentage of New Graduates

区 分	中 学 校 Lower secondary school (2)			義務教育学校 Complusory education school			高 等 学 校 Upper secondary school (2)			高等専門学校 College of technology		
	計 Total	男 Male	女 Female	計 Total	男 Male	女 Female	計 Total	男 Male	女 Female	計 Total	男 Male	女 Female
昭和25年	45.2	46.2	44.1	…	…	…	44.9	47.9	35.7	…	…	…
26	46.3	46.7	45.8	…	…	…	46.3	51.7	37.5	…	…	…
27	47.5	47.9	47.0	…	…	…	49.6	54.9	41.1	…	…	…
28	41.7	43.8	39.6	…	…	…	49.0	55.3	39.6	…	…	…
29	40.0	41.9	38.1	…	…	…	48.5	54.8	39.6	…	…	…
30	42.0	43.0	40.9	…	…	…	47.6	54.1	38.6	…	…	…
31	42.6	44.0	41.1	…	…	…	51.7	57.7	43.6	…	…	…
32	43.3	45.0	41.5	…	…	…	58.4	63.6	51.5	…	…	…
33	40.9	42.7	39.0	…	…	…	57.6	62.0	52.1	…	…	…
34	39.8	41.3	38.2	…	…	…	58.1	61.7	53.7	…	…	…
35	38.6	39.7	37.5	…	…	…	61.3	63.7	58.6	…	…	…
36	35.7	36.6	34.8	…	…	…	64.0	65.0	62.9	…	…	…
37	33.5	34.3	32.6	…	…	…	63.9	63.9	63.9	…	…	…
38	30.7	31.2	30.1	…	…	…	63.4	62.5	64.5	…	…	…
39	28.7	29.1	28.4	…	…	…	63.9	61.4	66.7	99.4	99.4	−
40	26.5	26.9	26.0	…	…	…	60.4	57.9	62.9	96.1	96.1	−
41	24.5	24.6	24.4	…	…	…	58.0	56.3	59.7	99.3	99.3	−
42	22.9	23.1	22.7	…	…	…	58.7	56.8	60.8	93.5	93.4	100.0
43	20.9	21.1	20.6	…	…	…	58.9	56.8	61.1	95.4	95.4	96.1
44	18.7	18.9	18.4	…	…	…	58.9	56.6	61.4	96.1	96.1	97.8
45	16.3	16.5	16.1	…	…	…	58.2	55.4	61.2	96.7	96.8	94.4
46	13.7	13.8	13.5	…	…	…	55.9	52.7	59.2	96.2	96.1	98.4
47	11.5	11.4	11.5	…	…	…	53.0	49.5	56.5	94.8	94.7	99.1
48	9.4	9.4	9.4	…	…	…	50.4	46.8	54.0	93.2	93.2	92.1
49	7.7	7.7	7.7	…	…	…	48.0	44.5	51.6	93.0	92.9	96.2
50	5.9	5.9	5.9	…	…	…	44.6	41.1	48.0	90.4	90.3	93.2
51	5.2	5.2	5.2	…	…	…	42.2	39.1	45.2	88.1	88.1	93.3
52	4.8	5.0	4.7	…	…	…	42.5	39.4	45.6	89.8	89.7	95.9
53	4.4	4.6	4.2	…	…	…	42.8	39.9	45.8	87.6	87.6	90.8
54	4.0	4.3	3.6	…	…	…	42.7	39.9	45.6	88.4	88.4	88.3
55	3.9	4.5	3.2	…	…	…	42.9	40.2	45.6	89.1	89.0	92.6
56	3.9	4.7	3.2	…	…	…	43.1	40.4	45.7	89.5	89.5	90.7
57	4.0	4.7	3.2	…	…	…	42.9	40.1	45.6	90.3	90.2	95.0
58	3.9	4.8	3.0	…	…	…	41.5	38.6	44.3	89.6	89.5	93.5
59	3.8	4.6	3.0	…	…	…	41.0	38.2	43.7	89.0	88.9	94.3
60	3.7	4.5	2.9	…	…	…	41.1	38.7	43.4	89.0	89.0	89.1
61	3.6	4.4	2.7	…	…	…	39.5	37.4	41.5	88.9	88.8	94.3
62	3.1	3.9	2.3	…	…	…	36.6	34.6	38.6	88.6	88.5	90.3
63	3.0	3.9	2.0	…	…	…	35.9	34.2	37.7	88.1	87.9	93.1

割　合（2－1）
Entering Employment, 1950 to 2023

(単位：%)

短期大学 Junior college			大学 University			大学院 Graduate school 修士課程 Master's course			博士課程 Doctor's course			専門職学位課程 Professional Degree course			区分
計 Total	男 Male	女 Female	計 Total	男 Male	女 Female	計 Total	男 Male	女 Female	計 Total	男 Male	女 Female	計 Total	男 Male	女 Female	
…	…	…	63.8	64.1	45.2	…	…	…	…	…	…	…	…	…	1950
59.3	66.3	48.3	76.2	74.7	85.6	…	…	…	…	…	…	…	…	…	51
56.7	68.1	42.4	81.0	81.0	81.2	…	…	…	…	…	…	…	…	…	52
60.8	73.4	48.5	79.8	80.2	76.2	…	…	…	…	…	…	…	…	…	53
60.4	72.3	49.2	80.3	81.4	72.8	…	…	…	…	…	…	…	…	…	54
53.5	66.7	42.5	73.9	75.0	67.5	40.0	39.9	41.8				…	…	…	55
52.3	64.4	43.6	73.2	76.0	56.7	45.5	45.9	38.5	修士課程と			…	…	…	56
54.0	67.7	45.5	76.9	80.1	57.2	49.8	50.4	40.5	博士課程の			…	…	…	57
53.5	72.5	43.9	77.4	80.4	59.1	50.1	51.2	35.2	合計			…	…	…	58
55.1	75.0	45.6	79.0	82.3	57.1	46.8	47.8	32.5	Total graduate			…	…	…	59
58.9	79.5	49.8	83.2	86.3	64.1	51.4	52.7	32.9	school			…	…	…	60
62.5	84.6	54.0	85.6	88.4	69.1	51.5	52.7	35.2				…	…	…	61
59.8	82.3	52.2	86.6	89.4	70.0	50.5	51.2	41.0				…	…	…	62
62.1	82.1	55.2	86.2	88.9	70.6	43.3	43.9	36.7	63.4	63.6	60.3	…	…	…	63
64.5	81.4	58.9	85.6	88.3	71.0	46.4	47.8	30.9	55.3	55.3	54.9	…	…	…	64
63.8	84.1	57.4	83.4	86.6	66.7	47.6	48.9	32.4	61.5	62.7	41.4	…	…	…	65
61.3	85.1	54.0	79.9	83.5	61.9	51.0	52.4	35.7	63.7	64.3	52.1	…	…	…	66
60.8	82.6	55.9	80.5	84.3	62.1	53.7	54.7	40.2	57.5	57.8	50.4	…	…	…	67
63.5	82.9	59.9	81.7	85.3	64.0	56.6	58.0	38.2	63.5	63.8	58.5	…	…	…	68
68.0	82.4	65.6	79.0	83.1	61.5	56.5	57.8	38.9	58.8	59.2	53.0	…	…	…	69
70.3	80.5	68.8	78.1	82.8	59.9	56.4	58.1	37.1	62.9	63.6	51.7	…	…	…	70
70.3	76.8	69.2	79.0	83.4	60.8	59.3	61.0	39.4	66.0	66.8	54.8	…	…	…	71
69.8	72.8	69.3	75.7	80.0	57.9	59.1	61.3	34.5	61.2	61.6	54.2	…	…	…	72
73.0	71.5	73.2	75.3	78.9	60.3	57.4	59.6	31.5	60.2	60.6	53.5	…	…	…	73
75.6	75.3	75.6	76.9	80.1	63.9	61.6	63.6	37.9	66.1	67.1	51.9	…	…	…	74
73.3	75.6	73.0	74.3	77.5	62.8	60.4	62.6	36.0	64.5	65.2	53.6	…	…	…	75
69.0	70.5	68.9	70.7	74.5	57.6	55.1	57.3	32.4	60.6	61.4	48.3	…	…	…	76
71.4	73.1	71.3	72.0	75.9	59.4	59.2	61.5	36.1	59.3	60.1	45.0	…	…	…	77
71.0	71.4	70.9	71.9	75.7	60.2	61.8	64.4	33.4	57.1	58.2	40.8	…	…	…	78
72.3	71.4	72.3	73.6	77.0	62.9	64.2	67.0	38.4	60.2	61.4	43.4	…	…	…	79
76.0	71.8	76.4	75.3	78.5	65.7	63.8	67.2	36.2	62.1	63.9	40.0	…	…	…	80
78.0	73.5	78.4	76.2	79.0	67.6	64.8	68.2	37.6	59.2	60.4	44.7	…	…	…	81
77.8	74.2	78.1	76.7	79.1	69.2	66.1	69.8	37.7	61.1	62.6	42.1	…	…	…	82
78.1	73.9	78.4	76.4	78.7	69.4	67.1	71.0	38.4	62.5	64.3	41.9	…	…	…	83
79.1	73.0	79.6	76.7	78.6	70.7	69.4	73.1	43.0	61.6	63.9	41.4	…	…	…	84
80.7	72.6	81.3	77.2	78.8	72.4	69.5	73.1	44.3	64.2	65.7	50.8	…	…	…	85
81.3	69.9	82.2	77.5	78.9	73.4	69.8	73.2	45.0	64.5	66.8	43.2	…	…	…	86
81.0	66.7	82.2	77.1	78.3	73.6	70.1	73.7	44.7	63.2	65.9	42.3	…	…	…	87
82.0	68.7	83.0	77.8	78.8	75.2	70.6	74.2	48.3	65.0	66.9	50.4	…	…	…	88

卒業者に占める就職者の
Percenta Percentage of New Graduates

区分	中学校 Lower secondary school (2) 計 Total		男 Male		女 Female		義務教育学校 Complusory education school 計 Total	男 Male	女 Female	高等学校 Upper secondary school (2) 計 Total		男 Male		女 Female		高等専門学校 College of technology 計 Total	男 Male	女 Female
平成元		2.9		3.8		1.9	…	…	…		35.6		34.2		37.0	86.9	86.6	92.0
2		2.8		3.7		1.8	…	…	…		35.2		34.2		36.2	85.9	85.6	92.3
3		2.6		3.4		1.7	…	…	…		34.4		34.0		34.8	84.2	84.0	86.8
4		2.3		3.1		1.5	…	…	…		33.1		33.3		32.9	82.9	82.6	87.9
5		2.0		2.7		1.3	…	…	…		30.5		31.4		29.6	80.3	79.7	86.5
6		1.7		2.4		1.0	…	…	…		27.7		29.4		26.0	76.1	75.6	80.3
7		1.5		2.2		0.9	…	…	…		25.6		27.9		23.4	74.2	73.6	78.5
8		1.4		2.0		0.8	…	…	…		24.3		26.7		21.9	71.8	71.0	75.9
9		1.4		2.1		0.7	…	…	…		23.5		25.7		21.3	69.6	68.7	74.0
10		1.3		1.9		0.7	…	…	…		22.7		25.0		20.5	66.2	64.9	72.4
11		1.1		1.6		0.6	…	…	…		20.2		22.4		18.1	63.0	61.4	69.6
12	(1.0)	1.0	(1.5)	1.5	(0.5)	0.5	…	…	…	(18.6)	18.6	(20.7)	20.7	(16.5)	16.5	59.7	58.4	65.1
13	(1.0)	1.0	(1.5)	1.5	(0.5)	0.5	…	…	…	(18.4)	18.4	(20.5)	20.5	(16.4)	16.4	59.2	57.5	66.0
14	(0.9)	0.9	(1.3)	1.3	(0.5)	0.5	…	…	…	(17.1)	17.1	(19.1)	19.1	(15.1)	15.1	56.0	54.4	63.2
15	(0.8)	0.8	(1.1)	1.1	(0.4)	0.4	…	…	…	(16.6)	16.6	(18.5)	18.5	(14.7)	14.7	53.6	52.1	60.1
16	(0.7)	0.7	(1.0)	1.0	(0.4)	0.4	…	…	…	(16.9)	16.9	(19.0)	19.1	(14.7)	14.7	54.2	52.8	60.1
17	(0.7)	0.7	(1.0)	1.0	(0.4)	0.4	…	…	…	(17.3)	17.4	(19.8)	19.8	(14.9)	14.9	53.8	52.3	60.4
18	(0.7)	0.7	(1.0)	1.0	(0.4)	0.4	…	…	…	(18.0)	18.0	(20.5)	20.5	(15.4)	15.4	53.8	51.8	63.2
19	(0.7)	0.7	(1.0)	1.0	(0.4)	0.4	…	…	…	(18.5)	18.5	(21.2)	21.2	(15.8)	15.8	54.3	52.3	64.2
20	(0.7)	0.7	(0.9)	0.9	(0.4)	0.4	…	…	…	(19.0)	19.0	(21.8)	21.8	(16.1)	16.1	54.2	52.1	64.4
21	(0.5)	0.5	(0.7)	0.7	(0.3)	0.3	…	…	…	(18.2)	18.2	(21.1)	21.1	(15.2)	15.2	53.6	51.6	63.6
22	(0.4)	0.4	(0.6)	0.6	(0.2)	0.2	…	…	…	(15.7)	15.8	(18.3)	18.4	(13.1)	13.1	51.5	49.2	63.9
23	(0.4)	0.4	(0.6)	0.6	(0.2)	0.2	…	…	…	(16.3)	16.3	(19.3)	19.4	(13.2)	13.3	54.3	52.9	61.8
24	(0.4)	0.4	(0.6)	0.6	(0.2)	0.2	…	…	…	(16.7)	16.8	(19.9)	20.0	(13.5)	13.6	57.6	56.1	65.5
25	(0.4)	0.4	(0.6)	0.6	(0.2)	0.2	…	…	…	(16.9)	17.0	(20.2)	20.3	(13.6)	13.6	58.0	56.2	67.5
26	(0.4)	0.4	(0.6)	0.6	(0.2)	0.2	…	…	…	(17.5)	17.5	(21.0)	21.1	(13.9)	13.9	57.6	56.4	64.1
27	(0.4)	0.4	(0.6)	0.6	(0.1)	0.1	…	…	…	(17.7)	17.8	(21.5)	21.5	(14.0)	14.1	58.3	56.4	67.7
28	(0.3)	0.3	(0.5)	0.5	(0.1)	0.1	…	…	…	(17.8)	17.9	(21.6)	21.7	(14.1)	14.1	57.9	55.4	70.4
29	(0.3)	0.3	(0.4)	0.4	(0.1)	0.1	0.1	0.1	0.1	(17.7)	17.8	(21.4)	21.5	(14.0)	14.0	57.4	55.0	68.5
30	(0.2)	0.2	(0.3)	0.3	(0.1)	0.1	0.2	0.2	0.2	(17.5)	17.6	(21.2)	21.3	(13.8)	13.9	59.6	57.2	70.5
令和元	(0.2)	0.2	(0.3)	0.3	(0.1)	0.1	0.2	0.3	0.1	(17.6)	17.7	(21.4)	21.5	(13.7)	13.8	59.4	56.8	71.2
2	(0.2)	0.2	(0.3)	0.3	(0.1)	0.1	0.2	0.4	0.0	(17.9)	18.0	(21.6)	21.7	(14.1)	14.2	59.3	56.7	70.4
3	(0.2)	0.2	(0.3)	0.3	(0.1)	0.1	0.1	0.2	0.0	(15.7)	15.7	(19.4)	19.5	(11.8)	11.9	57.5	54.7	68.8
4	(0.1)	0.2	(0.2)	0.2	(0.1)	0.1	0.2	0.2	0.2	(14.7)	14.7	(18.2)	18.3	(11.0)	11.1	56.0	53.6	65.3
5	**(0.2)**	**0.2**	**(0.2)**	**0.3**	**(0.1)**	**0.1**	**0.1**	**0.2**	**0.1**	**(14.1)**	**14.2**	**(17.6)**	**17.7**	**(10.5)**	**10.6**	**56.3**	**54.3**	**64.0**

(注)1 各年3月卒業者のうち，就職者(就職進学者を含む。)の占める割合である。
2 ( )内の数値は，中学校卒業者に中等教育学校前期課程修了者を，高等学校卒業者に中等教育学校後期課程卒業者をそれぞれ加えて算出した割合である。

割　合（2－2）
Entering Employment, 1950 to 2022

（単位：%）

短期大学 Junior college			大学 University			大学院 Graduate school 修士課程 Master's course			博士課程 Doctor's course			専門職学位課程 Professional Degree course			区分
計 Total	男 Male	女 Female	計 Total	男 Male	女 Female	計 Total	男 Male	女 Female	計 Total	男 Male	女 Female	計 Total	男 Male	女 Female	
85.1	71.6	86.1	79.6	80.1	78.5	72.2	76.0	48.7	63.5	65.3	49.4	…	…	…	89
87.0	72.9	88.1	81.0	81.0	81.0	73.0	76.8	49.6	65.1	67.4	48.4	…	…	…	90
87.0	73.0	88.0	81.3	81.1	81.8	72.7	76.7	50.3	66.3	68.7	49.7	…	…	…	91
85.7	70.6	86.8	79.9	79.7	80.4	71.2	75.3	49.1	66.6	69.0	51.4	…	…	…	92
79.8	66.3	80.8	76.2	76.5	75.6	69.4	74.1	46.1	66.1	68.6	50.1	…	…	…	93
70.1	61.7	70.7	70.5	71.8	67.6	68.3	73.1	45.9	65.7	67.6	54.5	…	…	…	94
65.4	57.3	66.0	67.1	68.7	63.7	67.3	72.1	46.6	62.6	64.9	50.0	…	…	…	95
65.7	56.1	66.5	65.9	67.1	63.5	66.7	72.0	46.0	62.8	65.5	49.6	…	…	…	96
67.9	56.9	68.9	66.6	67.5	64.8	67.9	73.1	49.1	62.9	65.3	50.7	…	…	…	97
65.7	51.7	67.0	65.6	66.2	64.5	67.2	72.8	48.6	60.9	63.7	48.9	…	…	…	98
59.1	44.4	60.5	60.1	60.3	59.8	64.9	70.3	47.1	58.4	60.9	48.0	…	…	…	99
56.0	41.3	57.4	55.8	55.0	57.1	62.9	68.3	46.6	55.9	58.6	45.2	…	…	…	2000
59.1	44.4	60.5	57.3	55.9	59.6	65.4	70.7	49.7	56.6	59.2	47.9	…	…	…	01
60.3	47.2	61.6	56.9	54.9	60.0	66.4	71.2	52.5	56.4	59.2	47.2	…	…	…	02
59.7	46.4	61.1	55.1	52.6	58.8	64.5	69.3	51.4	54.4	57.4	45.6	…	…	…	03
61.6	47.7	63.2	55.8	53.1	59.7	65.8	70.5	53.6	56.4	59.3	47.9	70.0	77.3	33.3	04
65.0	50.6	66.8	59.7	56.6	64.1	67.7	72.6	55.2	57.2	59.9	49.8	76.9	80.0	67.5	05
67.7	52.1	69.8	63.7	60.5	68.1	70.0	74.8	58.2	57.4	60.3	49.3	33.0	34.8	27.2	06
70.2	54.0	72.3	67.6	64.0	72.3	72.5	77.0	61.7	58.8	61.7	50.8	26.6	28.9	20.3	07
72.0	55.9	74.0	69.9	66.4	74.6	75.1	79.6	64.6	63.2	66.3	55.0	30.5	32.5	25.2	08
69.9	53.1	71.9	68.4	64.6	73.4	74.8	79.4	63.9	64.3	67.8	54.7	30.5	32.1	26.5	09
65.4	48.0	67.3	60.8	56.4	66.6	71.4	76.0	60.7	61.9	65.4	53.2	34.8	36.1	31.2	10
68.2	49.5	70.1	61.6	57.0	67.6	72.6	77.1	61.6	63.9	67.5	55.5	37.5	38.5	34.6	11
70.8	52.1	72.9	63.9	58.9	70.2	73.3	77.9	61.5	67.3	71.8	56.5	43.1	43.6	41.7	12
73.5	54.0	75.7	67.3	62.3	73.4	73.7	78.6	62.0	65.8	70.1	55.8	45.8	46.2	44.8	13
75.2	56.3	77.4	69.8	64.9	75.8	74.4	79.2	62.8	66.0	69.8	57.4	48.4	49.7	44.9	14
78.1	61.3	80.0	72.6	67.8	78.5	76.2	80.8	65.3	67.2	71.5	57.3	52.8	52.9	52.4	15
79.2	61.2	81.2	74.7	69.7	80.7	77.5	81.9	67.0	67.4	71.3	58.8	54.9	55.3	53.8	16
80.8	62.6	82.8	76.1	71.1	82.1	78.2	82.4	68.5	67.7	71.6	58.9	60.0	61.1	57.2	17
81.4	61.9	83.6	77.1	72.3	82.9	78.5	82.6	69.3	67.7	71.8	58.3	64.3	66.3	60.2	18
81.9	62.8	84.0	78.0	73.2	83.6	78.6	82.7	69.3	69.0	72.6	61.2	65.3	66.5	63.0	19
80.6	60.0	82.9	77.7	73.0	83.2	77.9	82.1	68.5	69.8	73.1	62.3	66.8	68.2	64.2	20
77.4	56.6	79.9	74.2	69.2	79.8	75.8	80.3	65.8	68.4	72.2	60.2	65.9	67.6	62.7	21
76.2	54.8	78.9	74.5	69.6	80.0	76.1	80.4	66.9	69.3	73.0	61.1	66.6	68.4	63.2	22
78.3	**60.3**	**80.6**	**75.9**	**71.3**	**81.2**	**77.4**	**81.2**	**69.1**	**70.2**	**73.7**	**63.0**	**68.3**	**69.7**	**65.8**	**23**

(1) including those undertaking further education while in employment.
(2) Figures include completion numbers of lower and upper division of secondary schools.

学 校 土
Total School

区 分	計 Total	幼稚園 Kindergarten	小学校 Elementary school	中学校 Lower secondary school	義務教育学校 Upper secondary school	高等学校 Upper secondary school	中等教育学校 Secondary school	盲学校 Schools for the blind	聾学校 Schools for the deaf
昭和30年	1,978,434	6,426	211,324	156,015	…	116,980	…	616	1,287
35	1,975,460	8,889	234,640	168,313	…	137,469	…	713	1,499
40	2,060,488	11,271	257,128	183,589	…	215,462	…	956	1,768
45	2,124,306	17,500	272,398	187,574	…	216,459	…	1,046	1,977
50	2,258,390	23,863	302,626	199,656	…	259,640	…		8,894
55	2,401,428	34,630	338,369	218,474	…	281,545	…		13,774
60	2,504,900	36,344	364,425	246,121	…	314,352	…		15,451
平成 2	2,562,563	35,752	377,276	255,845	…	328,463	…		21,096
7	2,583,048	39,577	385,790	262,777	…	328,623	…		17,225
12	2,600,906	38,125	386,961	265,387	…	333,108	115		18,431
17	2,598,780	39,213	381,811	265,799	…	333,204	292		18,931
22	2,597,636	40,095	372,235	264,935	…	324,637	697		…
27	2,581,775	45,864	356,339	259,032	…	317,639	859		…
28	2,577,747	47,521	353,373	257,684	…	317,518	859		…
29	2,576,336	48,434	351,428	256,611	73	317,055	859		…
30	2,574,541	49,904	349,380	256,156	73	315,866	855		…
令和元	2,569,566	49,804	347,635	255,306	73	315,649	869		…
2	2,570,791	55,715	345,068	254,175	222	314,710	846		…
3	2,573,221	57,573	342,942	253,272	273	314,596	920		…
4	2,562,361	55,614	341,998	251,804	273	313,561	916		…
5	**2,561,823**	**56,393**	**340,665**	**252,712**	**273**	**313,036**	**916**		…
国 立	1,342,428	239	1,481	1,610	204	624	161		…
公 立	890,789	12,517	334,982	244,035	…	239,170	…		…
私 立	328,606	43,637	4,201	7,068	69	73,242	754		…

(注)1 昭和50年以降の公立の幼・小・中・高・特別支援学校（平成18年度以前は盲・聾・養護学校）は，「公立学校施設実態調査報告」による。
2 借用分を含み，教職員住宅敷地は含まない。（ただし，昭和30年は教職員住宅敷地を含む。）
3 「高等教育」は，大学，短期大学及び高等専門学校の合計である。

学 校 建
Total Floor Spaces of

区 分	計 Total	幼稚園 Kindergarten	小学校 Elementary school	中学校 Lower secondary school	義務教育学校 Compulsory education school	高等学校 Upper secondary school	中等教育学校 Secondary school	盲学校 Schools for the blind	聾学校 Schools for the deaf
昭和30年	93,948	1,522	44,773	22,267	…	13,697	…	165	269
35	113,468	2,286	52,164	26,907	…	17,983	…	197	343
40	138,492	3,291	54,713	33,211	…	27,248	…	248	414
45	165,115	5,217	59,831	36,104	…	34,152	…	326	498
50	192,521	7,450	68,606	39,945	…	39,712	…		2,120
55	236,768	11,028	84,225	46,850	…	47,775	…		3,366
60	269,301	11,691	94,862	54,754	…	55,732	…		4,187
平成 2	291,301	12,037	99,100	59,296	…	59,736	…		4,659
7	308,468	12,594	102,389	61,692	…	62,068	…		5,097
12	321,412	12,169	103,687	63,136	…	64,302	25		5,608
17	331,767	12,694	104,175	63,598	…	64,845	80		5,922
22	338,784	12,815	103,984	64,230	…	64,558	226		…
27	342,076	14,182	102,105	63,826	…	63,717	256		…
28	344,139	15,386	101,783	63,732	…	63,743	255		…
29	345,108	15,802	101,496	63,693	23	63,726	252		…
30	347,056	16,791	101,415	63,653	24	63,699	251		…
令和元	348,451	18,217	101,190	63,654	38	63,744	257		…
2	351,247	19,959	100,822	63,541	58	63,694	253		…
3	354,184	21,940	100,859	63,440	57	63,772	268		…
4	353,561	21,861	100,631	63,311	57	63,559	268		…
5	**355,069**	**21,614**	**100,339**	**63,210**	**58**	**63,454**	**269**		…
国 立	27,670	48	439	424	51	148	50		…
公 立	219,174	3,294	98,193	59,537	…	43,152	…		…
私 立	108,224	18,273	1,707	3,250	6	20,154	219		…

(注)1 昭和50年以降については，国立は「国立大学法人等施設実態報告」，公立の幼・小・中・高・特別支援学校（平成18年度以前は盲・聾・養護学校）は，「公立学校施設実態調査報告」による。
2 借用分を含み，仮設校舎及び教職員住宅等は含まない。（ただし，昭和30年は仮設校舎及び教職員住宅を含む。）
3 「高等教育」は，大学，短期大学及び高等専門学校の合計である。

地　面　積
Sites

（単位：千㎡）(1,000㎡)

養護学校 Schools for the other disabled	特別支援学校 Schools for special needs education	高等専門学校 College of technology	短期大学 Junior college	大学 University	専修学校 Specialized training college	各種学校 Miscellaneous school	（再掲）高等教育 Higher education	区分
61	…	…	6,025	1,469,828	…	9,872	1,475,853	1955
319	…	…	7,219	1,403,184	…	13,215	1,410,404	60
1,169	…	4,055	9,840	1,356,532	…	18,717	1,370,427	65
2,659	…	5,804	16,842	1,380,883	…	21,163	1,403,530	70
	…	6,124	21,525	1,408,361	…	27,701	1,436,010	75
	…	6,087	21,187	1,459,957	9,865	17,540	1,487,231	80
	…	6,126	22,493	1,473,409	12,647	13,533	1,502,028	85
	…	5,981	24,376	1,486,071	17,035	10,668	1,516,428	90
	…	6,284	23,256	1,486,407	19,632	13,476	1,515,947	95
	…	6,307	21,864	1,500,170	20,521	9,917	1,528,342	2000
	…	6,472	16,777	1,506,002	23,452	6,827	1,529,251	05
	20,076	6,332	10,214	1,519,625	32,917	5,871	1,536,171	10
	21,948	6,289	8,662	1,525,968	33,635	5,539	1,540,920	15
	22,367	6,284	7,489	1,523,891	35,302	5,457	1,537,665	16
	22,567	6,284	7,309	1,524,677	35,545	5,493	1,538,270	17
	22,607	6,284	7,332	1,524,492	36,091	5,503	1,538,107	18
	22,776	6,343	7,185	1,522,142	36,402	5,381	1,535,670	19
	22,812	6,337	7,028	1,522,658	34,748	6,472	1,536,023	20
	23,161	6,293	6,711	1,522,848	39,697	6,457	1,535,852	21
	23,316	6,367	6,829	1,521,135	35,106	5,443	1,534,332	22
	23,472	**6,384**	**6,649**	**1,520,675**	**35,243**	**5,406**	**1,533,708**	**23**
	713	5,872	…	1,331,524	…	…	1,337,396	National
	22,503	269	357	21,445	15,476	36	22,071	Local
	257	244	6,292	167,706	19,767	5,370	174,241	Private

4　公立の中等教育学校については，前期課程を「中学校」へ，後期課程を「高等学校」へそれぞれ計上している。
5　幼保連携型認定こども園については，「幼稚園」に含めて計上している。
6　公立の義務教育学校については，1～6学年を「小学校」へ，7～9学年を「中学校」へそれぞれ計上している。
(Note) Local secondary schools are parted into Lower secondary school and Upper secondary school by division.

物　面　積
School Buildings

（単位：千㎡）(1,000㎡)

養護学校 Schools for the other disabled	特別支援学校 Schools for special needs education	高等専門学校 College of technology	短期大学 Junior college	大学 University	専修学校 Specialized training college	各種学校 Miscellaneous school	（再掲）高等教育 Higher education	区分
4	…	…	743	8,446	…	2,062	9,189	1955
58	…	…	887	9,645	…	2,998	10,532	60
200	…	478	1,562	13,237	…	3,890	15,277	65
542	…	1,087	2,919	19,230	…	5,207	23,237	70
	…	1,284	3,664	23,705	…	6,037	28,652	75
	…	1,386	4,283	28,977	5,266	3,612	34,646	80
	…	1,492	5,068	33,426	4,879	3,211	39,986	85
	…	1,587	6,228	38,728	7,009	2,922	46,543	90
	…	1,682	6,588	44,678	8,331	3,349	52,948	95
	…	1,769	6,302	52,909	9,083	2,423	60,979	2000
	…	1,871	4,677	61,319	10,560	2,026	67,868	05
	6,389	1,864	3,463	67,819	11,621	1,815	73,146	10
	7,151	1,866	2,924	73,342	10,954	1,754	78,131	15
	7,238	1,866	2,871	73,841	11,420	1,734	78,578	16
	7,319	1,866	2,782	74,869	11,528	1,753	79,517	17
	7,396	1,868	2,755	75,792	11,644	1,767	80,415	18
	7,451	1,885	2,716	76,017	11,577	1,705	80,619	19
	7,469	1,909	2,647	77,563	11,528	1,803	82,119	20
	7,658	1,906	2,545	78,588	11,339	1,812	83,039	21
	7,684	1,906	2,545	78,588	11,339	1,812	83,039	22
	7,738	**1,914**	**2,466**	**79,133**	**11,284**	**3,589**	**83,514**	**23**
	203	1,731	…	24,576	0	…	26,307	National
	7,483	122	143	6,161	1,084	5	6,426	Local
	52	61	2,323	48,397	10,200	3,584	50,781	Private

4　公立の中等教育学校については，前期課程を「中学校」へ，後期課程を「高等学校」へそれぞれ計上している。
5　幼保連携型認定こども園については，「幼稚園」に含めて計上している。
6　公立の義務教育学校については，1～6学年を「小学校」へ，7～9学年を「中学校」へそれぞれ計上している。
(Note) Local Secondary schools are parted into Lower secondary school and Upper secondary school by division.

長期欠席児童生徒数
Long Absentees in Elementary and Lower Secondary Schools

区分	計 Total	小学校 Elementary school	中学校 Lower secondary school	特別支援学校 Schools for special needs education 小学部 Elementary dept.	中学部 Lower secondary dept.
昭和35年度間 ('60 during the school year)	155,684	79,818	75,866	…	…
40('65)	90,453	40,586	48,640	780	447
45('70)	61,921	31,206	29,325	874	516
50('75)	50,166	24,922	23,584	1,138	522
55('80)	57,430	24,660	29,653	2,017	1,100
60('85)	74,202	21,218	49,948	1,814	1,222
平成 2('90)	94,639	25,491	66,435	1,643	1,070
7('95)	193,342	71,047	116,778	3,485	2,032
12('00)	229,062	78,044	145,526	3,398	2,094
17('05)	192,089	59,053	128,596	2,705	1,735
22('10)	182,442	52,594	124,544	3,209	2,095
26('14)	190,571	57,862	126,850	3,523	2,336
27('15)	200,787	63,091	131,807	3,453	2,436
28('16)	212,323	67,093	139,200	3,543	2,487
29('17)	223,065	72,518	144,522	3,490	2,535
30('18)	246,443	84,033	156,006	3,788	2,616
令和元('19)	259,259	90,089	162,736	3,804	2,630
2	293,483	113,746	174,001	3,268	2,468
3	420,415	180,875	232,875	3,676	2,989
4	**468,471**	**196,676**	**263,972**	**4,336**	**3,487**
By reason					
病気 Disease	79,508	31,955	43,642	2,312	1,599
経済的理由 Economic reason	56	16	20	11	9
不登校 School Non-attendance	300,286	105,112	193,936	398	840
新型コロナウイルスの感染回避 infection avoidance	23,660	16,155	7,505	…	…
その他 Others	64,961	43,438	18,869	1,615	1,039

(注) 1 「長期欠席児童生徒」とは，平成2年度間までは通算50日以上欠席，平成3年度間以降は通算30日以上欠席した児童生徒をいう。
2 「特別支援学校」は，平成17年度間以前は，盲学校，聾学校及び養護学校の合計値である。

資料 平成27年度以降の小・中学校 文部科学省「児童生徒の問題行動・不登校等生徒指導上の諸課題に関する調査」
平成26年度以前、平成27年度以降の特別支援学校 文部科学省「学校基本統計（学校基本調査報告書）」

(Note) Until 1990 "Long absentees" were those pupils who were absent from school for the total of 50 days or more in the school year. From 1991 on, they included those absent for the total of 30 days or more in the school year.

学　校　数
Kindergartens

区分	計 Total	国立 National	公立 Local	私立 Private	うち学校法人立 School corporation	私立の割合（%） Percentage of private
昭和30年('55)	5, 426	32	1, 893	3, 501	532	*64. 5*
昭和35年('60)	7, 207	35	2, 573	4, 599	786	*63. 8*
40('65)	8, 551	35	3, 134	5, 382	1, 027	*62. 9*
45('70)	10, 796	45	3, 908	6, 843	2, 003	*63. 4*
50('75)	13, 106	47	5, 263	7, 796	3, 111	*59. 5*
55('80)	14, 893	48	6, 064	8, 781	4, 818	*59. 0*
60('85)	15, 220	48	6, 269	8, 903	6, 356	*58. 5*
平成 2('90)	15, 076	48	6, 243	8, 785	6, 770	*58. 3*
7('95)	14, 856	49	6, 168	8, 639	6, 986	*58. 2*
12('00)	14, 451	49	5, 923	8, 479	7, 119	*58. 7*
17('05)	13, 949	49	5, 546	8, 354	7, 254	*59. 9*
22('10)	13, 392	49	5, 107	8, 236	7, 332	*61. 5*
27('15)	11, 674	49	4, 321	7, 304	6, 589	*62. 6*
28('16)	11, 252	49	4, 127	7, 076	6, 390	*62. 9*
29('17)	10, 878	49	3, 952	6, 877	6, 219	*63. 2*
30('18)	10, 474	49	3, 737	6, 688	6, 051	*63. 9*
令和元('19)	10, 070	49	3, 483	6, 538	5, 924	*64. 9*
2('20)	9, 698	49	3, 251	6, 398	5, 802	*66. 0*
3('21)	9, 418	49	3, 103	6, 266	5, 681	*66. 5*
4('22)	9, 111	49	2, 910	6, 152	5, 582	*67. 5*
5('23)	**8, 837**	**49**	**2, 744**	**6, 044**	**5, 488**	***68. 4***
本園 Main inst	8, 827	49	2, 736	6, 042	5, 487	*68. 4*
分園 Branch inst	10	−	8	2	1	*20. 0*

園　児　数
Infants

区分	計 Total	国立 National	公立 Local	私立 Private	私立の割合（%） Percentage attending private kindergarten
昭和30年('55)	643, 683	2, 961	237, 994	402, 728	*62. 6*
昭和35年('60)	742, 367	3, 400	228, 045	510, 922	*68. 8*
40('65)	1, 137, 733	3, 472	297, 308	836, 953	*73. 6*
45('70)	1, 674, 625	4, 210	397, 834	1, 272, 581	*76. 0*
50('75)	2, 292, 591	5, 575	565, 146	1, 721, 870	*75. 1*
55('80)	2, 407, 093	6, 357	633, 248	1, 767, 488	*73. 4*
60('85)	2, 067, 951	6, 609	504, 461	1, 556, 881	*75. 3*
平成 2('90)	2, 007, 964	6, 581	433, 242	1, 568, 141	*78. 1*
7('95)	1, 808, 432	6, 778	361, 662	1, 439, 992	*79. 6*
12('00)	1, 773, 682	6, 889	363, 851	1, 402, 942	*79. 1*
17('05)	1, 738, 766	6, 572	348, 945	1, 383, 249	*79. 6*
22('10)	1, 605, 912	6, 215	294, 731	1, 304, 966	*81. 3*
27('15)	1, 402, 448	5, 510	238, 036	1, 158, 902	*82. 6*
28('16)	1, 339, 761	5, 394	223, 066	1, 111, 301	*82. 9*
29('17)	1, 271, 918	5, 288	204, 795	1, 061, 835	*83. 5*
30('18)	1, 207, 884	5, 330	186, 762	1, 015, 792	*84. 1*
令和元('19)	1, 145, 576	5, 243	168, 037	972, 296	*84. 9*
2('20)	1, 078, 496	5, 114	145, 486	927, 896	*86. 0*
3('21)	1, 008, 815	4, 902	128, 534	875, 379	*86. 8*
4('22)	923, 295	4, 751	110, 766	807, 778	*87. 5*
5('23)	**841, 824**	**4, 490**	**97, 889**	**739, 445**	***87. 8***
男 Male	423, 781	2, 213	50, 297	371, 271	*87. 6*
女 Female	418, 043	2, 277	47, 592	368, 174	*88. 1*
3歳児 3-year-olds	247, 124	1, 157	21, 336	224, 631	*90. 9*
4歳児 4-year-olds	281, 127	1, 568	33, 361	246, 198	*87. 6*
5歳児 5-year-olds	313, 573	1, 765	43, 192	268, 616	*85. 7*

(注)3歳児には，満3歳児を含む。

教 員 数
Full-time Teachers by Type of Position

区 分	計 Total	うち女 Female	国立 National	公立 Local	私立 Private	女の割合 (%) Percentage of female
昭和30年('55)	24,983	22,894	91	6,832	18,060	*91.6*
昭和35年('60)	31,330	28,842	103	8,049	23,178	*92.1*
40('65)	45,193	41,948	125	10,328	34,740	*92.8*
45('70)	66,579	62,370	170	14,509	51,900	*93.7*
50('75)	85,680	80,673	237	22,393	63,050	*94.2*
55('80)	100,958	94,920	278	27,576	73,104	*98.9*
60('85)	98,455	92,313	273	26,400	71,782	*93.8*
平成 2('90)	100,932	94,614	278	25,234	75,420	*93.7*
7('95)	102,992	96,757	293	24,921	77,778	*93.9*
12('00)	106,067	99,785	313	25,310	80,444	*94.1*
17('05)	110,393	103,586	332	25,493	84,568	*93.8*
22('10)	110,580	103,330	340	24,170	86,070	*93.4*
27('15)	101,497	94,769	352	21,295	79,850	*93.4*
28('16)	99,957	93,450	341	20,675	78,941	*93.5*
29('17)	97,840	91,444	337	19,836	77,667	*93.5*
30('18)	95,592	89,341	351	18,932	76,309	*93.5*
令和元('19)	93,579	87,386	351	17,866	75,362	*93.4*
2('20)	91,785	85,759	357	16,685	74,743	*93.4*
3('21)	90,140	84,204	354	15,424	74,362	*93.4*
4('22)	87,752	81,961	357	14,355	73,040	*93.4*
5('23)	**85,432**	**79,805**	**360**	**13,616**	**71,456**	***93.4***
園 長 Principal	7,219	4,276	19	1,877	5,323	*59.2*
副園長 Vice-Principal	3,134	2,478	28	407	2,699	*79.1*
教 頭 Vice-Principal	1,236	1,147	11	402	823	*92.8*
主幹教諭 Senior teacher	3,761	3,602	7	276	3,478	*95.8*
指導教諭 Advanced skill teache	1,466	1,405	1	77	1,388	*95.8*
教 諭 Teacher	64,807	63,259	245	8,783	55,779	*97.6*
助教諭 Assistant teacher	1,047	1,024	1	270	776	*97.8*
養護教員 Nursing teacher	385	382	45	247	93	*99.2*
栄養教諭 Diet and nutrition teac	124	120	—	4	120	*96.8*
講 師 Temporary instructor	2,253	2,112	3	1,273	977	*93.7*
(別掲)						
兼務者 Part-time	23,410	21,536	203	4,077	19,130	*92.0*

(注) 本務教員である。

教員の年齢構成 Percentage of Full-time Teachers by Age

(単位：%)

区 分	計 Total 平成25年 (2013)	計 Total 28年 (2016)	計 Total 令和元年 (2019)	男 Male 平成25年 (2013)	男 Male 28年 (2016)	男 Male 令和元年 (2019)	女 Female 平成25年 (2013)	女 Female 28年 (2016)	女 Female 令和元年 (2019)	区 分
計	100.0	100.0	**100.0**	100.0	100.0	**100.0**	100.0	100.0	**100.0**	Total
										Age at 1 Oct.
25歳未満	24.8	25.3	**23.2**	6.3	5.7	**5.9**	26.3	26.8	**24.6**	Under 25
25～30歳未満	22.6	19.5	**18.7**	11.9	8.9	**7.5**	23.4	20.4	**19.5**	25 ～ 29
30～35歳未満	11.1	11.7	**11.1**	8.9	10.5	**10.0**	11.2	11.8	**11.2**	30 ～ 34
35～40歳未満	8.4	8.6	**9.1**	8.3	9.0	**9.6**	8.4	8.5	**9.0**	35 ～ 39
40～45歳未満	7.6	8.5	**9.0**	6.7	7.7	**9.0**	7.7	8.6	**9.0**	40 ～ 44
45～50歳未満	6.5	7.4	**8.7**	6.4	6.8	**8.0**	6.5	7.4	**8.8**	45 ～ 49
50～55歳未満	6.3	6.1	**6.7**	7.6	7.3	**7.3**	6.2	6.0	**6.7**	50 ～ 54
55～60歳未満	6.2	5.9	**5.7**	9.6	9.1	**7.4**	5.9	5.7	**5.6**	55 ～ 59
60歳以上	6.5	7.0	**7.8**	34.4	35.0	**35.3**	4.3	4.8	**5.6**	60 and over
平均年齢（歳）	35.9	36.3	**37.2**	48.4	48.9	**48.9**	34.9	35.4	**36.2**	Average Age

(注) 各年10月1日現在の本務教員数を構成比で示した。
資料 文部科学省「学校教員統計（学校教員統計調査報告書）」

職員数
Full-time Non-teaching Staff

区分	計 Total	うち女 Female	国立 National	公立 Local	私立 Private	女の割合(%) Percentage of female
昭和30年('55)	4, 145	3, 119	50	946	3, 149	*75. 2*
昭和35年('60)	4, 843	3, 426	51	1, 049	3, 743	*70. 7*
40('65)	6, 820	4, 681	60	1, 136	5, 624	*68. 6*
45('70)	11, 274	6, 829	83	1, 772	9, 419	*60. 6*
50('75)	16, 440	9, 324	99	2, 841	13, 500	*56. 7*
55('80)	20, 735	11, 226	82	3, 289	17, 364	*54. 1*
60('85)	20, 993	10, 844	71	3, 181	17, 741	*51. 7*
平成 2('90)	21, 078	10, 375	60	2, 931	18, 087	*49. 2*
7('95)	21, 518	10, 242	51	2, 782	18, 685	*47. 6*
12('00)	20, 728	9, 559	41	2, 466	18, 221	*46. 1*
17('05)	20, 621	9, 503	34	2, 167	18, 420	*46. 1*
22('10)	20, 072	9, 334	45	1, 904	18, 123	*46. 5*
27('15)	18, 176	8, 898	31	1, 654	16, 491	*49. 0*
28('16)	17, 798	8, 709	34	1, 594	16, 170	*48. 9*
29('17)	17, 236	8, 517	35	1, 514	15, 687	*49. 4*
30('18)	17, 022	8, 541	33	1, 455	15, 534	*50. 2*
令和元('19)	16, 709	8, 531	36	1, 382	15, 291	*51. 1*
2('20)	16, 718	8, 785	34	1, 327	15, 357	*52. 5*
3('21)	16, 105	8, 474	39	1, 221	14, 845	*52. 6*
4('22)	15, 702	8, 290	43	1, 123	14, 536	*52. 8*
5('23)	**15, 078**	**7, 983**	**44**	**1, 058**	**13, 976**	***52. 9***
事務職員 Administrative personnel	7, 698	5, 101	30	251	7, 417	*66. 3*
養護職員 School nurse	247	239	1	111	135	*96. 8*
その他 Others	7, 133	2, 643	13	696	6, 424	*37. 1*

(注)1 本務職員である。
2 「その他」とは用務員, 警備員等である。

入園者数
New Entrants

区分	計 Total	3歳 3-year-olds	4歳 4-year-olds	5歳 5-year-olds
昭和30年('55)	517, 889	11, 163	103, 116	403, 610
昭和35年('60)	555, 356	25, 950	157, 758	371, 648
40('65)	755, 488	45, 521	347, 183	362, 784
45('70)	1, 011, 640	66, 294	569, 498	375, 848
50('75)	1, 310, 732	131, 002	821, 585	358, 145
55('80)	1, 299, 741	174, 191	793, 475	332, 075
60('85)	1, 043, 684	210, 662	623, 165	209, 857
平成 2('90)	968, 422	275, 201	542, 759	150, 462
7('95)	818, 048	341, 515	375, 966	100, 567
12('00)	759, 342	370, 237	311, 503	77, 602
17('05)	692, 013	393, 114	242, 647	56, 252
22('10)	596, 586	398, 175	158, 090	40, 321
27('15)	481, 788	353, 472	99, 381	28, 935
28('16)	451, 206	338, 018	86, 368	26, 820
29('17)	421, 062	322, 959	74, 572	23, 531
30('18)	392, 550	309, 329	62, 972	20, 249
令和元('19)	365, 177	293, 406	53, 803	17, 968
2('20)	324, 029	265, 704	43, 346	14, 979
3('21)	290, 021	241, 644	33, 429	14, 948
4('22)	254, 443	212, 220	28, 696	13, 527
5('23)	**222, 694**	**185, 600**	**24, 732**	**12, 362**
男 Male	112, 036	92, 981	12, 715	6, 340
女 Female	110, 658	92, 619	12, 017	6, 022
国立 National	1, 591	1, 157	396	38
公立 Local	38, 428	21, 025	11, 026	6, 377
私立 Private	182, 675	163, 418	13, 310	5, 947

(注)1 当該年4月1日から同5月1日までの入園者数である。
2 平成13年より「3歳」には, 満3歳児を含む。

学 校 数
Integrated Centers for Early Childhood Education and Care

区 分	計 Total	国立 National	公立 Local	私立 Private	うち学校法人立 School corporation	私立の割合(%) Percentage of private
27('15)	1,943	—	374	1,569	772	*80.8*
28('16)	2,822	—	452	2,370	972	*84.0*
29('17)	3,673	—	552	3,121	1,173	*85.0*
30('18)	4,521	—	650	3,871	1,366	*85.6*
令和元('19)	5,276	—	743	4,533	1,513	*85.9*
2('20)	5,847	—	834	5,013	1,642	*85.7*
3('21)	6,269	—	862	5,407	1,764	*86.2*
4('22)	6,657	—	913	5,744	1,862	*86.3*
5('23)	**6,982**	**—**	**948**	**6,034**	**1,954**	***86.4***
本園 Main inst	6,800	—	948	5,852	1,932	*86.1*
分園 Branch inst	182	—	—	182	22	*100.0*

園 児 数
Infants

区 分	計 Total	国立 National	公立 Local	私立 Private	私立の割合(%) Percentage attending private kindergarten
27('15)	281,136	—	43,928	237,208	*84.4*
28('16)	397,587	—	52,012	345,575	*86.9*
29('17)	505,740	—	63,803	441,937	*87.4*
30('18)	603,954	—	75,071	528,883	*87.6*
令和元('19)	695,214	—	85,063	610,151	*87.8*
2('20)	759,013	—	94,721	664,292	*87.5*
3('21)	796,882	—	96,451	700,431	*87.9*
4('22)	821,411	—	97,787	723,624	*88.1*
5('23)	**843,280**	**—**	**98,398**	**744,882**	***88.3***
男 Male	431,327	—	51,084	380,243	*88.2*
女 Female	411,953	—	47,314	364,639	*88.5*
0歳児 0-year-olds	30,180	—	2,494	27,686	*91.7*
1歳児 1-year-olds	97,994	—	9,934	88,060	*89.9*
2歳児 2-year-olds	113,297	—	12,203	101,094	*89.2*
3歳児 3-year-olds	194,674	—	22,336	172,338	*88.5*
4歳児 4-year-olds	200,229	—	24,775	175,454	*87.6*
5歳児 5-year-olds	206,906	—	26,656	180,250	*87.1*

教　員　数
Full-time Teachers by Type of Position

区分	計 Total	うち女 Female	国立 National	公立 Local	私立 Private	女の割合 (%) Percentage of female
27('15)	37, 461	35, 337	—	5, 644	31, 817	*94. 3*
28('16)	57, 118	53, 992	—	7, 014	50, 104	*94. 5*
29('17)	75, 615	71, 600	—	8, 948	66, 667	*94. 7*
30('18)	92, 883	87, 969	—	10, 846	82, 037	*94. 7*
令和元('19)	109, 515	103, 728	—	12, 473	97, 042	*94. 7*
2('20)	120, 785	114, 540	—	13, 914	106, 871	*94. 8*
3('21)	129, 100	122, 305	—	13, 896	115, 204	*94. 7*
4('22)	136, 543	129, 405	—	15, 142	121, 401	*94. 8*
5('23)	**142, 281**	**134, 697**	**—**	**15, 694**	**126, 587**	***94. 7***
園　長 Principal	6, 650	4, 150	—	919	5, 731	*62. 4*
副園長 Vice-Principal	4, 163	3, 316	—	664	3, 499	*79. 7*
教　頭 Vice-Principal	640	568	—	91	549	*88. 8*
主幹保育教諭 Senior teacher for early childhood education and care	10, 027	9, 650	—	840	9, 187	*96. 2*
指導保育教諭 Advanced skill teacher for early childhood education and care	3, 723	3, 577	—	497	3, 226	*96. 1*
保育教諭 Teacher for early childhood education and care	111, 299	107, 838	—	11, 636	99, 663	*96. 9*
助保育教諭 Assistant teacher for early childhood education and care	2, 116	2, 084	—	452	1, 664	*98. 5*
養護教員 Nursing teacher	299	294	—	50	249	*98. 3*
栄養教員 Diet and nutrition teacher	1, 981	1, 955	—	36	1, 945	*98. 7*
講　師 Temporary instructor	1, 383	1, 265	—	509	874	*91. 5*
(別掲)						
兼務者 Part-time	28, 374	27, 674	—	5, 774	22, 600	*97. 5*

(注) 本務教員である。

教員の年齢構成　Percentage of Full-time Teachers by Age　(単位：%)

区分	計 Total 平成28年 (2016)	計 Total 令和元年 (2019)	男 Male 平成28年 (2016)	男 Male 令和元年 (2019)	女 Female 平成28年 (2016)	女 Female 令和元年 (2019)	区分
計	100. 0	**100. 0**	100. 0	**100. 0**	100. 0	**100. 0**	Total
							Age at 1 Oct.
25歳未満	24. 1	**21. 1**	15. 5	**14. 6**	24. 7	**21. 5**	Under 25
25～30歳未満	18. 5	**17. 5**	15. 3	**14. 2**	18. 7	**17. 7**	25 ～ 29
30～35歳未満	13. 0	**13. 1**	14. 5	**15. 0**	12. 8	**12. 9**	30 ～ 34
35～40歳未満	9. 7	**10. 6**	9. 7	**11. 2**	9. 7	**10. 5**	35 ～ 39
40～45歳未満	9. 0	**9. 9**	8. 5	**9. 1**	9. 1	**9. 9**	40 ～ 44
45～50歳未満	7. 7	**8. 7**	5. 8	**7. 1**	7. 8	**8. 8**	45 ～ 49
50～55歳未満	6. 9	**7. 0**	5. 3	**5. 0**	7. 0	**7. 1**	50 ～ 54
55～60歳未満	6. 1	**6. 1**	6. 2	**5. 0**	6. 1	**6. 2**	55 ～ 59
60歳以上	5. 0	**6. 1**	19. 2	**19. 0**	4. 1	**5. 3**	60 and over
平均年齢（歳）	36. 3	**37. 3**	41. 8	**41. 9**	35. 9	**37. 0**	Average Age

(注)　各年10月1日現在の本務教員数を構成比で示した。
資料　文部科学省「学校教員統計（学校教員統計調査報告書）」

職員数
Full-time Non-teaching Staff

区分	計 Total	うち女 Female	国立 National	公立 Local	私立 Private	女の割合(%) Percentage of female
27('15)	7,286	5,631	—	937	6,349	*77.3*
28('16)	10,965	8,744	—	1,212	9,753	*79.7*
29('17)	14,691	11,946	—	1,631	13,060	*81.3*
30('18)	18,550	15,166	—	2,038	16,512	*81.8*
令和元('19)	21,958	18,031	—	2,310	19,648	*82.1*
2('20)	24,412	20,169	—	2,474	21,938	*82.6*
3('21)	26,068	21,561	—	2,464	23,604	*82.7*
4('22)	27,352	22,738	—	2,571	24,781	*83.1*
5('25)	**28,606**	**23,776**	**—**	**2,672**	**25,934**	***83.1***
事務職員 Administrative personnel	6,459	4,787	—	271	6,188	*74.1*
養護職員 School nurse	3,055	3,027	—	277	2,778	*99.1*
調理員 Cook	13,992	13,621	—	1,649	12,343	*97.3*
その他 Others	5,100	2,341	—	475	4,625	*45.9*

(注)1 本務職員である。
2 「その他」とは用務員，警備員等である。

入園者数
New Entrants

区分	計 Total	3歳 3-year-olds	4歳 4-year-olds	5歳 5-year-olds
27('15)	209,540	65,301	72,450	71,789
28('16)	123,689	59,346	34,444	29,899
29('17)	125,365	65,874	32,231	27,260
30('18)	129,649	72,508	30,889	26,252
令和元('19)	133,555	78,681	29,871	25,003
2('20)	124,803	77,696	25,978	21,129
3('21)	110,891	76,167	19,289	15,435
4('22)	106,325	73,938	18,186	14,201
5('23)	**100,739**	**71,881**	**16,202**	**12,656**
男 Male	51,320	36,486	8,332	6,502
女 Female	49,419	35,395	7,870	6,154
国立 National	—	—	—	—
公立 Local	15,904	10,238	3,366	2,300
私立 Private	84,835	61,643	12,836	10,356

(注)1 当該年4月1日から同5月1日までの入園者数である。

学　　校　　数
Schools

区　分	計 Total	国 立 National	公 立 Local	うち分校 Branch schools	私 立 Private
昭和30年('55)	26,880	76	26,659	4,653	145
35('60)	26,858	76	26,620	4,156	162
40('65)	25,977	72	25,745	3,301	160
45('70)	24,790	71	24,558	2,346	161
50('75)	24,650	71	24,419	1,695	160
55('80)	24,945	72	24,707	1,244	166
60('85)	25,040	73	24,799	982	168
平成 2('90)	24,827	73	24,586	806	168
7('95)	24,548	73	24,302	655	173
12('00)	24,106	73	23,861	533	172
17('05)	23,123	73	22,856	385	194
22('10)	22,000	74	21,713	270	213
27('15)	20,601	72	20,302	189	227
28('16)	20,313	72	20,011	174	230
29('17)	20,095	70	19,794	166	231
30('18)	19,892	70	19,591	163	231
令和元('19)	19,738	69	19,432	155	237
2('20)	19,525	68	19,217	148	240
3('21)	19,336	67	19,028	143	241
4('22)	19,161	67	18,851	138	243
5('23)	**18,980**	**67**	**18,669**	**134**	**244**

学　　級　　数
Classes

区　分	計 Total	国 立 National	公 立 Local	私 立 Private
昭和30年('55)	280,038	1,086	277,869	1,083
35('60)	298,760	1,114	296,286	1,360
40('65)	278,137	1,146	275,553	1,438
45('70)	287,426	1,265	284,596	1,565
50('75)	315,197	1,270	312,300	1,627
55('80)	350,841	1,242	347,860	1,739
60('85)	337,313	1,279	334,267	1,767
平成 2('90)	315,426	1,279	312,338	1,809
7('95)	295,244	1,280	292,023	1,941
12('00)	271,693	1,280	268,447	1,966
17('05)	276,083	1,277	272,661	2,145
22('10)	277,503	1,262	273,659	2,582
27('15)	272,255	1,221	268,289	2,745
28('16)	271,764	1,223	267,772	2,769
29('17)	272,774	1,191	268,787	2,796
30('18)	273,647	1,190	269,633	2,824
令和元('19)	273,648	1,176	269,587	2,885
2('20)	273,117	1,154	269,071	2,892
3('21)	272,842	1,139	268,868	2,835
4('22)	274,076	1,137	270,073	2,866
5('23)	**273,897**	**1,132**	**269,857**	**2,908**
単式学級 Single-grade	214,842	1,089	210,893	2,860
複式学級 Multi-grade	4,412	28	4,354	30
特別支援学級 Special	54,643	15	54,610	18

(注)「特別支援学級」とは，学校教育法第81条第2項各号に該当する生徒で編制されている学級をいい，単式学級，複式学級を含まない。

児　童　数
Students

区　分	計 Total	国立 National	公立 Local	私立 Private
昭和30年('55)	12, 266, 952	45, 691	12, 181, 255	40, 006
35('60)	12, 590, 680	45, 968	12, 495, 514	49, 198
40('65)	9, 775, 532	45, 389	9, 678, 329	51, 814
45('70)	9, 493, 485	47, 215	9, 391, 425	54, 845
50('75)	10, 364, 846	46, 868	10, 259, 848	58, 130
55('80)	11, 826, 573	46, 144	11, 720, 694	59, 735
60('85)	11, 095, 372	47, 400	10, 988, 104	59, 868
平成 2('90)	9, 373, 295	47, 304	9, 262, 201	63, 790
7('95)	8, 370, 246	47, 318	8, 254, 741	68, 187
12('00)	7, 366, 079	47, 288	7, 251, 265	67, 526
17('05)	7, 197, 458	46, 720	7, 079, 788	70, 950
22('10)	6, 993, 376	45, 016	6, 869, 318	79, 042
27('15)	6, 543, 104	40, 268	6, 425, 754	77, 082
28('16)	6, 483, 515	39, 543	6, 366, 785	77, 187
29('17)	6, 448, 658	37, 916	6, 333, 289	77, 453
30('18)	6, 427, 867	37, 837	6, 312, 251	77, 779
令和元('19)	6, 368, 550	37, 347	6, 253, 022	78, 181
2('20)	6, 300, 693	36, 622	6, 185, 145	78, 926
3('21)	6, 223, 395	36, 171	6, 107, 702	79, 522
4('22)	6, 151, 305	36, 041	6, 035, 384	79, 880
5('23)	**6, 049, 685**	**35, 721**	**5, 933, 907**	**80, 057**
男 Male	3, 092, 456	17, 742	3, 039, 465	35, 249
女 Female	2, 957, 229	17, 979	2, 894, 442	44, 808
1学年 1st grade	962, 507	5, 919	943, 283	13, 305
2学年 2nd	997, 169	5, 936	977, 792	13, 441
3学年 3rd	1, 005, 472	5, 936	986, 049	13, 487
4学年 4th	1, 015, 490	5, 980	996, 088	13, 422
5学年 5th	1, 026, 579	5, 974	1, 007, 255	13, 350
6学年 6th	1, 042, 468	5, 976	1, 023, 440	13, 052
単式学級 Single-grade	5, 749, 712	35, 256	5, 634, 791	79, 665
複式学級 Multi-grade	36, 892	411	36, 267	214
特別支援学級 Special	263, 081	54	262, 849	178
1学級当たり児童数 Students per class	*22.1*	*31.6*	*22.0*	*27.5*
本務教員1人当たり児童数 Students per full-time teacher	*14.3*	*20.9*	*14.2*	*14.4*

(注)「特別支援学級」とは，学校教育法第81条第2項各号に該当する児童で編制されている学級をいい，単式学級，複式学級を含まない。

教　員　数
Full-time Teachers by Type of Position

区　分	計 Total	うち女 Female	国　立 National	公　立 Local	私　立 Private	女の割合(%) Percentage of female
昭和30年('55)	340, 572	158, 239	1, 520	337, 535	1, 517	*46. 5*
35('60)	360, 660	163, 438	1, 542	357, 154	1, 964	*45. 3*
40('65)	345, 118	166, 900	1, 611	341, 407	2, 100	*48. 4*
45('70)	367, 941	187, 322	1, 767	363, 794	2, 380	*50. 9*
50('75)	415, 071	227, 258	1, 761	410, 820	2, 490	*54. 8*
55('80)	467, 953	264, 932	1, 719	463, 565	2, 669	*56. 6*
60('85)	461, 256	258, 219	1, 776	456, 695	2, 785	*56. 0*
平成 2('90)	444, 218	259, 188	1, 783	439, 542	2, 893	*58. 3*
7('95)	430, 958	263, 626	1, 777	426, 003	3, 178	*61. 2*
12('00)	407, 598	253, 946	1, 783	402, 579	3, 236	*62. 3*
17('05)	416, 833	261, 559	1, 755	411, 472	3, 606	*62. 7*
22('10)	419, 776	263, 746	1, 858	413, 473	4, 445	*62. 8*
27('15)	417, 152	260, 025	1, 820	410, 397	4, 935	*62. 3*
28('16)	416, 973	259, 639	1, 833	410, 116	5, 024	*62. 3*
29('17)	418, 790	260, 487	1, 795	411, 898	5, 097	*62. 2*
30('18)	420, 659	261, 445	1, 791	413, 720	5, 148	*62. 2*
令和元('19)	421, 935	262, 277	1, 771	414, 901	5, 263	*62. 2*
2('20)	422, 554	263, 185	1, 746	415, 467	5, 341	*62. 3*
3('21)	422, 864	263, 796	1, 715	415, 745	5, 404	*62. 4*
4('22)	423, 440	264, 376	1, 716	416, 225	5, 499	*62. 4*
5('23)	**424, 297**	**265, 522**	**1, 712**	**417, 007**	**5, 578**	***62. 6***
校　長 Principal	18, 390	4, 910	24	18, 181	185	*26. 7*
副校長 Senior vice-principal	1, 902	633	38	1, 788	76	*33. 3*
教　頭 Vice-principal	17, 444	5, 556	36	17, 183	225	*31. 9*
主幹教諭 Senior teacher	10, 665	4, 699	69	10, 530	66	*44. 1*
指導教諭 Advanced skill teacher	1, 345	858	14	1, 317	14	*63. 8*
教　諭 Teacher	317, 844	202, 753	1, 391	312, 307	4, 146	*63. 8*
助教諭 Assistant teacher	2, 420	1, 473	—	2, 222	198	*60. 9*
養護教員 Nursing teacher	21, 031	20, 999	70	20, 732	229	*99. 8*
栄養教諭 Diet and nutrition teacher	4, 752	4, 633	56	4, 691	5	*97. 5*
講　師 Temporary instructor	28, 504	19, 008	14	28, 056	434	*66. 7*
(別掲)						
兼務者 Part-time	52, 870	36, 949	467	50, 585	1, 818	*69. 9*

(注)本務教員である。

教員の年齢構成　Percentage of Full-time Teachers by Age　(単位：%)

区　分	計 Total 平成25年(2013)	計 Total 28年(2016)	計 Total 令和元年(2019)	男 Male 平成25年(2013)	男 Male 28年(2016)	男 Male 令和元年(2019)	女 Female 平成25年(2013)	女 Female 28年(2016)	女 Female 令和元年(2019)	区　分
計	100. 0	100. 0	**100. 0**	100. 0	100. 0	**100. 0**	100. 0	100. 0	**100. 0**	Total
										Age at 1 Oct.
25歳未満	3. 9	4. 7	**5. 5**	2. 9	3. 7	**4. 7**	4. 5	5. 3	**6. 0**	Under 25
25～30歳未満	11. 4	12. 6	**13. 7**	10. 3	11. 4	**12. 9**	12. 0	13. 3	**14. 2**	25 ～ 29
30～35歳未満	11. 6	12. 6	**13. 7**	11. 1	12. 3	**13. 7**	11. 8	12. 8	**13. 6**	30 ～ 34
35～40歳未満	10. 2	11. 3	**12. 3**	9. 9	11. 1	**12. 1**	10. 4	11. 4	**12. 5**	35 ～ 39
40～45歳未満	11. 1	10. 4	**10. 3**	10. 5	9. 9	**9. 8**	11. 5	10. 7	**10. 7**	40 ～ 44
45～50歳未満	13. 8	12. 4	**10. 8**	13. 1	11. 4	**9. 9**	14. 3	13. 1	**11. 3**	45 ～ 49
50～55歳未満	17. 4	14. 8	**13. 5**	18. 7	15. 2	**12. 9**	16. 6	14. 5	**13. 8**	50 ～ 54
55～60歳未満	18. 6	18. 1	**15. 6**	20. 9	20. 9	**18. 1**	17. 2	16. 3	**14. 0**	55 ～ 59
60歳以上	2. 0	3. 3	**4. 7**	2. 6	4. 2	**5. 9**	1. 6	2. 7	**4. 0**	60 and over
平均年齢(歳)	44. 0	43. 4	**42. 6**	45. 0	44. 4	**43. 4**	43. 4	42. 8	**42. 1**	Average Age

(注)　各年10月1日現在の本務教員数を構成比で示した。
資料　文部科学省「学校教員統計(学校教員統計調査報告書)」

職　員　数
Full-time Non-teaching Staff

区　分	計 Total	うち女 Female	国立 National	公立 Local	私立 Private	女の割合 (%) Percentage of female
昭和30年('55)	49,393	31,637	388	48,633	372	64.1
35('60)	62,721	44,583	409	61,790	522	71.1
40('65)	87,587	67,470	555	86,389	643	77.0
45('70)	95,289	71,642	614	93,953	722	75.2
50('75)	107,893	81,504	633	106,493	767	75.5
55('80)	117,251	87,877	645	115,812	794	74.9
60('85)	113,128	85,390	610	111,706	812	75.5
平成 2('90)	105,976	80,129	521	104,669	786	75.6
7('95)	104,724	79,231	506	103,397	821	75.7
12('00)	98,215	73,782	423	97,014	778	75.1
17('05)	88,732	65,803	372	87,589	771	74.2
22('10)	78,944	57,943	330	77,773	841	73.4
27('15)	70,604	51,050	261	69,423	920	72.3
28('16)	69,478	50,293	259	68,246	973	72.4
29('17)	68,085	49,159	240	66,864	981	72.2
30('18)	66,884	48,176	241	65,666	977	72.0
令和元('19)	66,057	47,328	232	64,831	994	71.6
2('20)	62,161	44,056	231	60,935	995	70.9
3('21)	61,055	43,376	252	59,774	1,029	71.0
4('22)	60,256	42,756	254	58,991	1,011	71.0
5('23)	**59,482**	**42,208**	**258**	**58,166**	**1,058**	***71.0***
事務職員 Administrative personnel	23,491	16,291	138	22,647	706	69.3
学校図書館事務員 Librarian	1,903	1,858	4	1,866	33	97.6
養護職員 School nurse	165	160	—	147	18	97.0
学校栄養職員 School nutritionist	3,092	3,014	8	3,061	23	97.5
学校給食調理従事者 School lunch personnel	9,918	8,785	89	9,794	35	88.6
用務員 Janitor	11,779	4,306	14	11,677	88	36.6
その他 Others	9,134	7,794	5	8,974	155	85.3

(注)1　本務職員である。
2　「その他」とは，寄宿舎指導員，警備員等である。

学 校 数
Schools

区 分	計 Total	国 立 National	公 立 Local	うち分校 Branch schools	私 立 Private
昭和30年('55)	13,767	81	13,022	1,060	664
35('60)	12,986	79	12,304	774	603
40('65)	12,079	76	11,384	496	619
45('70)	11,040	76	10,380	322	584
50('75)	10,751	76	10,120	218	555
55('80)	10,780	76	10,156	130	548
60('85)	11,131	78	10,472	103	581
平成 2('90)	11,275	78	10,588	93	609
7('95)	11,274	78	10,551	80	645
12('00)	11,209	76	10,453	69	680
17('05)	11,035	76	10,238	75	721
22('10)	10,815	75	9,982	80	758
27('15)	10,484	73	9,637	82	774
28('16)	10,404	73	9,555	80	776
29('17)	10,325	71	9,479	78	775
30('18)	10,270	71	9,421	80	778
令和元('19)	10,222	70	9,371	81	781
2('20)	10,142	69	9,291	79	782
3('21)	10,076	68	9,230	79	778
4('22)	10,012	68	9,164	78	780
5('23)	**9,944**	**68**	**9,095**	**80**	**781**

学 級 数
Classes

区 分	計 Total	国 立 National	公 立 Local	私 立 Private
昭和30年('55)	126,476	696	122,069	3,711
35('60)	131,276	713	126,510	4,053
40('65)	145,048	785	140,312	3,951
45('70)	127,129	911	122,822	3,396
50('75)	129,026	895	124,663	3,468
55('80)	136,465	860	131,671	3,934
60('85)	156,516	878	151,247	4,391
平成 2('90)	152,466	886	146,535	5,045
7('95)	137,075	888	130,257	5,930
12('00)	126,643	864	119,480	6,299
17('05)	118,182	863	110,522	6,797
22('10)	121,070	831	112,815	7,424
27('15)	122,736	821	114,532	7,383
28('16)	121,582	823	113,404	7,355
29('17)	120,016	804	111,914	7,298
30('18)	118,323	804	110,239	7,280
令和('19)	118,215	790	110,037	7,388
2('20)	118,581	775	110,344	7,462
3('21)	119,980	763	111,823	7,394
4('22)	120,069	760	111,859	7,450
5('23)	**119,839**	**761**	**111,552**	**7,526**
単式学級 Single-grade	96,297	750	88,034	7,513
複式学級 Multi-grade	152	—	148	4
特別支援学級 Special	23,390	11	23,370	9

(注)「特別支援学級」とは，学校教育法第81条第2項各号に該当する生徒で編制されている学級をいい，
単式学級，複式学級を含まない。

生 徒 数
Students

区 分	計 Total	国 立 National	公 立 Local	私 立 Private
昭和30年('55)	5, 883, 692	34, 062	5, 667, 651	181, 979
35('60)	5, 899, 973	34, 819	5, 657, 251	207, 903
40('65)	5, 956, 630	36, 018	5, 739, 621	180, 991
45('70)	4, 716, 833	38, 097	4, 536, 538	142, 198
50('75)	4, 762, 442	36, 685	4, 573, 225	152, 532
55('80)	5, 094, 402	35, 997	4, 908, 665	149, 740
60('85)	5, 990, 183	36, 674	5, 777, 753	175, 756
平成 2('90)	5, 369, 162	35, 851	5, 130, 708	202, 603
7('95)	4, 570, 390	34, 500	4, 300, 507	235, 383
12('00)	4, 103, 717	33, 732	3, 835, 338	234, 647
17('05)	3, 626, 415	33, 402	3, 350, 507	242, 506
22('10)	3, 558, 166	32, 077	3, 270, 582	255, 507
27('15)	3, 465, 215	31, 026	3, 190, 799	243, 390
28('16)	3, 406, 029	30, 840	3, 133, 644	241, 545
29('17)	3, 333, 334	30, 101	3, 063, 833	239, 400
30('18)	3, 251, 670	29, 639	2, 983, 705	238, 326
令和元('19)	3, 218, 137	28, 700	2, 950, 331	239, 106
2('20)	3, 211, 219	27, 701	2, 941, 423	242, 095
3('21)	3, 229, 697	27, 267	2, 957, 185	245, 245
4('22)	3, 205, 220	27, 156	2, 931, 722	246, 342
5('23)	**3, 177, 508**	**27, 004**	**2, 902, 882**	**247, 622**
男 Male	1, 625, 405	13, 552	1, 492, 265	119, 588
女 Female	1, 552, 103	13, 452	1, 410, 617	128, 034
1 学 年 1st grade	1, 052, 345	9, 028	958, 663	84, 654
2 学 年 2nd grade	1, 054, 400	9, 014	963, 030	82, 356
3 学 年 3rd grade	1, 070, 763	8, 962	981, 189	80, 612
単式学級 Single-grade	3, 070, 944	26, 928	2, 796, 547	247, 469
複式学級 Multi-grade	798	—	751	47
特別支援学級 Special	105, 766	76	105, 584	106
1 学 級 当 た り 生 徒 数 Students per class	*26. 5*	*35. 5*	*26. 0*	*32. 9*
本務教員 1 人当たり生徒数 Students per full-time teacher	*12. 8*	*17. 5*	*12. 6*	*15. 5*

(注)「特別支援学級」とは，学校教育法第81条第2項各号に該当する生徒で編制されている学級をいい，単式学級，複式学級を含まない。

教 員 数
Full-time Teachers by Type of Position

区 分	計 Total	うち女 Female	国 立 National	公 立 Local	私 立 Private	女の割合 (%) Percentage of female
昭和30年('55)	199,062	45,645	1,326	191,030	6,706	*22.9*
35('60)	205,988	44,751	1,284	197,589	7,115	*21.7*
40('65)	237,750	60,216	1,406	229,048	7,296	*25.3*
45('70)	224,546	59,498	1,654	216,548	6,344	*26.5*
50('75)	234,844	69,043	1,645	226,568	6,631	*29.4*
55('80)	251,279	80,468	1,627	242,623	7,029	*32.0*
60('85)	285,123	96,714	1,673	275,403	8,047	*33.9*
平成 2('90)	286,065	104,007	1,683	275,012	9,370	*36.4*
7('95)	271,020	106,337	1,679	257,870	11,471	*39.2*
12('00)	257,605	104,315	1,655	243,680	12,270	*40.5*
17('05)	248,694	102,091	1,643	233,782	13,269	*41.1*
22('10)	250,899	105,155	1,658	234,471	14,770	*41.9*
27('15)	253,704	108,542	1,626	236,947	15,131	*42.8*
28('16)	251,978	108,319	1,641	235,223	15,114	*43.0*
29('17)	250,060	107,863	1,592	233,247	15,221	*43.1*
30('18)	247,229	107,103	1,598	230,366	15,265	*43.3*
令和元('19)	246,825	107,479	1,578	229,895	15,352	*43.5*
2('20)	246,814	107,981	1,556	229,731	15,527	*43.7*
3('21)	248,253	109,322	1,546	231,006	15,701	*44.0*
4('22)	247,348	109,547	1,551	230,074	15,723	*44.3*
5('23)	**247,485**	**110,280**	**1,539**	**229,980**	**15,966**	***44.6***
校 長 Principal	8,851	982	20	8,713	118	*11.1*
副 校 長 Senior vice-principal	1,108	204	39	933	136	*18.4*
教 頭 Vice-principal	9,212	1,773	39	8,635	538	*19.2*
主幹教諭 Senior teacher	6,450	1,787	65	6,226	159	*27.7*
指導教諭 Advanced skill teacher	777	374	12	671	94	*48.1*
教 諭 Teacher	190,506	84,539	1,286	176,685	12,535	*44.4*
助 教 諭 Assistant teacher	389	123	—	237	152	*31.6*
養護教員 Nursing teacher	10,352	10,342	74	9,856	422	*99.9*
栄養教諭 Diet and nutrition teacher	1,561	1,515	—	1,560	1	*97.1*
講 師 Temporary instructor	18,279	8,641	4	16,464	1,811	*47.3*
(別掲) 兼 務 者 Part-time	47,282	23,965	613	31,145	15,524	*50.7*

(注) 本務教員である。

教員の年齢構成 Percentage of Full-time Teachers by Age (単位：%)

区 分	計 Total			男 Male			女 Female			区 分
	平成25年 (2013)	28年 (2016)	**令和元年 (2019)**	平成25年 (2013)	28年 (2016)	**令和元年 (2019)**	平成25年 (2013)	28年 (2016)	**令和元年 (2019)**	
計	100.0	100.0	**100.0**	100.0	100.0	**100.0**	100.0	100.0	**100.0**	Total
										Age at 1 Oct.
25 歳 未 満	3.4	3.4	**3.5**	2.8	2.9	**3.1**	4.2	4.1	**4.1**	Under 25
25～30歳未満	10.9	12.5	**12.7**	10.0	11.7	**12.2**	12.1	13.5	**13.3**	25 ～ 29
30～35歳未満	11.1	12.2	**14.0**	10.4	11.9	**14.2**	12.1	12.5	**13.7**	30 ～ 34
35～40歳未満	11.1	10.8	**11.7**	10.1	10.3	**11.5**	12.4	11.5	**11.8**	35 ～ 39
40～45歳未満	12.4	11.5	**10.5**	11.3	10.4	**9.7**	13.9	13.1	**11.5**	40 ～ 44
45～50歳未満	14.7	12.6	**11.7**	14.4	11.5	**10.2**	15.0	14.1	**13.6**	45 ～ 49
50～55歳未満	19.5	16.1	**13.2**	21.3	16.9	**12.7**	17.0	15.0	**13.8**	50 ～ 54
55～60歳未満	14.9	17.4	**17.2**	17.1	20.0	**19.3**	11.9	14.0	**14.3**	55 ～ 59
60 歳 以 上	2.2	3.4	**5.7**	2.7	4.4	**7.1**	1.4	2.2	**3.9**	60 and over
平均年齢（歳）	43.9	43.8	**43.6**	44.9	44.6	**44.2**	42.5	42.6	**42.7**	Average Age

(注) 各年10月1日現在の本務教員数を構成比で示した。
資料 文部科学省「学校教員統計（学校教員統計調査報告書）」

職 員 数
Full-time Non-teaching Staff

区 分	計 Total	うち女 Female	国立 National	公立 Local	私立 Private	女の割合 (%) Percentage of female
昭和30年('55)	25, 848	13, 568	315	24, 013	1, 520	*52. 5*
35('60)	27, 102	15, 226	326	25, 014	1, 762	*56. 2*
40('65)	33, 992	20, 687	334	31, 752	1, 906	*60. 9*
45('70)	36, 735	22, 706	410	34, 522	1, 803	*61. 8*
50('75)	40, 147	25, 366	415	37, 886	1, 846	*63. 2*
55('80)	41, 228	25, 670	366	39, 041	1, 821	*62. 3*
60('85)	42, 466	26, 717	337	40, 176	1, 953	*62. 9*
平成 2('90)	41, 406	26, 161	296	39, 030	2, 080	*63. 2*
7('95)	41, 007	26, 144	251	38, 394	2, 362	*63. 8*
12('00)	38, 820	24, 829	184	36, 286	2, 350	*64. 0*
17('05)	34, 860	21, 932	147	32, 526	2, 187	*62. 9*
22('10)	32, 359	20, 189	132	29, 964	2, 263	*62. 4*
27('15)	30, 745	18, 914	123	28, 322	2, 300	*61. 5*
28('16)	30, 555	18, 800	126	28, 119	2, 310	*61. 5*
29('17)	30, 216	18, 555	115	27, 794	2, 307	*61. 4*
30('18)	29, 765	18, 312	110	27, 395	2, 260	*61. 5*
令和元('19)	29, 480	18, 141	112	27, 078	2, 290	*61. 5*
2('20)	28, 205	17, 134	112	25, 811	2, 282	*60. 7*
3('21)	27, 500	16, 781	104	25, 109	2, 287	*61. 0*
4('22)	27, 440	16, 767	120	25, 064	2, 256	*61. 1*
5('23)	**27, 178**	**16, 639**	**119**	**24, 804**	**2, 255**	***61. 2***
事務職員 Administrative personnel	13, 601	8, 737	96	11, 861	1, 644	*64. 2*
学校図書館事務員 Librarian	995	965	5	899	91	*97. 0*
養護職員 School nurse	79	76	—	53	26	*96. 2*
学校栄養職員 School nutritionist	991	950	1	981	9	*95. 9*
学校給食調理従事員 School lunch personnel	1, 416	1, 302	1	1, 388	27	*91. 9*
用務員 Janitor	6, 096	1, 918	11	5, 961	124	*31. 5*
その他 Others	4, 000	2, 691	5	3, 661	334	*67. 3*

(注) 1 本務職員である。
2 「その他」とは，寄宿舎指導員，警備員等である。

入 学 志 願 者 数
Applicants for Upper Secondary Education Courses

区 分	計 Total	高等学校等（本科） Upper secondary school (regular course) (1)	高等専門学校 College of technology	入学志願率(%) Application rate (2) 計 Total	高等学校等（本科） Upper sec. school	高等専門学校 College of technology
昭和35年('60)	1,066,944	1,066,944	…	*60.3*	*60.3*	…
40('65)	1,758,048	1,743,201	14,847	*74.5*	*73.9*	*0.6*
45('70)	1,400,466	1,387,038	13,428	*84.0*	*83.2*	*0.8*
50('75)	1,477,463	1,466,855	10,608	*93.5*	*92.8*	*0.7*
55('80)	1,644,928	1,635,023	9,905	*95.5*	*94.9*	*0.6*
60('85)	1,796,564	1,785,970	10,594	*95.5*	*94.9*	*0.6*
平成 2('90)	1,901,538	1,890,079	11,459	*96.0*	*95.4*	*0.6*
7('95)	1,569,414	1,558,021	11,393	*96.7*	*96.0*	*0.7*
12('00)	1,418,043	1,406,776	11,267	*96.8*	*96.0*	*0.8*
17('05)	1,199,857	1,188,747	11,110	*97.0*	*96.1*	*0.9*
22('10)	1,189,767	1,178,878	10,889	*96.9*	*96.0*	*0.9*
27('15)	1,139,613	1,128,801	10,812	*97.0*	*96.1*	*0.9*
28('16)	1,134,709	1,124,002	10,707	*97.0*	*96.1*	*0.9*
29('17)	1,124,105	1,113,377	10,728	*96.9*	*96.0*	*0.9*
30('18)	1,095,267	1,084,660	10,607	*96.7*	*95.7*	*0.9*
令和元('19)	1,070,533	1,059,913	10,620	*96.3*	*95.3*	*1.0*
2('20)	1,043,512	1,032,901	10,611	*96.0*	*95.0*	*1.0*
3('21)	1,005,193	994,769	10,424	*95.5*	*94.5*	*1.0*
4('22)	1,023,228	1,012,706	10,522	*94.9*	*93.9*	*1.0*
5('23)	**1,016,943**	**1,006,401**	**10,542**	***94.2***	***93.2***	***1.0***
男 Male	523,488	515,648	7,840	*94.6*	*93.2*	*1.4*
女 Female	493,455	490,753	2,702	*93.7*	*93.2*	*0.5*

(注)1 入学志願者数は，同一人が２校以上に志願した場合も１名として計上してあり，実人数である。
2 「入学志願率」は，高等学校等（本科）及び高等専門学校へ入学志願した者をそれぞれ，当該年度の卒業者数で除した比率である。
3 昭和55年以降は，特別支援学校（高等部）への入学志願者を含む。
4 平成12年以降は，中等教育学校（後期課程）への入学志願者を含む。
(1) Including applicants for upper divisions of secondary school.
(2) Applicants among new graduates / total new graduates.

卒 業
First Destination

区分	卒業者数 New graduates	A 高等学校等進学者 Advancing to higher-level schools (1)	高等学校の通信制課程（本科）への進学者を除く Excluding those advancing to correspondence course	B 専修学校(高等課程)進学者 Advancing to specialized training college (upper secondary course)	C 専修学校(一般課程)等入学者 Advancing to specialized training college (general course), etc. (2)	D 公共職業能力開発施設等入学者 Undertaking vocational training	就職者等 Entering employment (7)
昭和30年('55)	1, 663, 184	…	857, 032	…	*		633, 576
35('60)	1, 770, 483	…	1, 022, 424	…	*		633, 224
40('65)	2, 359, 558	…	1, 667, 080	…	*		548, 675
45('70)	1, 667, 064	…	1, 368, 898	…	*		214, 174
50('75)	1, 580, 495	…	1, 453, 165	…	*		63, 212
55('80)	1, 723, 025	…	1, 623, 759	6, 394	36, 483		44, 400
60('85)	1, 882, 034	1, 771, 644	1, 766, 040	11, 766	32, 015		49, 802
平成 2('90)	1, 981, 503	1, 884, 183	1, 869, 958	18, 541	21, 626		39, 895
7('95)	1, 622, 198	1, 568, 266	1, 553, 984	8, 830	9, 788		20, 342
12('00)	1, 464, 760	1, 420, 715	1, 404, 457	5, 087	3, 186	2, 396	13, 047
17('05)	1, 236, 363	1, 207, 162	1, 192, 474	3, 320	1, 586	1, 089	7, 892
22('10)	1, 227, 736	1, 203, 618	1, 182, 222	2, 902	1, 345	694	4, 979
27('15)	1, 174, 529	1, 157, 390	1, 134, 037	2, 885	1, 028	434	3, 933
28('16)	1, 169, 415	1, 154, 373	1, 129, 581	2, 523	823	366	3, 259
29('17)	1, 160, 351	1, 146, 145	1, 118, 822	2, 462	799	357	2, 948
30('18)	1, 133, 016	1, 119, 580	1, 090, 647	2, 404	799	310	2, 510
令和元('19)	1, 112, 083	1, 098, 876	1, 065, 404	2, 415	782	323	2, 358
2('20)	1, 087, 468	1, 074, 708	1, 038, 541	2, 506	678	242	2, 068
3('21)	1, 052, 489	1, 040, 730	999, 672	2, 654	709	229	1, 756
4('22)	1, 078, 207	1, 065, 505	1, 016, 739	2, 938	759	212	1, 627
5('23)	**1, 079, 596**	**1, 065, 592**	**1, 009, 725**	**2, 964**	**872**	**154**	**1, 812**
男 Male	553, 235	545, 663	519, 965	1, 331	398	140	1, 392
女 Female	526, 361	519, 929	489, 760	1, 633	474	14	420
国立 National	9, 079	9, 035	8, 891	9	5	—	—
公立 Local	990, 012	976, 502	922, 284	2, 848	856	154	1, 809
私立 Private	80, 505	80, 055	78, 550	107	11	—	3

(注) 1 各年3月卒業者である。
2 「高校等進学者」とは，高等学校，中等教育学校後期課程，特別支援学校高等部の本科・別科及び高等専門学校への進学者（進学しかつ就職した者を含む。）である。
3 「専修学校（一般課程）等入学者」とは，専修学校（一般課程）及び各種学校への入学者である。
4 ＊は「左記以外の者」に含まれている。
5 平成29年度以前の「就職者等」は，雇用契約期間が１年未満で期間の定めのある者及び雇用契約期間の長さにかかわらず短時間勤務の者を含まない（「左記以外の者」に含まれている。）。
6 「高等学校等進学率」は，卒業者のうち「高等学校等進学者」の占める割合である。
7 「専修学校（高等課程）進学率」は，卒業者のうち「専修学校（高等課程）進学者」の占める割合である。
8 「卒業者に占める就職者の割合」は，卒業者のうち「就職者」及び「A，B，C，Dのうち就職している者」の占める割合である。
9 「左記以外の者」とは，家事手伝いをしている者，外国の高等学校等に入学した者又はA～Dの各項目及び「就職者」に該当しない者で進路が未定であることが明らかな者である。

者　　　数
of New Graduates

左記以外の者 Others (3)	不詳・死亡の者 Unknown & deceased	(再掲) A, B, C, Dのうち就職している者 Employed among A,B,C and D (recounted)	高等学校等進学率 (%) Advancement rate to higher level schools (4)	高等学校の通信制課程（本科）への進学者を除く (%) Excluding those advancing to correspondence course	高等学校の定時制課程（本科）に進学した者 (%) Excluding those advancing to part-time course	専修学校（高等課程）進学率 (%) Advancement rate specialized training college (upper secondary course)	卒業者に占める就職者の割合 (%) Employment rate
148, 387	24, 189	64, 431	…	51. 5	6. 8	…	42. 0
101, 673	13, 162	50, 473	…	57. 7	5. 6	…	38. 6
135, 218	8, 585	76, 056	…	70. 7	4. 7	…	26. 5
81, 405	2, 587	57, 092	…	82. 1	4. 4	…	16. 3
61, 665	2, 453	30, 772	…	91. 9	2. 8	…	5. 9
11, 354	635	23, 017	…	94. 2	2. 1	0. 4	3. 9
16, 231	576	20, 725	94. 1	93. 8	1. 9	0. 6	3. 7
16, 940	318	14, 927	95. 1	94. 4	1. 6	0. 9	2. 8
14, 751	221	4, 652	96. 7	95. 8	1. 3	0. 5	1. 5
20, 101	228	1, 856	97. 0	95. 9	1. 7	0. 3	1. 0
15, 181	133	863	97. 6	96. 5	2. 1	0. 3	0. 7
14, 058	140	403	98. 0	96. 3	2. 6	0. 2	0. 4
8, 722	137	285	98. 5	96. 6	2. 0	0. 2	0. 4
7, 933	138	261	98. 7	96. 6	0. 0	0. 2	0. 3
7, 510	130	256	98. 8	96. 4	1. 9	0. 2	0. 3
7, 298	115	236	98. 8	96. 3	1. 8	0. 2	0. 2
7, 200	129	215	98. 8	95. 8	1. 8	0. 2	0. 2
7, 118	148	286	98. 8	95. 5	1. 8	0. 2	0. 2
6, 359	52	239	98. 9	95. 0	1. 6	0. 3	0. 2
7, 109	57	207	98. 8	94. 3	1. 7	0. 3	0. 1
8, 141	**61**	**193**	**98. 7**	**93. 5**	**1. 8**	**0. 3**	**0. 2**
4, 272	39	183	98. 6	94. 0	1. 8	0. 2	0. 3
3, 869	22	10	98. 8	93. 0	1. 8	0. 3	0. 1
30	—	1	99. 5	97. 9	0. 2	0. 1	0. 0
7, 787	56	192	98. 6	93. 2	1. 9	0. 3	0. 2
324	5	—	99. 4	97. 6	0. 1	0. 1	0. 0

(1) Number of those advancing to upper secondary schools, upper division of secondary schools, upper secondary department of special education school and colleges of technology (including those who enter higher-level schools while being employed).
(2) Including new graduates advancing to miscellaneous school.
(3) Including new graduates advancing to high schools abroad, involved in househould work etc.
(4) New graduates advancing to higher-level schools (A) / Total new graduates.
(5) New Graduates entering employment and those "employed among A, B, C and D"/Total new graduates.
(6) * marks indicate that relevant graduates are included in "others."
(7) Those "Entering employment" before fiscal 2017 do not include persons whose employment contracts stipulate an employment period of less than one year or persons who worked less than a full-time daily schedule regardless of the duration of the employment period stipulated in the employment contract (such persons are included in "Others").

高等学校等進学者数
New Graduates Advancing to Higher-level Schools by Course

区 分	計 Total	高等学校等進学者 Upper secondary school 本科 Regular course 計 Total	全日制 Full-time	定時制 Part-Time	通信制 Correspondence	別科 Special course	高等専門学校進学者 College of technology
昭和30年('55)	857, 032	843, 465	730, 169	113, 296	…	13, 567	—
35('60)	1, 022, 424	1, 014, 322	914, 911	99, 411	…	8, 102	—
40('65)	1, 667, 080	1, 657, 062	1, 547, 080	109, 982	…	2, 824	7, 194
45('70)	1, 368, 898	1, 357, 543	1, 284, 507	73, 036	…	1, 669	9, 686
50('75)	1, 453, 165	1, 443, 501	1, 398, 527	44, 974	…	578	9, 086
55('80)	1, 623, 759	1, 614, 247	1, 578, 499	35, 748	…	334	9, 178
60('85)	1, 771, 644	1, 761, 634	1, 719, 907	36, 123	5, 604	235	9, 775
平成 2('90)	1, 884, 183	1, 873, 282	1, 826, 483	32, 574	14, 225	203	10, 698
7('95)	1, 568, 266	1, 557, 219	1, 521, 490	21, 447	14, 282	101	10, 946
12('00)	1, 420, 715	1, 409, 831	1, 368, 593	24, 980	16, 258	54	10, 830
17('05)	1, 207, 162	1, 196, 279	1, 155, 650	25, 941	14, 688	18	10, 865
22('10)	1, 203, 618	1, 192, 992	1, 139, 959	31, 637	21, 396	11	10, 615
27('15)	1, 157, 390	1, 146, 837	1, 099, 670	23, 814	23, 353	27	10, 526
28('16)	1, 154, 373	1, 143, 839	1, 096, 581	22, 466	24, 792	17	10, 517
29('17)	1, 146, 145	1, 135, 656	1, 086, 014	22, 319	27, 323	1	10, 488
30('18)	1, 119, 580	1, 109, 155	1, 059, 578	20, 644	28, 933	2	10, 423
令和元('19)	1, 098, 876	1, 088, 449	1, 034, 602	20, 375	33, 472	3	10, 424
2('20)	1, 074, 708	1, 064, 268	1, 008, 345	19, 756	36, 167	12	10, 432
3('21)	1, 040, 730	1, 030, 437	972, 142	17, 237	41, 058	28	10, 265
4('22)	1, 065, 505	1, 055, 153	988, 002	18, 385	48, 766	9	10, 343
5('23)	**1, 065, 592**	**1, 055, 310**	**980, 240**	**19, 203**	**55, 867**	**5**	**10, 277**
男 Male	545, 663	537, 991	502, 354	9, 939	25, 698	2	7, 670
女 Female	519, 929	517, 319	477, 886	9, 264	30, 169	3	2, 607

(注)1 各年3月卒業者である。
2 国・公・私立の合計数である。
3 昭和55年以降は，特別支援学校（高等部）への進学者を含む。
4 昭和55年以前の「計」欄には，高等学校の通信制課程に進学した者は含まない。
5 平成12年以降は，中等教育学校（後期課程）への進学者を含む。

就職者数
New Graduates Entering Employment by Industry

区 分	計 Total	第1次産業 Category I	第2次産業 Category II	第3次産業 Category III	左記以外 不詳 Not known
昭和30年('55)	698, 007	222, 341	275, 847	167, 593	32, 226
35('60)	683, 697	94, 553	420, 538	146, 526	22, 080
40('65)	624, 731	45, 937	414, 507	146, 046	18, 241
45('70)	271, 266	14, 159	187, 252	58, 592	11, 263
50('75)	93, 984	3, 522	58, 794	28, 214	3, 454
55('80)	67, 417	1, 681	41, 393	22, 684	1, 659
60('85)	70, 527	1, 317	39, 533	28, 002	1, 675
平成 2('90)	54, 822	950	31, 875	20, 675	1, 322
7('95)	24, 994	607	14, 329	9, 393	665
12('00)	14, 903	503	8, 224	5, 518	658
17('05)	8, 755	257	4, 252	3, 845	401
22('10)	5, 382	195	2, 169	2, 683	335
27('15)	4, 218	188	2, 060	1, 700	270
28('16)	3, 520	160	1, 704	1, 408	248
29('17)	3, 204	131	1, 470	1, 340	263
30('18)	2, 267	93	1, 071	909	194
令和元('19)	2, 165	70	1, 040	864	191
2('20)	2, 023	76	927	810	210
3('21)	1, 664	95	777	614	178
4('22)	1, 578	123	651	624	180
5('23)	**1, 700**	**112**	**705**	**640**	**243**
男 Male	1, 389	94	657	464	174
女 Female	311	18	48	176	69

(注)1 各年3月卒業者である。
2 産業別の区分は，第1次産業〔「農業，林業」，「漁業」〕，第2次産業〔「鉱業，採石業，砂利採取業」，「建設業」，「製造業」〕，第3次産業〔「電気・ガス・熱供給・水道業」，「情報通信業」，「運輸業，郵便業」，「卸売業，小売業」，「金融業，保険業」，「不動産業，物品賃貸業」，「学術研究，専門・技術サービス業」，「宿泊業，飲食サービス業」，「生活関連サービス業，娯楽業」，「教育，学習支援業」，「医療，福祉」，「複合サービス事業」，「サービス業（他に分類されないもの）」，「公務（他に分類される者を除く）」である。

(Note) Category I : agriculture, forestry and fisheries.
Category II : mining, construction and manufacturing.
Category III : electricity, gas, heat supply, water supply, Information and communications, transport, wholesale and retail trade, finance and insurance, real estate, eating and drinking places, accommodations, medical, health care and welfare, education, learning support, compound services, services,N.E.C, government,N.E.C.

学 校 数
Schools

区 分	計 Total	国 立 National	公 立 Local	うち分校 Branch schools	私 立 Private
平成28('16)	22	—	22	—	—
平成29('17)	48	2	46	—	—
平成30('18)	82	2	80	—	—
令和元('19)	94	3	91	—	—
2('20)	126	4	121	1	1
3('21)	151	5	145	1	1
4('22)	178	5	172	1	1
5('23)	**207**	**5**	**201**	**1**	**1**

学 級 数
Classes

区 分	計 Total	国 立 National	公 立 Local	私 立 Private
平成28('16)	508	—	508	—
平成29('17)	948	49	899	—
平成30('18)	1,584	49	1,535	—
令和元('19)	1,872	77	1,795	—
2('20)	2,376	109	2,258	9
3('21)	2,869	129	2,731	9
4('22)	3,439	131	3,299	9
5('23)	**3,957**	**131**	**3,817**	**9**
単式学級 Single-grad	2,944	120	2,815	9
複式学級 Multi-grade	82	—	82	—
特別支援学級 Special	931	11	920	—

(注)「特別支援学級」とは，学校教育法第81条第2項各号に該当する生徒で編制されている学級をいい，単式学級，複式学級を含まない。

児 童 生 徒 数
Students

区 分	計 Total	国 立 National	公 立 Local	私 立 Private
平成28('16)	12,702	—	12,702	—
平成29('17)	22,370	1,620	20,750	—
平成30('18)	34,559	1,602	32,957	—
令和元('19)	40,747	2,335	38,412	—
2('20)	49,677	3,383	46,148	146
3('21)	58,568	3,894	54,480	194
4('22)	67,799	3,782	63,789	228
5('23)	**76,045**	**3,773**	**72,048**	**224**
男 Male	39,038	1,909	37,014	115
女 Female	37,007	1,864	35,034	109
1 学 年 1st grade	7,922	375	7,519	28
2 学 年 2nd	8,545	370	8,147	28
3 学 年 3rd	8,422	380	8,012	30
4 学 年 4th	8,552	365	8,156	31
5 学 年 5th	8,636	376	8,237	23
6 学 年 6th	8,518	377	8,119	22
7 学 年 7th	8,374	535	7,819	20
8 学 年 8th	8,554	496	8,033	25
9 学 年 9th	8,522	499	8,006	17
単式学級 Single-grade	71,560	3,710	67,626	224
複式学級 Multi-grade	537	—	537	—
特別支援学級 Special	3,948	63	3,885	—
1 学 級 当 た り 生 徒 数 Students per class	*19.2*	*28.8*	*18.9*	*24.9*
本務教員 1 人当たり生徒数 Students per full-time teacher	*10.2*	*16.2*	*10.0*	*8.6*

(注)「特別支援学級」とは，学校教育法第81条第2項各号に該当する生徒で編制されている学級をいい，単式学級，複式学級を含まない。

教　員　数
Full-time Teachers by Type of Position

区　分	計 Total	うち女 Female	国立 National	公立 Local	私立 Private	女の割合 (%) Percentage of female
平成28('16)	934	504	—	934	—	*54.0*
平成29('17)	1,798	965	91	1,707	—	*53.7*
平成30('18)	3,015	1,617	97	2,918	—	*53.6*
令和元('19)	3,520	1,869	142	3,378	—	*53.1*
2('20)	4,486	2,402	197	4,270	19	*53.5*
3('21)	5,382	2,866	233	5,128	21	*53.3*
4('22)	6,368	3,416	232	6,110	26	*53.6*
5('23)	**7,448**	**4,035**	**233**	**7,189**	**26**	***54.2***
校　長 Principal	203	35	2	200	1	*17.2*
副校長 Senior vice-principal	116	35	9	106	1	*30.2*
教　頭 Vice-principal	365	95	3	362	—	*26.0*
主幹教諭 Senior teacher	187	60	9	178	—	*32.1*
指導教諭 Advanced skill teacher	36	19	—	36	—	*52.8*
教　諭 Teacher	5,431	2,950	192	5,216	23	*54.3*
助教諭 Assistant teacher	37	18	—	37	—	*48.6*
養護教員 Nursing teacher	387	385	13	373	1	*99.5*
栄養教諭 Diet and nutrition teacher	90	85	5	85	—	*94.4*
講　師 Temporary instructor	596	353	—	596	—	*59.2*
(別掲)						
兼務者 Part-time	748	462	68	676	4	*61.8*

(注)　本務教員である。

教員の年齢構成　Percentage of Full-time Teachers by Age

(単位：%)

区　分	計 Total 平成28年 (2016)	計 Total 令和元年 (2019)	男 Male 平成28年 (2016)	男 Male 令和元年 (2019)	女 Female 平成28年 (2016)	女 Female 令和元年 (2019)	区　分
計	100.0	**100.0**	100.0	**100.0**	100.0	**100.0**	Total
							Age at 1 Oct.
25歳未満	3.1	**4.0**	1.5	**3.0**	4.6	**4.9**	Under 25
25～30歳未満	12.2	**11.5**	12.0	**10.6**	12.3	**12.3**	25 ～ 29
30～35歳未満	16.0	**16.7**	15.5	**16.1**	16.4	**17.3**	30 ～ 34
35～40歳未満	15.9	**14.4**	17.7	**14.4**	14.2	**14.4**	35 ～ 39
40～45歳未満	14.8	**12.3**	14.3	**12.4**	15.3	**12.3**	40 ～ 44
45～50歳未満	11.2	**12.1**	9.1	**11.9**	13.1	**12.2**	45 ～ 49
50～55歳未満	13.4	**13.2**	15.2	**13.0**	11.8	**13.5**	50 ～ 54
55～60歳未満	10.0	**12.0**	11.3	**13.5**	8.8	**10.6**	55 ～ 59
60歳以上	3.5	**3.7**	3.4	**5.0**	3.5	**2.6**	60 and over
平均年齢（歳）	41.7	**42.1**	42.3	**42.9**	41.2	**41.3**	Average Age

(注)　各年10月1日現在の本務教員数を構成比で示した。
資料　文部科学省「学校教員統計（学校教員統計調査報告書）」

職員数
Full-time Non-teaching Staff

区分	計 Total	うち女 Female	国立 National	公立 Local	私立 Private	女の割合(%) Percentage of female
28('16)	131	79	–	131	–	*60.3*
29('17)	254	156	6	248	–	*61.4*
30('18)	416	272	7	409	–	*65.4*
令和元('19)	448	295	8	440	–	*65.8*
2('20)	603	411	12	584	7	*68.2*
3('21)	726	504	14	705	7	*69.4*
4('22)	843	569	14	821	8	*67.5*
5('23)	**974**	**655**	**13**	**953**	**8**	***67.2***
事務職員 Administrative personnel	411	254	12	393	6	*61.8*
学校図書館事務員 Librarian	36	36	–	35	1	*100.0*
養護職員 School nurse	2	1	–	2	–	*50.0*
学校栄養職員 School nutritionist	34	31	–	34	–	*91.2*
学校給食調理従事員 School lunch personnel	127	122	1	126	–	*96.1*
用務員 Janitor	175	62	–	174	1	*35.4*
その他 Others	189	149	–	189	–	*78.8*

(注) 1 本務職員である。
2 「その他」とは，寄宿舎指導員，警備員等である。

入学志願者数
Applicants for Upper Secondary Education Courses

区分	計 Total	高等学校等(本科) Upper secondary school (regular	高等専門学校 College of technology	入学志願率(%) Application rate (2) 計 Total	高等学校等(本科) Upper sec. school	高等専門学校 College of technology
平成29('17)	1,449	1,431	18	*98.3*	*97.1*	*1.2*
平成30('18)	2,523	2,499	24	*96.7*	*95.8*	*0.9*
令和元('19)	3,742	3,699	43	*97.0*	*95.9*	*1.1*
2('20)	4,329	4,274	55	*95.8*	*94.6*	*1.2*
3('21)	5,245	5,175	70	*94.9*	*93.7*	*1.3*
4('22)	6,370	6,281	89	*95.7*	*94.4*	*1.3*
5('23)	**7,059**	**6,965**	**94**	***94.1***	***92.8***	***1.3***
男 Male	3,660	3,595	65	*94.1*	*92.4*	*1.7*
女 Female	3,399	3,370	29	*94.0*	*93.2*	*0.8*

(注)1 入学志願者数は，同一人が２校以上に志願した場合も１名として計上してあり，実人数である。
2 「入学志願率」は，高等学校等（本科）及び高等専門学校へ入学志願した者をそれぞれ，当該年度の卒業者数で除した比率である。
3 特別支援学校（高等部）への入学志願者を含む。
4 中等教育学校（後期課程）への入学志願者を含む。
(1) Including applicants for upper divisions of secondary school.
(2) Applicants among new graduates / total new graduates.

卒　　業
First Destination

区分	卒業者数 New graduates	A 高等学校等進学者 Advancing to higher-level schools (1)	高等学校の通信制課程（本科）への進学者を除く Excluding those advancing to correspondence course	B 専修学校（高等課程）進学者 Advancing to specialized training college (upper secondary course)	C 専修学校（一般課程）等入学者 Advancing to specialized training college (general course), etc. (2)	D 公共職業能力開発施設等入学者 Undertaking vocational training	就職者等 Entering employment
29('17)	1, 474	1, 462	1, 437	2	3	—	2
30('18)	2, 609	2, 569	2, 504	6	—	1	4
令和元('19)	3, 856	3, 809	3, 716	4	2	3	4
2('20)	4, 518	4, 449	4, 288	10	3	2	12
3('21)	5, 524	5, 444	5, 236	12	4	4	7
4('22)	6, 656	6, 576	6, 302	21	4	—	9
5('23)	**7, 505**	**7, 385**	**6, 979**	**22**	**12**	**2**	**10**
男 Male	3, 890	3, 822	3, 626	12	5	2	5
女 Female	3, 615	3, 563	3, 353	10	7	—	5
国立 National	526	520	510	1	—	—	—
公立 Local	6, 955	6, 844	6, 452	21	12	2	10
私立 Private	24	21	17	—	—	—	—

(注)1　各年3月卒業者である。
2　「高校等進学者」とは，高等学校，中等教育学校後期課程，特別支援学校高等部の本科・別科及び高等専門学校への進学者（進学しかつ就職した者を含む。）である。
3　「専修学校（一般課程）等入学者」とは，専修学校（一般課程）及び各種学校への入学者である。
4　「高等学校等進学率」は，卒業者のうち「高等学校等進学者」の占める割合である。
5　「専修学校（高等課程）進学率」は，卒業者のうち「専修学校（高等課程）進学者」の占める割合である。
6　「卒業者に占める就職者の割合」は，卒業者のうち「就職者」及び「A，B，C，Dのうち就職している者」の占める割合であ
7　「左記以外の者」とは，家事手伝いをしている者，外国の高等学校等に入学した者又はA～Dの各項目及び「就職者」に該当しない者で進路が未定であることが明らかな者である。

者　　　数
of New Graduates

左記以外の者 Others (3)	不詳・死亡の者 Unknown & deceased	（再掲）A，B，C，Dのうち就職している者 Employed among A,B,C and D (recounted)	高等学校等進学率（%） Advancement rate to higher level schools (4)	高等学校の通信制課程（本科）への進学者を除く（%） Excluding those advancing to correspondence course	高等学校の定時制課程（本科）に進学した者（%） Excluding those advancing to part-time course	専修学校（高等課程）進学率（%） Advancement rate specialized training college (upper secondary course)	卒業者に占める就職者の割合（%） Employment rate (5)
5	—	—	*99.2*	*97.5*	*1.8*	*0.1*	*0.1*
28	1	1	*98.5*	*96.0*	*1.8*	*0.2*	*0.2*
34	—	1	*98.8*	*96.4*	*0.9*	*0.1*	*0.1*
42	—	—	*98.5*	*94.9*	*1.7*	*0.2*	*0.2*
53	—	—	*98.6*	*94.8*	*1.9*	*0.2*	*0.1*
46	—	3	*98.8*	*94.7*	*1.6*	*0.3*	*0.2*
74	**—**	**3**	***98.4***	***93.0***	***1.6***	***0.3***	***0.1***
44	—	3	*98.3*	*93.2*	*1.6*	*0.3*	*0.1*
30	—	—	*98.6*	*92.8*	*1.6*	*0.3*	*0.1*
5	—	—	*98.9*	*97.0*	*0.2*	*0.2*	—
66	—	3	*98.4*	*92.8*	*1.7*	*0.3*	*0.1*
3	—	—	*87.5*	*70.8*	—	—	—

(1) Number of those advancing to upper secondary schools, upper division of secondary schools, upper secondary department of special education school and colleges of technology (including those who enter higher-level schools while being employed).
(2) Including new graduates advancing to miscellaneous school.
(3) Including new graduates advancing to high schools abroad, involved in househould work etc.
(4) New graduates advancing to higher-level schools (A) / Total new graduates.
(5) New Graduates entering employment and those "employed among A, B, C and D"/Total new graduates.

5。

高等学校等進学者数
New Graduates Advancing to Higher-level Schools by Course

区分	計 Total	高等学校等進学者 Upper secondary school					高等専門学校進学者 College of technology
		本科 Regular course				別科 Special course	
		計 Total	全日制 Full-time	定時制 Part-Time	通信制 Correspondence		
29('17)	1,462	1,444	1,393	26	25	—	18
30('18)	2,569	2,545	2,434	46	65	—	24
令和元('19)	3,809	3,766	3,639	34	93	—	43
2('20)	4,449	4,401	4,165	75	161	—	48
3('21)	5,444	5,375	5,062	105	208	—	69
4('22)	6,576	6,494	6,115	105	274	—	82
5('23)	**7,385**	**7,294**	**6,768**	**120**	**406**	**—**	**91**
男 Male	3,822	3,759	3,501	62	196	—	63
女 Female	3,563	3,535	3,267	58	210	—	28

(注)1 各年3月卒業者である。
2 国・公・私立の合計数である。
3 特別支援学校（高等部）への進学者を含む。
4 中等教育学校（後期課程）への進学者を含む。

就職者数
New Graduates Entering Employment by Industry

区分	計 Total	第1次産業 Category I	第2次産業 Category II	第3次産業 Category III	左記以外不詳 Not known
29('17)	2	—	1	1	—
30('18)	5	—	3	1	1
令和元('19)	5	—	—	5	—
2('20)	9	2	3	3	1
3('21)	7	—	3	3	1
4('22)	11	—	3	8	—
5('23)	**10**	**—**	**3**	**7**	**—**
男 Male	7	—	3	4	—
女 Female	3	—	—	3	—

(注)1 各年3月卒業者である。
2 産業別の区分は，第1次産業〔「農業，林業」，「漁業」〕，第2次産業〔「鉱業，採石業，砂利採取業」，「建設業」，「製造業」〕，第3次産業〔「電気・ガス・熱供給・水道業」，「情報通信業」，「運輸業，郵便業」，「卸売業，小売業」，「金融業，保険業」，「不動産業，物品賃貸業」，「学術研究，専門・技術サービス業」，「宿泊業，飲食サービス業」，「生活関連サービス業，娯楽業」，「教育，学習支援業」，「医療，福祉」，「複合サービス事業」，「サービス業（他に分類されないもの）」，「公務（他に分類される者を除く）」である。

(Note) Category I : agriculture, forestry and fisheries.
Category II : mining, construction and manufacturing.
Category III : electricity, gas, heat supply, water supply, Information and communications, transport, wholesale and retail trade, finance and insurance, real estate, eating and drinking places, accommodations, medical, health care and welfare, education, learning support, compound services, services,N.E.C, government,N.E.C.

学校数
Schools

区分	計 Total	国立 National	公立 Local	私立 Private	私立の割合(%) Percentage of private school
昭和30年('55)	4,607	21	3,691	895	19.4
35('60)	4,598	23	3,554	1,021	22.2
40('65)	4,849	24	3,633	1,192	24.6
45'(70)	4,798	24	3,550	1,224	25.5
50('75)	4,946	17	3,701	1,228	24.8
55('80)	5,208	17	3,951	1,240	23.8
60('85)	5,453	17	4,147	1,289	23.6
平成 2('90)	5,506	17	4,177	1,312	23.8
7('95)	5,501	17	4,164	1,320	24.0
12('00)	5,478	15	4,145	1,318	24.1
17('05)	5,418	15	4,082	1,321	24.4
22('10)	5,116	15	3,780	1,321	25.8
27('15)	4,939	15	3,604	1,320	26.7
28('16)	4,925	15	3,589	1,321	26.8
29('17)	4,907	15	3,571	1,321	26.9
30('18)	4,897	15	3,559	1,323	27.0
令和元('19)	4,887	15	3,550	1,322	27.1
2('20)	4,874	15	3,537	1,322	27.1
3('21)	4,856	15	3,521	1,320	27.2
4('22)	4,824	15	3,489	1,320	27.4
5('23)	**4,791**	**15**	**3,455**	**1,321**	**27.6**
本校 Main school	4,715	15	3,381	1,319	28.0
分校 Branch school	76	—	74	2	2.6
全日制 Full-time school	4,170	15	2,860	1,295	31.1
定時制 Part-time school (1)	173	—	169	4	2.3
全・定併置 Combined school (2)	448	—	426	22	4.9

(注) 「全・定併置」とは，全日制と定時制の両方の課程を設置している学校をいう。

(1) A Part-time school is one with the course where instruction is given in the daytime or evening, during a certain period of time.

(2) A combined school is one with both full-day and day/evening courses.

学 科 数
Courses by

区 分	計 Total	普通 普通 General	普通 学際領域 Interdisciplinarity	普通 地域社会 Community and Society	普通 その他 Others	農業 Agriculture	工業 Industry	商業 Commerce
昭和30年('55)	7,426	3,209	…	…	…	1,217	394	875
35('60)	8,786	3,958	…	…	…	1,257	644	1,252
40('65)	8,669	4,165	…	…	…	923	925	1,356
45('70)	8,541	4,110	…	…	…	762	923	1,407
50('75)	8,376	4,249	…	…	…	634	918	1,256
55('80)	8,434	4,601	…	…	…	521	852	1,236
60('85)	8,466	4,772	…	…	…	480	838	1,195
平成 2('90)	8,478	4,814	…	…	…	448	840	1,168
7('95)	8,478	4,816	…	…	…	424	841	1,121
12('00)	8,273	4,706	…	…	…	393	797	1,010
17('05)	8,076	4,569	…	…	…	369	766	881
22('10)	7,479	4,230	…	…	…	341	669	745
27('15)	7,181	4,077	…	…	…	318	632	676
28('16)	7,146	4,060	…	…	…	315	627	671
29('17)	6,697	3,770	…	…	…	303	531	623
30('18)	6,685	3,755	…	…	…	303	530	618
令和元('19)	6,670	3,743	…	…	…	303	525	615
2('20)	6,657	3,733	…	…	…	303	526	609
3('21)	6,612	3,711	…	…	…	301	526	599
4('22)	6,578	3,692	1	3	2	301	520	588
5('23)	**6,537**	**3,663**	**2**	**5**	**2**	**296**	**517**	**582**
全日制 Full-time course								
計 Total	5,853	3,236	2	5	2	277	411	517
国立 National	15	11	—	—	—	—	1	—
公立 Local	4,023	1,968	—	4	—	274	328	383
私立 Private	1,815	1,257	2	1	2	3	82	134
定時制 Part-time course								
計 Total	282	171	—	—	—	10	15	30
公立 Local	269	168	—	—	—	10	15	27
私立 Private	13	3	—	—	—	—	—	3
(再掲)全・定併設 Combined school								
計 Total	402	256	—	—	—	9	91	35
公立 Local	382	241	—	—	—	9	89	33
私立 Private	20	15	—	—	—	—	2	2

(注)1 本科の学科数である。
2 「全・定併設」には，全日制と定時制の両方の課程に設置されている学科数を掲げた。

Specialization

専門						
水産 Fishery	家庭 Home economics	看護 Nursing	情報 Information	福祉 Welfare	その他 Others	総合 Integrated
61	1, 615	…	…	…	55	…
64	1, 561	…	…	…	50	…
65	1, 166	…	…	…	69	…
56	992	…	…	…	291	…
53	873	168	…	…	225	…
52	773	164	…	…	235	…
54	702	164	…	…	261	…
52	637	156	…	…	363	…
52	537	143	…	…	521	23
48	430	141	…	…	607	141
46	372	99	22	68	606	278
44	296	97	25	107	583	342
42	277	95	28	98	567	371
42	273	95	28	95	567	373
41	274	96	28	97	565	369
41	274	96	26	99	568	375
41	275	95	25	100	570	378
41	273	97	26	97	571	381
41	270	96	27	96	564	381
42	265	96	26	95	570	377
42	**264**	**96**	**27**	**96**	**567**	**378**
42	252	93	25	96	564	331
—	—	—	—	—	1	2
42	161	29	22	59	444	309
—	91	64	3	37	119	20
—	12	2	2	—	2	38
—	9	—	2	—	2	36
—	3	2	—	—	—	2
—	—	1	—	—	1	9
—	—	—	—	—	1	9
—	—	1	—	—	—	—

(Note) Regular course only, not including advanced and special courses.

生　徒
Students by

区　分	計 Total	国立 National	公立 Local
昭和30年('55)	2, 592, 001	8, 069	2, 072, 163
35('60)	3, 239, 416	9, 595	2, 300, 552
40('65)	5, 073, 882	11, 435	3, 397, 215
45('70)	4, 231, 542	10, 600	2, 936, 428
50('75)	4, 333, 079	9, 919	3, 015, 114
55('80)	4, 621, 930	10, 211	3, 311, 327
60('85)	5, 177, 681	10, 217	3, 710, 992
平成 2('90)	5, 623, 336	10, 338	4, 001, 232
7('95)	4, 724, 945	10, 161	3, 288, 245
12('00)	4, 165, 434	8, 824	2, 930, 295
17('05)	3, 605, 242	8, 857	2, 527, 462
22('10)	3, 368, 693	8, 751	2, 357, 261
27('15)	3, 319, 114	8, 623	2, 268, 162
28('16)	3, 309, 342	8, 630	2, 252, 942
29('17)	3, 280, 247	8, 548	2, 224, 821
30('18)	3, 235, 661	8, 579	2, 184, 920
令和元('19)	3, 168, 369	8, 476	2, 132, 078
2('20)	3, 092, 064	8, 452	2, 065, 980
3('21)	3, 008, 172	8, 254	1, 989, 287
4('22)	2, 956, 900	8, 172	1, 933, 568
5('23)	**2, 918, 501**	**8, 004**	**1, 897, 321**
男 Male	1, 485, 991	3, 987	966, 984
女 Female	1, 432, 510	4, 017	930, 337
本科 Regular course			
計 Total	2, 909, 703	8, 004	1, 894, 191
1学年 1st year	999, 843	2, 694	649, 196
2学年 2nd year	970, 158	2, 723	628, 983
3学年 3rd year	929, 743	2, 587	606, 163
4学年 4th year	9, 959	—	9, 849
専攻科 Advanced course (1)	8, 665	—	2, 997
別　科 Special course (2)	133	—	133

(1) Advanced course is a program subsequent to completion of upper secondary regular course, lasting 1 year or more.

学科別 <Students by Specialization of Course>

区　分	計 Total	普通				農業 Agriculture
		普通 General	学際領域 Interdisciplinarity	地域社会 Community and Society	その他 Others	
昭和30年('55)	2, 571, 615	1, 538, 093	…	…	…	201, 772
35('60)	3, 225, 945	1, 880, 826	…	…	…	215, 630
40('65)	5, 065, 657	3, 013, 235	…	…	…	263, 869
45('70)	4, 222, 840	2, 468, 302	…	…	…	222, 737
50('75)	4, 327, 089	2, 725, 759	…	…	…	196, 079
55('80)	4, 616, 339	3, 149, 624	…	…	…	174, 243
60('85)	5, 171, 787	3, 730, 685	…	…	…	156, 611
平成 2('90)	5, 616, 844	4, 159, 512	…	…	…	154, 455
7('95)	4, 717, 191	3, 499, 056	…	…	…	132, 775
12('00)	4, 157, 269	3, 045, 570	…	…	…	115, 425
17('05)	3, 596, 820	2, 610, 071	…	…	…	97, 397
22('10)	3, 360, 101	2, 430, 528	…	…	…	87, 696
27('15)	3, 309, 613	2, 409, 432	…	…	…	83, 040
28('16)	3, 299, 599	2, 406, 674	…	…	…	82, 372
29('17)	3, 270, 400	2, 388, 509	…	…	…	81, 310
30('18)	3, 226, 017	2, 357, 379	…	…	…	79, 616
令和元('19)	3, 159, 016	2, 308, 014	…	…	…	77, 836
2('20)	3, 082, 862	2, 254, 161	…	…	…	75, 260
3('21)	2, 998, 930	2, 198, 699	…	…	…	72, 566
4('22)	2, 947, 909	2, 170, 720	139	113	230	69, 825
5('23)	**2, 909, 703**	**2, 149, 796**	**158**	**418**	**163**	**68, 661**
男 Male	1, 484, 492	1, 072, 051	41	155	53	35, 550
女 Female	1, 425, 211	1, 077, 745	117	263	110	33, 111
全日制 Full-time course						
計 Total	2, 839, 314	2, 100, 582	158	418	163	67, 790
国立 National	8, 004	6, 502	—	—	—	—
公立 Local	1, 826, 039	1, 195, 286	—	379	—	66, 794
私立 Private	1, 005, 271	898, 794	158	39	163	996
定時制 Part-time course						
計 Total	70, 389	49, 214	—	—	—	871
公立 Local	68, 152	47, 612	—	—	—	871
私立 Private	2, 237	1, 602	—	—	—	—

(注) 本科の生徒数である。

数
Year

私立 Private	全日制 Full-time course	定時制 Part-time course	私立の割合(%) Percentage of private
511, 769	2, 050, 286	541, 715	*19. 7*
929, 269	2, 720, 416	519, 000	*28. 7*
1, 665, 232	4, 559, 757	514, 125	*32. 8*
1, 284, 514	3, 859, 528	372, 014	*30. 4*
1, 308, 046	4, 089, 697	243, 382	*30. 2*
1, 300, 392	4, 472, 579	149, 351	*28. 1*
1, 456, 472	5, 037, 537	140, 144	*28. 1*
1, 611, 766	5, 476, 635	146, 701	*28. 7*
1, 426, 539	4, 617, 614	107, 331	*30. 2*
1, 226, 315	4, 056, 112	109, 322	*29. 4*
1, 068, 923	3, 494, 770	110, 472	*29. 6*
1, 002, 681	3, 252, 457	116, 236	*29. 8*
1, 042, 329	3, 221, 781	97, 333	*31. 4*
1, 047, 770	3, 216, 174	93, 168	*31. 7*
1, 046, 878	3, 190, 534	89, 713	*31. 9*
1, 042, 162	3, 150, 378	85, 283	*32. 2*
1, 027, 815	3, 086, 434	81, 935	*32. 4*
1, 017, 632	3, 012, 708	79, 356	*32. 9*
1, 010, 631	2, 933, 526	74, 646	*33. 6*
1, 015, 160	2, 885, 078	71, 822	*34. 3*
1, 013, 176	**2, 847, 948**	**70, 553**	***34. 7***
515, 020	1, 447, 141	38, 850	*34. 7*
498, 156	1, 400, 807	31, 703	*34. 8*
1, 007, 508	2, 839, 314	70, 389	*34. 6*
347, 953	976, 611	23, 232	*34. 8*
338, 452	950, 407	19, 751	*34. 9*
320, 993	912, 296	17, 447	*34. 5*
110	—	9, 959	*1. 1*
5, 668	8, 501	164	*65. 4*
—	133	—	—

(2) Special course is a program for graduates of lower secondary school, lasting 1 year or more.

農業

工業 Industry	商業 Commerce	水産 Fishery	家庭 Home economics	看護 Nursing	情報 Information	福祉 Welfare	その他 Others	総合 Integrated
237, 328	366, 928	11, 755	211, 981	…	…	…	3, 758	…
323, 520	532, 360	15, 265	252, 350	…	…	…	5, 994	…
624, 105	857, 379	20, 082	277, 044	…	…	…	9, 943	…
565, 508	691, 883	18, 905	220, 178	…	…	…	35, 327	…
508, 818	625, 599	19, 000	195, 314	25, 736	…	…	30, 784	…
474, 515	579, 170	17, 893	161, 170	28, 109	…	…	31, 615	…
478, 416	582, 232	16, 658	142, 002	26, 211	…	…	38, 972	…
486, 132	583, 447	16, 090	132, 699	24, 387	…	…	60, 122	…
414, 946	449, 968	13, 216	90, 409	23, 575	…	…	87, 745	5, 501
364, 000	353, 018	12, 334	70, 778	20, 288	…	…	104, 723	71, 133
302, 196	260, 931	10, 828	52, 885	13, 467	2, 253	7, 574	103, 351	135, 867
266, 667	221, 403	9, 458	43, 428	13, 176	2, 752	10, 008	102, 885	172, 100
254, 524	202, 308	9, 193	42, 230	14, 756	3, 130	9, 645	105, 300	176, 055
252, 744	198, 498	9, 196	41, 105	14, 457	3, 096	9, 200	105, 539	176, 718
249, 930	195, 190	9, 027	39, 924	14, 194	3, 010	8, 769	105, 008	175, 529
245, 978	190, 675	8, 834	38, 701	13, 965	2, 899	8, 534	106, 113	173, 323
239, 204	185, 061	8, 500	38, 001	13, 678	2, 739	8, 242	106, 289	171, 452
230, 934	178, 159	8, 161	36, 651	13, 570	2, 679	8, 030	107, 066	168, 191
220, 357	171, 088	7, 804	35, 878	13, 226	2, 664	7, 744	105, 365	163, 539
211, 763	165, 648	7, 460	34, 739	13, 100	2, 698	7, 207	105, 200	159, 067
203. 449	**162. 432**	**7. 113**	**34. 113**	**12. 422**	**2. 802**	**6. 747**	**104. 542**	**156. 887**
178, 199	66, 031	5, 663	5, 494	858	1, 831	1, 708	47, 291	69, 567
25, 250	96, 401	1, 450	28, 619	11, 564	971	5, 039	57, 251	87, 320
198, 030	159, 915	7, 113	33, 816	12, 384	2, 480	6, 747	104, 132	145, 586
559	—	—	—	—	—	—	110	833
174, 118	134, 191	7, 113	20, 213	3, 229	2, 166	4, 633	83, 346	134, 571
23, 353	25, 724	—	13, 603	9, 155	314	2, 114	20, 676	10, 182
5, 419	2, 517	—	297	38	322	—	410	11, 301
5, 419	2, 517	—	209	—	322	—	410	10, 792
—	—	—	88	38	—	—	—	509

(Note) Regular course only.

教員数
Full-time Teachers by Type of Position

区分	計 Total	うち女 Female	国立 National	公立 Local	私立 Private	全日制 Full-time course	定時制 Part-time course	女の割合(%) Percentage of female
昭和30年('55)	111,617	19,685	466	92,213	18,938	88,811	22,806	*17.6*
35('60)	131,719	22,488	506	100,875	30,338	109,097	22,622	*17.1*
40('65)	193,524	33,366	604	143,935	48,985	172,261	21,263	*17.2*
45('70)	202,440	33,863	594	153,884	47,962	180,820	21,620	*16.7*
50('75)	222,915	37,965	575	171,492	50,848	203,132	19,783	*17.0*
55('80)	243,592	43,591	613	188,582	54,397	227,654	15,938	*17.9*
60('85)	266,809	49,985	628	206,727	59,454	252,859	13,950	*18.7*
平成 2('90)	286,006	58,665	627	220,322	65,057	272,376	13,630	*20.5*
7('95)	281,117	65,325	634	215,230	65,253	267,826	13,291	*23.2*
12('00)	269,027	68,847	601	206,236	62,190	256,501	12,526	*25.6*
17('05)	251,408	69,475	593	191,005	59,810	238,694	12,714	*27.6*
22('10)	238,929	70,277	577	179,433	58,919	226,387	12,542	*29.4*
27('15)	234,970	73,591	583	173,473	60,914	222,865	12,105	*31.3*
28('16)	234,611	74,295	581	172,741	61,289	222,564	12,047	*31.7*
29('17)	233,925	74,623	582	171,473	61,870	221,972	11,953	*31.9*
30('18)	232,802	74,660	575	169,935	62,292	220,921	11,881	*32.1*
令和元('19)	231,319	74,686	569	168,445	62,305	219,452	11,867	*32.3*
2('20)	229,245	74,577	569	166,238	62,438	217,395	11,850	*32.5*
3('21)	226,721	74,589	568	163,513	62,640	214,978	11,743	*32.9*
4('22)	224,734	74,420	566	161,622	62,546	213,017	11,717	*33.1*
5('23)	**223,246**	**74,615**	**563**	**160,306**	**62,377**	**211,556**	**11,690**	***33.4***
校長 Principal	4,624	475	3	3,375	1,246	4,461	163	*10.3*
副校長 Senior vice-principal	1,332	158	13	744	575	1,193	139	*11.9*
教頭 Vice-principal	6,172	873	4	4,521	1,647	5,581	591	*14.1*
主幹教諭 Senior teacher	4,031	743	27	3,357	647	3,703	328	*18.4*
指導教諭 Advanced skill teacher	847	203	1	518	328	836	11	*24.0*
教諭 Teacher	181,348	58,997	487	133,496	47,365	172,458	8,890	*32.5*
助教諭 Assistant teacher	867	442	—	162	705	858	9	*51.0*
養護教員 Nursing teacher	6,492	6,465	20	5,022	1,450	5,857	635	*99.6*
栄養教諭 Diet and nutrition teacher	10	9	—	6	4	7	3	*90.0*
講師 Temporary instructor	17,523	6,250	8	9,105	8,410	16,602	921	*35.7*
(別掲) 兼務者 Part-time	73,042	33,176	338	36,939	35,765	68,489	4,553	*45.4*

(注) 本務教員である。

教員の年齢構成　Percentage of Full-time Teachers by Age

(単位：%)

区分	計 Total 平成25年(2013)	計 Total 28年(2016)	計 Total 令和元年(2019)	男 Male 平成25年(2013)	男 Male 28年(2016)	男 Male 令和元年(2019)	女 Female 平成25年(2013)	女 Female 28年(2016)	女 Female 令和元年(2019)	区分
計	100.0	100.0	**100.0**	100.0	100.0	**100.0**	100.0	100.0	**100.0**	Total
										Age at 1 Oct.
25歳未満	2.5	2.7	**2.8**	1.9	2.1	**2.3**	3.8	3.8	**3.8**	Under 25
25～30歳未満	8.1	9.6	**9.9**	7.0	8.6	**9.1**	10.7	11.9	**11.6**	25 ～ 29
30～35歳未満	9.7	9.7	**10.8**	8.8	9.1	**10.3**	11.7	11.1	**11.9**	30 ～ 34
35～40歳未満	11.6	10.8	**10.5**	10.3	10.0	**10.1**	14.8	12.5	**11.3**	35 ～ 39
40～45歳未満	12.8	12.8	**11.5**	11.3	11.2	**10.6**	16.2	16.2	**13.5**	40 ～ 44
45～50歳未満	15.2	12.8	**13.1**	15.3	12.1	**11.6**	14.9	14.5	**16.1**	45 ～ 49
50～55歳未満	19.3	17.6	**13.9**	21.4	19.0	**13.9**	14.6	14.5	**13.7**	50 ～ 54
55～60歳未満	15.8	17.4	**18.8**	17.9	19.8	**21.3**	10.8	12.2	**13.6**	55 ～ 59
60歳以上	5.0	6.6	**8.8**	6.1	8.1	**10.8**	2.4	3.2	**4.4**	60 and over
平均年齢(歳)	45.3	45.4	**45.4**	46.5	46.6	**46.6**	42.5	42.9	**43.4**	Average Age

(注) 各年10月1日現在の本務教員数について構成比で示した。
資料 文部科学省「学校教員統計（学校教員統計調査報告書）」

職員数
Full-time Non-teaching Staff

区分	計 Total	うち女 Female	国立 National	公立 Local	私立 Private	全日制 Full-time course	定時制 Part-time course	女の割合 (%) Percentage of female
昭和30年('55)	31,014	10,734	342	25,620	5,052	26,071	4,943	34.6
35('60)	35,051	12,294	350	26,869	7,832	29,918	5,133	35.1
40('65)	49,063	18,193	394	35,453	13,216	43,804	5,259	37.1
45('70)	55,659	21,313	275	41,271	14,113	49,433	6,226	38.3
50('75)	62,313	25,735	188	47,762	14,363	56,125	6,188	41.3
55('80)	64,871	27,061	208	50,002	14,661	59,784	5,087	41.7
60('85)	65,666	27,780	191	50,306	15,169	61,370	4,296	42.3
平成 2('90)	65,018	27,841	168	49,582	15,268	61,158	3,860	42.8
7('95)	63,642	28,192	167	48,514	14,961	59,964	3,678	44.3
12('00)	59,823	26,519	101	46,104	13,618	56,730	3,093	44.3
17('05)	54,592	24,180	86	41,853	12,653	51,867	2,725	44.3
22('10)	48,590	21,458	68	36,528	11,994	46,179	2,411	44.2
27('15)	45,683	20,433	61	33,423	12,199	43,556	2,127	44.7
28('16)	45,604	20,366	60	33,215	12,329	43,520	2,084	44.7
29('17)	45,433	20,422	57	32,946	12,430	43,358	2,075	44.9
30('18)	45,131	20,396	56	32,592	12,483	43,085	2,046	45.2
令和元('19)	44,940	20,400	53	32,298	12,589	42,936	2,004	45.4
2('20)	44,899	20,291	58	32,154	12,687	42,906	1,993	45.2
3('21)	44,430	20,241	66	31,758	12,606	42,468	1,962	45.6
4('22)	44,211	20,333	69	31,553	12,589	42,244	1,967	46.0
5('23)	**43,854**	**20,345**	**61**	**31,320**	**12,473**	**41,914**	**1,940**	**46.4**
事務職員 Administrative personnel	23,799	12,481	43	15,105	8,651	22,808	991	52.4
実習助手 Technical assistant (1)	11,229	4,808	8	10,517	704	10,740	489	42.8
学校図書館事務員 Librarian	1,123	1,017	3	706	414	1,082	41	90.6
技術職員 Technical personnel	1,039	241	2	651	386	910	129	23.2
養護職員 School nurse	133	130	–	14	119	125	8	97.7
用務員 Janitor	4,026	753	1	3,220	805	3,834	192	18.7
その他 Others	2,505	915	4	1,107	1,394	2,415	90	36.5

(注)1 本務職員である。
2 「その他」とは，寄宿舎指導員，警備員等である。
(1) For field and laboratory work.

通信教育課程
Correspondence

区分	学校数 Schools 独立校 with correspondence course only	併置校 together with other courses	生徒数 Students 計 Total	男 Male	女 Female
昭和30年('55)	70		46,036	34,456	11,580
35('60)	70		65,414	42,961	22,453
40('65)	7	63	123,068	62,175	60,893
45('70)	14	68	156,599	67,225	89,374
50('75)	14	74	149,100	59,744	89,356
55('80)	14	74	128,987	52,300	76,687
60('85)	13	73	132,644	59,622	73,022
平成2('90)	12	72	166,986	85,634	81,352
7('95)	16	77	153,983	86,373	67,610
12('00)	25	88	181,877	102,187	79,690
17('05)	59	116	183,518	94,926	88,592
22('10)	88	121	187,538	96,144	91,394
27('15)	100	137	180,393	95,635	84,758
28('16)	104	140	181,031	95,813	85,218
29('17)	107	143	182,515	96,403	86,112
30('18)	110	142	186,502	97,307	89,195
令和元('19)	113	140	197,696	101,974	95,722
2('20)	117	140	206,948	105,833	101,115
3('21)	119	141	218,389	111,056	107,333
4('22)	126	148	238,267	117,654	120,613
5('23)	**131**	**158**	**264,974**	**127,383**	**137,591**
公立 Local	6	72	57,437	26,906	30,531
私立 Private	125	86	207,537	100,477	107,060

(注)1 「併置校」とは，全日制課程を置く高等学校，定時制課程を置く高等学校又は全日制課程と定時制課程を併置する高等学校に併設されている学校をいう。
2 令和5年の協力校（高等学校通信教育規程第3条）数は，310校（公立157校，私立153校）である。

(学校数　生徒数　教員数　職員数)
Courses

教員数 Teachers				職員数（本務） Non-teaching staff (full-time)		
本務 Full-time			兼務 Part-time	計 Total	男 Male	女 Female
計 Total	男 Male	女 Female				
303	280	23	1, 100	139	68	71
495	440	55	1, 836	165	78	87
987	778	209	2, 418	307	152	155
1, 436	1, 102	334	2, 946	356	177	179
1, 604	1, 216	388	3, 753	364	188	176
1, 595	1, 163	432	2, 918	361	195	166
1, 654	1, 228	426	2, 381	367	184	183
1, 838	1, 375	463	2, 917	379	184	195
2, 048	1, 506	542	3, 791	405	193	212
2, 478	1, 743	735	4, 474	494	234	260
3, 169	2, 138	1, 031	5, 842	616	301	315
3, 765	2, 436	1, 329	6, 944	770	375	395
4, 299	2, 757	1, 542	8, 677	1, 017	465	552
4, 318	2, 755	1, 563	1, 996	1, 032	464	568
4, 516	2, 867	1, 649	1, 653	1, 116	504	612
4, 665	2, 961	1, 704	1, 719	1, 172	506	666
4, 880	3, 062	1, 818	1, 762	1, 236	525	711
5, 324	3, 241	2, 083	1, 841	1, 355	574	781
5, 558	3, 379	2, 179	2, 133	1, 320	544	776
5, 708	3, 429	2, 279	2, 394	1, 364	538	826
6, 231	**3, 690**	**2, 541**	**2, 702**	**1, 465**	**584**	**881**
1, 521	955	566	402	170	89	81
4, 710	2, 735	1975	2, 300	1295	495	800

(Note) In addition to the schools shown in the table above, there were 310 schools (local: 157, private: 153) cooperating with these schools for correspondence education in 2023.

卒　　業
First Destination

区　分	卒業者数 New graduates	A 大学等進学者 Advancing to university, etc. (1)	大学・短期大学の通信教育部への進学者を除く Excluding those advancing to correspondence courses of universities or junior colleges.	B 専修学校(専門課程)進学者 Advancing to specialized training college (postsec. course)	C 専修学校(一般課程)等入学者 Advancing to specialized training college (general course), etc. (2)	D 公共職業能力開発施設等入学者 Undertaking vocational training
昭和30年('55)	715,916	…	131,526	…	*	
35('60)	933,738	…	160,386	…	*	
40('65)	1,160,075	…	294,540	…	*	
45('70)	1,402,962	…	340,217	…	*	
50('75)	1,327,407	…	453,842	…	*	
55('80)	1,399,292	…	445,875	120,076	162,551	
60('85)	1,373,713	418,952	418,296	156,879	182,079	
平成 2('90)	1,766,917	539,953	538,890	278,743	247,974	
7('95)	1,590,720	597,986	596,853	265,892	217,654	
12('00)	1,328,902	599,747	599,120	228,672	115,512	10,192
17('05)	1,202,738	568,336	567,712	228,858	88,056	8,746
22('10)	1,069,129	580,578	580,056	170,182	67,876	7,689
27('15)	1,064,376	579,938	579,540	177,827	54,990	6,376
28('16)	1,059,266	579,738	579,382	173,396	56,458	6,159
29('17)	1,069,568	585,184	584,785	173,676	56,410	6,360
30('18)	1,056,378	578,041	577,562	168,782	57,416	6,235
令和元('19)	1,050,559	574,308	573,809	172,059	52,835	5,948
2('20)	1,037,284	578,341	577,816	174,822	45,173	5,657
3('21)	1,012,007	580,550	579,870	175,185	42,553	5,769
4('22)	990,230	588,919	588,185	165,906	37,171	5,605
5('23)	**962,009**	**584,465**	**583,762**	**155,916**	**33,816**	**5,128**
男 Male	487,228	289,625	289,322	60,516	20,602	4,279
女 Female	474,781	294,840	294,440	95,400	13,214	849
国　立 National	2,745	1,964	1,964	39	282	4
公　立 Local	635,942	354,818	354,292	114,530	21,032	4,381
私　立 Private	323,322	227,683	227,506	41,347	12,502	743
全日制 Full-time course	944,498	581,464	580,874	152,475	33,475	4,662
定時制 Part-time course	17,511	3,001	2,888	3,441	341	466
普　通 General	706,746	496,670	496,230	99,347	27,421	2,530
学際領域 Interdisciplinarity	67	14	14	29	—	—
地域社会 Community and Socie	24	6	6	11	1	—
その他 Others	63	17	17	20	—	—
農　業 Agriculture	22,962	3,952	3,919	6,597	514	340
工　業 Industry	70,608	12,395	12,337	10,686	994	1,310
商　業 Commerce	55,562	18,062	17,981	15,898	1,097	272
水　産 Fishery	2,499	491	491	353	31	97
家　庭 Home economics	11,350	3,297	3,287	3,740	241	32
看　護 Nursing	4,278	3,823	3,822	293	32	0
情　報 Information	872	355	353	258	10	12
福　祉 Welfare	2,293	506	504	707	72	8
その他 Others	33,415	24,629	24,599	2,872	2,213	81
総合学科 Integrated	51,270	20,248	20,202	15,105	1,190	446

(注)1　各年3月卒業者である。
2　「大学等進学者」とは，大学の学部・通信教育部・別科，短期大学の本科・通信教育部・別科及び高等学校等の専攻科への進学者(進学しかつ就職した者を含む。)である。
3　「専修学校（一般課程）等入学者」とは，専修学校（一般課程，高等課程）及び各種学校への入学者である。
4　＊は「左記以外の者」に含まれている。
5　「大学等進学率」は，卒業者のうち「大学等進学者」の占める割合である。
6　「専修学校（専門課程）進学率」は，卒業者のうち「専修学校（専門課程）進学者」の占める割合である。
7　「卒業者に占める就職者の割合」は，卒業者のうち「就職者」及び「A，B，C，Dのうち就職している者」の占める割合である。
8　「左記以外の者」とは，家事手伝いをしている者，外国の大学等に入学した者又はA～Dの各項目，「就職者」及び「一時的な仕事に就いた者」に該当しない者で進路が未定であることが明らかな者である。

者　　　　　数
of New Graduates

就職者等 Entering employment	左記以外の者 Others (3)	不詳・死亡の者 Unknown & deceased	(再掲) A, B, C, Dのうち就職している者 Employed among A, B, C and D (recounted)	大学等進学率 (%) Advancement rate to university, etc. (4)	大学・短期大学の通信教育部への進学者を除く (%) Excluding those advancing to correspondence courses of universities or junior colleges.	専修学校(専門課程)進学率 (%) Advancement rate to specialized training college (postsec. course)	卒業者に占める就職者の割合 (%) Employment rate (5)
332, 261	209, 778	42, 351	8, 268	…	*18. 4*	…	*47. 6*
566, 618	181, 669	25, 065	5, 884	…	*17. 2*	…	*61. 3*
690, 051	164, 481	11, 003	10, 210	…	*25. 4*	…	*60. 4*
802, 817	253, 483	6, 445	13, 899	…	*24. 2*	…	*58. 2*
576, 768	288, 625	8, 172	14, 669	…	*34. 2*	…	*44. 6*
581, 430	86, 243	3, 117	18, 263	…	*31. 9*	*8. 6*	*42. 9*
547, 372	66, 325	2, 106	16, 540	*30. 5*	*30. 5*	*11. 4*	*41. 1*
607, 737	91, 415	1, 095	14, 593	*30. 6*	*30. 5*	*15. 8*	*35. 2*
395, 796	112, 510	882	12, 118	*37. 6*	*37. 5*	*16. 7*	*25. 6*
241, 703	132, 456	620	5, 371	*45. 1*	*45. 1*	*17. 2*	*18. 6*
229, 605	78, 870	267	1, 995	*47. 3*	*47. 2*	*19. 0*	*17. 4*
182, 923	59, 582	299	1, 303	*54. 3*	*54. 3*	*15. 9*	*15. 8*
198, 520	46, 496	229	774	*54. 5*	*54. 4*	*16. 7*	*17. 8*
197, 527	45, 783	205	678	*54. 7*	*54. 7*	*16. 4*	*17. 9*
197, 413	50, 315	210	640	*54. 7*	*54. 7*	*16. 2*	*17. 8*
192, 764	52, 941	199	454	*54. 7*	*54. 7*	*16. 0*	*17. 6*
191, 698	53, 548	163	390	*54. 7*	*54. 6*	*16. 4*	*17. 7*
184, 842	48, 147	302	302	*55. 8*	*55. 7*	*16. 9*	*17. 4*
162, 900	44, 987	63	297	*57. 4*	*57. 3*	*17. 3*	*15. 7*
149, 335	43, 248	46	270	*59. 5*	*59. 4*	*16. 8*	*14. 7*
139, 571	**43, 058**	**55**	**187**	***60. 8***	***60. 7***	***16. 2***	***14. 2***
87, 491	24, 687	28	74	*59. 4*	*59. 4*	*12. 4*	*17. 7*
52, 080	18, 371	27	113	*62. 1*	*62. 0*	*20. 1*	*10. 6*
7	449	—	—	*71. 5*	*71. 5*	*1. 4*	*0. 3*
115, 053	26, 097	31	162	*55. 8*	*55. 7*	*18. 0*	*17. 7*
24, 511	16, 512	24	25	*70. 4*	*70. 4*	*12. 8*	*7. 4*
132, 204	40, 165	53	183	*61. 6*	*61. 5*	*16. 1*	*13. 8*
7, 367	2, 893	2	4	*17. 1*	*16. 5*	*19. 7*	*36. 4*
46, 356	34, 386	36	75	*70. 3*	*70. 2*	*14. 1*	*6. 3*
20	4	—	—	*20. 9*	*20. 9*	*43. 3*	*29. 9*
6	—	—	—	*25. 0*	*25. 0*	*45. 8*	*25. 0*
22	4	—	—	*27. 0*	*27. 0*	*31. 7*	*34. 9*
10, 976	582	1	12	*17. 2*	*17. 1*	*28. 7*	*47. 2*
43, 790	1, 430	3	8	*17. 6*	*17. 5*	*15. 1*	*61. 8*
18, 878	1, 352	3	29	*32. 5*	*32. 4*	*28. 6*	*33. 7*
1, 472	55	—	1	*19. 6*	*19. 6*	*14. 1*	*58. 9*
3, 674	365	1	7	*29. 0*	*29. 0*	*33. 0*	*31. 9*
70	60	—	0	*89. 4*	*89. 3*	*6. 8*	*1. 6*
168	69	—	—	*40. 7*	*40. 5*	*29. 6*	*17. 9*
958	42	—	3	*22. 1*	*22. 0*	*30. 8*	*41. 5*
1, 392	2, 227	1	1	*73. 7*	*73. 6*	*8. 6*	*4. 1*
11, 789	2, 482	10	51	*39. 5*	*39. 4*	*29. 5*	*22. 2*

(1) "University, etc." indicates university (undergraduate, correspondence and short-term courses), junior college (regular, correspon and short-term courses) and advanced courses of upper secondary schools (including those who entered higher-level schools while b employed).
(2) Including new graduates advancing to miscellaneous school, etc.
(3) Including those involved in household work, advancing to foreign university, etc.
(4) Graduates advancing to university, etc. A / Total new graduates.
(5) Graduates entering employment and those "employed among A, B, C and D" / Total new graduates.
(6) * mark indicates that relevant graduates are included in "others."

入　学
Applicants for Higher

区　分	計 Total	大　学 (学部) University (undergraduate course)	短期大学 (本科) Junior college (regular course)	計 Total
昭和35年('60)	242, 353	197, 847	44, 506	*26. 0*
40('65)	385, 862	300, 231	85, 631	*33. 3*
45('70)	485, 958	360, 175	125, 783	*34. 6*
50('75)	627, 585	457, 363	170, 222	*47. 3*
55('80)	635, 884	452, 065	183, 819	*45. 4*
60('85)	622, 260	444, 209	178, 051	*45. 3*
平成 2('90)	868, 717	609, 408	259, 309	*49. 2*
7('95)	862, 017	619, 618	242, 399	*54. 2*
12('00)	738, 443	599, 914	138, 529	*55. 6*
17('05)	672, 468	577, 811	94, 657	*55. 9*
22('10)	660, 190	594, 620	65, 570	*61. 8*
27('15)	645, 314	588, 760	56, 554	*60. 6*
28('16)	645, 631	591, 393	54, 238	*61. 0*
29('17)	655, 749	603, 397	52, 352	*61. 3*
30('18)	651, 207	601, 550	49, 657	*61. 6*
令和元('19)	641, 206	594, 622	46, 584	*61. 0*
2('20)	635, 006	589, 997	45, 009	*61. 2*
3('21)	626, 867	585, 294	41, 573	*61. 9*
4('22)	633, 128	595, 179	37, 949	*63. 9*
5('23)	**622, 867**	**589, 321**	**33, 546**	***64. 7***
男 Male	316, 814	312, 705	4, 109	*65. 0*
女 Female	306, 053	276, 616	29, 437	*64. 5*
国　立 National	2, 545	2, 532	13	*92. 7*
公　立 Local	378, 974	356, 076	22, 898	*59. 6*
私　立 Private	241, 348	230, 713	10, 635	*74. 6*

(注)1　入学志願者数は，大学（学部）又は短期大学（本科）へ願書を提出した者の実人数（同一人が2校以上に志願した場合も1名として計上してある。）である。
2　「入学志願率」は，大学（学部）及び短期大学（本科）へ入学志願した者をそれぞれ当該年度の卒業者数で除した比率である。
3　「過年度卒入学志願者数」とは，高等学校卒業後1年以上経過した後に入学志願した者の数である。

大学等進学者数
New Graduates Advancing to Higher-level Courses

区　分	計 Total	大学(学部)進学者 University (under-graduate course)	短期大学(本科)進学者 Junior college (regular course)	大学・短期大学の通信教育部進学者 Correspondence courses (1)	大学・短期大学の別科，高等学校等の専攻科進学者 Short-term courses (2)	国立養護教諭養成所進学者 National Training Institute for Nursing Teachers
昭和30年('55)	131, 526	91, 165	32, 542	…	7, 819	…
35('60)	160, 386	116, 285	37, 782	…	6, 319	…
40('65)	294, 540	213, 199	74, 744	…	5, 502	1, 095
45('70)	340, 217	218, 656	114, 404	…	6, 736	421
50('75)	453, 842	291, 640	156, 947	…	4, 945	310
55('80)	445, 875	276, 415	165, 500	…	3, 960	…
60('85)	418, 952	255, 032	159, 528	656	3, 736	…
平成 2('90)	539, 953	314, 982	219, 565	1, 063	4, 343	…
7('95)	597, 986	374, 676	217, 882	1, 133	4, 295	…
12('00)	599, 747	463, 897	131, 363	627	3, 860	…
17('05)	568, 336	472, 897	90, 312	624	4, 503	…
22('10)	580, 578	511, 397	64, 220	522	4, 439	…
27('15)	579, 938	519, 132	55, 620	398	4, 788	…
28('16)	579, 738	521, 320	53, 273	356	4, 789	…
29('17)	585, 184	528, 686	51, 426	399	4, 673	…
30('18)	578, 041	524, 158	48, 696	479	4, 708	…
令和元('19)	574, 308	523, 466	45, 798	499	4, 545	…
2('20)	578, 341	529, 009	44, 200	525	4, 607	…
3('21)	580, 550	534, 312	40, 969	680	4, 589	…
4('22)	588, 919	546, 589	37, 253	734	4, 343	…
5('23)	**584, 465**	**546, 498**	**32, 946**	**703**	**4, 318**	…
男 Male	289, 625	284, 788	3, 852	303	682	…
女 Female	294, 840	261, 710	29, 094	400	3, 636	…
全日制 Full-time course	581, 464	544, 063	32, 506	590	4, 305	…
定時制 Part-time course	3, 001	2, 435	440	113	13	…

(注)1　各年3月卒業者である。
2　国・公・私立の合計数である。
3　昭和55年以前の「計」欄には，大学・短期大学の通信教育部に進学した者は含まない。
(1) Universities and junior colleges.
(2) Short-term courses at universities and junior colleges and advanced courses at upper secondary schools.

志願者数
Education Courses

入学志願率(%) Application rate (1)		(別掲)過年度卒入学志願者数 Ronin applicants (2)		
大学(学部) University	短期大学(本科) Junior college	計 Total	大学(学部) University	短期大学(本科) Junior college
21.2	*4.8*	…	…	…
25.9	*7.4*	107,546	94,954	12,592
25.7	*9.0*	190,848	178,686	12,162
34.5	*12.8*	193,808	182,857	10,951
32.3	*13.1*	194,568	184,899	9,669
32.3	*13.0*	225,302	214,127	11,175
34.5	*14.7*	291,844	278,110	13,734
39.0	*15.2*	270,667	257,695	12,972
45.1	*10.4*	150,751	145,249	5,502
48.0	*7.9*	124,774	121,329	3,445
55.6	*6.1*	85,544	83,764	1,780
55.3	*5.3*	73,855	72,916	939
55.8	*5.1*	69,705	68,667	1,038
56.4	*4.9*	71,323	70,258	1,065
56.9	*4.7*	72,973	71,997	976
56.6	*4.4*	74,697	73,768	929
56.9	*4.3*	70,160	69,138	1,022
57.8	*4.1*	54,951	54,505	446
60.1	*3.8*	766	766	0
61.3	***3.5***	**46,717**	**46,298**	**419**
64.2	*0.8*	32,049	31,975	74
58.3	*6.2*	14,668	14,323	345
92.2	*0.5*	646	646	—
56.0	*3.6*	25,777	25,497	280
71.4	*3.3*	20,294	20,155	139

(1) Applicants among new graduates / Total new graduates.
(2) Applicants having spent extra year(s) after graduation from upper secondary schools on preparatory studies.

就職者数
New Graduates Entering Employment

区分	計 Total	事務従事者 Clerical work	販売従事者 Sales	生産工程従事者 Manufacturing	サービス職業従事者 Service	その他 Others
昭和30年('55)	340,529	114,095	51,624	49,200	12,511	113,099
35('60)	572,502	223,534	97,326	124,474	22,565	104,603
40('65)	700,261	285,203	115,012	162,874	22,807	114,365
45('70)	816,716	279,937	138,836	255,567	33,107	109,269
50('75)	591,437	231,540	90,485	162,953	32,430	74,029
55('80)	599,693	204,251	106,735	172,527	45,544	70,636
60('85)	563,912	155,744	93,187	206,940	55,812	52,229
平成 2('90)	622,330	175,361	105,934	211,586	70,055	59,394
7('95)	407,914	70,990	64,515	159,911	65,229	47,269
12('00)	247,074	31,622	32,812	103,358	47,362	31,920
17('05)	208,746	23,884	24,957	92,800	37,143	29,962
22('10)	168,673	17,044	16,502	74,326	31,218	29,583
27('15)	189,679	18,854	18,140	69,036	34,180	49,469
28('16)	189,808	19,721	18,311	72,051	31,353	48,372
29('17)	190,259	20,168	18,187	72,350	29,928	49,626
30('18)	186,234	20,889	16,347	73,198	26,909	48,891
令和元('19)	185,563	21,358	15,386	73,894	25,721	49,204
2('20)	180,560	21,687	15,027	69,875	24,117	49,854
3('21)	159,126	18,111	13,255	59,430	19,878	48,452
4('22)	145,887	15,664	11,432	57,041	17,954	43,796
5('23)	**136,509**	**15,261**	**9,785**	**54,058**	**17,544**	**39,861**
男 Male	86,310	3,224	3,869	40,947	5,816	32,454
女 Female	50,199	12,037	5,916	13,111	11,728	7,407

(注)1 各年3月卒業者である。
2 国・公・私立，全日制・定時制課程の合計数である。
3 前掲（89ページ）の「（再掲）A，B，C，Dのうち就職している者」を含む。
4 昭和60年まで「採掘作業者」は「その他」に含まれている。
(Note) Including those who advanced to higher-level school while being employed.

学　校　数
Schools

区　分	計 Total	国　立 National	公　立 Local	私　立 Private	私立の割合(%) Percentage of private school
平成 11 年('99)	1	—	1	—	—
12('00)	4	2	1	1	25.0
17('05)	19	2	8	9	47.4
22('10)	48	4	28	16	33.3
27('15)	52	4	31	17	32.7
28('16)	52	4	31	17	32.7
29('17)	53	4	31	18	34.0
30('18)	53	4	31	18	34.0
令和元('19)	54	4	32	18	33.3
2('20)	56	4	33	19	33.9
3('21)	56	4	34	18	32.1
4('22)	57	4	35	18	31.6
5('23)	**57**	**4**	**35**	**18**	**31.6**
全日制 Full-time school	57	4	35	18	31.6
定時制 Part-time school (1)	—	—	—	—	—
全・定併置 Combined school (2)	—	—	—	—	—

(注) 1　「全・定併置」とは，全日制と定時制の両方の課程を設置している学校をいう。
　　2　本校のみである。
(1) A Part-time school is one with the course where instruction is given in the daytime or evening, during a certain period of time.
(2) A combined school is one with both Full-time and Part-time courses.

学　科　数
Courses by Specialization

区　分	計	普　通				専　門									
	Total	普通 General	学際領域 Interdisciplinarity	地域社会 Community and Society	その他 Others	農業 Agriculture	工業 Industry	商業 Commerce	水産 Fishery	家庭 Home economics	看護 Nursing	情報 Information	福祉 Welfare	その他 Others	総合 Integrated
平成11年('99)	1	1	…	…	…	—	—	—	—	—	—	…	…	—	—
12('00)	4	3	…	…	…	—	—	—	—	—	—	…	…	—	1
17('05)	19	18	…	…	…	—	—	—	—	—	—	—	—	—	1
22('10)	48	46	…	…	…	—	—	—	—	—	—	—	—	1	1
27('15)	52	50	…	…	…	—	—	—	—	—	—	—	—	2	—
28('16)	52	50	…	…	…	—	—	—	—	—	—	—	—	2	—
29('17)	53	51	…	…	…	—	—	—	—	—	—	—	—	2	—
30('18)	53	51	…	…	…	—	—	—	—	—	—	—	—	2	—
令和元('19)	54	52	…	…	…	—	—	—	—	—	—	—	—	2	—
2('20)	56	54	…	…	…	—	—	—	—	—	—	—	—	2	—
3('21)	56	54	…	…	…	—	—	—	—	—	—	—	—	2	—
4('22)	57	55	—	—	—	—	—	—	—	—	—	—	—	2	—
5('23)	**57**	**55**	**—**	**—**	**—**	**—**	**—**	**—**	**—**	**—**	**—**	**—**	**—**	**2**	**—**
全日制 Full-time course															
計 Total	57	55	—	—	—	—	—	—	—	—	—	—	—	2	—
国立 National	4	4	—	—	—	—	—	—	—	—	—	—	—	—	—
公立 Local	35	33	—	—	—	—	—	—	—	—	—	—	—	2	—
私立 Private	18	18	—	—	—	—	—	—	—	—	—	—	—	—	—
定時制 Part-time course															
計 Total	—	—	—	—	—	—	—	—	—	—	—	—	—	—	—
私立 Private	—	—	—	—	—	—	—	—	—	—	—	—	—	—	—

(注)　後期課程本科の学科数である。

生　徒　数
Students by Year

区 分	計 Total	国 立 National	公 立 Local	私 立 Private	全日制 Full-time course	定時制 Part-time course	私立の割合(%) Percentage of private
平成11年('99)	236	—	236	—	117	—	—
12('00)	1, 702	1, 435	238	29	828	—	1. 7
17('05)	7, 456	1, 422	2, 066	3, 968	2, 677	3	*53. 2*
22('10)	23, 759	2, 251	13, 920	7, 588	9, 273	—	*31. 9*
27('15)	32, 317	3, 142	21, 466	7, 709	15, 693	—	*23. 9*
28('16)	32, 428	3, 107	21, 941	7, 380	15, 877	—	*22. 8*
29('17)	32, 618	3, 070	22, 399	7, 149	16, 129	—	*21. 9*
30('18)	32, 325	2, 999	22, 367	6, 959	16, 048	—	*21. 5*
令和元('19)	32, 153	2, 951	22, 390	6, 812	15, 652	—	*21. 2*
2('20)	32, 426	2, 914	22, 743	6, 769	15, 341	—	*20. 9*
3('21)	32, 756	2, 886	23, 000	6, 870	15, 264	—	*21. 0*
4('22)	33, 367	2, 876	23, 411	7, 080	15, 608	—	*21. 2*
5('23)	**33, 817**	**2, 863**	**23, 678**	**7, 276**	**15, 812**	**—**	***21. 5***
前期課程 Lower division							
計 Total	18, 005	1, 422	12, 636	3, 947	…	…	*21. 9*
男 Male	8, 578	645	5, 715	2, 218	…	…	*25. 9*
女 Female	9, 427	777	6, 921	1, 729	…	…	*18. 3*
1学年 1st year	6, 091	463	4, 250	1, 378	…	…	*22. 6*
2学年 2nd year	6, 051	475	4, 309	1, 267	…	…	*20. 9*
3学年 3rd year	5, 863	484	4, 077	1, 302	…	…	*22. 2*
後期課程(本科) Upper division (Regular course)							
計 Total	15, 812	1, 441	11, 042	3, 329	15, 812	—	*21. 1*
男 Male	7, 866	676	5, 128	2, 062	7, 866	—	*26. 2*
女 Female	7, 946	765	5, 914	1, 267	7, 946	—	*15. 9*
1学年 1st year	5, 498	483	3, 806	1, 209	5, 498	—	*22. 0*
2学年 2nd year	5, 334	488	3, 735	1, 111	5, 334	—	*20. 8*
3学年 3rd year	4, 980	470	3, 501	1, 009	4, 980	—	*20. 3*
4学年 4th year	—	—	—	—	—	—	—
専攻科 Advanced course (1)	—	—	—	—	—	—	—
別科 Special course (2)	—	—	—	—	—	—	—

(1) Advanced course is a program subsequent to completion of upper division regular course, lasting 1 year or more.

(2) Special course is a program for graduates of lower division, lasting 1 year or more.

教　員　数
Full-time Teachers by Type of Position

区　分	計 Total	うち女 Female	国　立 National	公　立 Local	私　立 Private	女の割合 (%) Percentage of female
平成11年('99)	37	4	−	37	−	*10.8*
12('00)	124	34	83	37	4	*27.4*
17('05)	560	178	88	188	284	*31.8*
22('10)	1,893	593	185	1,099	609	*31.3*
27('15)	2,509	854	204	1,622	683	*34.0*
28('16)	2,556	885	211	1,661	684	*34.6*
29('17)	2,610	909	209	1,707	694	*34.8*
30('18)	2,629	911	203	1,740	686	*34.7*
令和 元('19)	2,642	918	194	1,760	688	*34.7*
2('20)	2,683	945	193	1,800	690	*35.2*
3('21)	2,721	945	195	1,833	693	*34.7*
4('22)	2,749	952	196	1,847	706	*34.6*
5('23)	**2,829**	**1,009**	**196**	**1,917**	**716**	***35.7***
校　長 Principal	49	3	1	32	16	*6.1*
副校長 Senior vice-principal	30	4	8	19	3	*13.3*
教　頭 Vice-principal	78	15	−	53	25	*19.2*
主幹教諭 Senior teacher	112	26	8	96	8	*23.2*
指導教諭 Advanced skill teacher	14	5	2	12	−	*35.7*
教　諭 Teacher	2,281	800	169	1,556	556	*35.1*
助教諭 Assistant teacher	2	2	−	−	2	*100.0*
養護教員 Nursing teacher	89	89	8	62	19	*100.0*
栄養教諭 Diet and nutrition teacher	7	6	−	7	−	*85.7*
講　師 Temporary instructor	167	59	−	80	87	*35.3*
(別掲) 兼務者 Part-time	841	355	85	460	296	*42.2*

(注)　本務教員である。

職　員　数
Full-time Non-teaching Staff

区　分	計 Total	うち女 Female	国　立 National	公　立 Local	私　立 Private	女の割合 (%) Percentage of female
平成11年('99)	7	4	—	7	—	*57.1*
12('00)	30	14	19	7	4	*46.7*
17('05)	93	48	16	31	46	*51.6*
22('10)	237	116	22	135	80	*48.9*
27('15)	378	181	40	208	130	*47.9*
28('16)	351	166	24	199	128	*47.3*
29('17)	369	172	35	203	131	*46.6*
30('18)	369	166	35	199	135	*45.0*
令和元('19)	397	185	33	217	147	*46.6*
2('20)	402	192	38	223	141	*47.8*
3('21)	414	194	37	229	148	*46.9*
4('22)	431	197	39	231	161	*45.7*
5('23)	**435**	**195**	**40**	**238**	**157**	***44.8***
事務職員 Administrative personnel	261	117	24	154	83	*44.8*
実習助手 Technical assistant (1)	34	26	1	30	3	*76.5*
学校図書館事務員 Librarian	20	18	3	8	9	*90.0*
技術職員 Technical personnel	5	2	—	3	2	*40.0*
養護職員 School nurse	—	—	—	—	—	—
学校栄養職員 School nutritionist	6	6	—	6	—	*100.0*
学校給食調理従事員 School lunch personnel	1	1	—	—	1	*100.0*
用務員 Janitor	41	2	3	25	13	*4.9*
その他 Others	67	23	9	12	46	*34.3*

(注)1　本務職員である。
2　「その他」とは，寄宿舎指導員，警備員等である。
(1) For field and laboratory work.

前　期　課　程
First Destination of

区分	修了者数 New graduates	A 高等学校等進学者 Advancing to higher-level schools (1)	高等学校の通信制課程（本科）への進学者を除く Excluding those advancing to correspondence course	B 専修学校（高等課程）進学者 Advancing to specialized training college (upper secondary course)	C 専修学校（一般課程）等入学者 Advancing to specialized training college (general course), etc. (2)	D 公共職業能力開発施設等入学者 Undertaking vocational training	就職者等 Entering employment
平成12年('00)	40	40	40	—	—	—	—
17('05)	931	927	925	—	—	—	—
22('10)	3, 381	3, 370	3, 360	3	—	—	1
27('15)	5, 279	5, 265	5, 251	2	—	—	—
28('16)	5, 386	5, 375	5, 354	1	1	—	—
29('17)	5, 523	5, 511	5, 476	—	1	—	—
30('18)	5, 515	5, 502	5, 475	3	—	—	—
令和元('19)	5, 346	5, 335	5, 298	2	—	—	—
2('20)	5, 430	5, 418	5, 374	3	—	—	8
3('21)	5, 438	5, 430	5, 365	—	1	—	—
4('22)	5, 699	5, 692	5, 621	—	1	1	—
5('23)	**5, 563**	**5, 544**	**5, 466**	**—**	**1**	**—**	**1**
男 Male	2, 712	2, 703	2, 666	—	—	—	—
女 Female	2, 851	2, 841	2, 800	—	1	—	1
国立 National	484	480	477	—	—	—	—
公立 Local	3, 825	3, 819	3, 769	—	—	—	1
私立 Private	1, 254	1, 245	1, 220	—	1	—	—

(1) Number of those advancing to upper secondary schools, upper division of secondary schools, upper secondary department of special education school and colleges of technology (including those who enter higher-level schools while being employed).
(2) Including new graduates advancing to miscellaneous school.

後　期　課　程
First Destination of

区分	卒業者数 New graduates	A 大学等進学者 Advancing to university, etc. (1)	大学・短期大学の通信教育部への進学者を除く Excluding those advancing to correspon-dence courses of universities or junior colleges.	B 専修学校（専門課程）進学者 Advancing to specialized training college (postsec. course)	C 専修学校（一般課程）等入学者 Advancing to specialized training college (general course), etc. (2)	D 公共職業能力開発施設等入学者 Undertaking vocational training	就職者等 Entering employment
平成12年('00)	38	32	32	—	5	—	1
17('05)	513	374	374	9	76	—	2
22('10)	2, 293	1, 694	1, 692	170	241	7	60
27('15)	4, 613	3, 595	3, 593	242	478	7	61
28('16)	5, 086	3, 966	3, 964	233	548	6	58
29('17)	5, 087	3, 937	3, 936	263	502	7	52
30('18)	5, 187	3, 917	3, 914	276	667	10	58
令和元('19)	5, 248	4, 074	4, 072	280	554	14	51
2('20)	5, 265	4, 199	4, 198	274	474	5	50
3('21)	5, 090	4, 172	4, 169	278	371	12	47
4('22)	4, 879	4, 021	4, 019	169	452	9	39
5('23)	**4, 948**	**4, 039**	**4, 037**	**210**	**399**	**9**	**48**
男 Male	2, 436	1, 945	1, 945	69	268	7	30
女 Female	2, 512	2, 094	2, 092	141	131	2	18
国立 National	476	352	352	2	27	—	2
公立 Local	3, 473	2, 886	2, 884	183	251	8	38
私立 Private	999	801	801	25	121	1	8
全日制 Full-time course	4, 948	4, 039	4, 037	210	399	9	48
定時制 Part-time course	—	—	—	—	—	—	—

(注)1　各年3月卒業者である。
2　「高等学校等進学者」とは，高等学校，中等教育学校後期課程，特別支援学校高等部の本科・別科及び高等専門学校へ進んだ者であり，「大学等進学者」とは，大学の学部，短期大学の本科，大学・短期大学の通信教育部，大学・短期大学の別科，高等学校等の専攻科へ進んだ者である。なお，進学しかつ就職した者を含む。
3　「専修学校（一般課程）等入学者」とは，専修学校（一般課程，高等課程）及び各種学校へ入学した者である。
4　「卒業者に占める就職者の割合」とは，卒業者のうち「就職者」及び「A，B，C，Dのうち就職している者」の占める割合である。
5　「左記以外の者」とは，家事手伝いをしている者，外国の高等学校・大学等に入学した者又はA～Dの各項目，「就職者」及び「一時的な仕事に就いた者」に該当しない者で進路が未定であることが明らかな者である。
6　＊は「左記以外の者」に含まれている。

修了者数
New Graduates of Lower Division

左記以外の者 Others (3)	不詳・死亡の者 Unknown & deceased	(再掲) A, B, C, Dのうち就職している者 Employed among A,B,C and D (recounted)	高等学校等進学率(%) Advancement rate to higher level schools (4)	高等学校の通信制課程(本科)への進学者を除く(%) Excluding those advancing to correspondence course	高等学校の定時制課程(本科)に進学した者(%) Excluding those advancing to part-time course	専修学校(高等課程)進学率(%) Advancement rate specialized training college (upper secondary course)	卒業者に占める就職者の割合(%) Employment rate (5)
—	—	—	*100.0*	*100.0*	—	—	—
4	—	—	*99.6*	*99.4*	*0.0*	—	—
7	—	—	*99.7*	*99.4*	*0.0*	*0.1*	*0.0*
12	—	1	*99.7*	*99.5*	*0.1*	*0.0*	*0.0*
9	—	—	*99.8*	*99.4*	*0.2*	*0.0*	—
11	—	—	*99.8*	*99.1*	*0.2*	—	—
10	—	1	*99.8*	*99.3*	*0.1*	*0.1*	*0.0*
9	—	—	*99.8*	*99.1*	*0.2*	*0.0*	—
9	—	—	*99.8*	*99.0*	*0.1*	*0.1*	*0.1*
7	—	—	*99.9*	*98.7*	*0.1*	—	—
5	—	1	*99.9*	*98.6*	*0.1*	—	*0.0*
17	**—**	**1**	***99.7***	***98.3***	***0.3***	**—**	***0.0***
9	—	1	*99.7*	*98.3*	*0.3*	—	*0.0*
8	—	—	*99.6*	*98.2*	*0.2*	—	*0.0*
4	—	—	*99.2*	*98.6*	*0.2*	—	—
5	—	1	*99.8*	*98.5*	*0.4*	—	*0.1*
8	—	—	*99.3*	*97.3*	*0.1*	—	—

(3) Including new graduates advancing to high schools abroad, involved in househould work etc.
(4) New graduates advancing to higher-level schools (A) / Total new graduates.
(5) New Graduates entering employment and those "employed among A, B, C and D"/Total new graduates.

卒業者数
New Graduates of Upper Division

左記以外の者 Others (3)	不詳・死亡の者 Unknown & deceased	(再掲) A, B, C, Dのうち就職している者 Employed among A,B,C and D (recounted)	大学等進学率(%) Advancement rate to university, etc. (4)	大学・短期大学の通信教育部への進学者を除く(%) Excluding those advancing to correspondence courses of universities or junior colleges.	専修学校(専門課程)進学率(%) Advancement rate to specialized training college (postsec. course)	卒業者に占める就職者の割合(%) Employment rate (5)
—	—	—	*84.2*	*84.2*	—	*2.6*
52	—	—	*72.9*	*72.9*	*1.8*	*0.2*
121	—	1	*73.9*	*73.8*	*7.4*	*2.4*
225	5	—	*77.9*	*77.9*	*5.2*	*1.3*
274	1	2	*78.0*	*77.9*	*4.6*	*1.2*
326	—	3	*77.4*	*77.4*	*5.2*	*1.0*
258	1	—	*75.5*	*75.5*	*5.3*	*1.1*
275	—	—	*77.6*	*77.6*	*5.3*	*1.0*
263	—	1	*79.8*	*79.7*	*5.2*	*0.9*
210	—	1	*82.0*	*81.9*	*5.5*	*0.9*
189	—	—	*82.4*	*82.4*	*3.5*	*0.7*
243	**—**	**—**	***81.6***	***81.6***	***4.2***	***0.9***
117	—	—	*79.8*	*79.8*	*2.8*	*1.2*
126	—	—	*83.4*	*83.3*	*5.6*	*0.6*
93	—	—	*73.9*	*73.9*	*0.4*	*0.4*
107	—	—	*83.1*	*83.0*	*5.3*	*1.1*
43	—	—	*80.2*	*80.2*	*2.5*	*0.7*
243	—	—	*81.6*	*81.6*	*4.2*	*0.9*
—	—	—	—	—	—	—

(1) "University, etc." indicates university (undergraduate, correspondence and short-term courses), junior college (regular, correspondence and short-term courses) and advanced courses of upper secondary schools (including those who entered higher-level schools while being employed).
(2) Including new graduates advancing to miscellaneous school, etc.
(3) Including those involved in household work, advancing to foreign university, etc.
(4) Graduates advancing to university, etc. A / Total new graduates.
(5) Graduates entering employment and those "employed among A, B, C and D"/ Total new graduates.

前期課程修了者の高等学校等進学者数
New Graduates of Lower Division Advancing to Higher-level Schools by Course

区分	計 Total	高等学校等進学者 Upper secondary school 本科 Regular course 計 Total	全日制 Full-time	定時制 Part-time	通信制 Correspondence	別科 Special course	高等専門学校進学者 College of technology
平成12年('00)	40	40	40	—	—	—	—
17('05)	927	927	924	1	2	—	—
22('10)	3,370	3,367	3,353	4	10	—	3
27('15)	5,265	5,265	5,245	6	14	—	—
28('16)	5,375	5,373	5,343	9	21	1	1
29('17)	5,511	5,509	5,465	9	35	—	2
30('18)	5,502	5,497	5,464	6	27	—	5
令和元('19)	5,335	5,332	5,283	12	37	—	3
2('20)	5,418	5,411	5,364	3	44	—	7
3('21)	5,430	5,386	5,316	5	65	44	—
4('22)	5,692	5,691	5,615	5	71	—	1
5('23)	**5,544**	**5,542**	**5,448**	**16**	**78**	**—**	**2**
男 Male	2,703	2,701	2,655	9	37	—	2
女 Female	2,841	2,841	2,793	7	41	—	—

(注)1　各年3月修了者である。
2　国・公・私立の合計数である。
3　「高等学校等進学者」には，中等教育学校後期課程，特別支援学校高等部の本科，別科に進学した者を含む。

後期課程大学等進学者数
New Graduates of Upper Division Advancing to Higher-level Courses

区分	計 Total	大学(学部)進学者 University (under-graduate course)	短期大学(本科)進学者 Junior college (regular course)	大学・短期大学の通信教育部進学者 Correspondence courses (1)	大学・短期大学の別科，高等学校等の専攻科進学者 Special courses (2)
平成12年('00)	32	31	1	—	—
17('05)	374	366	8	—	—
22('10)	1,694	1,616	76	2	—
27('15)	3,595	3,524	69	2	—
28('16)	3,966	3,875	88	2	1
29('17)	3,937	3,872	60	1	4
30('18)	3,917	3,838	72	3	4
令和元('19)	4,074	3,991	81	2	—
2('20)	4,199	4,131	67	1	—
3('21)	4,172	4,115	54	3	—
4('22)	4,021	3,970	49	2	—
5('23)	**4,039**	**3,991**	**46**	**2**	**—**
男 Male	1,945	1,940	5	—	—
女 Female	2,094	2,051	41	2	—
全日制 Full-time course	4,039	3,991	46	2	—
定時制 Part-time course	—	—	—	—	—

(注)1　各年3月卒業者である。
2　国・公・私立の合計数である。
(1) Universities and junior colleges.
(2) Special courses at universities and junior colleges and advanced courses at upper secondary schools.

学　　校　　数
Schools

区　分	計 Total	国　立 National	公　立 Local	うち都道府県立 Prefectural	私　立 Private
昭和30年('55)	181	2	171	164	8
35('60)	225	5	211	184	9
40('65)	335	8	315	251	12
45('70)	417	15	389	313	13
50('75)	577	32	532	430	13
55('80)	860	45	799	680	16
60('85)	912	45	851	727	16
平成 2('90)	947	45	885	762	17
7('95)	967	45	905	783	17
12('00)	992	45	932	815	15
17('05)	1,002	45	943	826	14
22('10)	1,039	45	980	859	14
27('15)	1,114	45	1,056	919	13
28('16)	1,125	45	1,067	943	13
29('17)	1,135	45	1,076	952	14
30('18)	1,141	45	1,082	958	14
令和元('19)	1,146	45	1,087	963	14
2('20)	1,149	45	1,090	966	14
3('21)	1,160	45	1,100	976	15
4('22)	1,171	45	1,111	987	15
5('23)	**1,178**	**45**	**1,118**	**993**	**15**
(再掲)					
視覚障害 Blind and Low Vision	82	1	80	78	1
聴覚障害 Deaf and Hard-of-Hearing	120	1	117	114	2
知的障害 Intellectual Disabilities	823	42	770	685	11
肢体不自由 Physical Disabilities	351	1	349	305	1
病弱・身体虚弱 Health Impairments	156	—	156	141	—

(注)1 本校・分校の合計数である。
2 再掲欄は，上段の数値を障害種別に延べ数で計上し直したものである。
3 平成18年度以前は，盲学校，聾学校及び養護学校の合計値である。

児童・生徒数
Students

区分	計 Total	国立 National	公立 Local	私立 Private	幼稚部 Kindergarten dept	小学部 Elementary dept	中学部 Lower secondary dept	高等部 Upper secondary dept
昭和30年('55)	28,142	372	27,203	567	535	15,662	6,645	5,300
35('60)	35,778	715	34,493	570	594	17,078	9,127	8,979
40('65)	44,316	1,063	42,520	733	1,072	19,055	13,964	10,225
45('70)	50,796	1,899	48,152	745	1,861	21,945	14,784	12,206
50('75)	63,548	2,972	59,811	765	2,625	28,324	16,479	16,120
55('80)	91,812	3,564	87,429	819	2,462	42,434	25,735	21,181
60('85)	95,401	3,688	90,853	860	2,037	36,554	27,664	29,146
平成 2('90)	93,497	3,593	89,004	900	1,888	30,424	24,260	36,925
7('95)	86,834	3,398	82,541	895	1,639	28,915	20,629	35,651
12('00)	90,104	3,074	86,221	809	1,636	28,503	20,689	39,276
17('05)	101,612	3,051	97,761	800	1,696	31,677	22,653	45,586
22('10)	121,815	3,054	117,968	793	1,597	35,889	27,662	56,667
27('15)	137,894	3,019	134,092	783	1,499	38,845	31,088	66,462
28('16)	139,821	2,991	136,072	758	1,476	39,896	31,043	67,406
29('17)	141,944	2,983	138,186	775	1,440	41,107	30,695	68,702
30('18)	143,379	2,945	139,661	773	1,440	42,928	30,126	68,885
令和元('19)	144,434	2,951	140,669	814	1,438	44,475	30,374	68,147
2('20)	144,823	2,909	141,090	824	1,329	46,273	30,649	66,572
3('21)	146,285	2,905	142,525	855	1,301	47,815	31,810	65,359
4('22)	148,635	2,902	144,858	875	1,203	49,580	32,497	65,355
5('23)	**151,362**	**2,856**	**147,608**	**898**	**1,189**	**51,118**	**33,410**	**65,645**
男 Male	100,502	1,830	98,139	533	661	35,136	21,882	42,823
女 Female	50,860	1,026	49,469	365	528	15,982	11,528	22,822
(再掲)								
視覚障害 Blind and Low Vision	4,696	…	…	…	169	1,548	1,051	1,928
聴覚障害 Deaf and Hard-of-Hearing	7,457	…	…	…	939	2,863	1,739	1,916
知的障害 Intellectual Disabilities	141,063	…	…	…	211	47,770	30,904	62,178
肢体不自由 Physical Disabilities	30,161	…	…	…	93	13,185	7,835	9,048
病弱・身体虚弱 Health Impairments	19,339	…	…	…	23	7,632	5,204	6,480

(注)1 再掲欄は，上段の数値を障害種別に延べ数で計上し直したものである。
2 平成18年度以前は，盲学校，聾学校及び養護学校の合計値である。

教　員　数
Full-time Teachers by Type of Position

区　分	計 Total	うち女 Female	国　立 National	公　立 Local	私　立 Private	女の割合 (%) Percentage of female
昭和30年('55)	4,823	2,051	86	4,663	74	42.5
35('60)	6,090	2,413	116	5,880	94	39.6
40('65)	8,537	3,481	207	8,201	129	40.8
45('70)	12,329	5,188	361	11,836	132	42.1
50('75)	20,099	9,102	708	19,235	156	45.3
55('80)	33,491	16,034	1,123	32,148	220	47.9
60('85)	39,228	19,231	1,290	37,682	256	49.0
平成 2('90)	44,798	23,533	1,359	43,165	274	52.5
7('95)	51,913	28,902	1,420	50,220	273	55.7
12('00)	57,547	32,675	1,426	55,871	250	56.8
17('05)	63,632	36,907	1,453	61,917	262	58.0
22('10)	72,803	43,356	1,486	71,027	290	59.6
27('15)	80,905	49,274	1,516	79,115	274	60.9
28('16)	82,372	50,385	1,521	80,558	293	61.2
29('17)	83,802	51,300	1,516	81,989	297	61.2
30('18)	84,600	51,879	1,514	82,786	300	61.3
令和元('19)	85,336	52,588	1,528	83,507	301	61.6
2('20)	85,933	53,187	1,517	84,112	304	61.9
3('21)	86,141	53,646	1,513	84,320	308	62.3
4('22)	86,816	54,350	1,515	84,986	315	62.6
5('23)	**87,869**	**55,160**	**1,513**	**86,042**	**314**	**62.8**
校　長 Principal	1,030	323	17	998	15	31.4
副校長 Senior vice-principal	314	117	26	282	6	37.3
教　頭 Vice-principal	1,549	557	24	1,512	13	36.0
主幹教諭 Senior teacher	1,544	687	18	1,517	9	44.5
指導教諭 Advanced skill teacher	165	104	2	163	—	63.0
教　諭 Teacher	70,209	44,093	1,339	68,636	234	62.8
助教諭 Assistant teacher	307	200	—	300	7	65.1
養護教員 Nursing teacher	2,085	2,057	51	2,021	13	98.7
栄養教諭 Diet and nutrition teacher	600	583	19	581	—	97.2
講　師 Temporary instructor	10,066	6,439	17	10,032	17	64.0
(別掲)						
兼務者 Part-time	6,902	4,694	230	6,590	82	68.0

(注)1 本務教員である。

2 平成18年度以前は，盲学校，聾学校及び養護学校の合計値である。

職　員　数
Full-time Non-teaching Staff

区　分	計 Total	うち女 Female	国　立 National	公　立 Local	私　立 Private	女の割合 (%) Percentage of female
昭和30年('55)	1,975	1,366	26	1,915	34	*69.2*
35('60)	2,736	1,930	57	2,620	59	*70.5*
40('65)	4,537	3,275	100	4,350	87	*72.2*
45('70)	6,984	4,948	147	6,764	73	*70.8*
50('75)	10,310	7,259	234	10,007	69	*70.4*
55('80)	13,749	9,292	279	13,403	67	*67.6*
60('85)	15,042	10,046	302	14,634	106	*66.8*
平成 2('90)	15,349	10,247	289	14,940	120	*66.8*
7('95)	15,948	10,661	248	15,600	100	*66.8*
12('00)	16,339	10,796	205	16,051	83	*66.1*
17('05)	15,732	10,032	194	15,477	61	*63.8*
22('10)	14,747	9,044	166	14,503	78	*61.3*
27('15)	14,176	8,288	156	13,941	79	*58.5*
28('16)	14,188	8,265	151	13,955	82	*58.3*
29('17)	14,192	8,202	151	13,943	98	*57.8*
30('18)	14,099	8,180	152	13,847	100	*58.0*
令和元('19)	14,082	8,145	155	13,824	103	*57.8*
2('20)	14,027	8,118	164	13,764	99	*57.9*
3('21)	14,116	8,185	172	13,835	109	*58.0*
4('22)	14,121	8,153	165	13,851	105	*57.7*
5('23)	**13,966**	**8,081**	**174**	**13,683**	**109**	***57.9***
事務職員 Administrative personnel	4,285	2,262	71	4,177	37	*52.8*
寄宿舎指導員 Dormitory instructional care staff	4,063	2,251	32	3,994	37	*55.4*
学校栄養職員 School nutritionist	329	315	8	320	1	*95.7*
技術職員 Technical personnel	41	15	8	30	3	*36.6*
実習助手 Technical assistant	1,916	1,037	—	1,907	9	*54.1*
養護職員 School nurse	339	336	4	335	—	*99.1*
学校給食調理従事員 School lunch personnel	725	625	21	700	4	*86.2*
用務員 Janitor	950	268	24	919	7	*28.2*
警備員・その他 Guard and others	1,318	938	6	1,301	11	*71.2*

(注)1 本務職員である。
2 平成18年度以前は，盲学校，聾学校及び養護学校の合計値である。

学校数
Colleges

区分	計 Total	国立 National	公立 Local	私立 Private
昭和37年('62)	19	12	2	5
40('65)	54	43	4	7
45('70)	60	49	4	7
50('75)	65	54	4	7
55('80)	62	54	4	4
60('85)	62	54	4	4
平成 2('90)	62	54	4	4
7('95)	62	54	5	3
12('00)	63	54	5	3
17('05)	63	55	5	3
22('10)	58	51	4	3
27('15)	57	51	3	3
28('16)	57	51	3	3
29('17)	57	51	3	3
30('18)	57	51	3	3
令和元('19)	57	51	3	3
2('20)	57	51	3	3
3('21)	57	51	3	3
4('22)	57	51	3	3
5('23)	**58**	**51**	**3**	**4**
(再掲) 商船学科を置く高等専門学校 College of Technology providing Mercantile marine course	5	5	—	—

(注) 高等専門学校制度は昭和37年に創設された。

学生数
Students

区分	計 Total	うち女 Female	国立 National	公立 Local	私立 Private	女の割合(%) Percentage of female
昭和37年('62)	3, 375	35	1, 549	703	1, 123	*1. 0*
40('65)	22, 208	347	14, 839	2, 920	4, 449	*1. 6*
45('70)	44, 314	673	33, 091	3, 919	7, 304	*1. 5*
50('75)	47, 955	736	38, 194	3, 942	5, 819	*1. 5*
55('80)	46, 348	917	39, 211	4, 018	3, 119	*2. 0*
60('85)	48, 288	1, 723	40, 739	4, 148	3, 401	*3. 6*
平成 2('90)	52, 930	4, 677	45, 627	4, 126	3, 177	*8. 8*
7('95)	56, 234	9, 966	48, 927	4, 517	2, 790	*17. 7*
12('00)	56, 714	10, 624	49, 897	4, 556	2, 261	*18. 7*
17('05)	59, 160	9, 835	52, 210	4, 594	2, 356	*16. 6*
22('10)	36, 055	9, 359	30, 118	4, 030	1, 907	*26. 0*
27('15)	57, 611	10, 059	51, 615	3, 778	2, 218	*17. 5*
28('16)	57, 658	10, 402	51, 623	3, 740	2, 295	*18. 0*
29('17)	57, 601	10, 675	51, 632	3, 742	2, 227	*18. 5*
30('18)	57, 467	10, 937	51, 545	3, 756	2, 166	*19. 0*
令和元('19)	57, 124	11, 321	51, 298	3, 781	2, 045	*19. 8*
2('20)	56, 974	11, 671	51, 217	3, 800	1, 957	*20. 5*
3('21)	56, 905	11, 929	51, 316	3, 772	1, 817	*21. 0*
4('22)	56, 754	12, 268	51, 234	3, 780	1, 740	*21. 6*
5('23)	**56, 576**	**12, 718**	**51, 034**	**3, 814**	**1, 728**	***22. 5***
1学年 1st year	10, 844	2, 691	9, 709	745	390	*24. 8*
2学年 2nd	10, 891	2, 571	9, 800	746	345	*23. 6*
3学年 3rd	10, 743	2, 409	9, 725	715	303	*22. 4*
4学年 4th	10, 599	2, 305	9, 530	722	347	*21. 7*
5学年 5th	10, 304	2, 198	9, 301	705	298	*21. 3*
専攻科 Advanced course (1)	3, 122	531	2, 900	177	45	*17. 0*
その他 Others	73	13	69	4	—	*17. 8*

(注)1 5学年には，実習課程の学生を含む。
2 「その他」とは，聴講生，研究生等である。
(1) Advanced course is a program subsequent to completion of college of technology, lasting 1 year or more.

教　員　数
Full-time Teachers by Type of Position

区　分	計 Total	うち女 Female	国立 National	公立 Local	私立 Private	女の割合(%) Percentage of female
昭和37年('62)	298	1	128	44	126	0.3
40('65)	1,691	11	1,147	241	303	0.7
45('70)	3,245	16	2,474	324	447	0.5
50('75)	3,691	37	3,023	339	329	1.0
55('80)	3,721	29	3,190	340	191	0.8
60('85)	3,770	32	3,240	343	187	0.8
平成 2('90)	4,003	58	3,478	346	179	1.4
7('95)	4,306	128	3,748	386	172	3.0
12('00)	4,459	180	3,893	399	167	4.0
17('05)	4,469	240	3,952	363	154	5.4
22('10)	4,373	310	3,892	319	162	7.1
27('15)	4,354	413	3,904	300	150	9.5
28('16)	4,284	432	3,831	299	154	10.1
29('17)	4,278	455	3,830	296	152	10.6
30('18)	4,224	453	3,772	294	158	10.7
令和 元('19)	4,169	466	3,715	293	161	11.2
2('20)	4,114	472	3,678	283	153	11.5
3('21)	4,085	474	3,645	289	151	11.6
4('22)	4,025	488	3,601	287	137	12.1
5('23)	**3,984**	**499**	**3,551**	**284**	**149**	**12.5**
校長 Principal	58	3	51	3	4	5.2
教授 Professor	1,660	108	1,470	137	53	6.5
准教授 Associate professor	1,502	230	1,354	103	45	15.3
講師 Lecturer	327	68	272	23	32	20.8
助教 Assistant professor	429	88	398	18	13	20.5
助手 Assistant	8	2	6	—	2	25.0
(別掲) 兼務者 Part-time	1,904	412	1,530	250	124	21.6

(注)　本務教員である。

職　員　数
Full-time Non-teaching Staff

区　分	計 Total	うち女 Female	国立 National	公立 Local	私立 Private	女の割合(%) Percentage of female
昭和37年('62)	177	33	127	16	34	18.6
40('65)	2,011	564	1,732	109	170	28.0
45('70)	3,874	902	3,516	162	196	23.3
50('75)	4,126	953	3,845	177	104	23.1
55('80)	3,913	879	3,686	171	56	22.5
60('85)	3,610	807	3,404	162	44	22.4
平成 2('90)	3,382	773	3,190	155	37	22.9
7('95)	3,246	770	3,044	170	32	23.7
12('00)	3,095	769	2,895	164	36	24.8
17('05)	2,903	725	2,713	154	36	25.0
22('10)	2,555	687	2,415	98	42	26.9
27('15)	2,624	828	2,481	94	49	31.6
28('16)	2,648	848	2,513	87	48	32.0
29('17)	2,648	852	2,516	85	47	32.2
30('18)	2,657	888	2,519	86	52	33.4
令和元('19)	2,647	903	2,511	85	51	34.1
2('20)	2,679	959	2,540	88	51	35.8
3('21)	2,707	1,013	2,566	87	54	37.4
4('22)	2,751	1,061	2,608	92	51	38.6
5('23)	**2,764**	**1,102**	**2,609**	**102**	**53**	**39.9**
事務系 Administrative personnel	1,935	905	1,804	86	45	46.8
技術技能系 Technical personnel	355	52	353	—	2	14.6
医療系 Medical/nursing personnel	76	75	67	4	5	98.7
教務系 Personnel for instructional affiars	386	64	373	12	1	16.6
その他 Others	12	6	12	—	—	50.0

(注)　本務職員である。

入　学　者　数
New Entrants

区　分	計 Total	国　立 National	公　立 Local	私　立 Private
昭和37年('62)	2,781	1,549	376	856
40('65)	7,465	5,361	831	1,273
45('70)	10,318	7,674	801	1,843
50('75)	9,540	8,059	834	647
55('80)	9,729	8,176	836	717
60('85)	10,207	8,590	853	764
平成 2('90)	11,127	9,574	845	708
7('95)	11,313	9,819	931	563
12('00)	11,225	9,886	936	403
17('05)	11,345	10,053	849	443
22('10)	10,936	9,820	783	333
27('15)	10,910	9,716	719	475
28('16)	10,948	9,738	732	478
29('17)	10,621	9,671	712	238
30('18)	10,815	9,691	730	394
令和元('19)	10,771	9,687	740	344
2('20)	10,745	9,654	713	378
3('21)	10,620	9,594	713	313
4('22)	10,741	9,665	728	348
5('23)	**10,689**	**9,569**	**730**	**390**
男 Male	8,022	7,107	602	313
女 Female	2,667	2,462	128	77

卒　業　者　数
First Destination of New Graduates

区　分	卒業者数 New graduates	進学者 Advancing to higher-level courses	就職者等 Entering employment	専修学校・外国の学校等入学者 Continuing to study at specialized training colleges,etc	左記以外の者 Others (1)	不詳・死亡の者 Unknown & deceased	左記進学者のうち就職している者（再掲） Advancing to higher-level courses while being employed (recouted)	進学率(%) Advancement rate (2)	卒業者に占める就職者の割合(%) Employment rate (2)
昭和40年('65)	285	6	272	*	7	－	2	2.1	96.1
45('70)	6,245	136	6,039	*	58	12	3	2.2	96.7
50('75)	8,346	397	7,525	*	357	67	17	4.8	90.4
55('80)	7,951	661	7,080	*	184	26	3	8.3	89.1
60('85)	8,031	770	7,149	*	103	9	1	9.6	89.0
平成 2('90)	9,038	1,126	7,759	*	130	23	1	12.5	85.9
7('95)	10,189	2,186	7,560	*	419	24	3	21.5	74.2
12('00)	9,849	3,306	5,878	*	664	1	1	33.6	59.7
17('05)	10,061	4,113	5,419	192	337	－	2	40.9	53.8
22('10)	10,126	4,506	5,224	155	241	－	－	44.5	51.5
27('15)	9,811	3,818	5,719	80	194	－	－	38.9	58.3
28('16)	9,764	3,855	5,657	66	186	－	－	39.5	57.9
29('17)	10,086	4,036	5,786	72	192	－	－	40.0	57.4
30('18)	9,960	3,765	5,935	102	158	－	－	37.8	59.6
令和元('19)	10,009	3,819	5,946	64	179	1	－	38.2	59.4
2('20)	9,769	3,690	5,797	71	207	4	－	37.8	59.3
3('21)	9,710	3,725	5,588	86	311	－	－	38.4	57.5
4('22)	9,943	3,962	5,572	77	332	－	1	39.8	56.0
5('23)	**9,859**	**3,914**	**5,552**	**69**	**323**	**1**	**－**	**39.7**	**56.3**
男 Male	7,801	3,265	4,234	49	252	1	－	41.9	54.3
女 Female	2,058	649	1,318	20	71	－	－	31.5	64.0
国立 National	8,881	3,587	4,948	57	288	1	－	40.4	55.7
公立 Local	648	247	373	2	26	－	－	38.1	57.6
私立 Private	330	80	231	10	9	－	－	24.2	70.0

(注) 1　各年3月卒業者である。
2　「進学者」とは大学学部，短期大学本科，専攻科，別科等のいずれかに進んだ者である。
3　*は「左記以外の者」に含まれている。
4　「進学率」とは，卒業者のうち進学者の占める割合である。
5　「卒業者に占める就職者の割合」とは，卒業者のうち就職者の占める割合である。

(1) Including those advancing to specialized training, college miscellaneous school,undcrtaking vocational training.
(2) Including those advancing to higher-level courses while being employed.

学　　校　　数
Universities & Junior Colleges

大　学　Universities

区　　分	計 Total	国　立 National	公　立 Local	私　立 Private	私立の割合（%） Percentage of private
昭和30年('55)	228	72	34	122	*53.5*
35('60)	245	72	33	140	*57.1*
40('65)	317	73	35	209	*65.9*
45('70)	382	75	33	274	*71.7*
50('75)	420	81	34	305	*72.6*
55('80)	446	93	34	319	*71.5*
60('85)	460	95	34	331	*72.0*
平成 2('90)	507	96	39	372	*73.4*
7('95)	565	98	52	415	*73.5*
12('00)	649	99	72	478	*73.7*
17('05)	726	87	86	553	*76.2*
22('10)	778	86	95	597	*76.7*
27('15)	779	86	89	604	*77.5*
28('16)	777	86	91	600	*77.2*
29('17)	780	86	90	604	*77.4*
30('18)	782	86	93	603	*77.1*
令和元('19)	786	86	93	607	*77.2*
2('20)	795	86	94	615	*77.4*
3('21)	803	86	98	619	*77.1*
4('22)	807	86	101	620	*76.8*
5('23)	**810**	**86**	**102**	**622**	***76.8***
（再掲） Universities providing:					
夜間の学部を置く大学 Evening courses	58	24	5	29	*50.0*
修士課程を置く大学 Master's courses	629	85	88	456	*72.5*
博士課程を置く大学 Doctor's courses	462	77	72	313	*67.7*
専門職学位課程を置く大学 Professional degree courses and other coures	121	60	9	52	*43.0*
専門職学位課程のみを置く大学 Professional degree coures only	17	1	2	14	*82.4*
（別掲）					
通信により教育を行う大学 Universities providing programs by correspondence and mass media	46	－	－	46	*100.0*
通信により教育を行う大学院 Graduate schools providing programs by correspondence and mass media	27	－	－	27	*100.0*

(注)1　（再掲）の学校数は夜間の学部・修士課程・博士課程・専門職学位課程の在学状況による。
　また，計には，いずれかの課程に在学者がいれば計上していることから，計と内訳は一致しない。
2　通信教育を実施している学校数の実数は54校であり，大学と大学院の両方で通信教育を行う大学は18校である。
　また，54校のうち大学6校は通信教育のみ行う学校である。
(Note) Figures in parentheses refer to those providing regular courses as well as correspondence courses.

短期大学　Junior Colleges

区　　分	計 Total	国　立 National	公　立 Local	私　立 Private	私立の割合（%） Percentage of private
昭和30年('55)	264	17	43	204	*77.3*
35('60)	280	27	39	214	*76.4*
40('65)	369	28	40	301	*81.6*
45('70)	479	22	43	414	*86.4*
50('75)	513	31	48	434	*84.6*
55('80)	517	35	50	432	*83.6*
60('85)	543	37	51	455	*83.8*
平成 2('90)	593	41	54	498	*84.0*
7('95)	596	36	60	500	*83.9*
12('00)	572	20	55	497	*86.9*
17('05)	488	10	42	436	*89.3*
22('10)	395	－	26	369	*93.4*
27('15)	346	－	18	328	*94.8*
28('16)	341	－	17	324	*95.0*
29('17)	337	－	17	320	*95.0*
30('18)	331	－	17	314	*94.9*
令和元('19)	326	－	17	309	*94.8*
2('20)	323	－	17	306	*94.7*
3('21)	315	－	14	301	*95.6*
4('22)	309	－	14	295	*95.5*
5('23)	**303**	**－**	**15**	**288**	***95.0***
（再掲）					
夜間の学科を置く短期大学 Colleges providing evening courses	9	－	2	7	*77.8*
（別掲）					
通信により教育を行う短期大学 Colleges providing programs by correspondence and mass media	11	－	－	11	*100.0*

(注)1　「（再掲）夜間の学科を置く短期大学」は夜間の本科に学生がいるもののみの数である。
2　通信教育を実施している学校数の実数は11校であり，そのうち2校は通信教育のみ行う学校である。
(Note) Figures in parentheses refer to those providing regular courses as well as correspondence courses.

学　生　数（国・公・私立別）
Students by Course

大　学〈Universities〉

区分	計 Total	うち女 Female	国立 National	公立 Local	私立 Private	女の割合 (%) Percentage of Female	私立の割合 (%) Percentage of Private
昭和30年('55)	523,355	65,081	186,055	24,936	312,364	*12.4*	*59.7*
35('60)	626,421	85,966	194,227	28,569	403,625	*13.7*	*64.4*
40('65)	937,556	152,119	238,380	38,277	660,899	*16.2*	*70.5*
45('70)	1,406,521	252,745	309,587	50,111	1,046,823	*18.0*	*74.4*
50('75)	1,734,082	368,258	357,772	50,880	1,325,430	*21.2*	*76.4*
55('80)	1,835,312	405,529	406,644	52,082	1,376,586	*22.1*	*75.0*
60('85)	1,848,698	434,401	449,373	54,944	1,344,381	*23.5*	*72.7*
平成 2('90)	2,133,362	584,155	518,609	64,140	1,550,613	*27.4*	*72.7*
7('95)	2,546,649	821,893	598,723	83,812	1,864,114	*32.3*	*73.2*
12('00)	2,740,023	992,312	624,082	107,198	2,008,743	*36.2*	*73.3*
17('05)	2,865,051	1,124,900	627,850	124,910	2,112,291	*39.3*	*73.7*
22('10)	2,887,414	1,185,580	625,048	142,523	2,119,843	*41.1*	*73.4*
27('15)	2,860,210	1,231,868	610,802	148,766	2,100,642	*43.1*	*73.4*
28('16)	2,873,624	1,247,726	610,401	150,513	2,112,710	*43.4*	*73.5*
29('17)	2,890,880	1,263,893	609,473	152,931	2,128,476	*43.7*	*73.6*
30('18)	2,909,159	1,280,406	608,969	155,520	2,144,670	*44.0*	*73.7*
令和元('19)	2,918,668	1,293,095	606,449	158,176	2,154,043	*44.3*	*73.8*
2('20)	2,915,605	1,294,320	598,881	158,579	2,158,145	*44.4*	*74.0*
3('21)	2,917,998	1,297,056	597,450	160,438	2,160,110	*44.5*	*74.0*
4('22)	2,930,780	1,303,975	596,195	163,103	2,171,482	*44.5*	*74.1*
5('23)	**2,945,599**	**1,314,354**	**600,177**	**165,915**	**2,179,507**	***44.6***	***74.0***
学部 Undergraduate	2,632,775	1,204,306	431,207	145,683	2,055,885	*45.7*	*78.1*
大学院							
修士課程 Master's	168,706	53,414	94,724	11,525	62,457	*31.7*	*37.0*
博士課程 Doctor's	75,841	26,214	51,478	5,488	18,875	*34.6*	*24.9*
専門職学位課程 Professional degree	21,430	7,594	8,504	783	12,143	*35.4*	*56.7*
専攻科 Advanced (1)	939	716	260	141	538	*76.3*	*57.3*
別科 Short-term (2)	4,853	2,499	307	78	4,468	*51.5*	*92.1*
その他 Others	41,055	10,729	13,697	2,217	25,141	*26.1*	*61.2*
昼間 Day courses	2,617,459	1,199,873	427,095	145,098	2,045,266	*45.8*	*78.1*
夜間 Evening courses	15,316	4,433	4,112	585	10,619	*28.9*	*69.3*
（再掲）大学院 (Recounted) Graduate schools							
昭和30年('55)	10,174	593	5,022	409	4,743	*5.8*	*46.6*
35('60)	15,734	1,113	8,928	851	5,955	*7.1*	*37.8*
40('65)	28,454	2,143	16,809	2,146	9,499	*7.5*	*33.4*
45('70)	40,957	3,576	23,547	2,301	15,109	*8.7*	*36.9*
50('75)	48,464	4,547	27,735	2,323	18,406	*9.4*	*38.0*
55('80)	53,992	6,259	32,728	2,386	18,878	*11.6*	*35.0*
60('85)	69,688	9,182	43,049	3,006	23,633	*13.2*	*33.9*
平成 2('90)	90,238	14,566	57,885	3,890	28,463	*16.1*	*31.5*
7('95)	153,423	32,990	97,704	6,555	49,164	*21.5*	*32.0*
12('00)	205,311	54,216	128,624	9,719	66,968	*26.4*	*32.6*
17('05)	254,480	75,734	150,780	13,928	89,772	*29.8*	*35.3*
22('10)	271,454	82,133	157,092	16,403	97,959	*30.3*	*36.1*
27('15)	249,474	77,831	150,091	15,974	83,409	*31.2*	*33.4*
28('16)	249,588	78,603	150,724	16,108	82,756	*31.5*	*33.2*
29('17)	250,891	79,793	151,711	16,091	83,089	*31.8*	*33.1*
30('18)	254,013	81,464	153,132	16,125	84,756	*32.1*	*33.4*
令和元('19)	254,621	82,427	152,774	16,428	85,419	*32.4*	*33.5*
2('20)	254,529	82,982	152,007	16,668	85,854	*32.6*	*33.7*
3('21)	257,128	84,017	152,108	17,149	87,871	*32.7*	*34.2*
4('22)	261,782	85,580	153,354	17,488	90,940	*32.7*	*34.7*
5('23)	**265,977**	**87,222**	**154,706**	**17,796**	**93,475**	***32.8***	***35.1***

（注）「その他」とは，科目等履修生，聴講生及び研究生である。
(1) Advanced course is a program subsequent to completion of undergraduate course, lasting 1 year or more.
(2) Short-term course is a program for graduates of upper secondary school, lasting 1 year or more.

学　　生　　数（国・公・私立別）
Students by Course

短期大学<Junior Colleges>

区　分	計 Total	うち女 Female	国立 National	公立 Local	私立 Private	女の割合(%) Percentage of Female	私立の割合(%) Percentage of Private
昭和30年('55)	77,885	42,061	3,637	11,080	63,168	54.0	81.1
35('60)	83,457	56,357	6,652	11,086	65,719	67.5	78.7
40('65)	147,563	110,388	8,060	13,603	125,900	74.8	85.3
45('70)	263,219	217,668	9,886	16,136	237,197	82.7	90.1
50('75)	353,782	305,124	13,143	17,973	322,666	86.2	91.2
55('80)	371,124	330,468	14,685	19,002	337,437	89.0	90.9
60('85)	371,095	333,175	17,530	20,767	332,798	89.8	89.7
平成 2('90)	479,389	438,443	18,510	22,647	438,232	91.5	91.4
7('95)	498,516	455,439	13,735	24,134	460,647	91.4	92.4
12('00)	327,680	293,690	7,772	21,061	298,847	89.6	91.2
17('05)	219,355	191,131	1,643	14,347	203,365	87.1	92.7
22('10)	155,273	137,791	－	9,128	146,145	88.7	94.1
27('15)	132,681	117,461	－	6,956	125,725	88.5	94.8
28('16)	128,460	113,975	－	6,750	121,710	88.7	94.7
29('17)	123,949	109,898	－	6,670	117,279	88.7	94.6
30('18)	119,035	105,530	－	6,221	112,814	88.7	94.8
令和元('19)	113,013	99,866	－	5,741	107,272	88.4	94.9
2('20)	107,596	94,644	－	5,548	102,048	88.0	94.8
3('21)	102,232	89,624	－	5,363	96,869	87.7	94.8
4('22)	94,713	82,767	－	5,110	89,603	87.4	94.6
5('23)	**86,689**	**75,465**	**－**	**5,190**	**81,499**	**87.1**	**94.0**
本科 Regular	83,585	72,901	－	5,040	78,545	87.2	94.0
専攻科 Advanced (1)	1,539	1,336	－	124	1,415	86.8	91.9
別科 Short-term (2)	457	282	－	－	457	61.7	100.0
その他 Others	1,108	946	－	26	1,082	85.4	97.7
昼間 Day courses	85,569	74,941	－	4,887	80,682	87.6	94.3
夜間 Evening courses	1,120	524	－	303	817	46.8	72.9

(注)　「その他」とは，科目等履修生，聴講生及び研究生である。
(1) Advanced course is a program subsequent to completion of regular course of junior college, lasting 1 year or more.
(2) Short-term course is a program for graduates of upper secondary school, lasting 1 year or more.

学　生　数
Students by Field

大学・学部 <University -- Undergraduate Courses>

区　分	計 Total	人文科学 Humanities	社会科学 Social science	理　学 Science	工　学 Engineering	農　学 Agriculture
昭和35年('60)	601, 464	77, 888	257, 979	16, 206	92, 572	28, 040
40('65)	895, 465	113, 723	386, 178	27, 220	174, 655	36, 721
45('70)	1, 344, 358	170, 907	562, 162	42, 071	283, 674	49, 853
50('75)	1, 652, 003	215, 933	688, 667	50, 225	333, 959	58, 996
55('80)	1, 741, 504	239, 990	704, 737	54, 579	337, 767	59, 558
60('85)	1, 734, 392	246, 850	671, 001	59, 678	343, 590	60, 068
平成 2('90)	1, 988, 572	302, 594	787, 325	66, 778	390, 646	66, 777
7('95)	2, 330, 831	374, 964	933, 624	82, 764	456, 707	71, 880
12('00)	2, 471, 755	410, 979	985, 617	87, 901	467, 162	70, 308
17('05)	2, 508, 088	405, 413	945, 756	86, 844	433, 377	70, 328
22('10)	2, 559, 191	388, 564	892, 545	81, 425	400, 633	75, 816
27('15)	2, 556, 062	368, 285	828, 230	80, 111	389, 168	75, 398
28('16)	2, 567, 030	366, 220	829, 399	79, 290	384, 762	76, 404
29('17)	2, 582, 670	364, 621	833, 256	79, 008	384, 724	76, 676
30('18)	2, 599, 684	365, 163	837, 240	78, 458	382, 324	76, 930
令和元('19)	2, 609, 148	365, 163	836, 408	77, 997	380, 452	77, 100
2('20)	2, 623, 572	364, 474	835, 595	78, 353	382, 341	77, 622
3('21)	2, 625, 688	362, 542	833, 104	78, 464	381, 554	77, 810
4('22)	2, 632, 216	359, 027	838, 095	79, 520	382, 801	78, 493
5('23)	**2, 632, 775**	**355, 850**	**840, 135**	**81, 675**	**383, 912**	**79, 066**
	(100. 0)	*(13. 5)*	*(31. 9)*	*(3. 1)*	*(14. 6)*	*(3. 0)*
男 Male	1, 428, 469	127, 215	531, 592	58, 873	322, 245	42, 586
女 Female	1, 204, 306	228, 635	308, 543	22, 802	61, 667	36, 480
国　立 National	431, 207	29, 377	61, 689	28, 885	119, 556	30, 702
公　立 Local	145, 683	18, 048	41, 822	4, 664	23, 206	4, 557
私　立 Private	2, 055, 885	308, 425	736, 624	48, 126	241, 150	43, 807
昼　間 Day courses	2, 617, 459	353, 956	830, 911	80, 117	382, 083	79, 066
夜　間 Evening courses	15, 316	1, 894	9, 224	1, 558	1, 829	—

(注)　(　) 内は構成比 (%) を示す。
(Note) Figures in parentheses indicate the percentage distribution.

短期大学・本科<Junior College -- Regular Courses>

区　分	計 Total	人　文 Humanities	社　会 Social science	教　養 General culture	工　業 Engineering
昭和35年('60)	81, 528	14, 219	16, 170	374	9, 200
40('65)	145, 458	27, 666	24, 409	1, 693	14, 887
45('70)	259, 747	51, 475	30, 187	4, 646	21, 799
50('75)	348, 922	73, 645	37, 915	6, 421	23, 335
55('80)	366, 248	79, 008	33, 499	7, 044	20, 093
13('01)	279, 487	48, 209	38, 725	6, 641	11, 453
18('06)	195, 233	24, 318	23, 851	2, 442	8, 195
23('11)	145, 047	15, 869	15, 994	1, 965	4, 220
24('12)	137, 282	13, 836	13, 782	2, 061	3, 758
25('13)	133, 714	12, 325	13, 138	2, 477	3, 612
26('14)	131, 341	12, 205	11, 894	2, 527	3, 452
27('15)	127, 836	11, 910	11, 130	2, 565	3, 293
28('16)	124, 374	11, 677	11, 058	2, 569	3, 141
29('17)	119, 728	11, 733	10, 751	2, 436	2, 832
30('18)	114, 774	11, 418	10, 978	2, 357	2, 680
令和元('19)	109, 120	10, 948	11, 222	1, 739	2, 685
2('20)	104, 871	10, 717	11, 039	1, 163	2, 733
3('21)	99, 416	9, 570	10, 474	1, 078	2, 553
4('22)	91, 799	7, 839	9, 632	998	2, 418
5('23)	**83, 585**	**6, 709**	**8, 872**	**873**	**2, 110**
	(100. 0)	*(8. 0)*	*(10. 6)*	*(1. 0)*	*(2. 5)*
男 Male	10, 684	1, 056	2, 470	20	1, 805
女 Female	72, 901	5, 653	6, 402	853	305
国　立 National	—	—	—	—	—
公　立 Local	5, 040	1, 105	1, 534	—	—
私　立 Private	78, 545	5, 604	7, 338	873	2, 110
昼　間 Day courses	82, 471	6, 587	8, 066	873	2, 110
夜　間 Evening courses	1, 114	122	806	—	—

(注)　(　) 内は構成比 (%) を示す。
(Note) Figures in parentheses indicate the percentage distribution.

(関係学科別) (３－１)
of Study

保健 Health 医・歯学 Medicine & Dentistry	その他 Others	商船 Mercantile marine	家政 Home economics	教育 Education & teacher training	芸術 Arts	その他 Others
23, 026	12, 607	1, 429	8, 203	63, 169	9, 325	11, 020
27, 557	18, 045	1, 584	13, 758	69, 670	15, 759	10, 595
37, 994	28, 463	1, 651	23, 292	92, 619	29, 722	21, 950
57, 515	35, 008	1, 861	29, 081	119, 486	38, 964	22, 308
71, 413	40, 645	1, 595	31, 930	133, 211	44, 158	21, 921
74, 750	43, 059	1, 548	32, 185	135, 227	44, 890	21, 546
69, 883	46, 518	1, 534	36, 422	140, 960	47, 972	31, 163
65, 667	56, 414	935	40, 803	147, 253	59, 607	40, 213
64, 309	79, 328	905	44, 298	137, 615	65, 208	58, 125
63, 553	123, 301	439	60, 170	141, 891	72, 622	104, 394
64, 935	188, 248	4	68, 160	166, 980	72, 797	159, 084
70, 415	241, 412	245	71, 711	190, 218	69, 145	171, 724
71, 021	247, 435	365	71, 392	190, 903	69, 691	180, 148
71, 561	253, 128	398	70, 948	191, 153	70, 341	186, 856
71, 974	257, 298	395	71, 628	189, 948	71, 361	196, 965
72, 109	260, 706	406	71, 601	189, 343	72, 920	204, 943
72, 245	266, 803	411	72, 117	189, 986	74, 755	208, 870
72, 455	271, 893	623	70, 704	189, 046	76, 835	210, 658
71, 812	277, 115	691	69, 885	186, 274	77, 855	210, 648
71, 605	**278, 074**	**784**	**68, 481**	**184, 703**	**78, 073**	**210, 417**
(2. 7)	*(10. 6)*	*(0. 0)*	*(2. 6)*	*(7. 0)*	*(3. 0)*	*(8. 0)*
43, 976	83, 540	658	6, 584	75, 345	24, 581	111, 274
27, 629	194, 534	126	61, 897	109, 358	53, 492	99, 143
32, 805	25, 255	784	1, 147	57, 402	3, 400	40, 205
5, 780	24, 803	—	2, 623	2, 518	6, 077	11, 585
33, 020	228, 016	—	64, 711	124, 783	68, 596	158, 627
71, 605	278, 074	784	68, 481	184, 227	78, 073	210, 082
—	—	—	—	476	—	335

農業 Agriculture	保健 Health	家政 Home economics	教育 Education & teacher training	芸術 Arts	その他 Others
1, 353	465	30, 508	5, 875	3, 165	199
1, 910	494	56, 759	13, 074	4, 371	195
3, 503	5, 827	85, 017	44, 413	12, 686	194
4, 173	10, 023	97, 369	78, 007	17, 867	167
4, 160	15, 829	97, 894	89, 370	19, 195	156
2, 800	27, 988	67, 503	59, 729	12, 475	3, 964
1, 529	14, 823	41, 382	60, 005	8, 335	10, 353
1, 377	12, 996	28, 223	47, 972	5, 755	10, 676
1, 349	13, 099	25, 984	48, 886	4, 974	9, 553
1, 338	12, 986	25, 219	48, 441	4, 729	9, 449
1, 352	12, 686	24, 493	49, 129	4, 348	9, 255
1, 254	12, 481	23, 686	48, 267	4, 319	8, 931
1, 117	12, 038	23, 037	46, 818	4, 247	8, 672
839	11, 206	22, 027	44, 825	4, 326	8, 753
538	10, 441	20, 700	42, 539	4, 379	8, 744
629	9, 689	19, 222	39, 914	4, 352	8, 720
801	9, 488	18, 202	37, 557	4, 437	8, 734
902	9, 292	17, 233	35, 555	4, 399	8, 360
823	8, 729	16, 412	32, 823	4, 251	7, 874
786	**8, 346**	**15, 204**	**29, 205**	**4, 187**	**7, 293**
(0. 9)	*(10. 0)*	*(18. 2)*	*(34. 9)*	*(5. 0)*	*(8. 7)*
325	1, 008	1, 035	1, 453	611	901
461	7, 338	14, 169	27, 752	3, 576	6, 392
—	—	—	—	—	—
195	196	1, 008	471	309	222
591	8, 150	14, 196	28, 734	3, 878	7, 071
786	8, 318	15, 204	29, 047	4, 187	7, 293
—	28	—	158	—	—

学　生　数（専攻

Students by Field

大学院・修士課程<Graduate School -- Master's Courses>

区　分	計 Total	人文科学 Humanities	社会科学 Social science	理　学 Science	工　学 Engineering	農　学 Agriculture
昭和35年	8,305	2,870	2,370	987	1,223	372
40	16,771	3,104	3,355	2,198	5,657	1,020
45	27,714	5,157	4,607	2,983	10,251	2,063
50	33,560	5,975	4,596	3,226	13,514	2,691
55	35,781	5,469	4,050	3,741	14,864	2,546
60	48,147	5,645	4,373	4,598	20,668	4,893
平成 2	61,884	6,009	6,366	6,484	28,399	4,046
7	109,649	9,707	13,161	11,153	48,256	6,725
12	142,830	12,234	21,457	12,785	59,076	7,810
17	164,550	13,452	20,586	14,049	65,588	8,371
22	173,831	12,826	19,278	14,255	72,103	9,634
26	159,929	11,498	16,603	13,655	66,541	8,707
27	158,974	11,302	16,215	13,548	66,465	8,600
28	159,114	10,867	15,930	13,539	65,890	8,715
29	160,387	10,641	15,949	13,795	65,530	8,826
30	163,100	10,279	16,310	14,456	66,857	8,856
令和元	162,261	9,951	16,071	14,443	66,496	8,740
2	160,297	9,757	15,605	13,813	65,382	8,384
3	162,458	9,541	15,463	13,644	67,071	8,542
4	166,148	9,599	15,262	13,716	69,478	9,061
5	**168,706**	**9,849**	**15,200**	**13,415**	**70,438**	**9,192**
	(100.0)	*(5.8)*	*(9.0)*	*(8.0)*	*(41.8)*	*(5.4)*
男	115,292	3,949	8,934	10,279	59,604	5,451
女	53,414	5,900	6,266	3,136	10,834	3,741
国　立	94,724	3,157	4,328	8,706	41,953	7,352
公　立	11,525	324	829	1,221	4,670	368
私　立	62,457	6,368	10,043	3,488	23,815	1,472

(注)1　修士課程及び博士前期課程（医歯学，獣医学関係以外の一貫制博士課程の1年次・2年次の課程を含む。）の学生数である。
2　「社会人」とは，①職に就いている者（給料，賃金，報酬，その他の経常的な収入を得る仕事に現に就いている者），②給料，賃金，報酬，その他の経常的な収入を得る仕事から既に退職した者，③主婦・主夫である。
3　（　）内は構成比（%）を示す。

大学院・博士課程<Graduate School -- Doctor's Courses>

区　分	計 Total	人文科学 Humanities	社会科学 Social science	理　学 Science	工　学 Engineering	農　学 Agriculture	保健 医・歯学 Medicine & Dentistry	保健 その他 Others
昭和35年	7,429	1,016	894	900	391	339	3,598	111
40	11,683	1,281	1,086	1,245	1,282	424	5,932	169
45	13,243	1,876	1,727	2,263	2,356	839	3,445	324
50	14,904	2,465	2,198	2,355	2,522	1,008	3,428	367
55	18,211	2,860	2,430	2,589	2,358	1,095	5,738	453
60	21,541	3,227	2,437	2,472	2,403	1,096	8,561	501
平成 2	28,354	3,594	2,654	3,067	4,315	1,742	11,147	647
7	43,774	4,675	3,727	5,033	9,030	3,249	14,304	1,007
12	62,481	6,871	6,195	6,410	11,818	4,204	18,236	1,815
17	74,907	7,662	7,553	6,460	13,927	4,318	20,158	3,740
22	74,432	7,057	7,024	5,120	13,822	3,900	20,289	4,750
26	73,704	6,149	6,438	5,237	13,297	3,638	20,427	6,820
27	73,877	5,974	6,257	5,194	13,189	3,613	20,544	7,576
28	73,851	5,846	6,120	5,011	12,966	3,580	20,788	7,849
29	73,909	5,672	5,953	4,849	12,690	3,542	21,158	7,927
30	74,367	5,444	5,861	4,736	12,729	3,528	21,609	7,947
令和元	74,711	5,372	5,661	4,728	12,807	3,438	22,016	7,892
2	75,345	5,245	5,589	4,766	13,255	3,341	22,107	7,783
3	75,295	5,082	5,365	4,837	13,453	3,242	22,037	7,557
4	75,256	5,026	5,162	4,738	13,706	3,227	21,748	7,485
5	**75,841**	**4,939**	**5,072**	**4,641**	**14,111**	**3,252**	**21,537**	**7,629**
	(100.0)	*(6.5)*	*(6.7)*	*(6.1)*	*(18.6)*	*(4.3)*	*(28.4)*	*(10.1)*
男	49,627	2,341	3,132	3,669	11,326	2,058	14,594	4,008
女	26,214	2,598	1,940	972	2,785	1,194	6,943	3,621
国　立	51,478	2,485	2,397	3,938	11,183	2,811	13,533	4,485
公　立	5,488	195	326	283	831	114	2,056	939
私　立	18,875	2,259	2,349	420	2,097	327	5,948	2,205

(注)1　博士後期課程（医歯学，獣医学関係以外の一貫制博士課程の3年次・4年次・5年次の課程を含む。）及び医歯学，獣医学関係の博士課程の学生数である。
2　「社会人」とは，①職に就いている者（給料，賃金，報酬，その他の経常的な収入を得る仕事に現に就いている者），②給料，賃金，報酬，その他の経常的な収入を得る仕事から既に退職した者，③主婦・主夫である。
3　（　）内は構成比（%）を示す。

分野別）（3－2）
of Study

保健 Health	商船 Mercantile marine	家政 Home economics	教育 Education & teacher training	芸術 Arts	その他 Others	左記「計」のうち社会人 Adult students(2)	区分
140	—	11	291	41	—	…	1960
512	—	116	461	348	—	…	65
909	—	212	946	586	—	…	70
1,018	49	278	1,228	985	—	…	75
1,497	44	280	1,863	1,142	285	…	80
2,053	50	319	3,862	1,300	386	…	85
2,710	100	425	5,328	1,471	546	…	90
4,241	67	794	9,348	2,257	3,940		95
6,492	46	942	10,842	2,936	8,210	15,077	2000
11,326	57	1,064	11,564	4,226	14,267	19,607	05
12,515	75	1,063	10,707	4,430	16,945	20,199	10
11,081	51	917	10,049	4,129	16,698	19,221	14
11,195	57	884	9,796	4,104	16,808	19,437	15
11,663	57	840	9,253	4,156	18,204	19,516	16
11,922	47	839	8,655	4,246	19,937	19,675	17
12,207	54	877	8,424	4,403	20,377	19,703	18
12,371	61	847	7,718	4,516	21,047	19,324	19
12,266	71	822	6,343	4,549	23,305	18,837	20
12,191	71	820	5,256	4,708	25,151	18,297	21
12,117	60	866	4,739	4,839	26,411	17,961	22
12,243	**61**	**912**	**4,355**	**5,059**	**27,982**	**18,045**	**23**
(7.3)	*(0.0)*	*(0.5)*	*(2.6)*	*(3.0)*	*(16.6)*	*(10.7)*	
5,202	47	135	1,884	1,709	18,098	9,456	Male
7,041	14	777	2,471	3,350	9,884	8,589	Female
5,248	61	118	2,593	1,067	20,141	5,472	National
1,806	—	289	77	747	1,194	1,986	Local
5,189	—	505	1,685	3,245	6,647	10,587	Private

(1) Figures in parentheses indicate the percentage distribution.
(2) Adult students include those who have employed status having salary and other regular income, retired persons, and housewives and househusbands.

商船 Mercantile marine	家政 Home economics	教育 Education & teacher training	芸術 Arts	その他 Others	左記「計」のうち社会人 Adult students(2)	区分
—	—	171	9	—	…	1960
—	—	247	17	—	…	65
—	—	392	21	—	…	70
—	27	507	27	—	…	75
—	33	548	71	36	…	80
—	57	603	76	108	…	85
—	73	668	123	324	…	90
—	151	930	177	1,491	…	95
—	215	1,537	347	4,833	9,820	2000
—	383	1,851	692	8,163	18,608	05
—	354	2,138	759	9,219	25,716	10
—	218	2,259	682	8,539	29,082	14
—	220	2,258	703	8,349	30,021	15
—	220	2,276	708	8,487	30,983	16
—	218	2,318	675	8,907	31,543	17
—	219	2,365	672	9,257	32,595	18
—	214	2,406	682	9,495	33,174	19
—	209	2,402	685	9,963	34,074	20
—	223	2,326	710	10,463	33,733	21
—	209	2,315	712	10,928	32,999	22
—	**223**	**2,271**	**728**	**11,438**	**32,448**	**23**
—	*(0.3)*	*(3.0)*	*(1.0)*	*(15.1)*	*(42.8)*	
—	70	1,149	291	6,989	21,508	Male
—	153	1,122	437	4,449	10,940	Female
—	29	1,575	292	8,750	20,465	National
—	69	14	163	498	3,210	Local
—	125	682	273	2,190	8,773	Private

(1) Figures in parentheses indicate the percentage distribution.
(2) Adult students include those who have employed status having salary and other regul
retired persons, and housewives and househusbands.

学　　生　　数
Students by Field

大学院・専門職学位課程<Graduate School -- Professional Degree Courses>

区　分	計 Total	人文科学 Humanities	社会科学 Social science	うち法科大学院 Graduate Law School	理　学 Science	工　学 Engineering	農　学 Agriculture	保健 Health 医・歯学 Medicine & Dentistry	保健 Health その他 Others
平成 15年	645	—	559	…	—	—	—	22	21
16	7, 866	—	7, 512	5, 766	—	—	—	49	64
17	15, 023	32	14, 354	11, 043	—	34	—	56	99
18	20, 159	61	19, 120	14, 260	—	106	—	55	112
19	22, 083	116	20, 727	15, 095	—	176	—	141	179
20	23, 033	163	20, 890	14, 973	—	237	—	127	93
21	23, 381	203	20, 310	14, 200	—	305	—	121	98
22	23, 191	253	19, 639	12, 879	—	352	—	105	99
23	21, 807	252	18, 132	11, 208	—	355	—	109	102
24	20, 070	249	16, 365	9, 679	—	451	—	141	113
25	18, 776	250	14, 985	8, 262	—	312	—	107	116
26	17, 380	247	13, 563	6, 919	—	328	—	117	127
27	16, 623	225	12, 777	6, 094	—	334	—	125	116
28	16, 623	230	12, 389	5, 330	—	369	—	130	91
29	16, 595	241	11, 807	4, 713	—	364	—	116	139
30	16, 546	228	11, 405	4, 300	—	380	—	130	151
令和元	17, 649	232	11, 601	4, 270	—	451	—	141	179
2	18, 887	222	12, 170	4, 247	—	257	—	145	192
3	19, 375	198	12, 338	4, 175	—	164	—	145	188
4	20, 378	210	12, 783	4, 374	—	122	—	131	207
5	**21, 430**	**218**	**13, 270**	**4, 690**	**—**	**125**	**—**	**138**	**218**
	(100. 0)	*(1. 0)*	*(61. 9)*	*(21. 9)*	*(—)*	*(0. 6)*	*(—)*	*(0. 6)*	*(1. 0)*
男	13, 836	74	8, 917	2, 948	—	87	—	57	85
女	7, 594	144	4, 353	1, 742	—	38	—	81	133
国　立	8, 504	107	3, 843	2, 324	—	10	—	138	45
公　立	783	—	429	153	—	—	—	—	—
私　立	12, 143	111	8, 998	2, 213	—	115	—	—	173

(注)1　専門職学位課程の学生数である。
　2　「社会人」とは，①職に就いている者（給料，賃金，報酬，その他の経常的な収入を得る仕事に現に就いている者），②給料，賃金，報酬，その他の経常的な収入を得る仕事から既に退職した者，③主婦・主夫である。
　3　（　）内は構成比（%）を示す。

(専攻分野別) (3－3)
of Study

商 船 Mercantile marine	家 政 Home economics	教 育 Education & teacher training		芸 術 Arts	その他 Others	左記「計」のうち社会人 Adult students(4)			区 分
			うち教職大学院 Professional Graduate Schools for Teacher Education(3)				うち法科大学院 Graduate Law School(2)	うち教職大学院 Professional Graduate Schools for Teacher Education(3)	
—	—	—	…	—	43	560	…	…	2003
—	—	—	…	—	241	4,246	2,625	…	04
—	—	—	…	—	448	6,979	4,221	…	05
—	—	37	…	—	668	8,768	5,036	…	06
—	—	57	…	—	801	8,943	4,592	…	07
—	—	707	644	—	816	9,056	4,440	381	08
—	—	1,380	1,283	—	964	9,430	3,941	683	09
—	—	1,661	1,532	—	1,082	9,430	3,202	780	10
—	—	1,675	1,561	—	1,182	8,316	2,590	767	11
—	—	1,652	1,582	—	1,272	7,942	2,210	732	12
—	—	1,661	1,611	—	1,345	8,037	1,782	721	13
—	—	1,641	1,587	—	1,357	7,771	1,431	707	14
—	—	1,709	1,658	—	1,337	7,831	1,195	754	15
—	—	2,111	2,080	—	1,303	8,307	1,021	986	16
—	—	2,545	2,545	—	1,383	8,417	950	1,206	17
—	—	2,697	2,671	—	1,555	8,637	898	1,275	18
—	—	3,045	3,009	—	2,000	9,226	958	1,394	19
—	—	3,472	3,427	—	2,429	9,904	940	1,533	20
—	—	3,772	3,721	—	2,570	10,010	881	1,564	21
—	—	4,101	4,052	—	2,824	10,170	833	1,653	22
—	**—**	**4,377**	**4,332**	**—**	**3,084**	**10,900**	**928**	**1,736**	**23**
(–)	*(–)*	*(20.4)*	*(20.2)*	*(–)*	*(14.4)*	*(50.9)*	*(4.3)*	*(8.1)*	
—	—	2,501	2,487	—	2,115	7,444	626	994	Male
—	—	1,876	1,845	—	969	3,456	302	742	Female
—	—	4,132	4,132	—	229	3,193	489	1,672	National
—	—	—	—	—	354	523	53	—	Local
—	—	245	200	—	2,501	7,184	386	64	Private

(1) Figures in parentheses indicate the percentage distribution.
(2) Figures of this column is recounted of Graduate Law School.
(3) Figures of this column is recounted of Professional Graduate Schools for Teacher Education.
(4) Adult students include those who have employed status having salary and other regular income, retired persons, and housewives and househusbands.

外国人学生数
Students of Non-Japanese Nationality

区分	計 Total	大学 University	大学院 Graduate school	短期大学 Junior college	留学生数 Students from abroad 計 Total	国費留学生 Japanese gov. (Financial source)	私費留学生 Private funds, etc. (Financial source)
昭和35年('60)	4,703	3,874	557	272	…	…	…
40('65)	8,266	6,250	1,459	557	3,467	482	2,985
45('70)	10,471	7,730	1,857	884	4,444	583	3,861
50('75)	14,314	10,697	2,255	1,362	5,573	1,050	4,523
55('80)	15,008	10,913	2,644	1,451	6,572	1,369	5,203
60('85)	21,342	14,264	5,477	1,601	12,489	2,427	10,062
平成 2('90)	38,444	23,571	12,306	2,567	28,560	4,769	23,791
7('95)	54,323	32,567	18,712	3,044	43,611	6,932	36,679
12('00)	63,068	36,223	23,729	3,116	53,608	8,360	55,556
15('03)	96,232	62,212	28,908	5,112	86,002	9,147	76,855
16('04)	101,601	67,386	30,041	4,174	91,319	9,226	82,093
17('05)	104,427	69,480	31,282	3,665	94,521	9,340	85,181
18('06)	103,806	68,889	31,915	3,002	93,804	9,312	84,492
19('07)	103,661	68,263	32,895	2,503	93,212	9,463	83,749
20('08)	105,340	69,056	33,691	2,593	95,303	9,387	85,916
21('09)	113,165	73,634	36,844	2,687	101,956	9,628	92,328
22('10)	123,082	79,745	40,875	2,462	111,211	9,824	101,387
23('11)	124,646	80,083	42,342	2,221	110,477	8,950	101,527
24('12)	123,904	80,077	41,875	1,952	110,518	8,190	102,328
25('13)	121,857	78,174	41,821	1,862	108,442	8,125	100,317
26('14)	120,682	76,852	42,081	1,749	107,277	7,889	99,388
27('15)	122,913	77,739	43,398	1,776	110,282	8,733	101,549
28('16)	127,767	80,393	45,566	1,808	117,237	9,021	108,216
29('17)	138,005	87,198	48,606	2,201	125,834	8,763	117,071
30('18)	150,111	94,973	52,437	2,701	137,480	9,073	128,407
令和元('19)	158,782	99,908	55,718	3,156	145,535	8,861	136,674
2('20)	152,774	93,366	56,477	2,931	135,710	8,229	127,481
3('21)	146,974	86,791	57,466	2,717	128,805	7,577	121,228
4('22)	**147,883**	**87,982**	**57,686**	**2,215**	**127,032**	**8,235**	**118,797**
男 Male	80,910	49,086	30,830	994	70,962	4,418	66,544
女 Female	66,973	38,896	26,856	1,221	57,070	3,817	53,253
回答不可					0	0	0
国立 National	45,952	10,746	35,206	−	42,148	7,185	34,963
公立 Local	4,193	1,850	2,326	17	3,721	184	3,537
私立 Private	97,738	75,386	20,154	2,198	81,163	866	80,297

(注)1 「外国人学生」とは，日本国籍を有しない学生である。
2 留学生数については，平成15年度まで文部科学省留学生課，平成16年度以降は日本学生支援機構調べ。
3 「留学生」とは，留学ビザを取得して，我が国の大学，大学院及び短期大学において教育を受ける外国人学生である。
4 留学生数については，各年5月1日現在の人数である。
(1) Including permanent residents in Japan.
(2) Those students coming to Japan from abroad for the purpose of study. The totals do not include students of College of Technology and Special Training Colleges.

外国人留学生数 地域別 <Students from Abroad by Region of Origin> (May 1, 2022)

区分	計 Total	構成比 (%)	大学 University	大学院 Graduate school	短期大学 Junior college
計 Total	**127,032**	**100.0%**	**72,047**	**53,122**	**1,863**
アジア Asia	116,366	91.6%	67,691	46,839	1,836
中国 China	73,660	58.0%	38,559	34,828	273
ベトナム Vietnam	9,716	7.6%	7,737	1,403	576
韓国 Korea	11,550	9.1%	10,077	1,443	30
台湾 Taiwan	3,026	2.4%	1,953	1,055	18
ネパール Nepal	3,270	2.6%	2,390	359	521
その他 Others	15,144	11.9%	6,975	7,751	418
オセアニア Oceania	356	0.3%	173	183	0
北米 North America	1,156	0.9%	625	529	2
中南米 Middle & South America	1,179	0.9%	418	758	3
ヨーロッパ Europe	4,904	3.9%	2,562	2,322	20
中近東 Middle East	945	0.7%	216	729	0
アフリカ Africa	2,119	1.7%	361	1,756	2
無国籍者（不明等） unknown	7	0.0%	1	6	0

(注)1 日本学生支援機構調べ。
2 令和4年5月1日現在である。

外国人留学生数　専攻分野別 <Students from Abroad by Field of Study>　(May 1, 2022)

区分	計 Total	国費留学生数 Japanese government 計 Total	大学 Univ.	大学院 Grad. sch.	短期大学 Jr. col.	私費留学生数 Private funds, etc 計 Total	大学 Univ.	大学院 Grad. sch.	短期大学 Jr. col.
計 Total	**128,805**	**7,577**	**1,396**	**6,181**	**…**	**121,228**	**72,319**	**46,578**	**2,331**
文科系 計 Arts	73,133	1,734	528	1,206	…	71,399	51,952	18,034	1,413
人文科学 Humanities	16,761	663	269	394	…	16,098	11,252	4,570	276
社会科学 Social science	46,284	786	178	608	…	45,498	34,348	10,134	1,016
教育 Education	2,846	195	61	134	…	2,651	1,222	1,417	12
芸術 Arts	7,242	90	20	70	…	7,152	5,130	1,913	109
理科系 計 Sciences	40,458	4,684	722	3,962	…	35,774	14,614	20,416	744
理学 Physical science	4,413	530	101	429	…	3,883	1,504	2,379	—
工学 Engineering	25,493	2,570	539	2,031	…	22,923	9,873	12,584	466
農学 Agriculture	4,020	737	59	678	…	3,283	1,023	2,257	3
保健 Health	5,434	843	21	822	…	4,591	1,481	3,068	42
家政 Home economics	1,098	4	2	2	…	1,094	733	128	233
その他 Others	15,214	1,159	146	1,013	…	14,055	5,753	8,128	174

(注)1　日本学生支援機構調べ。
　　2　令和4年5月1日現在である。

教　員　数
Full-time Teachers by Type of Position

大　学 <Universities>

区　分	計 Total	うち女 Female	国　立 National	公　立 Local	私　立 Private	女の割合 (%) Percentage of female
昭和30年('55)	38, 010	1, 979	22, 680	4, 417	10, 913	5. 2
35('60)	44, 434	2, 693	24, 410	4, 725	15, 299	6. 1
40('65)	57, 445	4, 233	29, 828	5, 089	22, 528	7. 4
45('70)	76, 275	6, 454	36, 840	5, 342	34, 093	8. 5
50('75)	89, 648	7, 535	42, 020	5, 602	42, 026	8. 4
55('80)	102, 989	8, 630	47, 842	5, 794	49, 353	8. 4
60('85)	112, 249	9, 582	51, 475	6, 053	54, 721	8. 5
平成 2('90)	123, 838	11, 399	53, 765	6, 592	63, 481	9. 2
7('95)	137, 464	14, 752	57, 488	8, 256	71, 720	10. 7
12('00)	150, 563	20, 314	60, 673	10, 513	79, 377	13. 5
17('05)	161, 690	26, 950	60, 937	11, 426	89, 327	16. 7
22('10)	174, 403	35, 054	61, 689	12, 646	100, 068	20. 1
27('15)	182, 723	42, 433	64, 684	13, 126	104, 913	23. 2
28('16)	184, 248	43, 723	64, 771	13, 294	106, 183	23. 7
29('17)	185, 343	44, 943	64, 479	13, 439	107, 425	24. 2
30('18)	187, 163	46, 494	64, 562	13, 840	108, 761	25. 6
令和 元('19)	187, 862	47, 618	64, 094	14, 083	109, 685	25. 3
2('20)	189, 599	49, 138	64, 076	14, 090	111, 433	25. 9
3('21)	190, 448	50, 237	63, 911	14, 338	112, 199	26. 4
4('22)	190, 646	50, 980	63, 671	14, 571	112, 404	26. 7
5('23)	**191, 878**	**52, 271**	**63, 778**	**14, 807**	**113, 293**	**27. 2**
学　長 President	785	113	86	100	599	14. 4
副学長 Vice-president	1, 668	272	535	172	961	16. 3
教　授 Professor	70, 855	13, 672	20, 816	5, 099	44, 940	19. 3
准教授 Associate professor	44, 490	11, 987	17, 404	4, 138	22, 948	26. 9
講　師 Lecturer	23, 601	8, 174	5, 497	1, 966	16, 138	34. 6
助　教 Assistant professor	44, 637	14, 701	18, 828	2, 921	22, 888	32. 9
助　手 Assistant	5, 842	3, 352	612	411	4, 819	57. 4
(再掲) (recounted)						
大学院担当者 Graduate school teacher	106, 669	22, 640	50, 194	8, 422	48, 053	21. 2
外国人教員 Non-Japanese nationals	9, 917	3, 252	3, 671	632	5, 614	32. 8
(別掲)						
兼務者 Part-time	201, 693	65, 642	38, 381	18, 802	144, 510	32. 5
うち外国人教員 of which non-Japanese nationals	14, 573	5, 528	2, 650	1, 275	10, 648	37. 9

(注)　本務教員である。

教　員　数
Full-time Teachers by Type of Position

短期大学 <Junior Colleges>

区　分	計 Total	うち女 Female	国立 National	公立 Local	私立 Private	女の割合 (%) Percentage of female
昭和30年('55)	5,505	1,675	102	1,000	4,403	30.4
35('60)	6,394	2,251	211	927	5,256	35.2
40('65)	9,321	3,555	271	963	8,087	38.1
45('70)	15,320	6,062	363	1,248	13,709	39.6
50('75)	15,557	5,812	654	1,617	13,286	37.4
55('80)	16,372	6,320	861	1,707	13,804	38.6
60('85)	17,760	6,895	1,121	1,898	14,741	38.8
平成 2('90)	20,489	7,818	1,305	1,989	17,195	38.2
7('95)	20,702	8,233	1,122	2,219	17,361	39.8
12('00)	16,752	7,339	713	1,863	14,176	43.8
17('05)	11,960	5,568	244	1,209	10,507	46.6
22('10)	9,657	4,822	—	692	8,965	49.9
27('15)	8,266	4,310	—	494	7,772	52.1
28('16)	8,140	4,247	—	485	7,655	52.2
29('17)	7,924	4,131	—	478	7,446	52.1
30('18)	7,660	4,005	—	421	7,239	52.3
令和元('19)	7,440	3,916	—	398	7,042	52.6
2('20)	7,211	3,832	—	402	6,809	53.1
3('21)	7,015	3,753	—	404	6,611	53.5
4('22)	6,785	3,640	—	377	6,408	53.6
5('23)	**6,529**	**3,506**	**—**	**399**	**6,130**	**53.7**
学長 President	184	41	—	8	176	22.3
副学長 Vice-president	128	39	—	4	124	30.5
教授 Professor	2,341	1,000	—	144	2,197	42.7
准教授 Associate professor	1,650	913	—	131	1,519	55.3
講師 Lecturer	1,399	847	—	76	1,323	60.5
助教 Assistant professor	508	368	—	28	480	72.4
助手 Assistant	319	298	—	8	311	93.4
(再掲) (recounted)						
外国人教員 Non-Japanese nationals	136	60	—	18	118	44.1
(別掲)						
兼務者 Part-time	14,172	7,568	—	792	13,380	53.4
うち外国人教員 of which non-Japanese nationals	531	236	—	35	496	44.4

(注) 本務教員である。

職員数
Full-time Non-teaching Staff by Type of Position

大　学<Universities>

区分	計 Total	うち女 Female	国立 National	公立 Local	私立 Private	女の割合 (%) Percentage of female
昭和30年('55)	51,132	21,535	32,720	6,248	12,164	42.1
35('60)	58,848	26,482	34,140	7,358	17,350	45.0
40('65)	84,248	41,093	47,749	9,180	27,319	48.8
45('70)	100,590	49,190	53,567	8,939	38,084	48.9
50('75)	123,144	64,264	55,703	9,402	58,039	52.2
55('80)	143,669	77,916	61,672	9,394	72,603	54.2
60('85)	154,368	86,479	63,383	9,694	81,291	56.0
平成 2('90)	160,496	91,971	60,649	10,289	89,558	57.3
7('95)	170,972	102,377	59,286	11,289	100,397	59.9
12('00)	174,370	106,672	57,280	12,033	105,057	61.2
17('05)	179,521	111,767	56,470	11,940	111,111	62.3
22('10)	203,389	131,643	64,974	12,965	125,450	64.7
27('15)	233,260	155,062	78,034	15,571	139,655	66.5
28('16)	237,183	158,327	79,273	16,008	141,902	66.8
29('17)	240,812	161,231	80,823	16,354	143,635	67.0
30('18)	245,626	164,796	82,944	16,699	145,983	67.1
令和元('19)	249,345	168,389	84,535	17,010	147,800	67.5
2('20)	253,491	172,101	85,647	17,262	150,582	67.9
3('21)	258,811	176,974	87,697	19,098	152,016	68.4
4('22)	260,799	178,820	88,371	19,459	152,969	68.6
5('23)	**264,064**	**181,890**	**90,084**	**20,075**	**153,905**	**68.9**
事務系 Administrative	96,857	52,679	31,327	6,353	59,177	54.4
技術技能系 Technical	9,174	2,649	7,346	228	1,600	28.9
医療系 Medical/nursing	149,320	121,498	50,001	13,174	86,145	81.4
教務系 Instructional	4,444	2,569	476	161	3,807	57.8
その他 Others	4,269	2,495	934	159	3,176	58.4

（注）本務職員である。

短期大学<Junior Colleges>

区分	計 Total	うち女 Female	国立 National	公立 Local	私立 Private	女の割合 (%) Percentage of female
昭和30年('55)	2,431	1,043	52	660	1,719	42.9
35('60)	2,813	1,332	142	621	2,050	47.4
40('65)	4,240	2,236	287	652	3,301	52.7
45('70)	8,098	4,653	292	805	7,001	57.5
50('75)	9,710	5,829	392	996	8,322	60.0
55('80)	10,881	6,504	421	1,004	9,456	59.8
60('85)	11,260	6,551	425	938	9,897	58.2
平成 2('90)	12,621	7,162	494	884	11,243	56.7
7('95)	13,103	7,409	451	919	11,733	56.5
12('00)	10,179	5,788	280	697	9,202	56.9
17('05)	6,635	3,729	140	361	6,134	56.2
22('10)	5,168	2,947	—	259	4,909	57.0
26('14)	4,612	2,692	—	212	4,400	58.4
27('15)	4,538	2,673	—	196	4,342	58.9
28('16)	4,438	2,630	—	199	4,239	59.3
29('17)	4,375	2,620	—	182	4,193	59.9
30('18)	4,250	2,563	—	161	4,089	60.3
令和元('19)	4,131	2,483	—	167	3,964	60.1
2('20)	4,019	2,427	—	166	3,853	60.4
3('21)	3,887	2,366	—	173	3,714	60.9
4('22)	3,727	2,291	—	146	3,581	61.5
5('23)	**3,596**	**2,227**	**—**	**162**	**3,434**	**61.9**
事務系 Administrative	3,150	1,882	—	150	3,000	59.7
技術技能系 Technical	38	2	—	3	35	5.3
医療系 Medical/nursing	57	56	—	2	55	98.2
教務系 Instructional	260	245	—	5	255	94.2
その他 Others	91	42	—	2	89	46.2

（注）本務職員である。

通信教育（学校数　学部・専攻・学科数　学生数　教員数）
Correspondence Courses

大　学〈Universities〉

区　分	学校数 Universities 計 Total	私立 通信教育部を置くもの(放送大学学園立を除く) Private	私立 放送大学学園立 The Open Univ. of Japan	学部数 Faculties	学生数 Students 計 Total	うち女 Female	うち正規の課程 Regular courses	教員数 Teachers 本務者 Full-time	兼務者 Part-time
昭和47年('72)	11	11	…	20	98,588	39,021	83,575	…	…
48('73)	11	11	…	20	92,549	35,240	79,649	…	…
49('74)	11	11	…	20	102,702	40,570	82,026	14	1,696
50('75)	11	11	…	20	106,626	43,814	88,594	14	2,050
55('80)	12	12	…	22	101,812	41,727	90,228	18	2,450
60('85)	13	12	1	24	112,635	50,304	94,704	76	2,884
平成 2('90)	13	12	1	24	135,176	63,699	119,840	77	3,454
7('95)	15	14	1	26	212,134	111,844	172,984	105	4,295
12('00)	20	19	1	31	219,711	121,748	175,898	143	5,215
17('05)	35	34	1	52	246,029	144,156	200,393	350	8,436
22('10)	44	43	1	67	224,314	128,518	177,758	725	9,024
27('15)	46	45	1	71	213,331	118,454	165,386	553	10,685
28('16)	44	43	1	69	211,175	117,167	163,354	520	11,183
29('17)	44	43	1	74	208,322	115,184	161,849	514	10,411
30('18)	44	43	1	79	208,549	114,327	162,539	501	10,820
令和元('19)	44	43	1	79	207,796	113,821	162,547	546	10,964
2('20)	44	43	1	79	203,759	110,385	161,142	546	10,324
3('21)	45	44	1	68	214,011	116,559	170,277	558	10,278
4('22)	45	44	1	70	222,964	122,017	179,877	555	10,196
5('23)	**45**	**44**	**1**	**70**	**223,792**	**123,103**	**184,499**	**621**	**10,260**

大　学　院〈Graduate Schools〉

区　分	学校数 Universities 計 Total	私立 通信教育部を置くもの(放送大学学園立を除く) Private	私立 放送大学学園立 The Open Univ. of Japan	研究科数 Faculties	学生数 Students 計 Total	うち女 Female	うち正規の課程 Regular courses	教員数 Teachers 本務者 Full-time	兼務者 Part-time
平成 11('99)	4	4	…	6	368	172	368	7	74
12('00)	6	6	…	8	763	327	747	10	187
17('05)	19	18	1	32	9,634	4,335	3,330	63	542
22('10)	26	25	1	54	8,429	3,428	3,760	151	860
27('15)	27	26	1	53	8,627	3,537	3,858	113	1,101
28('16)	27	26	1	53	8,466	3,486	3,907	123	1,043
29('17)	27	26	1	54	8,578	3,683	3,961	124	1,155
30('18)	27	26	1	53	8,388	3,560	3,910	128	1,140
令和元('19)	27	26	1	53	7,784	3,260	3,683	117	1,716
2('20)	27	26	1	53	7,286	3,109	3,569	121	1,133
3('21)	27	26	1	52	7,468	3,200	3,697	132	1,160
4('22)	27	26	1	51	7,007	2,999	3,620	129	1,075
5('23)	**27**	**26**	**1**	**51**	**7,058**	**2,969**	**3,713**	**128**	**1,017**

短期大学〈Junior Colleges〉

区　分	学校数 Colleges 私立 Private	学科数 Departments	学生数 Students 計 Total	うち女 Female	うち正規の課程 Regular courses	教員数 Teachers 本務者 Full-time	兼務者 Part-time
昭和47年('72)	8	12	43,253	6,615	20,617	…	…
48('73)	7	12	43,504	7,027	21,385	…	…
49('74)	7	11	44,014	8,845	23,287	15	226
50('75)	7	11	35,203	8,754	17,652	13	275
55('80)	9	13	86,706	13,242	19,645	10	527
60('85)	10	14	64,495	15,023	15,091	11	658
平成 2('90)	9	13	32,463	19,386	31,293	22	910
7('95)	10	15	41,915	25,719	40,630	51	1,400
12('00)	10	16	28,108	18,995	26,622	32	1,937
17('05)	9	17	28,424	20,044	26,773	45	2,548
22('10)	11	18	19,588	14,485	17,907	31	2,986
27('15)	12	14	24,111	18,351	21,443	111	3,314
28('16)	11	14	23,020	17,817	20,854	175	3,629
29('17)	11	11	22,506	17,626	20,470	179	3,299
30('18)	11	11	21,458	16,793	18,227	201	3,378
令和元('19)	11	11	20,860	16,363	18,058	201	3,144
2('20)	11	11	19,964	15,731	17,447	208	3,009
3('21)	11	14	20,795	16,330	18,387	206	3,011
4('22)	11	13	21,330	16,714	18,881	200	2,943
5('23)	**11**	**13**	**21,330**	**16,714**	**18,881**	**198**	**2,871**

（注）学部数・研究科数・本科数は在学状況による。

入　学　者
New

大学・学部 <University --Undergraduate Courses>

区　分	計 Total	国立 National	公立 Local	私立 Private
昭和30年('55)	132, 296	46, 155	5, 494	80, 647
35('60)	162, 922	44, 847	6, 925	111, 150
40('65)	249, 917	54, 681	9, 130	186, 106
45('70)	333, 037	64, 519	10, 215	258, 303
50('75)	423, 942	75, 479	10, 673	337, 790
55('80)	412, 437	84, 731	10, 848	316, 858
60('85)	411, 993	88, 103	11, 364	312, 526
平成 2('90)	492, 340	100, 991	14, 182	377, 167
7 ('95)	568, 576	108, 599	18, 835	441, 142
12('00)	599, 655	103, 054	23, 578	473, 023
17('05)	603, 760	104, 130	26, 050	473, 580
22('10)	619, 119	101, 310	29, 107	488, 702
27('15)	617, 507	100, 631	30, 940	485, 936
28('16)	618, 423	100, 146	31, 307	486, 970
29('17)	629, 733	99, 462	31, 979	498, 292
30('18)	628, 821	99, 371	33, 073	496, 377
令和元('19)	631, 273	99, 136	33, 712	498, 425
2('20)	635, 003	98, 365	33, 439	503, 199
3('21)	627, 040	98, 156	33, 967	494, 917
4('22)	635, 156	98, 471	34, 679	502, 006
5('23)	**632, 902**	**98, 757**	**35, 260**	**498, 885**
男 Male	340, 210	60, 178	15, 358	264, 674
女 Female	292, 692	38, 579	19, 902	234, 211
昼　間 Day courses	629, 419	97, 913	35, 156	496, 350
夜　間 Evening courses	3, 483	844	104	2, 535
人文科学 Humanities	83, 452	6, 179	4, 258	73, 015
社会科学 Social science	205, 247	13, 543	10, 304	181, 400
理　学 Science	19, 707	6, 277	1, 133	12, 297
工　学 Engineering	90, 623	26, 422	5, 237	58, 964
農　学 Agriculture	18, 872	6, 800	1, 121	10, 951
保　健 Health	75, 989	10, 709	7, 024	58, 256
商　船 Mercantile marine	200	200	—	—
家　政 Home economics	16, 416	269	674	15, 473
教　育 Education & teacher training	45, 342	13, 750	619	30, 973
芸　術 Arts	19, 518	804	1, 461	17, 253
その他 Others	57, 536	13, 804	3, 429	40, 303
17歳以下	40	8	—	32
18　歳	516, 051	74, 462	29, 012	412, 577
19　歳	91, 164	19, 984	5, 164	66, 016
20　歳	13, 261	2, 762	642	9, 857
21　歳	5, 156	610	154	4, 392
22　歳	2, 771	260	79	2, 432
23　歳	1, 412	170	51	1, 191
24　歳	814	95	30	689
25～29歳	1, 426	214	65	1, 147
30～39歳	488	122	32	334
40～49歳	148	30	15	103
50～59歳	102	25	10	67
60歳以上	69	15	6	48

数（2－1）
Entrants

短期大学・本科<Junior College -- Regular Courses>

区分	計 Total	国立 National	公立 Local	私立 Private
昭和30年('55)	37, 544	1, 409	5, 397	30, 738
35('60)	42, 318	2, 499	5, 293	34, 526
40('65)	80, 563	2, 502	6, 495	71, 566
45('70)	126, 659	3, 024	7, 409	116, 226
50('75)	174, 930	4, 371	8, 189	162, 370
55('80)	178, 215	4, 743	8, 615	164, 857
60('85)	173, 503	5, 601	9, 244	158, 658
平成 2('90)	235, 195	5, 825	9, 931	219, 439
7 ('95)	232, 741	3, 807	10, 620	218, 314
12('00)	141, 491	2, 228	8, 445	130, 818
17('05)	99, 431	300	5, 451	93, 680
22('10)	72, 047	－	3, 871	68, 176
27('15)	60, 998	－	3, 098	57, 900
28('16)	58, 225	－	3, 110	55, 115
29('17)	56, 432	－	3, 091	53, 341
30('18)	53, 858	－	2, 685	51, 173
令和元('19)	51, 306		2, 597	48, 709
2('20)	49, 495	－	2, 576	46, 919
3('21)	45, 585	－	2, 377	43, 208
4('22)	41, 850	－	2, 342	39, 508
5('23)	**37, 484**	**－**	**2, 358**	**35, 126**
男 Male	4, 838	－	453	4, 385
女 Female	32, 646	－	1, 905	30, 741
昼間 Day courses	36, 998	－	2, 235	34, 763
夜間 Evening courses	486	－	123	363
人文 Humanities	3, 073	－	531	2, 542
社会 Social science	4, 189	－	710	3, 479
教養 General culture	407	－	－	407
工業 Engineering	908	－	－	908
農業 Agriculture	349	－	101	248
保健 Health	2, 820	－	47	2, 773
家政 Home economics	7, 071	－	470	6, 601
教育 Education & teacher training	13, 321	－	230	13, 091
芸術 Arts	2, 001	－	152	1, 849
その他 Others	3, 345	－	117	3, 228
17歳以下	2	－	－	2
18歳	31, 780	－	1, 989	29, 791
19歳	3, 284	－	263	3, 021
20歳	519	－	44	475
21歳	320	－	12	308
22歳	255	－	10	245
23歳	196	－	4	192
24歳	128	－	4	124
25～29歳	344	－	11	333
30～39歳	266	－	4	262
40～49歳	210	－	6	204
50～59歳	118	－	7	111
60歳以上	62	－	4	58

入　学　者　数（2－2）
New Entrants

大学院・修士課程<Graduate School -- Master's Courses>

区　分	計 Total	国立 National	公立 Local	私立 Private
昭和30年('55)	3,870	1,986	190	1,694
35('60)	3,460	1,691	149	1,620
40('65)	8,341	5,052	460	2,829
45('70)	12,357	7,243	599	4,515
50('75)	15,770	9,351	632	5,787
55('80)	16,844	10,995	596	5,253
60('85)	23,594	15,030	848	7,716
平成 2('90)	30,733	19,894	1,190	9,649
7('95)	53,842	33,176	2,157	18,509
12('00)	70,336	41,278	3,307	25,751
17('05)	77,557	44,231	4,465	28,861
22('10)	82,310	45,993	5,305	31,012
27('15)	71,965	42,463	4,750	24,752
28('16)	72,380	42,719	4,906	24,755
29('17)	73,441	43,463	4,775	25,203
30('18)	74,091	43,492	4,940	25,659
令和元('19)	72,574	42,615	4,862	25,097
2('20)	71,954	41,748	5,000	25,206
3('21)	74,325	42,096	5,171	27,058
4('22)	75,749	42,718	5,293	27,738
5('23)	**76,844**	**42,560**	**5,234**	**29,050**
男 Male	53,261	31,404	3,289	18,568
女 Female	23,583	11,156	1,945	10,482
人文科学 Humanities	4,161	1,245	133	2,783
社会科学 Social science	6,376	1,700	359	4,317
理学 Science	6,139	3,883	577	1,679
工学 Engineering	33,294	19,479	2,208	11,607
農学 Agriculture	4,242	3,328	175	739
保健 Health	5,550	2,310	752	2,488
商船 Mercantile marine	23	23	－	－
家政 Home economics	415	49	141	225
教育 Education	1,807	1,050	23	734
芸術 Arts	2,473	426	344	1,703
その他 Others	12,364	9,067	522	2,775

（注） 昭和50年以降については，修士課程，博士前期課程及び一貫制博士課程（医歯学，獣医学関係を除く。）である。

大学院・博士課程<Graduate School -- Doctor's Courses>

区　分	計 Total	国立 National	公立 Local	私立 Private
昭和30年('55)	902	714	24	164
35('60)	2,223	1,571	172	480
40('65)	3,551	2,346	405	800
45('70)	3,336	2,170	177	989
50('75)	4,158	2,547	253	1,358
55('80)	4,669	2,830	265	1,574
60('85)	5,877	3,582	343	1,952
平成 2('90)	7,813	5,170	417	2,226
7('95)	13,074	9,244	677	3,153
12('00)	17,023	11,931	941	4,151
17('05)	17,553	11,937	1,091	4,525
22('10)	16,471	11,021	1,050	4,400
27('15)	15,283	10,162	1,054	4,067
28('16)	14,972	9,862	969	4,141
29('17)	14,766	9,688	998	4,080
30('18)	14,903	9,688	1,055	4,160
令和元('19)	14,976	9,792	1,064	4,120
2('20)	14,659	9,523	1,133	4,003
3('21)	14,629	9,737	1,071	3,821
4('22)	14,382	9,508	1,029	3,845
5('23)	**15,014**	**9,841**	**1,132**	**4,041**
男 Male	9,974	6,768	722	2,484
女 Female	5,040	3,073	410	1,557
人文科学 Humanities	910	426	35	449
社会科学 Social science	848	347	53	448
理学 Science	1,049	870	75	104
工学 Engineering	2,777	2,155	146	476
農学 Agriculture	680	560	23	97
保健 Health	6,027	3,508	633	1,886
商船 Mercantile marine	－	－	－	－
家政 Home economics	65	4	26	35
教育 Education	414	277	4	133
芸術 Arts	167	63	33	71
その他 Others	2,077	1,631	104	342

（注） 昭和50年以降については，博士後期課程，一貫制博士課程（医歯学，獣医学関係）である。

入学者数(2-2)
New Entrants

大学院・専門職学位課程〈Graduate School -- Professional Degree Courses〉

区分	計 Total	国立 National	公立 Local	私立 Private
平成20年('08)	9,468	3,142	311	6,015
25('13)	7,208	2,639	325	4,244
27('15)	6,759	2,549	299	3,911
28('16)	6,867	2,742	331	3,794
29('17)	6,877	2,824	306	3,747
30('18)	6,950	2,808	305	3,837
令和元('19)	7,722	3,283	307	4,132
2('20)	8,103	3,438	329	4,336
3('21)	8,295	3,540	299	4,456
4('22)	9,074	3,813	313	4,948
5('23)	**8,937**	**3,845**	**341**	**4,751**
男 Male	5,774	2,349	254	3,171
女 Female	3,163	1,496	87	1,580
人文科学 Humanities	104	50	–	54
社会科学 Social science	5,428	1,540	211	3,677
理学 Science	–	–	–	–
工学 Engineering	48	10	–	38
農学 Agriculture	–	–	–	–
保健 Health	195	97	–	98
商船 Mercantile marine	–	–	–	–
家政 Home economics	–	–	–	–
教育 Education	2,177	2,054	–	123
芸術 Arts	–	–	–	–
その他 Others	985	94	130	761

(再掲) 大学院・専門職学位課程法科大学院
(Recounted)〈Graduate School -- Professional Degree Courses(Graduate Law School)〉

区分	計 Total	国立 National	公立 Local	私立 Private
平成20年('08)	5,393	1,723	136	3,534
25('13)	2,698	1,100	95	1,503
27('15)	2,185	930	66	1,189
28('16)	1,846	822	61	963
29('17)	1,706	836	49	821
30('18)	1,624	817	42	765
令和元('19)	1,850	885	58	907
2('20)	1,713	890	56	767
3('21)	1,717	874	48	795
4('22)	1,968	964	42	962
5('23)	**1,969**	**935**	**81**	**953**
男 Male	1,270	634	56	580
女 Female	699	301	25	373
社会科学 Social science	1,969	935	81	953

(再掲) 大学院・専門職学位課程教職大学院
(Recounted)〈Graduate School -- Professional Degree Courses(Professional Graduate Schools for Teacher Education)〉

区分	計 Total	国立 National	公立 Local	私立 Private
平成20年('08)	641	519	–	122
25('13)	802	636	–	166
27('15)	874	748	–	126
28('16)	1,217	1,071	–	146
29('17)	1,352	1,157	–	195
30('18)	1,370	1,203	–	167
令和元('19)	1,649	1,535	–	114
2('20)	1,823	1,703	–	120
3('21)	1,927	1,830	–	97
4('22)	2,148	2,023	–	125
5('23)	**2,157**	**2,054**	**–**	**103**
男 Male	1,248	1,178	–	70
女 Female	909	876	–	33
教育 Education	2,157	2,054	–	103

卒　　業
First Destination of

大　学<University>

区　分	卒業者数 New graduates	進学者 Advancing to higher-level courses	就職者等 Entering employment (1)	臨床研修医予定者含む Clinical training and candidates	専修学校・外国の学校等入学者 Continuing to study at specialized training colleges, etc
昭和30年('55)	94, 735	6, 520	69, 841	1, 611	*
35('60)	119, 809	4, 526	99, 541	3, 198	*
40('65)	162, 349	8, 024	135, 321	2, 995	*
45('70)	240, 921	12, 539	187, 691	1, 801	*
50('75)	313, 072	15, 365	232, 558	2, 624	*
55('80)	378, 666	16, 815	285, 056	5, 296	*
60('85)	373, 302	22, 056	288, 272	6, 920	*
平成 2('90)	400, 103	27, 101	327, 809	7, 307	*
7('95)	493, 277	46, 329	340, 278	6, 732	*
12('00)	538, 683	57, 663	323, 320	5, 929	*
17('05)	551, 016	66, 108	348, 552	7, 903	12, 061
22('10)	541, 428	72, 539	348, 464	8, 944	13, 500
27('15)	564, 035	62, 238	421, 440	9, 056	6, 720
28('16)	559, 678	61, 521	428, 279	9, 418	6, 042
29('17)	567, 763	62, 331	441, 446	9, 313	5, 403
30('18)	565, 436	61, 655	444, 781	9, 603	5, 175
令和元('19)	572, 639	60, 363	454, 959	9, 851	4, 992
2('20)	573, 947	59, 910	454, 666	9, 905	4, 717
3('21)	583, 518	63, 334	444, 499	10, 048	5, 442
4('22)	590, 137	66, 976	450, 436	10, 048	6, 130
5('23)	**590, 162**	**68, 012**	**457, 397**	**10, 075**	**5, 637**
男 Male	313, 601	48, 481	228, 116	6, 368	2, 639
女 Female	276, 561	19, 531	229, 281	3, 707	2, 998
国立 National	97, 443	34, 521	51, 907	5, 056	468
公立 Local	32, 393	4, 637	24, 502	865	213
私立 Private	460, 326	28, 854	380, 988	4, 154	4, 956
人文科学 Humanities	82, 506	3, 693	68, 551	—	1, 267
社会科学 Social science	191, 248	5, 382	165, 194	—	1, 800
理学 Science	18, 189	8, 066	8, 913	—	108
工学 Engineering	87, 851	33, 949	49, 638	—	461
農学 Agriculture	17, 943	4, 806	11, 914	—	113
保健 Health	68, 892	3, 690	50, 066	10, 075	428
商船 Mercantile marine	116	54	54	—	—
家政 Home economics	17, 324	493	15, 777	—	118
教育 Education & teacher training	44, 883	2, 158	40, 272	—	315
芸術 Arts	16, 964	1, 574	11, 653	—	401
その他 Others	44, 246	4, 147	35, 365	—	626

(注)1 各年3月卒業者である。
2 昼間・夜間の合計数である。
3 「進学者」とは大学院研究科，大学学部，短期大学本科，専攻科，別科のいずれかに進んだ者である。
また，進学しかつ就職した者を含む。
4 「専修学校・外国の学校等入学者」とは，専修学校・各種学校・外国の学校・職業能力開発校等への入学者，
研究生として入学したものである。
5 「左記以外の者」とは，家事の手伝いなど就職でも「進学者」や「専修学校・外国の学校等入学者」等でもない
ことが明らかなものである。また，＊は，「左記以外の者」に含まれる。
6 「進学率」とは，「卒業者」のうち「進学者」の占める割合である。
7 「卒業者に占める就職者の割合」とは，「卒業者」のうち「就職者」及び「左記「進学者」のうち就職した者」の占める割合である。

者　　　　数　(6－1)
New Graduates

左記以外の者 Others (2)	不詳・死亡の者 Unknown & deceased	左記「進学者」のうち就職している者(再掲) Advancing to higher-level courses while being employed (recounted)	進学率(%) Advancement rate (3)	卒業者に占める就職者の割合(%) Employment rate (3)
6, 970	9, 793	174	6. 9	73. 9
6, 444	6, 100	165	3. 8	83. 2
7, 100	8, 909	98	4. 9	83. 4
19, 821	19, 069	536	5. 2	78. 1
30, 808	31, 717	125	4. 9	74. 3
36, 478	35, 021	73	4. 4	75. 3
33, 488	22, 566	71	5. 9	77. 2
22, 348	15, 538	56	6. 8	81. 0
67, 844	32, 094	13	9. 4	67. 1
121, 083	30, 688	31	10. 7	55. 8
97, 994	18, 398	80	12. 0	59. 7
87, 174	10, 807	58	13. 4	60. 8
58, 102	6, 479	49	11. 0	72. 6
48, 866	5, 552	68	11. 0	74. 7
44, 182	5, 088	70	11. 0	76. 1
39, 854	4, 368	59	10. 9	77. 1
38, 232	4, 242	88	10. 5	78. 0
40, 809	3, 940	200	10. 4	77. 7
56, 228	3, 967	149	10. 9	74. 2
55, 286	1, 261	219	11. 3	74. 5
48, 642	**399**	**178**	**11. 5**	**77. 5**
27, 733	264	89	15. 5	72. 8
20, 909	135	89	7. 1	82. 9
5, 461	30	33	35. 4	53. 3
2, 174	2	24	14. 3	75. 7
41, 007	367	121	6. 3	82. 8
8, 897	98	7	4. 5	83. 1
18, 730	142	21	2. 8	86. 4
1, 086	16	4	44. 3	49. 0
3, 776	27	14	38. 6	56. 5
1, 110	—	2	26. 8	66. 4
4, 627	6	116	5. 4	72. 8
8	—	—	46. 6	46. 6
934	2	2	2. 8	91. 1
2, 113	25	4	4. 8	89. 7
3, 333	3	7	9. 3	68. 7
4, 028	80	1	9. 4	79. 9

(1) Including those advancing to graduate school, university and junior college, etc.
(2) Including those involved in household work, etc.
(3) Including those advancing to higher-level courses while being employed.
(4) * marks indicate that relevant graduates are included in "others."

卒　業
First Destination of

短期大学<Junior College>

区　分	卒業者数 New graduates	進学者 Advancing to higher-level courses	就職者等 Entering employment (1)	専修学校・外国の学校等入学者 Continuing to study at specialized training colleges, etc
昭和30年('55)	28,407	3,411	14,448	*
35('60)	30,401	2,600	17,544	*
40('65)	55,728	4,269	34,575	*
45('70)	114,803	4,376	80,189	*
50('75)	140,938	5,279	103,057	*
55('80)	169,930	5,393	128,941	*
60('85)	174,624	5,201	140,754	*
平成 2('90)	208,358	6,998	183,298	*
7('95)	246,474	14,264	171,935	*
12('00)	177,909	16,807	115,858	*
17('05)	104,621	12,043	74,678	2,990
22('10)	71,394	8,385	50,602	1,728
27('15)	59,435	5,675	47,818	927
28('16)	57,108	5,439	46,581	932
29('17)	56,722	5,080	46,984	845
30('18)	54,598	4,937	45,430	775
令和元('19)	52,664	4,487	44,048	701
2('20)	49,893	4,594	41,155	615
3('21)	46,779	4,727	37,430	606
4('22)	46,073	5,368	36,133	773
5('23)	**42,313**	**4,488**	**34,003**	**498**
男 Male	4,869	1,208	3,017	95
女 Female	37,444	3,280	30,986	403
国立 National	—	—	—	—
公立 Local	2,352	440	1,590	37
私立 Private	39,961	4,048	32,413	461
人文 Humanities	3,921	1,161	2,128	111
社会 Social science	4,669	617	3,560	63
教養 General culture	510	29	443	8
工業 Engineering	1,062	290	697	29
農業 Agriculture	360	74	253	4
保健 Health	2,978	181	2,552	6
家政 Home economics	7,781	534	6,540	102
教育 Education & teacher training	15,594	742	14,117	58
芸術 Arts	1,865	453	878	56
その他 Others	3,573	407	2,835	61

(1) Including those advancing to graduate school, university and junior college, etc.
(2) Including those engaged in household work, etc.
(3) Including those advancing to higher-level courses while being employed.

者　　　　数　(6－2)
New Graduates

左記以外の者 Others (2)	不詳・死亡の者 Unknown & deceased	左記「進学者」のうち就職している者（再掲） Advancing to higher-level courses while being employed (recounted)	進学率（%） Advancement rate (3)	卒業者に占める就職者の割合（%） Employment rate (3)
7, 744	2, 804	739	*12. 0*	*53. 5*
8, 671	1, 586	373	*8. 6*	*58. 9*
12, 970	3, 914	972	*7. 7*	*63. 8*
23, 657	6, 581	551	*3. 8*	*70. 3*
25, 047	7, 555	257	*3. 7*	*73. 3*
27, 075	8, 521	215	*3. 2*	*76. 0*
23, 184	5, 485	116	*3. 0*	*80. 7*
14, 543	3, 519	98	*3. 4*	*87. 0*
51, 351	8, 924	51	*5. 8*	*65. 4*
41, 704	3, 540	12	*9. 4*	*56. 0*
13, 829	1, 081	12	*11. 5*	*65. 0*
9, 986	693	1	*11. 7*	*65. 4*
4, 899	116	8	*9. 5*	*78. 1*
4, 009	147	11	*9. 5*	*79. 2*
3, 686	127	7	*9. 0*	*80. 8*
3, 354	102	4	*9. 0*	*81. 4*
3, 352	76	16	*8. 5*	*81. 9*
3, 437	92	73	*9. 2*	*80. 6*
3, 914	102	29	*10. 1*	*77. 4*
3, 792	7	46	*11. 7*	*76. 2*
3, 323	**1**	**39**	***10. 6***	***78. 3***
549	－	4	*24. 8*	*60. 3*
2, 774	1	35	*8. 8*	*80. 6*
－	－	－	－	－
285	－	5	*18. 7*	*66. 3*
3, 038	1	34	*10. 1*	*79. 0*
521	－	6	*29. 6*	*51. 2*
429	－	－	*13. 2*	*74. 5*
30	－	－	*5. 7*	*84. 7*
46	－	－	*27. 3*	*65. 4*
29	－	－	*20. 6*	*70. 0*
239	－	－	*6. 1*	*84. 8*
605	－	4	*6. 9*	*81. 5*
676	1	26	*4. 8*	*88. 8*
478	－	1	*24. 3*	*41. 3*
270	－	2	*11. 4*	*77. 3*

(4) * marks indicate that relevant graduates are included in “others.”

卒　　業
First Destination of

大学院・修士課程<Graduate School -- Master's courses>

区　分	卒業者数 New graduates	進学者 Advancing to higher-level courses	就職者等 Entering employment	専修学校・外国の学校等入学者 Continuing to study at specialized training colleges, etc
昭和40年('65)	4,790	1,818	2,240	*
45('70)	9,415	2,768	5,292	*
50('75)	13,505	2,991	8,153	*
55('80)	15,258	2,848	9,731	*
60('85)	19,315	3,207	13,408	*
平成 2('90)	25,804	4,045	18,835	*
7('95)	41,681	7,022	28,019	*
12('00)	56,038	9,338	35,104	*
17('05)	71,440	9,379	49,202	455
22('10)	73,220	8,556	53,151	545
27('15)	71,301	7,072	55,256	288
28('16)	71,016	6,674	55,842	302
29('17)	71,187	6,575	56,418	285
30('18)	71,446	6,621	56,741	302
令和元('19)	73,169	6,714	58,213	267
2('20)	73,813	6,961	58,232	277
3('21)	71,714	6,940	55,125	320
4('22)	71,766	7,109	55,372	301
5('23)	**74,258**	**7,210**	**58,192**	**294**
男 Male	50,975	4,904	41,605	151
女 Female	23,283	2,306	16,587	143
国立 National	42,375	5,136	33,382	133
公立 Local	4,993	393	4,025	17
私立 Private	26,890	1,681	20,785	144
人文科学 Humanities	3,814	670	2,179	33
社会科学 Social science	6,872	531	4,394	25
理学 Science	6,217	1,053	4,779	9
工学 Engineering	32,099	2,019	28,366	64
農学 Agriculture	4,036	407	3,141	9
保健 Health	5,234	816	3,977	20
商船 Mercantile marine	30	3	23	0
家政 Home economics	366	38	267	1
教育 Education	2,076	195	1,465	11
芸術 Arts	2,187	150	1,196	69
その他 Others	11,327	1,328	8,405	53

(注)　昭和55年以降は，修士課程及び博士前期課程である。
(1) Including those engaged in household work,etc.
(2) Including those advancing to higher-level courses while being employed.
(3) * marks indicate that relevant graduates are included in "others."

者　　　　数 （6－3）
New Graduates

左記以外の者 Others (1)	不詳・死亡の者 Unknown & deceased	左記「進学者」のうち就職している者（再掲） Advancing to higher-level courses while being employed (recounted)	進学率（%） Advancement rate (2)	卒業者に占める就職者の割合（%） Employment rate (2)
188	544	42	*38.0*	*47.6*
630	725	18	*29.4*	*56.4*
1,182	1,179	7	*22.1*	*60.4*
1,486	1,193	11	*18.7*	*63.8*
1,713	987	11	*16.6*	*69.5*
1,724	1,200	10	*15.7*	*73.0*
4,384	2,256	32	*16.8*	*67.3*
8,728	2,868	120	*16.7*	*62.9*
9,673	2,731	157	*13.1*	*67.7*
8,687	2,281	226	*11.7*	*71.4*
7,498	1,187	207	*9.9*	*76.2*
6,986	1,212	225	*9.4*	*77.5*
6,795	1,114	227	*9.2*	*78.2*
6,828	954	212	*9.3*	*78.5*
6,842	1,133	226	*9.2*	*78.6*
7,378	965	288	*9.4*	*77.9*
8,579	750	221	*9.7*	*75.8*
8,681	303	248	*9.9*	*76.1*
8,442	**120**	**227**	***9.7***	***77.4***
4,250	65	134	*9.6*	*81.2*
4,192	55	93	*9.9*	*69.1*
3,715	9	100	*12.1*	*19.3*
558	−	50	*7.9*	*80.5*
4,169	111	77	*6.3*	*75.6*
913	19	15	*17.6*	*51.7*
1,917	5	28	*7.7*	*63.4*
374	2	12	*16.9*	*76.6*
1,624	26	20	*6.3*	*88.2*
479	−	2	*10.1*	*77.3*
366	55	110	*15.6*	*76.5*
4	−	−	*10.0*	*76.7*
60	−	5	*10.4*	*72.1*
403	2	3	*9.4*	*65.5*
772	−	1	*6.9*	*46.0*
1,530	11	31	*11.7*	*73.3*

卒　業
First Destination of

大学院・博士課程 <Graduate School -- Doctor's courses>

区　分	卒業者数 New graduates	進学者 Reentering to institution of higher education	就職者等 Entering employment	専修学校・外国の学校等入学者 Continuing to study at specialized training colleges, etc
昭和40年('65)	2,061	—	1,268	*
45('70)	3,152	—	1,983	*
50('75)	2,882	1	1,859	*
55('80)	3,614	12	2,238	*
60('85)	4,358	14	2,796	*
平成 2('90)	5,812	39	3,762	*
7('95)	8,019	73	4,984	*
12('00)	12,375	115	6,911	*
17('05)	15,286	111	9,476	270
22('10)	15,842	203	10,722	186
27('15)	15,684	152	11,455	113
28('16)	15,773	114	11,648	126
29('17)	15,658	166	11,479	91
30('18)	15,658	134	11,410	91
令和元('19)	15,578	123	11,575	85
2('20)	15,522	134	11,761	61
3('21)	15,968	143	12,055	71
4('22)	15,837	152	12,086	70
5('23)	**15,831**	**134**	**12,091**	**65**
男 Male	10,739	88	8,507	41
女 Female	5,092	46	3,584	24
国立 National	10,987	106	8,338	47
公立 Local	986	3	745	3
私立 Private	3,858	25	3,008	15
人文科学 Humanities	931	11	497	9
社会科学 Social science	878	5	526	2
理学 Science	1,300	6	968	7
工学 Engineering	3,293	24	2,486	13
農学 Agriculture	793	12	522	3
保健 Health	6,025	62	5,259	24
商船 Mercantile marine	—	—	—	—
家政 Home economics	44	1	38	—
教育 Education	404	4	307	—
芸術 Arts	124	—	62	3
その他 Others	2,039	9	1,426	4

(注)1　所定の年限以上在学し，所定の単位を修得した後，学位を取らずに中途退学した者を含む。
2　昭和55年以降は博士後期課程及び一貫制博士課程である。
3　「左記以外の者」には臨床研修医を含む。

(1) Including those engaged in household work,etc.
(2) Including those for clinical training
(3) Including those advancing to higher-level courses while being employed.
(4) * marks indicate that relevant graduates are included in "others."

者　　　数 (6－4)
New Graduates

左記以外の者 Others (1) (2)	不詳・死亡の者 Unknown & deceased	左記「進学者」のうち就職している者(再掲) Reentering to institution of higher ed. While being employed (recounted)	進学率 (%) Advancement rate (3)	卒業者に占める就職者の割合 (%) Employment rate (3)
685	108	—	—	61.5
846	323	—	—	62.9
755	267	—	0.0	64.5
1,077	287	6	0.3	62.1
1,175	373	2	0.3	64.2
1,400	611	21	0.7	65.1
2,045	917	35	0.9	62.6
4,264	1,085	3	0.9	55.9
3,993	1,436	23	0.7	57.2
3,172	1,559	40	1.3	61.9
2,968	996	30	1.0	67.2
2,917	968	6	0.7	67.4
2,936	986	55	1.1	67.7
2,984	1,039	26	0.9	67.7
2,708	1,087	21	0.8	69.0
2,689	877	30	0.9	69.8
2,982	717	35	0.9	68.4
3,262	267	34	1.0	69.3
3,398	**143**	**20**	**0.8**	**70.2**
2,023	80	16	0.8	73.7
1,375	63	4	0.9	63.0
2,486	10	15	1.0	69.5
235	—	2	0.3	72.7
677	133	3	0.6	71.8
385	29	1	1.2	41.0
304	41	—	0.6	53.4
314	5	—	0.5	67.2
755	15	13	0.7	71.4
254	2	1	1.5	61.9
660	20	3	1.0	81.4
—	—	—	—	—
5	—	—	2.3	81.8
79	14	—	1.0	69.8
59	—	—	—	37.1
583	17	2	0.4	63.0

卒　業
First Destination of

大学院・専門職学位課程〈Graduate School -- Professional Degree Courses〉

区　分	卒業者数 New graduates	進学者 Advancing to higher-level courses	就職者 Entering employment	専修学校・外国の学校等入学者 Continuing to study at specialized training colleges, etc
平成16年('04)	90	−	63	−
17('05)	649	27	493	1
22('10)	8,669	144	3,077	129
27('15)	7,152	108	3,853	36
28('16)	6,677	83	3,715	39
29('17)	6,758	104	4,109	32
30('18)	7,028	104	4,571	26
令和元('19)	6,974	102	4,616	19
2('20)	7,076	123	4,776	21
3('21)	7,883	104	5,273	27
4('22)	8,237	110	5,607	33
5('23)	**8,301**	**141**	**5,751**	**35**
男 Male	5,435	88	3,818	19
女 Female	2,866	53	1,933	16
国立 National	3,279	57	2,434	14
公立 Local	255	2	210	3
私立 Private	4,767	82	3,107	18
人文科学 Humanities	93	3	84	1
社会科学 Social science	4,934	42	3,157	30
理学 Science	−	−	−	−
工学 Engineering	44	1	30	−
農学 Agriculture	−	−	−	−
保健 Health	165	23	110	1
商船 Mercantile marine	−	−	−	−
家政 Home economics	−	−	−	−
教育 Education	1,842	11	1,799	1
芸術 Arts	−	−	−	−
その他 Others	1,223	61	571	2

(1) Including those engaged in household work, etc.
(2) Including those advancing to higher-level courses while being employed.

者　　　　数 （6－5）
New Graduates

左記以外の者 Others (1)	不詳・死亡の者 Unknown & deceased	左記「進学者」のうち就職している者（再掲） Advancing to higher-level courses while being employed (recounted)	進学率 (%) Advancement rate (2)	卒業者に占める就職者の割合 (%) Employment rate (2)
5	22	−	−	*70.0*
62	66	6	*4.2*	*76.9*
4,706	613	21	*1.7*	*34.8*
3,015	140	19	*1.5*	*52.8*
2,664	176	19	*1.2*	*54.9*
2,391	122	26	*1.5*	*60.0*
2,179	148	30	*1.5*	*64.3*
2,095	142	28	*1.5*	*65.3*
2,025	131	35	*1.7*	*66.8*
2,338	141	19	*1.3*	*65.9*
2,469	18	21	*1.3*	*66.6*
2,319	**55**	**44**	***1.7***	***68.3***
1,475	35	35	*1.6*	*69.7*
844	20	9	*1.8*	*62.7*
774	−	9	*1.7*	*72.4*
40	−	−	*0.8*	*82.0*
1,505	55	35	*1.7*	*64.8*
5	−	−	*3.2*	*74.2*
1,654	51	8	*0.9*	*63.6*
−	−	−	−	−
13	−	−	*2.3*	*68.2*
−	−	−	−	−
31	−	4	*13.9*	*66.1*
−	−	−	−	−
−	−	−	−	−
27	4	−	*0.6*	*94.2*
−	−	−	−	−
589	−	32	*5.0*	*48.3*

卒　業
First Destination of

(再掲) 大学院・専門職学位課程法科大学院
(Recounted)<Graduate School -- Professional Degree Courses(Graduate Law School)>

区　分	卒業者数 New graduates	進学者 Advancing to higher-level courses	就職者等 Entering employment	専修学校・外国の学校等入学者 Continuing to study at specialized training colleges, etc
平成20年('08)	4,913	38	338	68
25('13)	3,460	4	125	22
27('15)	2,515	15	82	4
28('16)	2,190	5	91	10
29('17)	1,872	8	68	11
30('18)	1,631	10	79	3
令和元('19)	1,488	5	60	3
2('20)	1,344	9	69	5
3('21)	1,393	10	83	1
4('22)	1,322	11	66	3
5('23)	**1,229**	**9**	**60**	**12**
男 Male	816	7	42	5
女 Female	413	2	18	7
国立 National	641	7	43	8
公立 Local	16	—	—	—
私立 Private	572	2	17	4
社会科学 Social science	1,229	9	60	12

(再掲) 大学院・専門職学位課程教職大学院
(Recounted)<Graduate School -- Professional Degree Courses(Professional

区　分	卒業者数 New graduates	進学者 Advancing to higher-level courses	就職者等 Entering employment	専修学校・外国の学校等入学者 Continuing to study at specialized training colleges, etc
平成21年('09)	92	—	92	—
26('14)	766	3	746	1
27('15)	755	—	726	—
28('16)	758	1	732	3
29('17)	857	4	832	—
30('18)	1,188	—	1,167	—
令和元('19)	1,276	7	1,230	—
2('20)	1,357	1	1,325	3
3('21)	1,507	11	1,467	—
4('22)	1,765	8	1,729	1
5('23)	**1,818**	**11**	**1,776**	**1**
男 Male	1,127	7	1,101	1
女 Female	691	4	675	—
国立 National	1,711	10	1,681	1
公立 Local	—	—	—	—
私立 Private	107	1	95	—
教育 Education	1,818	11	1,776	1

(1) Including those engaged in household work, etc.
(2) Including those advancing to higher-level courses while being employed.

者　　　　　　数 （6－6）
New Graduates

左記以外の者 Others (1)	不詳・死亡の者 Unknown & deceased	左記「進学者」のうち就職している者（再掲） Advancing to higher-level courses while being employed (recounted)	進学率（%） Advancement rate (2)	卒業者に占める就職者の割合（%） Employment rate (2)
4,066	403	1	0.8	3.2
3,156	153	—	0.1	3.5
2,359	55	—	0.6	3.1
2,017	67	—	0.2	4.1
1,749	36	—	0.4	3.3
1,493	46	—	0.6	4.8
1,392	28	—	0.3	3.8
1,232	29	—	0.0	4.7
1,270	29	—	0.7	5.6
1,238	4	—	0.8	4.9
1,141	**7**	—	**0.7**	**4.7**
759	3	—	0.9	4.9
382	4	—	0.5	4.4
583	—	—	1.1	6.7
16	—	—	—	—
542	7	—	0.3	2.6
1,141	7	—	0.7	4.7

Graduate Schools for Teacher Education)>

左記以外の者 Others (1)	不詳・死亡の者 Unknown & deceased	左記「進学者」のうち就職している者（再掲） Advancing to higher-level courses while being employed (recounted)	進学率（%） Advancement rate (2)	卒業者に占める就職者の割合（%） Employment rate (2)
—	—	—	—	100.0
16	—	—	0.4	92.2
27	2	—	—	91.5
14	8	—	0.1	92.7
21	—	1	0.5	93.1
20	1	—	—	95.6
33	6	2	0.5	93.6
29	—	1	0.1	95.7
29	—	1	0.7	95.0
25	2	1	0.5	93.5
26	**4**	—	**0.6**	**94.2**
14	4	—	0.6	93.5
12	—	—	0.6	95.4
19	—	—	0.6	94.7
—	—	—	—	—
7	4	—	0.9	86.9
26	4	—	0.6	94.2

学校数
Colleges

区分	計 Total	国立 National	公立 Local	私立 Private	私立の割合(%) Percentage of private
昭和51年('76)	893	46	28	819	*91.7*
55('80)	2,520	187	146	2,187	*86.8*
60('85)	3,015	178	173	2,664	*88.4*
平成 2('90)	3,300	166	182	2,952	*89.5*
7('95)	3,476	152	219	3,105	*89.3*
12('00)	3,551	139	217	3,195	*90.0*
17('05)	3,439	13	201	3,225	*93.8*
22('10)	3,311	10	203	3,098	*93.6*
27('15)	3,201	9	193	2,999	*93.7*
28('16)	3,183	9	189	2,985	*93.8*
29('17)	3,172	9	188	2,975	*93.8*
30('18)	3,160	9	189	2,962	*93.7*
令和元('19)	3,137	9	187	2,941	*93.8*
2('20)	3,115	9	187	2,919	*93.7*
3('21)	3,083	8	186	2,889	*93.7*
4('22)	3,051	8	183	2,860	*93.7*
5('23)	**3,020**	**8**	**181**	**2,831**	***93.7***
高等課程を置く Upper secondary course	386	1	6	379	*98.2*
専門課程を置く Postsecondary course	2,693	8	178	2,507	*93.1*

(注) 1 専修学校制度は，昭和51年に創設された。
2 昭和51年は，文部省以外の省庁が設置する国立の専修学校（148校）を含まない。（以下の表において同じ。）

(Note) Specialized training colleges have been established since 1976.

生徒数
Students

区分	計 Total	うち女 Female	国立 National	公立 Local	私立 Private	女の割合(%) Percentage of female
昭和51年('76)	131,492	104,425	3,481	4,641	123,370	*79.4*
55('80)	432,914	287,938	15,843	20,628	396,443	*66.5*
60('85)	538,175	312,185	18,070	24,069	496,036	*58.0*
平成 2('90)	791,431	410,543	17,433	27,805	746,193	*51.9*
7('95)	813,347	420,282	18,288	35,471	759,588	*51.7*
12('00)	750,824	406,073	15,410	33,137	702,277	*54.1*
17('05)	783,783	417,918	999	28,896	753,888	*53.3*
22('10)	637,897	347,286	574	27,372	609,951	*54.4*
27('15)	656,106	364,592	411	25,963	629,732	*55.6*
28('16)	656,649	365,626	414	25,762	630,473	*55.7*
29('17)	655,254	365,081	383	25,240	629,631	*55.7*
30('18)	653,132	364,520	368	24,956	627,808	*55.8*
令和元('19)	659,693	366,802	342	24,336	635,015	*55.6*
2('20)	661,174	368,139	305	23,734	637,135	*55.7*
3('21)	662,135	370,401	300	22,953	638,882	*55.9*
4('22)	635,574	358,569	276	22,452	612,846	*56.4*
5('23)	**607,951**	**345,533**	**243**	**21,844**	**585,864**	***56.8***
高等課程 Upper secondary	33,150	17,121	4	349	32,797	*51.6*
専門課程 Postsecondary	555,342	322,648	239	21,495	533,608	*58.1*
一般課程 General course	19,459	5,764	−	−	19,459	*29.6*

教員数
Full-time Teachers

区分	計 Total	うち女 Female	国立 National	公立 Local	私立 Private	女の割合(%) Percentage of female
昭和51年('76)	6,593	4,863	163	253	6,177	*73.8*
55('80)	20,211	12,965	764	1,328	18,119	*64.1*
60('85)	24,238	13,595	769	1,604	21,865	*56.1*
平成 2('90)	31,773	15,671	756	1,908	29,109	*49.3*
7('95)	36,433	17,880	780	2,524	33,129	*49.1*
12('00)	37,656	19,323	795	2,795	34,066	*51.3*
17('05)	41,776	21,210	169	2,690	38,917	*50.8*
22('10)	40,416	20,714	122	2,846	37,448	*51.3*
27('15)	40,917	21,496	96	2,882	37,939	*52.5*
28('16)	41,190	21,706	94	2,883	38,213	*52.7*
29('17)	41,368	21,870	94	2,861	38,413	*52.9*
30('18)	41,246	21,808	96	2,903	38,247	*52.9*
令和元('19)	41,104	21,695	98	2,901	38,105	*52.8*
2('20)	40,824	21,504	89	2,840	37,895	*52.7*
3('21)	40,620	21,344	82	2,751	37,787	*52.5*
4('22)	39,982	20,918	83	2,656	37,243	*52.3*
5('23)	**39,306**	**20,591**	**80**	**2,621**	**36,605**	***52.4***
高等課程 Upper secondary	2,395	1,226	3	43	2,349	*51.2*
専門課程 Postsecondary	35,893	19,202	77	2,578	33,238	*53.5*
一般課程 General course	1,018	163	−	−	1,018	*16.0*
(別掲) 兼務者 Part-time	112,798	48,339	240	11,438	101,120	*42.9*

(注) 本務教員である。

入　学　者　数
New Entrants

区　分	計 Total	高等課程 Upper secondary course	うち3月中卒者 New graduates from lower sec. school (1)	専門課程 Post-secondary course	うち3月高卒者 New graduates from upper sec. school (2)	一般課程 General course
昭和51年('76)	76,270	11,508	8,467	53,818	36,523	10,944
55('80)	245,849	36,258	18,188	190,570	123,641	19,021
60('85)	300,325	46,690	25,522	209,835	143,496	43,800
平成 2('90)	454,122	55,383	34,216	339,125	250,119	59,614
7('95)	431,795	42,344	20,483	335,347	248,986	54,104
12('00)	386,471	30,017	13,389	313,718	222,644	42,736
17('05)	386,836	19,678	8,908	326,593	232,361	40,565
22('10)	318,324	17,445	8,262	266,915	178,771	33,964
27('15)	312,821	17,125	8,985	268,604	187,922	27,092
28('16)	309,415	16,031	8,678	265,313	184,687	28,071
29('17)	312,752	15,203	8,597	268,654	185,325	28,895
30('18)	310,220	14,746	8,731	267,562	182,922	27,912
令和元('19)	320,349	14,141	8,301	280,007	188,943	26,201
2('20)	315,451	13,701	8,485	279,586	194,108	22,164
3('21)	308,229	13,986	8,955	273,462	197,483	20,781
4('22)	285,914	13,436	9,277	252,375	188,370	20,103
5('23)	**272,889**	**13,161**	**9,792**	**240,626**	**179,082**	**19,102**
男 Male	119,970	6,021	5,182	100,385	70,562	13,564
女 Female	152,919	7,140	4,610	140,241	108,520	5,538
国立 National	102	2	－	100	15	－
公立 Local	8,050	137	71	7,913	6,135	－
私立 Private	264,737	13,022	9,721	232,613	172,932	19,102

(注) 1 各年の4月1日から同年5月1日までの入学者数（入学後5月1日までの退学者を除く。）である。
2 「中卒者」，「高卒者」には，それぞれ中等教育学校前期課程修了者，中等教育学校（後期課程）卒業者を含む。
(1) Including those completed lower division of secondary school.
(2) Including those graduated from upper division of secondary school.

卒　業　者　数
New Graduates

区　分	計 Total	高等課程 Upper secondary course	専門課程 Post-secondary course	一般課程 General course
昭和52年('77)	95,997	16,471	66,381	13,145
55('80)	202,738	31,449	154,010	17,279
60('85)	262,716	33,590	183,553	45,573
平成 2('90)	350,360	42,522	247,960	59,878
7('95)	401,317	38,464	311,388	51,465
12('00)	336,770	26,740	267,708	42,322
17('05)	348,251	19,109	285,708	43,434
22('10)	270,328	13,994	222,968	33,366
27('15)	277,800	14,688	233,420	29,692
28('16)	272,085	14,124	230,745	27,216
29('17)	275,150	13,944	233,097	28,109
30('18)	272,348	13,647	230,838	27,863
令和元('19)	274,825	13,039	234,103	27,683
2('20)	269,952	12,292	231,536	26,124
3('21)	269,397	12,099	235,073	22,225
4('22)	270,420	11,640	237,711	21,069
5('23)	**263,344**	**11,288**	**231,903**	**20,153**
男 Male	117,471	5,045	98,298	14,128
女 Female	145,873	6,243	133,605	6,025
国立 National	107	－	107	－
公立 Local	7,884	140	7,740	4
私立 Private	255,353	11,148	224,056	20,149

(注) 各年5月1日現在調査による前年4月1日から当該年の3月31日までの卒業者数である。

学　校　数
Schools

区　分	計 Total	国 立 National	公 立 Local	私 立 Private	私立の割合 (%) Percentage of private
昭和30年('55)	7,305	28	338	6,939	*95.0*
35('60)	8,089	51	322	7,716	*95.4*
40('65)	7,837	64	248	7,525	*96.0*
45('70)	8,011	72	231	7,708	*96.2*
50('75)	7,956	65	269	7,622	*95.8*
55('80)	5,302	11	155	5,136	*96.9*
60('85)	4,300	8	112	4,180	*97.2*
平成 2('90)	3,436	4	85	3,347	*97.4*
7('95)	2,821	3	59	2,759	*97.8*
12('00)	2,278	2	40	2,236	*98.2*
17('05)	1,830	−	16	1,814	*99.1*
22('10)	1,466	−	9	1,457	*99.4*
27('15)	1,229	−	6	1,223	*99.5*
28('16)	1,200	−	6	1,194	*99.5*
29('17)	1,183	−	6	1,177	*99.5*
30('18)	1,164	−	6	1,158	*99.5*
令和元('19)	1,119	−	6	1,113	*99.5*
2('20)	1,102	−	6	1,096	*99.5*
3('21)	1,069	−	5	1,064	*99.5*
4('22)	1,046	−	5	1,041	*99.5*
5('23)	**1,015**	**−**	**5**	**1,010**	***99.5***

生　徒　数
Students

区　分	計 Total	うち女 Female	国 立 National	公 立 Local	私 立 Private	女の割合 (%) Percentage of female
昭和30年('55)	958,292	763,762	2,109	20,310	935,873	*79.7*
35('60)	1,239,621	923,944	2,747	21,905	1,214,969	*74.5*
40('65)	1,383,712	1,007,210	3,515	20,593	1,359,604	*72.8*
45('70)	1,352,686	934,408	4,469	18,532	1,329,685	*69.1*
50('75)	1,205,318	754,694	3,990	24,500	1,176,828	*62.6*
55('80)	724,401	380,444	223	13,084	711,094	*52.5*
60('85)	530,159	258,464	164	9,795	520,200	*48.8*
平成 2('90)	425,341	208,342	82	6,731	418,528	*49.0*
7('95)	321,105	159,808	56	4,059	316,990	*49.8*
12('00)	222,961	114,870	30	2,567	220,364	*51.5*
17('05)	163,667	82,606	−	1,212	162,455	*50.5*
22('10)	129,985	65,266	−	934	129,051	*50.2*
27('15)	117,727	55,270	−	585	117,142	*46.9*
28('16)	120,629	56,397	−	560	120,069	*46.8*
29('17)	121,952	56,982	−	544	121,408	*46.7*
30('18)	123,275	57,201	−	531	122,744	*46.4*
令和元('19)	116,920	54,258	−	495	116,425	*46.4*
2('20)	105,203	48,926	−	499	104,704	*46.5*
3('21)	102,469	47,662	−	379	102,090	*46.5*
4('22)	102,108	47,254	−	444	101,664	*46.3*
5('23)	**108,171**	**50,532**	**−**	**374**	**107,797**	***46.7***
入学資格 Admission requirements						
高卒以上 Completion of upper secondary schooling	26,439	11,548	−	25	26,414	*43.7*
その他 Others	81,732	38,984	−	349	81,383	*47.7*
修業年限 Years of study						
1年未満 Less than 1 year	38,348	16,898	−	140	38,208	*44.1*
1年以上 1 year & over	69,823	33,634	−	234	69,589	*48.2*

(注)　「高卒以上」とは，高等学校卒業以上を入学資格とする課程である。

教　員　数
Full-time Teachers

区　分	計 Total	うち女 Female	国立 National	公立 Local	私立 Private	女の割合 (%) Percentage of female
昭和30年('55)	28, 251	21, 371	77	888	27, 286	*75. 6*
35('60)	36, 688	26, 349	113	997	35, 578	*71. 8*
40('65)	44, 724	27, 124	139	852	43, 733	*60. 6*
45('70)	48, 175	28, 953	182	944	47, 049	*60. 1*
50('75)	44, 021	25, 124	204	1, 493	42, 324	*57. 1*
55('80)	26, 478	11, 620	21	864	25, 593	*43. 9*
60('85)	22, 010	8, 811	16	648	21, 346	*40. 0*
平成 2('90)	19, 312	7, 274	8	445	18, 859	*37. 7*
7('95)	16, 304	6, 173	6	254	16, 044	*37. 9*
12('00)	13, 412	5, 052	4	171	13, 237	*37. 7*
17('05)	11, 045	4, 151	—	64	10, 981	*37. 6*
22('10)	9, 290	3, 782	—	59	9, 231	*40. 7*
27('15)	8, 619	3, 536	—	35	8, 584	*41. 0*
28('16)	8, 731	3, 690	—	36	8, 695	*42. 3*
29('17)	8, 829	3, 770	—	42	8, 787	*42. 7*
30('18)	8, 912	3, 838	—	41	8, 871	*43. 1*
令和元('19)	8, 821	3, 835	—	38	8, 783	*43. 5*
2('20)	8, 866	3, 947	—	39	8, 827	*44. 5*
3('21)	8, 668	3, 785	—	27	8, 641	*43. 7*
4('22)	8, 482	3, 702	—	26	8, 456	*43. 6*
5('23)	**8, 491**	**3, 777**	**—**	**28**	**8, 463**	***44. 5***
(別掲) 兼務者 Part-time	8, 263	4, 095	—	64	8, 199	*49. 6*

(注)　本務教員である。

入学者数・卒業者数
New Entrants and Graduates

区　分	入学者数 New entrants	うち就業している者 of which employed	卒業者数 Graduates
昭和30年('55)	…	…	681, 506
35('60)	…	…	912, 042
40('65)	894, 405	375, 587	1, 291, 102
45('70)	818, 433	298, 058	1, 320, 345
50('75)	732, 487	198, 606	1, 095, 262
55('80)	394, 792	76, 242	895, 973
60('85)	330, 936	48, 470	770, 150
平成 2('90)	263, 058	36, 075	645, 098
7('95)	185, 723	26, 514	497, 953
12('00)	117, 098	16, 363	371, 582
17('05)	84, 048	10, 821	296, 753
22('10)	60, 741	7, 838	206, 914
27('15)	52, 789	6, 423	199, 941
28('16)	52, 319	6, 106	194, 500
29('17)	52, 840	5, 828	194, 553
30('18)	52, 742	5, 708	193, 555
令和元('19)	47, 468	5, 107	189, 705
2('20)	37, 303	4, 330	186, 761
3('21)	39, 381	6, 041	184, 512
4('22)	43, 219	6, 167	182, 481
5('23)	**40, 583**	**5, 747**	**169, 149**
男 Male	23, 362	3, 255	103, 895
女 Female	17, 221	2, 492	65, 254
国　立 National	—	—	—
公　立 Local	270	186	684
私　立 Private	40, 313	5, 561	168, 465

(注)1　「入学者数」は各年の4月1日から同年5月1日までの入学者数（入学後5月1日までの退学者を除く。）である。
2　「卒業者数」は各年5月1日現在調査による前年の4月1日から当該年の3月31日までの卒業者数である。

海外在留児童・生徒数
Japanese Children of Compulsory

区分	学齢児童生徒数 Children of compulsory education age 計 Total	小学校相当年齢 Elementary school age (6-11 years old)	中学校相当年齢 Lower secondary school age (12-14 years old)	左のうち日 Full-time 学校数 Schools	児 計 Total
	人	人	人	校	人
平成7('95)	49,703	37,395	12,308	91	18,552
12('00)	49,463	37,359	12,104	83	16,699
17('05)	55,566	42,138	13,428	85	17,658
22('10)	67,322	49,538	17,784	89	18,135
27('15)	78,312	57,098	21,214	89	20,615
28('16)	79,251	58,227	21,024	89	20,001
29('17)	82,571	60,264	22,307	89	19,759
30('18)	—	—	—	89	19,330
令和元('19)	—	—	—	95	19,703
2('20)	—	—	—	95	16,633
3('21)	—	—	—	94	14,751
4('22)	—	—	—	94	14,487
5('23)	**—**	**—**	**—**	**94**	**15,920**
在留地域別					
アジア Asia	—	—	—	41	12,550
大洋州 Oceania	—	—	—	3	125
北米 North America	—	—	—	4	256
中南米 Middle & South America	—	—	—	14	493
ヨーロッパ Europe	—	—	—	21	2,152
中近東 Middle East	—	—	—	8	260
アフリカ Africa	—	—	—	3	84

(注)1 平成29年度以前の数字は外務省「管内在留邦人子女数調査」より。
平成30年度以降の数字は文部科学省「在外教育施設在籍児童生徒数調査」より。
2 令和5年の学校数のみ12月26日時点、その他は各年4月15日時点である。
3 学校数については，休校中の学校を含む。
4 児童生徒数については、長期滞在者に限る。

・在 外 教 育 施 設 数
Education Age Residing Abroad

(As of April 15)

本人学校関係 schools		左のうち補習授業校関係 Supplementary education schools			
童生徒数 Students		学校数 Schools	児童生徒数 Students		
小学校相当年齢 Elementary school age	中学校相当年齢 Lower secondary school age		計 Total	小学校相当年齢 Elementary school age	中学校相当年齢 Lower secondary school age
人	人	校	人	人	人
14, 104	4, 448	171	18, 549	14, 476	4, 073
12, 882	3, 817	188	17, 292	13, 307	3, 985
13, 798	3, 860	185	15, 683	12, 294	3, 389
14, 089	4, 046	201	16, 475	13, 194	3, 281
16, 104	4, 511	205	19, 894	16, 003	3, 891
15, 688	4, 313	212	20, 682	16, 628	4, 054
15, 627	4, 132	216	21, 458	17, 275	4, 183
15, 376	3, 954	221	22, 020	17, 687	4, 333
15, 655	4, 048	228	21, 717	17, 542	4, 175
13, 024	3, 609	229	21, 617	17, 309	4, 308
11, 431	3, 320	228	19, 274	15, 109	4, 165
11, 204	3, 283	230	19, 361	15, 160	4, 201
12, 359	**3, 561**	237	**20, 186**	**15, 868**	**4, 318**
9, 790	2, 760	27	1, 400	1, 170	230
94	31	23	1, 155	904	251
172	84	89	12, 072	9, 356	2, 716
381	112	10	185	138	47
1, 647	505	75	5, 194	4, 156	1, 038
203	57	6	108	88	20
72	12	7	72	56	16

帰国児童・生徒数
Japanese Children Who Have Returned from Abroad

区分	計 Total	小学校 Elementary school	中学校 Lower secondary school	義務教育学校 Compulsory education school	高等学校 Upper secondary school	中等教育学校 Secondary school
昭和52年度間('77/78)	5, 900	4, 018	1, 230	…	652	…
55('80/81)	7, 734	5, 268	1, 578	…	888	…
60('85/86)	10, 483	6, 481	2, 688	…	1, 314	…
平成2年度間('90/91)	13, 313	7, 991	3, 442	…	1, 880	…
7('95/96)	12, 997	7, 886	3, 126	…	1, 985	…
12('00/01)	10, 921	6, 358	2, 652	…	1, 909	2
17('05/06)	10, 368	6, 042	2, 383	…	1, 910	33
22('10/11)	10, 589	5, 910	2, 644	…	1, 963	72
26('14/15)	11, 708	6, 862	2, 663	…	2, 050	133
27('15/16)	12, 580	7, 272	2, 907	53	2, 215	133
28('16/17)	12, 602	7, 142	3, 163	60	2, 116	121
29('17/18)	11, 848	7, 086	2, 496	61	2, 100	105
30('18/19)	11, 635	7, 083	2, 481	87	1, 889	95
令和元年度間('19/20)	13, 866	8, 868	2, 906	110	1, 868	114
2('20/21)	11, 747	7, 336	2, 529	100	1, 685	97
3('21/22)	10, 158	6, 261	2, 293	81	1, 436	87
4('22/23)	**10, 037**	**6, 208**	**2, 344**	**60**	**1, 326**	**99**

(注) 「帰国児童生徒」とは，各年度間（4月1日から翌年3月31日まで）に帰国した海外勤務者等の子どもで，翌年の5月1日現在，小学校，中学校，義務教育学校，高等学校又は中等教育学校に在学している児童生徒数である。

資料　文部科学省「学校基本統計（学校基本調査報告書）」

(Note) The number of "Children Who Have Returned from Abroad" is that of the children who returned from abroad during the previous school year (April to March) and are enrolled as of May 1 in the school year.

社会教育指導者

社会教育主事・社会教育主事補数 ＜Full-time Social Education Directors＞

区分	社会教育主事 Social education director 計 Total	都道府県 Prefecture	市町村等 Municipality	社会教育主事補 Assistant social education director 計 Total	都道府県 Prefecture	市町村等 Municipality	派遣社会教育主事 dispatched to municipality
平成 5('93)	4,247	804	3,443	431	34	397	1,623
8('96)	4,267	802	3,465	454	49	405	1,643
11('99)	3,860	755	3,105	340	33	307	1,326
14('02)	3,524	771	2,753	264	46	218	1,056
17('05)	2,799	674	2,125	164	43	121	693
20('08)	2,211	567	1,644	112	29	83	294
23('11)	1,899	551	1,348	84	25	59	153
27('15)	1,558	500	1,058	73	31	42	122
30('18)	1,248	474	774	100	36	64	136
令和 3('21)	**1,093**	**446**	**647**	**167**	**41**	**126**	**87**
兼任職員 Part-time	(221)	(21)	(200)	(11)	(1)	(10)	−

(注) 1. 専任職員である。なお，（ ）内の数は兼任職員で別掲である。
2. 「社会教育主事」の専任及び兼任職員には，課長のうち社会教育主事として発令されている者を含む。
資料 文部科学省「社会教育統計（社会教育調査報告書）」

公民館
Citizens' Public Halls

館数 〈Halls〉

区分	設置者別 計 Total	市(区) City & ward	町 Town	村 Village	組合 Municipal syndicate	法人 Corporation	建物面積別 計 Total	330 m² 未満 Of which having a floor space under 330 m²	330 m² 以上 Of which having a floor space of 330 m² and over
平成 5('93)	17,562	7,818	7,979	1,748	1	16	16,795	6,114	10,681
8('96)	17,819	7,964	8,049	1,797	1	8	17,188	6,050	11,138
11('99)	18,257	7,944	8,383	1,923	1	6	17,511	6,053	11,458
14('02)	17,947	7,977	8,144	1,814	1	11	17,293	5,744	11,549
17('05)	17,143	11,167	5,046	921	−	9	16,439	5,000	11,439
20('08)	15,943	11,578	3,807	553	−	5	15,305	4,269	11,036
23('11)	14,681	10,624	3,524	526	−	7	14,181	3,717	10,464
27('15)	14,171	10,103	3,491	573	−	4	13,450	3,527	9,923
30('18)	13,632	9,660	3,360	608	−	4	12,692	3,124	9,568
令和 3('21)	**13,163**	**9,282**	**3,272**	**607**	**−**	**2**	**12,230**	**3,007**	**9,223**
本館 Main hall	8,633	6,605	1,817	209	−	2	8,459	635	7,824
分館 Branch hal	4,530	2,677	1,455	398	−	…	3,771	2,372	1,399

(注) 「建物面積別」の館数は，建物面積を有しない公民館を除いてある。
資料 文部科学省「社会教育統計（社会教育調査報告書）」

図書館
Libraries

館数 <Libraries>

区分	計 Total	都道府県 Prefecture	市(区) City & ward	町 Town	村 Village	組合 Municipal syndicate	法人 Corporation
平成 5('93)	2,172	66	1,392	619	59	2	34
8('96)	2,396	66	1,473	745	74	5	33
11('99)	2,592	65	1,548	856	89	3	31
14('02)	2,742	64	1,616	927	99	8	28
17('05)	2,979	62	2,129	697	65	2	24
20('08)	3,165	63	2,462	569	45	1	25
23('11)	3,274	61	2,592	549	46	1	25
27('15)	3,331	59	2,637	561	51	-	23
30('18)	3,360	59	2,650	577	52	-	22
令和 3('21)	**3,394**	**59**	**2,670**	**590**	**53**	**-**	**22**
本館 Main library	1,946	53	1,296	522	53	-	22
分館 Branch library	1,448	6	1,374	68	-	-	-

博物館
Museums

館数 <Museums>

区分	計 Total	国立 National	独立行政法人立 Independent Administrative Institution	公立 Local	私立 Private
平成 5('93)	861	28	…	423	410
8('96)	985	29	…	518	438
11('99)	1,045	26	…	549	470
14('02)	1,120	21	10	608	481
17('05)	1,196	2	24	667	503
20('08)	1,248	1	23	704	520
23('11)	1,262	-	27	724	511
27('15)	1,256	-	28	765	463
30('18)	1,286	-	30	785	471
令和 3('21)	**1,305**	**-**	**33**	**805**	**467**
総合博物館 General museum	157	-	8	117	32
科学博物館 Science museum	100	-	7	70	23
歴史博物館 Historical museum	476	-	9	314	153
美術博物館 Art museum	457	-	6	240	211
野外博物館 Out-door museum	18	-	1	11	6
動物園 Zoological garden	36	-	-	24	12
植物園 Botanical garden	11	-	1	6	4
動植物園 Zoological & botanical garden	7	-	-	4	3
水族館 Aquarium	43	-	1	19	23

青少年教育施設
Centers for Children and Youths

施設数〈Centers〉

区分	計 Total	少年自然の家 Children's nature centers	青年の家 Youth centers 宿泊型 Residential	青年の家 Youth centers 非宿泊型 Non-residential	児童文化センター Cultural centers for children	野外教育施設 Outdoor education facilities	その他の青少年教育施設 Others
平成 5('93)	1,225	294	249	162	71	449	
8('96)	1,319	304	248	161	99	507	
11('99)	1,263	311	229	176	75	472	
14('02)	1,305	325	221	172	105	482	
17('05)	1,320	311	209	171	128	501	
20('08)	1,129	267	172	104	58	61	467
23('11)	1,048	243	149	78	51	66	461
27('15)	941	217	121	69	41	61	432
30('18)	891	210	102	58	36	61	424
令和 3('21)	**840**	**195**	**96**	**45**	**28**	**63**	**413**
独立行政法人 Independent Administrative Institution	28	14	13	–	–	–	1
都道府県 Prefecture	154	56	36	–	1	4	57
市（区） City & ward	551	118	41	36	26	56	274
町村 Town & village	105	6	5	9	1	3	81
組合 Municipal syndicate	2	1	1	–	–	–	–

（注） 私立の施設は含まれていない。

女性教育施設
Women's Education Centers

施設数 〈Centers〉 (October 1, 2021)

区分	計 Total	独立行政法人 Independent Administrative Institution	都道府県 Prefecture	市（区） City & ward	町村 Town & village	法人 Corporation
計 Total	**358**	**1**	**44**	**216**	**11**	**86**

（注） 令和3年10月1日現在である。

開設者別学級・講座数及び学級生・受講者数
Classes and Lecture Courses and Their Participants by Type of Organizer

（令和2年度間）(Fiscal year 2020)

区分	学級・講座数 計 Total	青少年対象 For children & youth	成人一般対象 For adults	女性のみ対象 For women	高齢者のみ対象 For the elderly	その他 Others	受講者数の計 Total participants
教育委員会 Board of education							
計 Total	**67,231**	**16,979**	**31,456**	**1,972**	**3,989**	**12,835**	**1,932,299**
都道府県 Prefecture	972	356	476	3	1	136	105,865
市（区）町村等 Municipality	66,259	16,623	30,980	1,969	3,988	12,699	1,826,434
公民館 Citizen's public hall	227,936	24,327	134,059	13,243	19,422	36,885	3,725,464
青少年教育施設 Center for children and youths	12,942	7,725	–	–	–	–	223,122
女性教育施設 Women's education center	6,337	–	–	1,296	–	–	148,758

（注） 青少年教育施設の「青少年対象」及び女性教育施設の「女性のみ対象」の学級・講座数は「計」の内数である。

劇場，音楽堂等
Theaters and Concert Halls, etc.

区分	計 Total	独立行政法人 Independent Administrative Institution	公立 Public	私立 Private
施設数 Facilities	1,832	6	1,718	108
事業実施件数（件） Programs	64,957	233	59,438	5,286
参加者数（千人） Participants (thousand)	7,099	169	4,029	2,901

(注)1 「施設数」は令和3年10月1日現在の数値であり，「事業実施件数」及び「参加者数」は令和2年度間の数値である。
2 「参加者数（千人）」については，四捨五入しているため，計と内訳の合計が一致しない場合がある。

都道府県知事部局・市町村長部局における生涯学習関連事業（所管施設を含む。）
Lifelong Learning Programs Organized by Prefectural Governor's Office and Municipal Mayor's Office

(Fiscal year 2020)

区分	実施件数(件) Number of programs	参加者数(千人) Participants (thousand)
計 Total	**191,121**	**6,163**
学級・講座 Classes and courses	116,940	3,155
諸集会（講演会，文化・体育事業等） Meetings (lecture, culture & physical education programs, etc.)	74,181	3,008

(注)1 令和2年度間の数値である。
2 「参加者数（千人）」については，四捨五入しているため，計と内訳の合計が一致しない場合がある。

体育・スポーツ施設数
Public Facilities

区分	計 Total	都道府県 Prefecture	市（区） City & ward	町 Town	村 Village	組合 Association
計 **Total**	**45,658**	**3,037**	**31,959**	**9,276**	**1,362**	**24**
陸上競技場 Field and track	901	140	579	154	28	－
野球場・ソフトボール場 Baseball ground	6,150	392	4,690	946	116	6
球技場 Other ball game ground	1,553	199	1,149	174	31	－
多目的運動広場 Play ground	7,711	301	5,551	1,611	242	6
水泳プール（屋内） Indoor swimming pool	1,565	115	1,065	343	39	3
水泳プール（屋外） Outdoor swimming pool	1,552	75	1,161	291	25	－
レジャープール Leisure pool	309	30	235	36	7	1
ダイビングプール Skin & scuba diving pool	15	7	7	1	－	－
体育館 Gymnasium	7,145	243	5,041	1,647	214	－
柔道場 Judo gym	742	40	555	134	13	－
剣道場 Kendo(1) gym	653	41	483	119	10	－
柔剣道場 Judo & Kendo gym	927	39	611	256	21	－
空手・合気道場 Karate & Aikido(2) gym	22	5	13	4	－	－
バレーボール場（屋外） Outdoor volleyball court	8	2	5	－	1	－
庭球場（屋外） Outdoor tennis court	4,588	217	3,376	872	121	2
庭球場（屋内） Indoor tennis court	207	14	138	44	11	－
バスケットボール場（屋外） Outdoor basketball court	42	7	26	6	3	－
すもう場（屋外） Outdoor Sumo(3) ring	285	21	203	56	5	－
すもう場（屋内） Indoor Sumo ring	108	17	75	14	2	－
卓球場 Table tennis court	256	5	207	41	3	－
弓道場 Kyudo(4) court	963	61	708	174	20	－
アーチェリー場 Archery court	121	22	90	9	－	－
馬場 Horse riding ground	45	9	31	5	－	－
アイススケート場（屋内） Indoor ice-skating rink	60	13	41	5	1	－
アイススケート場（屋外） Outdoor ice-skating rink	87	8	38	40	1	－

（注）令和3年10月1日現在の社会体育施設数である。
資料 文部科学省「社会教育統計（社会教育調査報告書）」

区　　分	計 Total	都道府県 Prefecture	市（区） City & ward	町 Town	村 Village	組合 Association
ローラースケート・インラインスケート場(屋外) Outdoor roller-skating rink	84	12	53	15	4	－
ローラースケート・インラインスケート場(屋内) Indoor roller-skating rink	6	2	3	1	－	－
山の家 Hut for mountaineers	145	81	32	26	6	－
トレーニング場 Physical training gym	1,801	148	1,306	312	34	1
レスリング場 Wrestling ring	10	1	8	－	1	－
ボクシング場 Boxing ring	14	4	9	1	－	－
ダンス場 Dance Hall	129	11	101	14	2	1
射撃場 Firing range	114	58	49	6	1	－
ゴルフ場 Golf course	239	20	157	55	5	2
ゴルフ練習場 Training ground for golf	27	3	13	9	2	－
ボウリング場 Bowling alley	－	－	－	－	－	－
漕艇場 Rowing course	55	14	28	13	－	－
ゲートボール・クロッケー場 Gate ball & Croquet field	1,435	35	898	384	118	－
スカッシュ・ラケットボール場 Squash & racquetball court	10	2	6	2	－	－
ヨット場 Yacht course	61	18	28	13	2	－
スキー・スノーボード場 Skiing slope	335	14	149	150	22	－
キャンプ場 Camping site	1,351	177	711	365	98	－
ハイキングコース Hiking course	309	107	128	71	3	－
サイクリングコース Cycling course	94	37	43	14	－	－
オリエンテーリングコース Orienteering course	38	8	22	7	1	－
ランニングコース Running course	262	23	200	30	9	－
冒険遊具コース Field athletic course	114	21	50	40	3	－
海水浴場 Sea bathing place	271	10	187	67	7	－
河川・湖沼等の遊泳場 Other swimming places	13	2	7	3	1	－
スカイスポーツ施設 Sky sports site	25	1	15	6	3	－
体操競技場 Gymnastics Stadium	29	1	20	5	3	－
その他 Others	2,672	204	1,658	685	123	2

(1) Japanese fencing.
(2) Art of self defense derived from Judo.
(3) Japanese wrestling.
(4) Japanese archery.

体育・スポーツ施設の事業実施状況
Activities Organized by Physical Education and Sports Facilities

(Fiscal year 2020)

区分	スポーツ教室 Sports class		指導者研修会・講習会等 Seminar, workshop, etc. for leaders		スポーツ大会 Sports meet	スポーツテスト会 Sports test meet	スポーツ相談 Sports counseling
	実施件数 Events	参加者数 Partici-pants	実施件数 Events	参加者数 Partici-pants	実施件数 Events	実施件数 Events	実施件数 Events
計 Total							
主催 Main organizer	**310,845**	**8,965,842**	**2,664**	**69,279**	**27,121**	**506**	**8,089**
共催 Co-organizer	**17,498**	**505,424**	**475**	**16,777**	**4,318**	**120**	**131**
都道府県 Prefecture							
主催 Main organizer	22,678	529,015	417	7,246	828	113	1,945
共催 Co-organizer	735	31,054	58	2,043	317	12	—
市（区） City & ward							
主催 Main organizer	265,829	7,586,149	2,017	56,352	24,587	255	5,419
共催 Co-organizer	15,388	432,692	380	13,041	2,674	57	131
町 Town							
主催 Main organizer	20,832	784,957	216	5,193	1,399	130	121
共催 Co-organizer	1,285	35,015	33	1,608	1,164	50	—
村 Village							
主催 Main organizer	1,430	35,756	14	488	195	8	604
共催 Co-organizer	90	6,663	4	85	161	1	—
組合 Municipal syndicate							
主催 Main organizer	76	29,965	—	—	112	—	—
共催 Co-organizer	—	—	—	—	2	—	—

(注) 令和2年度間の数値である。
資料 文部科学省「社会教育統計（社会教育調査報告書）」

学校給食実施校数

学校給食実施状況 <School Lunch Programs> (May 1, 2021)

区分	実施数計 Schools with school lunch program	実施率 (%)	完全給食 Full meal (1)	補食給食 Supplementary meal (2)	ミルク給食 Milk only
計 Total					
学校数 Schools	29,614	*95.6*	29,214	142	258
幼児・児童・生徒数 Students	9,315,871	*95.6*	9,220,352	11,837	83,682
小学校 Elementary school					
学校数 Schools	18,923	*99.0*	18,857	38	28
児童数 Students	6,174,363	*99.2*	6,165,176	4,620	4,567
中学校 Lower secondary school					
学校数 Schools	9,107	*91.5*	8,867	26	214
生徒数 Students	2,920,079	*90.4*	2,838,825	4,526	76,728
義務教育学校 Compulsory education school					
学校数 Schools	149	*98.7*	149	0	0
児童・生徒数 Students	57,170	*97.4*	57,170	0	0
中等教育学校（前期課程） Secondary school					
学校数 Schools	35	*64.8*	30	0	5
生徒数 Students	11,133	*63.6*	9,484	0	1,649
特別支援学校 Schools of special needs education					
学校数 Schools	1,033	*89.3*	1,023	1	9
幼児・児童・生徒数 Students	135,222	*92.4*	134,452	45	725
夜間定時制高等学校 Evening course of upper secondary school					
学校数 Schools	367	*66.1*	288	77	2
生徒数 Students	17,904	*27.2*	15,245	2,646	13

(注)1 令和3年5月1日現在である。
2 学校数には分校も1校として含める。
資料 文部科学省「学校給食実施状況調査」
(1) Full meal consists of bread or rice plus milk and other side dishes.
(2) Supplementary meal consists of milk and side dishes.

米飯給食実施状況 <School Lunch with Rice> (May 1, 2021)

区分	学校数 Schools	実施率 (%)	幼児・児童・生徒数 Students	実施率 (%)
計 Total	29,214	*100*	9,220,352	*100*
小学校 Elementary school	18,857	*100*	6,165,176	*100*
中学校 Lower secondary school(1)	8,867	*100*	2,838,825	*100*
義務教育学校 Compulsory education school	149	*100*	57,170	*100*
中等教育学校（前期課程） Secondary school	30	*100*	9,484	*100*
特別支援学校 Schools of special needs education	1,023	*100*	134,452	*100*
夜間定時制高等学校 Evening course of upper secondary school	288	*100*	15,245	*100*

(注)1 令和3年5月1日現在である。
2 実施率は完全給食に対する比率である。
資料 文部科学省「米飯給食実施状況調査」

学校保健関係
School Health Staff

区分	学校総数 Total schools (A)	保健主事がいる学校数 Schools with Health coordinator (B)	本務養護教諭がいる学校数 Schools with Nursing teacher (C)	学校医がいる学校数 Schools with School doctor (D)	学校歯科医がいる学校数 Schools with School dentist (E)	学校薬剤師がいる学校数 Schools with School pharmacist (F)
小学校						
昭和50年	24,650	19,783	14,590	24,184	23,788	21,464
55	24,945	21,058	19,604	24,415	24,257	22,603
60	25,040	22,578	20,514	24,452	24,400	23,359
平成 2	24,827	22,521	21,532	24,233	24,187	23,372
7	24,548	22,290	23,087	24,016	23,970	23,324
12	24,106	22,052	22,900	23,583	23,543	23,127
17	23,123	21,242	22,112	22,635	22,610	22,337
22	22,000	20,311	20,937	21,568	21,551	21,356
27	20,601	19,198	19,556	20,272	20,252	20,156
28	20,313	18,917	19,286	20,008	19,989	19,916
29	20,095	18,673	19,092	19,790	19,770	19,701
30	19,892	18,446	18,901	19,596	19,576	19,520
令和元	19,738	18,266	18,743	19,420	19,406	19,351
2	19,525	18,038	18,580	19,219	19,204	19,153
3	19,336	17,790	18,431	19,067	19,050	19,008
4	19,161	17,652	18,243	18,895	18,878	18,837
5	**18,980**	**17,461**	**18,105**	**18,731**	**18,716**	**18,682**
国立	67	64	67	66	66	66
公立	18,669	17,317	17,840	18,427	18,418	18,401
(うち分校)	(134)	(12)	(14)	(62)	(60)	(60)
私立	244	80	198	238	232	215
中学校						
昭和50年	10,751	8,751	6,249	10,406	10,173	8,884
55	10,780	9,216	8,421	10,476	10,329	9,450
60	11,131	10,009	9,108	10,787	10,702	10,071
平成 2	11,275	10,190	9,737	11,012	10,905	10,405
7	11,274	10,165	10,173	11,053	10,957	10,553
12	11,209	10,088	10,256	10,983	10,890	10,576
17	11,035	9,891	10,095	10,795	10,712	10,473
22	10,815	9,686	8,949	10,589	10,520	10,301
27	10,484	9,380	9,481	10,263	10,196	10,051
28	10,404	9,302	9,395	10,187	10,112	9,997
29	10,325	9,224	9,319	10,109	10,039	9,929
30	10,270	9,152	9,237	10,043	9,972	9,871
令和元	10,222	9,097	9,203	9,982	9,916	9,823
2	10,142	9,046	9,142	9,902	9,835	9,752
3	10,076	8,844	9,095	9,807	9,734	9,650
4	10,012	8,845	9,031	9,796	9,728	9,647
5	**9,944**	**8,779**	**8,990**	**9,739**	**9,673**	**9,592**
国立	68	67	68	67	67	67
公立	9,095	8,537	8,532	8,971	8,958	8,938
(うち分校)	(80)	(30)	(17)	(48)	(45)	(49)
私立	781	175	390	701	648	587
義務教育学校						
平成28年	22	20	22	22	22	22
29	48	45	48	48	48	48
30	82	78	81	82	82	82
令和元	94	90	93	93	93	93
2	126	118	125	124	124	124
3	151	142	150	149	148	147
4	178	171	178	177	176	175
5	**207**	**195**	**207**	**206**	**205**	**205**
国立	5	5	5	5	5	5
公立	201	189	201	200	199	199
(うち分校)	(1)	(1)	(1)	(1)	(1)	(1)
私立	1	1	1	1	1	1
中等教育学校						
平成11年	1	1	1	1	1	1
12	4	3	3	4	4	3
17	19	15	16	19	19	18
22	48	40	45	48	48	45
27	52	43	49	50	49	48
28	52	43	49	51	51	50
29	53	42	49	52	52	51
30	53	42	49	52	52	51
令和元	54	41	51	53	53	52
2	56	43	54	55	55	54
3	56	42	54	52	52	51
4	57	43	54	53	53	52
5	**57**	**42**	**54**	**55**	**55**	**53**
国立	4	4	4	4	4	4
公立	35	27	34	34	34	34
(うち分校)	(−)	(−)	(−)	(−)	(−)	(−)
私立	18	11	16	17	17	15

(注) 各年5月1日現在である。
資料 文部科学省「学校基本統計（学校基本調査報告書）」

職員の配置校数
at Schools

配置率 (%) Staffing ratio					区分
(B)/(A)	(C)/(A)	(D)/(A)	(E)/(A)	(F)/(A)	
					Elementary school
80.3	59.2	98.1	96.5	87.1	75
84.4	78.6	97.9	97.2	90.6	80
90.2	81.9	97.7	97.4	93.3	85
90.7	86.7	97.6	97.4	94.1	90
90.8	94.0	97.8	97.6	95.0	95
91.5	95.0	97.8	97.7	95.9	2000
91.9	95.6	97.9	97.8	96.6	05
92.3	95.2	98.0	98.0	97.1	10
93.2	94.9	98.4	98.3	97.8	15
93.1	94.9	98.5	98.4	98.0	16
92.9	95.0	98.5	98.4	98.0	17
92.7	95.0	98.5	98.4	98.1	18
92.5	95.0	98.4	98.3	98.0	19
92.4	95.2	98.4	98.4	98.1	20
92.0	95.3	98.6	98.5	98.3	21
92.1	95.2	98.6	98.5	98.3	22
92.0	**95.4**	**98.7**	**98.6**	**98.4**	**23**
95.5	100.0	98.5	98.5	98.5	National
92.8	95.6	98.7	98.7	98.6	Local
(9.0)	(10.4)	(46.3)	(44.8)	(44.8)	(Branch School)
32.8	81.1	97.5	95.1	88.1	Private
					Lower sec. School
81.4	58.1	96.8	94.6	82.6	75
85.5	78.1	97.2	95.8	87.7	80
89.9	81.8	96.9	96.1	90.5	85
90.4	86.4	97.7	96.7	92.3	90
90.2	90.2	98.0	97.2	93.6	95
90.0	91.5	98.0	97.2	94.4	2000
89.6	91.5	97.8	97.1	94.9	05
89.6	82.7	97.9	97.3	95.2	10
89.5	90.4	97.9	97.3	95.9	15
89.4	90.3	97.9	97.2	96.1	16
89.3	90.3	97.9	97.2	96.2	17
89.1	89.9	97.8	97.1	96.1	18
89.0	90.0	97.7	97.0	96.1	19
89.2	90.1	97.6	97.0	96.2	20
87.8	90.3	97.3	96.6	95.8	21
88.3	90.2	97.8	97.2	96.4	22
88.3	**90.4**	**97.9**	**97.3**	**96.5**	**23**
98.5	100.0	98.5	98.5	98.5	National
93.9	93.8	98.6	98.5	98.3	Local
(37.5)	(21.3)	(60.0)	(56.3)	(61.3)	(Branch School)
22.4	49.9	89.8	83.0	75.2	Private
					Compulsory Edu. School
90.9	100.0	100.0	100.0	100.0	16
93.8	100.0	100.0	100.0	100.0	17
95.1	98.8	100.0	100.0	100.0	18
95.7	98.9	98.9	98.9	98.9	19
93.7	99.2	98.4	98.4	98.4	20
94.0	99.3	98.7	98.0	97.4	21
96.1	100.0	99.4	98.9	98.3	22
94.2	**100.0**	**99.5**	**99.0**	**99.0**	**23**
100.0	100.0	100.0	100.0	100.0	National
94.0	100.0	99.5	99.0	99.0	Local
(100.0)	(100.0)	(100.0)	(100.0)	(100.0)	(Branch School)
100.0	100.0	100.0	100.0	100.0	Private
					Sec. Edu. Schools
100.0	100.0	100.0	100.0	100.0	1999
75.0	75.0	100.0	100.0	75.0	2000
78.9	84.2	100.0	100.0	94.7	05
83.3	93.8	100.0	100.0	93.8	10
82.7	94.2	96.2	94.2	92.3	15
82.7	94.2	98.1	98.1	96.2	16
79.2	92.5	98.1	98.1	96.2	17
79.2	92.5	98.1	98.1	96.2	18
75.9	94.4	98.1	98.1	96.3	19
76.8	96.4	98.2	98.2	96.4	20
75.0	96.4	92.9	92.9	91.1	21
75.4	94.7	93.0	93.0	91.2	22
73.7	**94.7**	**96.5**	**96.5**	**93.0**	**23**
100.0	100.0	100.0	100.0	100.0	National
77.1	97.1	97.1	97.1	97.1	Local
(−)	(−)	(−)	(−)	(−)	(Branch School)
61.1	88.9	94.4	94.4	83.3	Private

児　童　・　生

Physical Development

男 〈Male〉

		幼稚園 Kindergarten	小学校 Elementary school					
	年齢 Age	5歳	6歳	7歳	8歳	9歳	10歳	11歳
身長（cm）	昭和35年度	107.4	111.7	117.0	121.9	126.8	131.6	136.2
	40	108.7	113.3	118.8	124.0	128.8	133.6	138.5
	45	109.6	114.5	120.2	125.5	130.4	135.3	140.5
	50	109.7	115.1	120.9	126.0	131.6	136.4	142.0
	55	110.3	115.8	121.4	126.9	132.0	137.3	142.9
	60	110.6	116.4	122.1	127.5	132.6	137.7	143.2
	平成 2	110.9	116.8	122.5	128.1	133.2	138.6	144.4
	7	111.0	116.8	122.5	128.1	133.4	138.9	144.9
	12	110.7	116.7	122.5	128.1	133.6	139.1	145.3
	17	110.7	116.6	122.5	128.2	133.6	139.0	145.1
	22	110.7	116.7	122.5	128.2	133.5	138.8	145.0
	27	110.4	116.5	122.5	128.1	133.5	138.9	145.2
	28	110.4	116.5	122.5	128.1	133.6	138.8	145.2
	29	110.3	116.5	122.5	128.2	133.5	139.0	145.0
	30	110.3	116.5	122.5	128.1	133.7	138.8	145.2
	令和元	110.3	116.5	122.6	128.1	133.5	139.0	145.2
	2	111.6	117.5	123.5	129.1	134.5	140.1	146.6
	3	111.0	116.7	122.6	128.3	133.8	139.3	145.9
	4	**111.1**	**117.0**	**122.9**	**128.5**	**133.9**	**139.7**	**146.1**
体重（kg）	昭和35年度	17.7	19.1	21.0	23.2	25.5	28.0	30.7
	40	18.2	19.6	21.8	24.1	26.5	29.2	32.2
	45	18.5	20.1	22.4	25.0	27.6	30.5	33.8
	50	18.7	20.5	22.9	25.4	28.5	31.5	35.2
	55	19.0	20.8	23.2	26.0	28.9	32.4	36.2
	60	19.1	21.2	23.7	26.5	29.5	32.8	36.5
	平成 2	19.3	21.5	24.0	27.2	30.3	33.9	38.0
	7	19.4	21.7	24.4	27.6	30.8	34.5	38.6
	12	19.2	21.8	24.4	27.7	31.2	35.1	39.4
	17	19.1	21.6	24.3	27.4	30.9	34.7	39.1
	22	19.0	21.4	24.0	27.2	30.5	34.1	38.4
	27	18.9	21.3	23.9	26.9	30.4	34.0	38.2
	28	18.9	21.4	24.0	27.2	30.6	34.0	38.4
	29	18.9	21.4	24.1	27.2	30.5	34.2	38.2
	30	18.9	21.4	24.1	27.2	30.7	34.1	38.4
	令和元	18.9	21.4	24.2	27.3	30.7	34.4	38.7
	2	19.4	22.0	24.9	28.4	32.0	35.9	40.4
	3	19.3	21.7	24.5	27.7	31.3	35.1	39.6
	4	**19.3**	**21.8**	**24.6**	**28.0**	**31.5**	**35.7**	**40.0**
座高（cm）	昭和35年度	61.2	63.3	65.8	68.2	70.3	72.4	74.3
	40	61.8	64.1	66.6	69.0	71.1	73.1	75.3
	45	62.0	64.4	67.0	69.4	71.8	73.7	75.9
	50	62.1	64.6	67.2	69.5	71.9	74.0	76.2
	55	62.4	64.9	67.4	69.8	72.0	74.2	76.6
	60	62.6	65.2	67.7	70.1	72.3	74.4	76.7
	平成 2	62.6	65.3	67.9	70.4	72.6	74.9	77.4
	7	62.3	65.1	67.8	70.4	72.8	75.1	77.6
	12	62.1	65.1	67.7	70.4	72.8	75.3	77.9
	17	62.0	64.9	67.7	70.3	72.7	75.1	77.7
	22	61.9	64.9	67.6	70.3	72.7	74.9	77.6
	27	61.8	64.8	67.6	70.2	72.6	74.9	77.7
	28	…	…	…	…	…	…	…
	29	…	…	…	…	…	…	…
	30	…	…	…	…	…	…	…
	令和元	…	…	…	…	…	…	…
	2	…	…	…	…	…	…	…
	3	…	…	…	…	…	…	…
	4	**…**	**…**	**…**	**…**	**…**	**…**	**…**

資料　文部科学省「学校保健統計（学校保健統計調査報告書）」

徒　の　体　格　(2－1)
of Students

(Average)

中学校 Lower secondary school 12歳	13歳	14歳	高等学校 Upper secondary school 15歳	16歳	17歳	
						Height (cm)
141.9	148.1	155.1	161.2	163.6	165.0	1960
144.7	151.7	158.3	163.6	165.7	166.8	65
147.1	154.0	160.5	164.3	166.6	167.8	70
148.6	156.1	162.2	166.1	167.9	168.8	75
149.8	156.9	163.6	167.0	168.9	169.7	80
150.0	157.7	163.8	167.5	169.2	170.2	85
151.4	158.8	164.5	167.9	169.5	170.4	90
152.0	159.6	165.1	168.5	170.0	170.8	95
152.9	160.0	165.5	168.6	170.1	170.8	2000
152.5	159.9	165.4	168.4	170.0	170.8	05
152.4	159.7	165.1	168.2	169.9	170.7	10
152.6	159.8	165.1	168.3	169.8	170.7	15
152.7	159.9	165.2	168.3	169.9	170.7	16
152.8	160.0	165.3	168.2	169.9	170.6	17
152.7	159.8	165.3	168.4	169.9	170.6	18
152.8	160.0	165.4	168.3	169.9	170.6	19
154.3	161.4	166.1	168.8	170.2	170.7	20
153.6	160.6	165.7	168.6	169.8	170.8	21
154.0	**160.9**	**165.8**	**168.6**	**169.9**	**170.7**	**22**
						Weight (kg)
34.6	39.3	45.3	51.0	54.1	56.1	1960
36.6	42.0	47.1	52.8	55.6	57.5	65
38.5	43.7	49.6	53.7	56.7	58.7	70
40.0	45.6	51.0	55.4	57.8	59.2	75
41.4	46.7	52.4	56.9	59.2	60.6	80
41.8	47.4	53.0	57.9	60.0	61.5	85
43.5	49.0	54.2	59.0	60.7	62.0	90
44.1	49.8	54.7	59.8	61.7	63.0	95
45.4	50.4	55.4	59.7	61.2	62.6	2000
44.9	50.1	55.3	60.3	62.2	63.8	05
44.1	49.2	54.4	59.5	61.5	63.1	10
43.9	48.8	53.9	59.0	60.6	62.5	15
44.0	48.8	53.9	58.7	60.5	62.5	16
44.0	49.0	53.9	58.9	60.6	62.6	17
44.0	48.8	54.0	58.6	60.6	62.4	18
44.2	49.2	54.1	58.8	60.7	62.5	19
45.8	50.9	55.2	58.9	60.9	62.6	20
45.2	50.0	54.7	59.0	60.5	62.4	21
45.7	**50.6**	**55.0**	**59.1**	**60.7**	**62.5**	**22**
						Sitting height (cm)
77.0	80.0	83.8	87.3	88.9	89.8	1960
78.3	81.7	85.2	88.2	89.3	90.0	65
79.0	82.4	85.8	88.4	89.6	90.2	70
79.5	83.1	86.4	88.9	89.9	90.3	75
79.9	83.3	86.8	89.1	90.1	90.6	80
79.9	83.7	87.0	89.3	90.3	90.8	85
80.7	84.3	87.5	89.7	90.5	91.0	90
81.0	84.6	87.6	89.8	90.7	91.1	95
81.5	85.0	88.1	90.0	90.8	91.3	2000
81.3	85.0	88.1	90.2	91.1	91.7	05
81.3	85.0	88.1	90.3	91.3	91.9	10
81.4	85.1	88.2	90.4	91.4	92.1	15
…	…	…	…	…	…	16
…	…	…	…	…	…	17
…	…	…	…	…	…	18
…	…	…	…	…	…	19
…	…	…	…	…	…	20
…	…	…	…	…	…	21
…	**…**	**…**	**…**	**…**	**…**	**22**

児童・生
Physical Development

女 <Female>

		幼稚園 Kindergarten	小学校 Elementary school					
	年齢 Age	5歳	6歳	7歳	8歳	9歳	10歳	11歳
身長（cm）	昭和35年度	106.2	110.6	115.9	121.1	126.3	132.0	138.1
	40	107.7	112.5	117.8	123.0	128.4	134.1	140.4
	45	108.5	113.6	119.3	124.6	130.1	136.2	142.9
	50	109.0	114.4	120.1	125.5	131.6	137.6	144.2
	55	109.4	114.9	120.6	126.2	131.9	138.3	144.9
	60	109.8	115.7	121.4	126.9	132.6	138.8	145.5
	平成 2	110.1	116.0	121.8	127.4	133.1	139.5	146.3
	7	110.1	116.0	121.8	127.6	133.5	140.2	146.7
	12	109.9	115.8	121.7	127.5	133.5	140.3	147.1
	17	109.9	115.8	121.7	127.5	133.5	140.1	146.9
	22	109.8	115.8	121.7	127.4	133.5	140.2	146.8
	27	109.4	115.5	121.5	127.3	133.4	140.1	146.7
	28	109.4	115.6	121.5	127.2	133.4	140.2	146.8
	29	109.3	115.7	121.5	127.3	133.4	140.1	146.7
	30	109.4	115.6	121.5	127.3	133.4	140.1	146.8
	令和元	109.4	115.6	121.4	127.3	133.4	140.2	146.6
	2	110.6	116.7	122.6	128.5	134.8	141.5	148.0
	3	110.1	115.8	121.8	127.6	134.1	140.9	147.3
	4	**110.2**	**116.0**	**122.0**	**128.1**	**134.5**	**141.4**	**147.9**
体重（kg）	昭和35年度	17.2	18.5	20.5	22.7	25.2	28.2	32.3
	40	17.7	19.1	21.2	23.5	26.2	29.4	33.7
	45	18.0	19.5	21.8	24.4	27.2	31.0	35.7
	50	18.3	20.1	22.4	25.0	28.3	32.0	36.6
	55	18.5	20.3	22.6	25.5	28.5	32.6	37.3
	60	18.7	20.7	23.2	26.0	29.2	33.1	37.8
	平成 2	19.0	21.1	23.6	26.6	29.9	34.0	38.9
	7	19.0	21.3	23.9	27.0	30.5	34.6	39.6
	12	18.8	21.3	23.8	27.0	30.7	34.9	40.1
	17	18.7	21.1	23.6	26.8	30.2	34.4	39.5
	22	18.6	21.0	23.5	26.5	30.0	34.1	39.0
	27	18.5	20.8	23.4	26.4	29.7	33.9	38.8
	28	18.5	20.9	23.5	26.4	29.8	34.0	39.0
	29	18.5	21.0	23.5	26.4	29.9	34.0	39.0
	30	18.5	20.9	23.5	26.4	30.0	34.1	39.1
	令和元	18.6	20.9	23.5	26.5	30.0	34.2	39.0
	2	19.0	21.5	24.3	27.4	31.1	35.4	40.3
	3	19.0	21.2	23.9	27	30.6	35.0	39.8
	4	**19.0**	**21.3**	**24**	**27.3**	**31.1**	**35.5**	**40.5**
座高（cm）	昭和35年度	60.6	62.8	65.3	67.8	70.2	72.8	75.9
	40	61.1	63.6	66.1	68.6	71.0	73.7	76.8
	45	61.4	63.8	66.5	69.0	71.5	74.4	77.7
	50	61.6	64.0	66.7	69.2	71.8	74.7	77.9
	55	61.8	64.4	66.9	69.5	71.9	74.9	78.2
	60	62.1	64.7	67.4	69.8	72.3	75.2	78.5
	平成 2	62.1	64.9	67.5	70.0	72.6	75.6	79.0
	7	61.9	64.7	67.5	70.1	72.9	76.0	79.3
	12	61.7	64.6	67.4	70.1	72.9	76.1	79.5
	17	61.5	64.5	67.3	70.0	72.8	75.9	79.3
	22	61.5	64.5	67.3	70.0	72.7	75.9	79.2
	27	61.3	64.4	67.2	69.9	72.7	75.8	79.2
	28	…	…	…	…	…	…	…
	29	…	…	…	…	…	…	…
	30	…	…	…	…	…	…	…
	令和元	…	…	…	…	…	…	…
	2	…	…	…	…	…	…	…
	3	…	…	…	…	…	…	…
	4	…	…	…	…	…	…	…

徒　の　体　格　(2－2)
of Students

(Average)

中学校 Lower secondary school			高等学校 Upper secondary school			
12歳	13歳	14歳	15歳	16歳	17歳	
						Height (cm)
144.0	148.1	150.7	152.7	153.3	153.7	1960
146.3	150.3	152.5	154.0	154.6	154.8	65
148.4	152.1	154.2	155.1	155.4	155.6	70
149.6	153.2	155.0	155.7	156.2	156.3	75
150.6	154.0	156.0	156.6	156.9	157.0	80
150.9	154.4	156.3	157.0	157.4	157.6	85
151.5	154.7	156.4	157.2	157.6	157.9	90
151.9	155.1	156.7	157.3	157.8	158.0	95
152.1	155.1	156.8	157.3	157.7	158.1	2000
152.0	155.2	156.8	157.3	157.8	158.0	05
151.9	155.0	156.5	157.1	157.7	158.0	10
151.8	154.9	156.5	157.1	157.6	157.9	15
151.9	154.8	156.5	157.1	157.5	157.8	16
151.8	154.9	156.5	157.1	157.6	157.8	17
151.9	154.9	156.6	157.1	157.6	157.8	18
151.9	154.8	156.5	157.2	157.7	157.9	19
152.6	155.2	156.7	157.3	157.7	157.9	20
152.1	155.0	156.5	157.3	157.7	158.0	21
152.2	**154.9**	**156.5**	**157.2**	**157.7**	**158.0**	**22**
						Weight (kg)
36.9	41.5	45.3	48.1	49.6	50.4	1960
38.6	43.2	46.5	48.9	50.5	51.2	65
40.6	44.9	48.3	50.5	51.7	52.1	70
41.6	45.8	48.8	50.7	51.9	52.2	75
42.6	46.5	49.6	51.4	52.2	52.1	80
42.9	46.8	49.8	51.9	52.7	52.8	85
43.9	47.5	50.2	52.1	52.6	52.8	90
44.6	48.0	50.5	52.3	53.2	53.3	95
45.0	48.3	50.7	52.1	53.0	53.1	2000
44.4	48.0	50.8	52.4	53.3	53.7	05
43.8	47.3	50.0	51.6	52.7	52.9	10
43.6	47.3	49.9	51.5	52.6	53.0	15
43.7	47.2	50.0	51.7	52.6	52.9	16
43.6	47.2	50.0	51.6	52.6	53.0	17
43.7	47.2	49.9	51.6	52.5	52.9	18
43.8	47.3	50.1	51.7	52.7	53.0	19
44.5	47.9	50.2	51.2	51.9	52.3	20
44.4	47.6	50.0	51.3	52.3	52.5	21
44.5	**47.7**	**49.9**	**51.2**	**52.1**	**52.5**	**22**
						Sitting height (cm)
79.1	81.5	83.2	84.4	84.7	84.9	1960
80.2	82.6	84.0	84.8	85.1	85.1	65
80.8	83.0	84.4	84.9	85.0	85.1	70
81.2	83.1	84.2	84.9	85.1	85.0	75
81.5	83.3	84.4	84.9	85.0	85.0	80
81.6	83.4	84.5	85.1	85.2	85.1	85
81.9	83.6	84.6	85.2	85.3	85.3	90
82.2	83.8	84.6	85.1	85.2	85.3	95
82.3	83.8	84.7	85.1	85.3	85.4	2000
82.2	83.8	84.9	85.3	85.6	85.6	05
82.1	83.8	84.8	85.3	85.6	85.8	10
82.1	83.9	84.9	85.5	85.7	85.9	15
…	…	…	…	…	…	16
…	…	…	…	…	…	17
…	…	…	…	…	…	18
…	…	…	…	…	…	19
…	…	…	…	…	…	20
…	…	…	…	…	…	21
…	**…**	**…**	**…**	**…**	**…**	**22**

児 童 ・ 生 徒 の
Physical Fitness and Motor

男〈Male〉

区　分	小学校 Elementary school					
	6歳	7歳	8歳	9歳	10歳	11歳
握　　力(kg)						
昭和47年	…	…	…	…	18.3	21.1
昭和57年	…	…	…	…	18.7	21.8
平成4年	…	…	…	…	18.5	22.1
平成14年	9.7	11.6	13.5	15.5	17.9	21.2
平成24年	9.4	11.1	12.8	14.6	16.9	19.8
令和4年	**9.1**	**10.8**	**12.5**	**14.3**	**16.7**	**19.5**
上体起こし(回)						
平成14年	10.7	13.5	15.3	17.1	18.9	20.9
平成24年	11.5	14.2	16.0	17.8	20.3	22.3
令和4年	**11.8**	**14.5**	**16.0**	**18.0**	**20.0**	**21.6**
長座体前屈(cm)						
平成14年	25.6	28.1	30.0	31.7	33.2	35.1
平成24年	25.9	27.4	29.2	30.8	33.4	35.4
令和4年	**26.6**	**28.1**	**29.9**	**32.0**	**34.3**	**36.6**
反復横とび(点)						
平成14年	26.1	30.0	34.0	37.5	41.6	43.6
平成24年	27.2	31.3	35.2	38.6	43.1	45.9
令和4年	**27.4**	**31.1**	**34.6**	**38.3**	**42.7**	**45.5**
20mシャトルラン(回)						
平成14年	15.7	25.8	33.7	41.4	50.3	57.5
平成24年	18.5	28.2	38.1	46.8	54.7	64.3
令和4年	**18.1**	**27.7**	**35.2**	**42.8**	**51.2**	**57.5**
持久走(秒)						
昭和47年	…	…	…	…	…	…
昭和57年	…	…	…	…	…	…
平成4年	…	…	…	…	…	…
平成14年	…	…	…	…	…	…
平成24年	…	…	…	…	…	…
令和4年	**…**	**…**	**…**	**…**	**…**	**…**
５０ｍ走(秒)						
昭和47年	…	…	…	…	9.1	8.8
昭和57年	…	…	…	…	9.0	8.7
平成4年	…	…	…	…	9.0	8.7
平成14年	11.6	10.8	10.2	9.8	9.3	9.0
平成24年	11.5	10.6	10.1	9.6	9.2	8.8
令和4年	**11.5**	**10.6**	**10.1**	**9.7**	**9.3**	**8.9**
立ち幅とび(cm)						
平成14年	115.2	127.1	138.8	147.1	157.0	166.7
平成24年	114.0	125.6	137.9	145.6	156.5	165.1
令和4年	**117.0**	**127.4**	**136.6**	**145.2**	**156.0**	**166.1**
ハンドボール投げ(m)(小学校はソフトボール投げ)						
昭和47年	…	…	…	…	30.4	34.5
昭和57年	…	…	…	…	29.9	34.3
平成4年	…	…	…	…	28.7	32.7
平成14年	9.2	13.0	17.6	22.0	26.6	30.9
平成24年	8.8	12.3	16.5	20.4	24.9	29.6
令和4年	**8.3**	**11.4**	**15.0**	**21.9**	21.9	25.4
合計点（点）						
平成14年	29.7	37.4	43.8	49.4	55.4	60.6
平成24年	30.5	37.7	44.1	49.9	55.9	61.9
令和4年	**30.7**	**38.0**	**43.4**	**49.0**	**55.4**	**60.3**

(注) 1　「合計点」の得点基準は，小学校と中学校・高等学校とでは異なる。
　　 2　平成10年度から「新体力テスト」により調査を実施している。
　　 3　中学校・高等学校では，持久走と２０ｍシャトルランを選択実施している。
資料　スポーツ庁「体力・運動能力調査報告書」

体力・運動能力(2－1)
Abilities of Students

中学校 Lower secondary school			高等学校 Upper secondary school			区分
12歳	13歳	14歳	15歳	16歳	17歳	
						Grip Strength(kg)
25.5	31.1	36.6	42.0	44.4	46.7	1972
26.1	32.2	38.2	42.0	44.6	46.8	1982
26.1	31.5	37.4	40.6	43.3	44.6	1992
25.7	31.7	36.9	40.1	42.3	44.0	2002
24.7	30.6	35.7	38.6	41.3	42.8	2012
24.7	**30.2**	**34.5**	**36.5**	**38.6**	**40.7**	**2022**
						Sit Up(counts)
22.8	26.3	28.1	28.0	29.7	30.4	2002
24.5	27.8	29.9	29.4	30.9	32.1	2012
23.7	**26.6**	**28.6**	**27.6**	**29.2**	**30.4**	**2022**
						Sit & Reach(cm)
38.4	43.2	46.2	47.1	49.7	50.2	2002
39.2	43.9	47.0	47.5	49.5	51.3	2012
40.7	**45.1**	**49.2**	**47.4**	**48.6**	**50.7**	**2022**
						Side Step(scores)
46.1	50.0	52.3	51.6	53.6	54.3	2002
49.4	52.7	55.2	55.4	56.9	58.2	2012
50.1	**53.0**	**56.0**	**54.9**	**56.3**	**57.5**	**2022**
						20m Shuttle Run(counts)
65.2	81.6	88.9	79.4	87.9	87.3	2002
72.0	87.7	95.7	85.3	91.2	92.3	2012
67.2	**83.1**	**90.8**	**77.6**	**84.9**	**86.3**	**2022**
						Endurance Run(seconds)
390.2	374.0	360.3	362.7	361.4	363.5	1972
390.5	367.9	362.7	361.8	356.9	358.4	1982
398.5	373.4	363.6	373.2	367.1	363.3	1992
432.0	388.7	378.5	385.9	376.3	374.7	2002
412.3	381.2	364.1	377.7	372.9	361.4	2012
418.5	**396.5**	**378.1**	**386.8**	**372.7**	**372.0**	**2022**
						50m Run(seconds)
8.4	8.1	7.7	7.6	7.5	7.4	1972
8.5	8.0	7.6	7.5	7.3	7.3	1982
8.4	7.9	7.5	7.6	7.4	7.3	1992
8.6	7.9	7.6	7.6	7.4	7.3	2002
8.5	7.9	7.5	7.5	7.4	7.3	2012
8.4	**7.8**	**7.5**	**7.5**	**7.3**	**7.3**	**2022**
						Standing Long Jump(cm)
180.6	198.9	211.6	216.9	224.4	227.7	2002
182.0	199.3	213.9	217.0	224.7	229.3	2012
186.1	**203.8**	**217.3**	**217.4**	**223.9**	**227.5**	**2022**
						Handball Throw(m) (In elementary school, Softball Throw has been implemented.)
19.7	22.6	25.2	26.2	27.2	28.3	1972
19.6	22.8	25.7	26.7	28.0	28.7	1982
19.6	22.3	24.5	25.2	26.9	27.7	1992
19.2	21.8	24.3	25.5	26.4	27.4	2002
18.6	21.5	23.9	24.7	26.2	27.3	2012
18.0	21.0	23.8	23.2	24.7	25.6	**2022**
						Total Scores (scores)
32.9	42.0	48.2	49.0	53.1	54.7	2002
35.0	43.9	50.6	50.6	54.8	57.4	2012
35.5	**44.1**	**50.6**	**48.6**	**52.5**	**55.0**	**2022**

(1) Total score standards differ between elementary school, and lower secondary school and upper secondary school.
(2) New Physical Fitness Test has been implemented since 1998.
(3) In lower secondary school and upper secondary school, either Endurance Run or 20m Shuttle Run has been implemented.
Material Japan Sports Agency, *The Report of Survey on Physical Fitness and Motor Abilities*

児 童 ・ 生 徒 の
Physical Fitness and Motor

女<Female>

区 分	小学校 Elementary school					
	6歳	7歳	8歳	9歳	10歳	11歳
握 力(kg)						
昭和47年	…	…	…	…	17.0	20.1
昭和57年	…	…	…	…	16.9	20.3
平成4年	…	…	…	…	17.2	20.6
平成14年	8.9	10.7	12.4	14.2	16.8	20.0
平成24年	8.8	10.3	12.1	14.0	16.3	19.3
令和4年	**8.5**	**10.1**	**11.8**	**13.9**	**16.4**	**18.7**
上体起こし(回)						
平成14年	9.8	12.4	14.0	15.6	17.0	17.8
平成24年	11.0	13.7	15.3	16.8	18.4	20.2
令和4年	**11.8**	**13.6**	**15.7**	**17.3**	**18.5**	**19.5**
長座体前屈(cm)						
平成14年	27.4	30.0	31.7	34.4	36.7	39.0
平成24年	28.5	30.3	32.6	34.8	37.2	39.5
令和4年	**28.5**	**30.6**	**33.1**	**35.7**	**37.8**	**41.1**
反復横とび(点)						
平成14年	25.1	28.7	32.1	35.6	39.0	40.4
平成24年	26.3	30.0	33.6	37.1	39.7	43.0
令和4年	**26.9**	**29.9**	**33.3**	**36.9**	**39.9**	**42.1**
20mシャトルラン(回)						
平成14年	14.0	20.4	26.5	33.0	39.4	44.6
平成24年	15.3	22.6	28.1	35.6	41.0	49.1
令和4年	**15.6**	**21.6**	**27.8**	**34.0**	**40.4**	**45.1**
持久走(秒)						
昭和47年	…	…	…	…	…	…
昭和57年	…	…	…	…	…	…
平成4年	…	…	…	…	…	…
平成14年	…	…	…	…	…	…
平成24年	…	…	…	…	…	…
令和4年	…	…	…	…	…	…
50m走(秒)						
昭和47年	…	…	…	…	9.4	9.1
昭和57年	…	…	…	…	9.3	9.0
平成4年	…	…	…	…	9.3	9.0
平成14年	11.9	11.1	10.5	10.0	9.6	9.3
平成24年	11.8	10.9	10.4	9.9	9.6	9.1
令和4年	**11.8**	**11.0**	**10.4**	**10.0**	**9.6**	**9.3**
立ち幅とび(cm)						
平成14年	104.4	117.7	128.0	137.0	147.6	154.1
平成24年	106.4	119.4	129.4	138.3	146.8	155.6
令和4年	**108.4**	**119.6**	**128.3**	**138.0**	**148.7**	**154.7**
ハンドボール投げ(m)(小学校はソフトボール投げ)						
昭和47年	…	…	…	…	16.9	20.1
昭和57年	…	…	…	…	17.3	20.2
平成4年	…	…	…	…	16.5	18.7
平成14年	5.8	7.8	10.3	12.7	15.2	17.5
平成24年	5.8	8.1	9.9	12.1	14.6	17.4
令和4年	**5.6**	**7.4**	**9.3**	**11.5**	**13.4**	**15.2**
合計点 (点)						
平成14年	29.0	36.8	43.2	49.1	54.9	59.7
平成24年	30.4	38.4	44.2	50.2	55.5	62.0
令和4年	**30.9**	**38.0**	**44.2**	**50.1**	**55.7**	**60.2**

(注) 1 「合計点」の得点基準は，小学校と中学校・高等学校とでは異なる。
2 平成10年度から「新体力テスト」により調査を実施している。
3 中学校・高等学校では，持久走と２０ｍシャトルランを選択実施している。
資料 スポーツ庁「体力・運動能力調査報告書」

体力・運動能力(2－2)

中学校 Lower secondary school 12歳	13歳	14歳	高等学校 Upper secondary school 15歳	16歳	17歳	区分
						Grip Strength(kg)
23.0	25.6	27.3	29.0	29.7	30.0	1972
23.0	26.1	27.3	28.5	29.5	29.3	1982
22.5	24.3	25.9	26.1	26.7	27.3	1992
22.3	24.6	25.7	25.9	26.8	27.4	2002
22.1	24.4	25.6	25.6	26.6	27.0	2012
21.4	**24.0**	**25.2**	**25.3**	**26.2**	**26.4**	**2022**
						Sit Up(counts)
18.2	20.5	21.2	19.6	20.1	20.7	2002
20.5	23.5	24.2	22.2	23.2	23.9	2012
19.9	**22.5**	**24.0**	**21.8**	**23.2**	**23.7**	**2022**
						Sit & Reach(cm)
40.9	43.5	44.9	45.3	46.2	46.7	2002
42.2	44.6	46.3	45.8	47.5	48.1	2012
44.4	**47.3**	**49.4**	**47.3**	**49.0**	**49.8**	**2022**
						Side Step(scores)
41.6	43.8	43.8	42.7	43.5	44.0	2002
44.5	46.8	47.4	46.3	47.0	47.3	2012
45.2	**47.9**	**48.6**	**47.1**	**48.1**	**48.1**	**2022**
						20m Shuttle Run(counts)
47.1	55.4	56.1	44.4	46.6	46.9	2002
51.9	61.2	60.1	49.5	51.8	51.8	2012
49.4	**56.2**	**56.2**	**45.7**	**47.8**	**47.2**	**2022**
						Endurance Run(seconds)
279.7	275.4	280.5	289.6	293.0	293.4	1972
275.6	274.5	279.9	287.9	285.5	287.6	1982
281.3	276.9	279.4	296.6	293.2	293.1	1992
301.1	295.0	291.9	312.8	312.8	312.4	2002
302.2	284.3	287.5	307.7	302.3	304.7	2012
308.7	**289.7**	**294.2**	**304.9**	**304.8**	**305.6**	**2022**
						50m Run(seconds)
8.9	8.7	8.7	8.9	8.9	8.9	1972
8.8	8.7	8.6	8.8	8.7	8.7	1982
8.9	8.6	8.6	8.9	8.8	8.8	1992
9.1	8.8	8.8	9.1	9.1	9.1	2002
9.1	8.7	8.7	9.0	9.0	9.0	2012
9.0	**8.8**	**8.7**	**9.0**	**8.9**	**8.9**	**2022**
						Standing Long Jump(cm)
159.0	167.9	170.0	163.7	165.9	168.2	2002
164.3	171.7	173.9	168.3	169.8	170.6	2012
167.1	**173.0**	**176.0**	**170.5**	**173.2**	**171.6**	**2022**
						Handball Throw(m) (In elementary school, Softball Throw has been implemented.)
14.4	15.6	16.1	16.4	16.7	16.9	1972
14.6	15.4	16.3	16.5	16.7	16.8	1982
13.5	14.6	15.3	15.0	16.0	16.0	1992
12.5	13.7	14.2	14.1	14.5	15.1	2002
11.9	13.6	14.3	14.1	14.5	14.8	2012
11.6	**13.3**	**14.1**	**13.4**	**14.2**	**14.3**	**2022**
						Total Scores (scores)
41.5	47.2	48.9	45.5	47.5	48.4	2002
43.9	50.6	52.7	49.0	50.7	51.8	2012
44.6	**51.0**	**53.4**	**48.9**	**52.0**	**52.1**	**2022**

(1) Total score standards differ between elementary school, and lower secondary school and upper secondary school.
(2) New Physical Fitness Test has been implemented since 1998.
(3) In lower secondary school and upper secondary school, either Endurance Run or 20m Shuttle Run has been implemented.
Material Japan Sports Agency, *The Report of Survey on Physical Fitness and Motor Abilities*

児童・生徒の
Disease Rate

区分	裸眼視力 視力非矯正者の裸眼視力 計 Total	1.0以上 1.0～	1.0未満0.7以上 1.0～0.7	0.7未満0.3以上 0.7～0.3	0.3未満 0.3～	視力矯正者の裸眼視力 1.0以上 1.0～	1.0未満0.7以上 1.0～0.7	0.7未満0.3以上 0.7～0.3	0.3未満 0.3～	裸眼視力 Unaided vision 計 Total	1.0未満0.7以上 1.0～0.7	0.7未満0.3以上 0.7～0.3	0.3未満 0.3～
幼稚園 Kindergarten													
昭和35('60)	…	…	…	…	…	…	…	…	…	…	…	…	…
40('65)	…	…	…	…	…	…	…	…	…	…	…	…	…
45('70)	…	…	…	…	…	…	…	…	…	…	…	…	…
50('75)	…	…	…	…	…	…	…	…	…	…	…	…	…
55('80)	…	…	…	…	…	…	…	…	…	19.84	14.85	4.36	0.63
60('85)	…	…	…	…	…	…	…	…	…	21.22	15.88	4.89	0.45
平成 2('90)	…	…	…	…	…	…	…	…	…	18.63	13.79	4.46	0.38
7('95)	…	…	…	…	…	…	…	…	…	26.78	17.96	8.09	0.73
12('00)	…	…	…	…	…	…	…	…	…	28.69	21.47	6.77	0.46
17('05)	…	…	…	…	…	…	…	…	…	20.38	15.23	4.69	0.47
22('10)	…	…	…	…	…	…	…	…	…	26.43	19.83	5.81	0.79
27('15)	100.00	72.95	19.22	6.00	0.52	0.23	0.34	0.57	0.18	26.82	19.55	6.57	0.70
28('16)	100.00	71.80	19.74	6.68	0.59	0.26	0.28	0.40	0.25	27.94	20.01	7.08	0.85
29('17)	100.00	75.13	17.57	5.17	0.48	0.39	0.48	0.54	0.25	24.48	18.05	5.71	0.72
30('18)	100.00	73.01	18.63	6.11	0.56	0.31	0.40	0.67	0.31	26.68	19.04	6.78	0.86
令和元('19)	100.00	73.60	17.97	6.16	0.34	0.34	0.46	0.86	0.26	26.06	18.44	7.03	0.60
2('20)	100.00	71.53	20.67	5.44	0.48	0.57	0.45	0.66	0.20	27.90	21.12	6.10	0.68
3('21)	100.00	74.74	17.05	5.72	0.43	0.45	0.57	0.83	0.22	24.81	17.62	6.54	0.64
4('22)	**100.00**	**74.61**	**17.40**	**5.02**	**0.56**	**0.44**	**0.73**	**0.83**	**0.41**	**24.95**	**18.13**	**5.85**	**0.97**
男 Male	**100.00**	**74.55**	**17.60**	**5.10**	**0.45**	**0.41**	**0.54**	**0.94**	**0.40**	**25.03**	**18.14**	**6.04**	**0.85**
女 Female	**100.00**	**74.67**	**17.19**	**4.94**	**0.67**	**0.46**	**0.93**	**0.71**	**0.42**	**24.87**	**18.12**	**5.66**	**1.09**
小学校 Elementary school													
昭和35('60)	…	…	…	…	…	…	…	…	…	…	…	…	…
40('65)	…	…	…	…	…	…	…	…	…	…	…	…	…
45('70)	…	…	…	…	…	…	…	…	…	…	…	…	…
50('75)	…	…	…	…	…	…	…	…	…	…	…	…	…
55('80)	…	…	…	…	…	…	…	…	…	19.74	10.54	6.27	2.93
60('85)	…	…	…	…	…	…	…	…	…	18.72	8.71	6.44	3.57
平成 2('90)	…	…	…	…	…	…	…	…	…	21.22	8.62	7.75	4.85
7('95)	…	…	…	…	…	…	…	…	…	25.42	10.20	9.43	5.78
12('00)	…	…	…	…	…	…	…	…	…	25.33	10.13	9.67	5.54
17('05)	…	…	…	…	…	…	…	…	…	26.46	10.40	10.29	5.77
22('10)	…	…	…	…	…	…	…	…	…	29.91	10.88	11.49	7.55
27('15)	100.00	68.30	10.24	9.15	3.47	0.73	0.88	2.37	4.85	30.97	11.12	11.53	8.32
28('16)	100.00	67.88	10.29	9.33	3.65	0.66	0.87	2.35	4.97	31.46	11.16	11.68	8.62
29('17)	100.00	66.80	10.59	9.81	3.75	0.74	0.89	2.44	4.97	32.46	11.48	12.25	8.72
30('18)	100.00	65.10	11.03	10.21	4.01	0.80	0.98	2.60	5.27	34.10	12.01	12.81	9.28
令和元('19)	100.00	64.54	10.90	10.44	3.92	0.89	1.12	2.74	5.47	34.57	12.01	13.18	9.38
2('20)	100.00	61.67	11.66	11.16	4.80	0.81	1.05	2.73	6.12	37.52	12.71	13.89	10.92
3('21)	100.00	62.22	11.42	10.81	4.46	0.91	1.13	2.88	6.18	36.87	12.54	13.69	10.64
4('22)	**100.00**	**61.22**	**10.92**	**10.80**	**5.03**	**0.90**	**1.06**	**3.10**	**6.96**	**37.88**	**11.98**	**13.90**	**11.99**
男 Male	**100.00**	**64.05**	**10.59**	**10.37**	**4.41**	**0.85**	**0.97**	**2.68**	**6.09**	**35.10**	**11.55**	**13.05**	**10.49**
女 Female	**100.00**	**58.27**	**11.28**	**11.25**	**5.67**	**0.96**	**1.15**	**3.54**	**7.88**	**40.78**	**12.43**	**14.79**	**13.55**

資料　文部科学省「学校保健統計（学校保健統計調査報告書）」

健　康　状　態　（2－1）
among Students

（単位：%）

耳鼻咽頭 Ear, nose and throat			むし歯（う歯） Decayed teeth		12歳の永久歯の1人当り平均むし歯（う歯）等数（本）	アトピー性皮膚炎	結核	心臓の疾病・異常	ぜん息	腎臓疾患
耳疾患 Ear disease	鼻・副鼻腔疾患 Nasal fossa, paranasal sinus disease	口腔咽喉頭疾患・異常 Oral cavity, pharyngolarynx disease & disorder	処置完了者 Treated	未処置歯のある者 Not treated	DMF (decayed, missing or filled) teeth	atopic dermatitis	Tuberculosis	Heart disease & abnormalities	Asthma	Kidney disease
…	…	…	3.97	84.19	…	…	…	0.28	…	…
…	…	…	6.62	83.52	…	…	…	0.24	…	…
…	…	…	3.70	91.70	…	…	…	0.30	0.50	—
…	…	…	8.69	85.51	…	…	…	0.39	0.42	0.04
…	…	…	13.48	73.06	…	…	…	0.44	0.68	0.02
…	…	…	23.44	59.13	…	…	…	0.37	0.70	0.03
…	…	…	27.98	52.44	…	…	…	0.36	0.70	0.02
1.93	3.32	3.54	27.77	46.88	…	…	…	0.33	0.91	0.02
1.90	3.29	3.06	25.06	39.37	…	…	…	0.32	1.33	0.03
2.05	3.18	2.02	21.32	33.07	…	…	…	0.21	1.58	0.02
3.34	3.39	1.86	18.36	27.71	…	3.28	…	0.45	2.74	0.06
2.23	3.57	1.30	15.12	21.11	…	2.52	…	0.44	2.14	0.07
2.83	3.58	1.14	14.53	21.11	…	2.39	…	0.40	2.30	0.05
2.25	2.86	1.31	13.85	21.60	…	2.09	…	0.35	1.80	0.09
2.31	2.91	1.45	13.60	21.50	…	2.04	…	0.31	1.56	0.05
2.57	3.21	1.52	12.00	19.15	…	2.31	…	0.41	1.83	0.08
1.97	2.38	1.04	12.69	17.66	…	1.90	…	0.37	1.64	0.07
2.00	2.96	0.61	11.07	15.42	…	1.75	…	0.34	1.48	0.06
2.36	**3.03**	**0.65**	**10.05**	**14.88**	**…**	**1.62**	**…**	**0.28**	**1.11**	**0.03**
2.39	**3.55**	**0.70**	**10.32**	**15.56**	**…**	**1.75**	**…**	**0.29**	**1.41**	**0.02**
2.32	**2.48**	**0.60**	**9.77**	**14.18**	**…**	**1.48**	**…**	**0.26**	**0.80**	**0.03**
…	…	…	5.00	79.19	…	…	…	0.33	…	…
…	…	…	8.73	79.15	…	…	…	0.32	…	…
…	…	…	12.10	81.50	…	…	0.20	0.40	0.40	0.10
…	…	…	14.47	79.96	…	…	0.10	0.38	0.57	0.12
…	…	…	22.24	71.74	…	…	0.03	0.35	0.44	0.10
…	…	…	31.82	59.54	…	…	0.02	0.44	0.93	0.12
…	…	…	36.26	53.28	…	…	0.03	0.48	1.05	0.13
3.38	9.92	2.11	40.59	46.74	…	…	0.00	0.46	1.38	0.11
4.12	11.28	2.17	37.84	40.03	…	…	0.01	0.52	2.45	0.14
4.48	11.18	1.86	32.84	35.36	…	…	0.01	0.61	3.27	0.11
5.43	11.66	1.52	29.20	30.44	…	3.38	0.01	0.71	4.19	0.17
5.47	11.91	1.23	25.76	25.00	…	3.52	0.01	0.70	3.95	0.18
6.09	12.91	1.38	24.73	24.16	…	3.18	0.00	0.71	3.69	0.17
6.24	12.84	1.28	24.07	22.99	…	3.26	0.00	0.68	3.87	0.19
6.47	13.04	1.34	23.07	22.23	…	3.40	0.00	0.81	3.51	0.21
6.32	11.81	1.29	23.08	21.74	…	3.33	0.00	0.84	3.37	0.21
6.14	11.02	0.96	20.58	19.62	…	3.18	0.00	0.80	3.31	0.20
6.76	11.87	0.89	20.62	18.42	…	3.20	0.00	0.83	3.27	0.23
6.60	**11.44**	**0.71**	**19.32**	**17.70**	**…**	**3.14**	**0.00**	**0.80**	**2.85**	**0.21**
6.67	**14.08**	**0.79**	**20.05**	**18.27**	**…**	**3.33**	**0.00**	**0.80**	**3.43**	**0.20**
6.52	**8.68**	**0.64**	**18.56**	**17.11**	**…**	**2.95**	**0.00**	**0.79**	**2.23**	**0.23**

児童・生徒の
Disease Rate

区分	計 Total	裸眼視力 視力非矯正者の裸眼視力 1.0以上 1.0～	1.0未満 0.7以上 1.0～0.7	0.7未満 0.3以上 0.7～0.3	0.3未満 0.3～	視力矯正者の裸眼視力 1.0以上 1.0～	1.0未満 0.7以上 1.0～0.7	0.7未満 0.3以上 0.7～0.3	0.3未満 0.3～	裸眼視力 Unaided vision 計 Total	1.0未満 0.7以上 1.0～0.7	0.7未満 0.3以上 0.7～0.3	0.3未満 0.3～
中学校 Lower sec. school													
昭和35('60)	…	…	…	…	…	…	…	…	…	…	…	…	…
40('65)	…	…	…	…	…	…	…	…	…	…	…	…	…
45('70)	…	…	…	…	…	…	…	…	…	…	…	…	…
50('75)	…	…	…	…	…	…	…	…	…	…	…	…	…
55('80)	…	…	…	…	…	…	…	…	…	38.12	10.68	13.13	14.32
60('85)	…	…	…	…	…	…	…	…	…	36.58	10.17	12.64	13.77
平成 2('90)	…	…	…	…	…	…	…	…	…	41.58	10.08	13.91	17.59
7('95)	…	…	…	…	…	…	…	…	…	49.06	11.72	16.57	20.77
12('00)	…	…	…	…	…	…	…	…	…	49.99	11.29	16.94	21.75
17('05)	…	…	…	…	…	…	…	…	…	47.77	11.63	16.47	19.67
22('10)	…	…	…	…	…	…	…	…	…	52.73	12.07	18.41	22.25
27('15)	100.00	44.99	9.91	11.77	5.89	0.96	1.77	5.30	19.42	54.05	11.68	17.07	25.31
28('16)	100.00	44.82	10.49	11.46	7.40	0.55	1.04	4.96	19.28	54.63	11.53	16.42	26.68
29('17)	100.00	42.72	10.00	12.83	6.61	0.95	1.50	5.54	19.85	56.33	11.50	18.37	26.46
30('18)	100.00	42.31	9.35	12.76	7.20	1.65	1.92	6.46	18.33	56.04	11.27	19.22	25.54
令和元('19)	100.00	41.44	10.89	12.53	7.05	1.08	1.84	5.14	20.01	57.47	12.73	17.67	27.07
2('20)	100.00	40.46	11.63	13.76	8.16	1.25	1.90	5.66	17.18	58.29	13.52	19.42	25.34
3('21)	100.00	38.14	9.55	13.97	7.04	1.20	1.87	6.40	21.82	60.66	11.43	20.37	28.86
4('22)	**100.00**	**37.64**	**10.86**	**14.31**	**7.05**	**1.11**	**1.53**	**6.27**	**21.23**	**61.23**	**12.39**	**20.58**	**28.26**
男 Male	100.00	40.18	11.64	15.15	7.37	0.96	1.35	5.35	18.00	58.86	12.99	20.50	25.37
女 Female	100.00	34.98	10.04	13.42	6.70	1.27	1.72	7.23	24.62	63.72	11.77	20.65	31.30
高等学校 Upper sec. school													
昭和35('60)	…	…	…	…	…	…	…	…	…	…	…	…	…
40('65)	…	…	…	…	…	…	…	…	…	…	…	…	…
45('70)	…	…	…	…	…	…	…	…	…	…	…	…	…
50('75)	…	…	…	…	…	…	…	…	…	…	…	…	…
55('80)	…	…	…	…	…	…	…	…	…	55.46	11.38	15.56	28.52
60('85)	…	…	…	…	…	…	…	…	…	51.56	11.13	15.37	25.06
平成 2('90)	…	…	…	…	…	…	…	…	…	56.38	10.22	16.18	29.98
7('95)	…	…	…	…	…	…	…	…	…	61.80	11.29	17.16	33.35
12('00)	…	…	…	…	…	…	…	…	…	62.45	11.93	15.66	34.86
17('05)	…	…	…	…	…	…	…	…	…	58.42	11.14	16.00	31.28
22('10)	…	…	…	…	…	…	…	…	…	55.64	12.98	16.75	25.90
27('15)	100.00	35.55	9.56	10.38	6.90	0.67	1.09	6.58	29.26	63.79	10.66	16.97	36.16
28('16)	100.00	33.44	11.06	12.03	7.77	0.59	0.78	4.57	29.78	65.98	11.84	16.59	37.54
29('17)	100.00	36.07	10.07	11.69	7.08	1.63	1.75	4.89	26.82	62.30	11.82	16.58	33.89
30('18)	100.00	32.53	10.43	11.09	6.80	0.24	0.88	5.48	32.54	67.23	11.31	16.57	39.34
令和元('19)	100.00	30.68	9.08	10.35	6.87	1.68	2.19	7.05	32.11	67.64	11.26	17.40	38.98
2('20)	100.00	35.58	11.79	13.15	8.46	1.26	1.74	4.97	23.07	63.17	13.52	18.12	31.52
3('21)	100.00	27.82	8.23	11.43	7.69	1.37	1.51	6.89	35.06	70.81	9.74	18.32	42.75
4('22)	**100.00**	**28.01**	**10.38**	**11.62**	**6.68**	**0.43**	**1.01**	**6.44**	**35.43**	**71.56**	**11.39**	**18.06**	**42.11**
男 Male	100.00	28.78	9.20	15.12	8.52	0.41	0.90	6.26	30.80	70.81	10.10	21.38	39.33
女 Female	100.00	27.23	11.61	8.00	4.76	0.44	1.12	6.62	40.22	72.33	12.73	14.62	44.98

健　康　状　態　（2－2）
among Students

（単位：%）

耳鼻咽頭 Ear, nose and throat			むし歯（う歯） Decayed teeth		12歳の永久歯の1人当り平均むし歯（う歯）等数（本）	アトピー性皮膚炎	結核	心臓の疾病・異常	ぜん息	腎臓疾患
耳疾患 Ear disease	鼻・副鼻腔疾患 Nasal fossa, paranasal sinus disease	口腔咽喉頭疾患・異常 Oral cavity, pharyngolarynx disease & disorder	処置完了者 Treated	未処置歯のある者 Not treated	DMF(decayed, missing or filled)teeth	atopic dermatitis	Tuberculosis	Heart disease & abnormalities	Asthma	Kidney disease
…	…	…	11.84	62.13	…	…	…	0.39	…	…
…	…	…	17.28	68.37	…	…	…	0.40	…	…
…	…	…	22.80	67.70	…	…	0.20	0.40	0.10	0.10
…	…	…	28.04	65.64	…	…	0.04	0.43	0.31	0.20
…	…	…	33.85	60.05	…	…	0.02	0.45	0.40	0.16
…	…	…	41.19	51.15	4.63	…	0.01	0.60	0.67	0.21
…	…	…	41.34	48.62	4.30	…	0.02	0.70	0.98	0.17
1.68	8.13	1.08	46.23	40.39	3.72	…	0.00	0.55	1.44	0.15
2.50	9.42	1.01	43.53	33.31	2.65	…	0.01	0.59	1.81	0.18
2.77	10.59	1.24	34.73	27.99	1.82	…	0.01	0.64	2.67	0.18
3.56	10.67	0.82	28.02	22.58	1.29	2.56	0.00	0.78	3.02	0.20
3.63	10.61	0.58	22.38	18.11	0.90	2.72	0.00	0.81	3.00	0.20
4.47	11.52	0.69	20.98	16.51	0.84	2.65	0.00	0.84	2.90	0.22
4.48	11.27	0.64	21.12	16.21	0.82	2.66	0.00	0.80	2.71	0.22
4.72	10.99	0.75	20.41	15.01	0.74	2.85	0.00	0.99	2.71	0.23
4.71	12.10	0.66	19.78	14.22	0.70	2.87	0.00	0.89	2.60	0.21
5.01	10.21	0.45	18.75	13.40	0.68	2.86	0.00	1.00	2.59	0.25
4.89	10.06	0.49	18.04	12.33	0.63	2.95	–	0.98	2.31	0.25
4.76	**10.70**	**0.35**	**16.80**	**11.43**	**0.56**	**2.96**	**0.00**	**0.85**	**2.23**	**0.24**
5.50	**12.39**	**0.38**	**15.64**	**11.34**	**0.50**	**3.11**	**0.00**	**0.90**	**2.60**	**0.25**
3.99	**8.94**	**0.31**	**18.02**	**11.54**	**0.61**	**2.81**	**0.00**	**0.80**	**1.83**	**0.23**
…	…	…	17.71	54.06	…	…	…	0.35	…	…
…	…	…	22.76	63.76	…	…	…	0.28	…	…
…	…	…	23.50	69.40	…	…	0.10	0.30	0.10	0.10
…	…	…	28.93	66.02	…	…	0.05	0.54	0.14	0.24
…	…	…	32.58	63.31	…	…	0.03	0.76	0.19	0.21
…	…	…	42.17	52.12	…	…	0.01	0.64	0.24	0.17
…	…	…	45.82	47.83	…	…	0.01	0.90	0.45	0.21
0.88	5.83	0.61	48.70	41.92	…	…	0.03	0.57	0.78	0.18
1.17	7.10	0.79	49.73	35.30	…	…	0.03	0.57	1.32	0.18
1.32	8.14	0.63	42.54	30.23	…	…	0.05	0.62	1.71	0.18
1.61	8.45	0.58	34.21	25.74	…	2.23	0.00	0.69	2.08	0.21
2.04	7.34	0.44	29.91	22.58	…	2.05	0.02	0.77	1.93	0.19
2.30	9.41	0.42	28.35	20.84	…	2.32	0.03	0.68	1.91	0.22
2.59	8.61	0.50	27.63	19.67	…	2.27	0.02	0.68	1.91	0.19
2.45	9.85	0.31	27.11	18.25	…	2.58	0.03	0.86	1.78	0.20
2.87	9.92	0.47	26.36	17.33	…	2.44	0.02	0.89	1.79	0.21
2.47	6.88	0.25	25.04	16.62	…	2.44	0.03	0.86	1.75	0.21
2.51	8.81	0.24	24.12	15.65	…	2.58	0.04	0.89	1.70	0.20
2.25	**8.51**	**0.28**	**23.79**	**14.51**	**…**	**2.68**	**0.03**	**0.76**	**1.71**	**0.20**
2.59	**9.06**	**0.29**	**21.80**	**14.88**	**…**	**2.87**	**0.03**	**0.82**	**1.91**	**0.22**
1.89	**7.94**	**0.28**	**25.84**	**14.12**	**…**	**2.49**	**0.03**	**0.69**	**1.50**	**0.18**

研　究　実　施
R&D Performing

＜人文・社会科学を含む＞Including Social Sciences and Humanities

年度 FY ＼ 組織 Organization	総　計 Total	企　業　等 Business enterprises 計 Total	会　社 Companies	特殊法人・独立行政法人(a)(※1)	非営利団体 Non-profit institutions	計 Total
平成4('92)	18,144	14,378	14,368	10	666	786
5('93)	16,057	12,228	12,217	11	661	781
6('94)	16,997	13,102	13,090	12	658	772
7('95)	18,385	14,485	14,473	12	645	763
8('96)	19,028	15,035	15,023	12	651	757
9('97)	21,878	17,864	17,853	11	644	733
10('98)	24,931	20,720	20,710	10	637	733
11('99)	23,607	19,353	19,342	11	620	699
12('00)	27,061	22,789	22,778	11	613	632
13('01)	22,056	17,903	17,892	11	523	615
14('02)	18,468	14,258	14,247	11	520	599
15('03)	29,663	25,440	25,428	12	507	596
16('04)	28,608	24,290	24,279	11	488	601
17('05)	22,201	17,764	17,757	7	490	619
18('06)	23,204	18,737	18,730	7	482	575
19('07)	26,908	22,370	22,364	6	475	565
20('08)	21,558	17,029	17,023	6	464	544
21('09)	18,572	14,003	13,998	5	464	530
22('10)	19,223	14,666	14,660	6	467	486
23('11)	16,248	11,677	11,677	—	454	486
24('12)	17,276	12,673	12,673	—	468	497
25('13)	16,250	11,670	11,670	—	465	489
26('14)	19,676	15,073	15,073	—	458	488
27('15)	19,970	15,375	15,375	—	456	494
28('16)	23,352	18,739	18,739	—	448	492
29('17)	19,350	14,721	14,721	—	435	498
30('18)	18,512	13,842	13,842	—	428	503
令和元('19)	18,554	13,868	13,868	—	423	502
2('20)	25,244	20,527	20,527	—	423	501
3('21)	25,056	20,231	20,231	—	414	502
4('22)	**25,348**	**20,495**	**20,495**	**—**	**406**	**503**

(注) 1　研究実施機関数は、各年度内に研究を実施した機関数であり、委託研究などのために外部へ研究費を支出した機関も含まれる。

2　会社は、平成5年度までは資本金500万円以上、平成6年度以降は資本金1,000万円以上を調査対象としている。

3　平成13年度から調査対象区分が変更されたため、平成12年度までの非営利団体は、民営研究機関の数値を使用している。

4　特殊法人・独立行政法人(a)は産業連関表において生産活動主体が「産業」に分類されているもの（民間系）、(b)は科学技術に関する試験研究又は調査研究を行うことを目的とするもの（国・地方公共団体系）である。

機関数
Institutions

公的機関 Public organizations			大学等 Universities and Colleges			
国営 National	公営 Public	特殊法人・独立行政法人(b) (※2)	計 Total	国立 National	公立 Public	私立 Private
118	656	12	2,314	682	164	1,468
119	650	12	2,387	710	173	1,504
118	642	12	2,465	743	186	1,536
119	632	12	2,492	743	193	1,556
119	627	11	2,585	800	198	1,587
118	603	12	2,637	802	210	1,625
119	602	12	2,841	951	216	1,674
110	577	12	2,935	977	220	1,738
71	549	12	3,027	1,017	224	1,786
31	531	53	3,015	1,012	222	1,781
31	515	53	3,091	1,025	222	1,844
29	500	67	3,120	1,021	226	1,873
29	499	73	3,229	1,044	227	1,958
29	518	72	3,328	1,086	229	2,013
30	476	69	3,410	1,101	221	2,088
29	470	66	3,498	1,115	219	2,164
29	449	66	3,521	1,090	212	2,219
30	431	69	3,575	1,085	220	2,270
23	386	77	3,604	1,086	219	2,299
23	382	81	3,631	1,099	219	2,313
22	393	82	3,638	1,108	224	2,306
22	388	79	3,626	1,101	226	2,299
22	388	78	3,657	1,101	230	2,326
22	387	85	3,645	1,081	228	2,336
24	386	82	3,673	1,072	233	2,368
26	389	83	3,696	1,068	230	2,398
25	392	86	3,739	1,059	255	2,425
25	389	88	3,761	1,059	255	2,447
26	387	88	3,793	1,061	254	2,478
26	387	89	3,909	1,133	260	2,516
26	**388**	**89**	**3,944**	**1,144**	**272**	**2,528**

5 大学の調査単位は、学部である。

6 平成24年の「科学技術研究調査報告」から、「企業等」は「企業」に変更され、「企業等」に含まれていた「特殊法人・独立行政法人」は、「公的機関」の「特殊法人・独立行政法人」に移された。平成23年度以降の「企業等」の計は、「企業」の値。

(※1) Public corporations and enterprises, and incorporated administrative agency

(※2) Government-affiliated agencies and research institutions, and uncorporated administrative agency

研究関係

Number of R&D Personnel

<人文・社会科学を含む>Including Social Sciences and Humanities

年 Year ／ 区分 Type	研究関係従業者数 Total	研究者 Researchers	割合(%)
平成15('03) 総数 Total	968,092	757,339	78.2
16('04) 総数 Total	994,348	787,264	79.2
17('05) 総数 Total	1,009,937	790,932	78.3
18('06) 総数 Total	1,036,155	819,931	79.1
19('07) 総数 Total	1,052,056	826,565	78.6
20('08) 総数 Total	1,055,182	827,291	78.4
21('09) 総数 Total	1,065,037	838,974	78.8
22('10) 総数 Total	1,063,181	840,293	79.0
23('11) 総数 Total	1,064,764	842,868	79.2
24('12) 総数 Total	1,057,604	844,430	79.8
25('13) 総数 Total	1,040,486	835,701	80.3
26('14) 総数 Total	1,046,588	841,554	80.4
27('15) 総数 Total	1,079,270	866,920	80.3
28('16) 総数 Total	1,060,027	847,093	79.9
29('17) 総数 Total	1,060,478	853,704	80.5
30('18) 総数 Total	1,081,407	866,950	80.2
企業 Business enterprises	603,407	498,732	82.7
公的機関 Public Organizations	62,046	30,610	49.3
大学等 Universities & Colleges	402,870	329,355	81.8
非営利団体 Non-profit Institutions	13,084	8,253	63.1
令和元('19) 総数 Total	1,093,588	874,821	80.0
企業 Business enterprises	611,500	504,746	82.5
公的機関 Public Organizations	62,470	30,585	49.0
大学等 Universities & Colleges	406,787	331,427	81.5
非営利団体 Non-profit Institutions	12,831	8,063	62.8
2('20) 総数 Total	1,102,500	880,954	79.9
企業 Business enterprises	617,060	507,473	82.2
公的機関 Public Organizations	61,717	30,532	49.5
大学等 Universities & Colleges	410,735	334,642	81.5
非営利団体 Non-profit Institutions	12,988	8,307	64.0
3('21) 総数 Total	1,112,279	890,548	80.1
企業 Business enterprises	624,673	515,469	82.5
公的機関 Public Organizations	62,089	30,152	48.6
大学等 Universities & Colleges	412,809	336,849	81.6
非営利団体 Non-profit Institutions	12,708	8,078	63.6
4('22) 総数 Total	1,145,852	908,330	79.3
企業 Business enterprises	641,790	529,053	82.4
公的機関 Public Organizations	64,476	30,436	47.2
大学等 Universities & Colleges	427,182	341,131	79.9
非営利団体 Non-profit Institutions	12,404	7,710	62.2
5('23) 総数 Total	**1,144,911**	**910,393**	**79.5**
企業 Business enterprises	640,986	530,587	82.8
公的機関 Public Organizations	63,466	30,146	47.5
大学等 Universities & Colleges	428,928	342,478	79.8
非営利団体 Non-profit Institutions	11,531	7,182	62.3

(注) 1 各年とも3月31日現在の値である。
2 研究支援者は、研究補助者、技能者及び研究事務その他の関係者である。

従　　業　　者　　数

by Occupation

（単位：人）(Unit:persons)

研究補助者 Assistant research workers	割合(%)	技能者 Technicians	割合(%)	研究事務その他の関係者 Clerical and other supporting personnel	割合(%)	研究者1人当たり研究支援者数(※)
67, 040	6. 9	65, 143	6. 7	78, 570	8. 1	0. 28
67, 389	6. 8	62, 450	6. 3	77, 245	7. 8	0. 26
73, 106	7. 2	67, 582	6. 7	78, 317	7. 8	0. 28
71, 726	6. 9	65, 512	6. 3	78, 986	7. 6	0. 26
73, 874	7. 0	68, 434	6. 5	83, 184	7. 9	0. 27
75, 019	7. 1	68, 502	6. 5	84, 371	8. 0	0. 28
75, 520	7. 1	65, 821	6. 2	84, 722	8. 0	0. 27
74, 805	7. 0	62, 656	5. 9	85, 426	8. 0	0. 27
74, 857	7. 0	60, 127	5. 6	86, 912	8. 2	0. 26
71, 848	6. 8	56, 730	5. 4	84, 596	8. 0	0. 25
65, 828	6. 3	53, 455	5. 1	85, 502	8. 2	0. 25
65, 933	6. 3	52, 349	5. 0	86, 752	8. 3	0. 24
68, 822	6. 4	55, 296	5. 1	88, 232	8. 2	0. 24
66, 802	6. 3	56, 578	5. 3	89, 553	8. 4	0. 25
64, 208	6. 1	53, 798	5. 1	88, 768	8. 4	0. 24
66, 386	6. 1	56, 984	5. 3	91, 088	8. 4	0. 25
41, 550	6. 9	36, 404	6. 0	26, 722	4. 4	0. 21
8, 447	13. 6	5, 825	9. 4	17, 164	27. 7	1. 03
15, 086	3. 7	13, 118	3. 3	45, 311	11. 2	0. 22
1, 303	10. 0	1, 637	12. 5	1, 891	14. 5	0. 59
66, 691	6. 1	57, 673	5. 3	94, 402	8. 6	0. 25
41, 226	6. 7	36, 971	6. 0	28, 556	4. 7	0. 21
8, 431	13. 5	5, 759	9. 2	17, 695	28. 3	1. 04
15, 785	3. 9	13, 390	3. 3	46, 185	11. 4	0. 23
1, 249	9. 7	1, 553	12. 1	1, 966	15. 3	0. 59
69, 380	6. 3	58, 450	5. 3	93, 718	8. 5	0. 25
43, 594	7. 1	37, 765	6. 1	28, 230	4. 6	0. 22
8, 652	14. 0	5, 935	9. 6	16, 598	26. 9	1. 02
15, 882	3. 9	13, 196	3. 2	47, 015	11. 4	0. 23
1, 252	9. 6	1, 554	12. 0	1, 875	14. 4	0. 56
67, 845	6. 1	59, 215	5. 3	94, 671	8. 5	0. 25
42, 262	6. 8	38, 597	6. 2	28, 345	4. 5	0. 21
8, 905	14. 3	6, 125	9. 9	16, 907	27. 2	1. 06
15, 505	3. 8	12, 906	3. 1	47, 549	11. 5	0. 23
1, 173	9. 2	1, 587	12. 5	1, 870	14. 7	0. 57
75, 667	6. 6	59, 654	5. 2	102, 201	8. 9	0. 26
46, 080	7. 2	37, 402	5. 8	29, 255	4. 6	0. 21
10, 050	15. 6	7, 154	11. 1	16, 836	26. 1	1. 12
18, 260	4. 3	13, 428	3. 1	54, 363	12. 7	0. 25
1, 277	10. 3	1, 670	13. 5	1, 747	14. 1	0. 61
73, 750	**6. 4**	**60, 604**	**5. 3**	**100, 165**	**8. 7**	**0. 26**
44, 320	6. 9	38, 735	6. 0	27, 345	4. 3	0. 21
9, 905	15. 6	6, 767	10. 7	16, 648	26. 2	1. 11
18, 379	4. 3	13, 477	3. 1	54, 594	12. 7	0. 25
1, 146	9. 9	1, 625	14. 1	1, 578	13. 7	0. 61

(※) Research assistants per researcher

研　究
Researchers

組織別<Number of researchers by research sector and kind of organization>
＜人文・社会科学を含む＞Including Social Sciences and Humanities

年 Year ＼ 組織 Organization	企業等 Business enterprises				非営利団体 Non-profit institution		公的 Public	
	会社 Companies	(a) (※1)	計(A) Total	割合 A/E (%)	(B)	割合 B/E (%)	国営 National	公営 Public
平成5('93)	355, 957	449	356, 406	55. 3	14, 104	2. 2	11, 096	15, 048
6('94)	366, 845	433	367, 278	55. 2	14, 734	2. 2	11, 210	14, 862
7('95)	376, 179	460	376, 639	55. 2	16, 262	2. 4	11, 223	14, 957
8('96)	383, 565	535	384, 100	55. 0	16, 113	2. 3	11, 243	14, 936
9('97)	399, 859	502	400, 361	55. 6	16, 746	2. 3	11, 370	14, 698
10('98)	403, 737	495	404, 232	55. 3	16, 905	2. 3	11, 412	14, 347
11('99)	428, 693	502	429, 195	56. 7	16, 113	2. 1	11, 471	14, 576
12('00)	433, 256	502	433, 758	56. 9	15, 747	2. 1	11, 373	14, 678
13('01)	420, 881	482	421, 363	56. 1	15, 865	2. 1	11, 463	14, 661
14('02)	429, 981	707	430, 688	56. 9	11, 188	1. 5	3, 473	14, 853
15('03)	430, 493	697	431, 190	56. 9	10, 954	1. 4	3, 264	14, 492
16('04)	458, 271	574	458, 845	58. 3	10, 378	1. 3	3, 235	13, 989
17('05)	455, 365	503	455, 868	57. 6	10, 023	1. 3	3, 373	13, 630
18('06)	481, 097	399	481, 496	58. 7	8, 924	1. 1	3, 368	13, 700
19('07)	482, 961	378	483, 339	58. 5	8, 440	1. 0	3, 413	13, 142
20('08)	483, 354	374	483, 728	58. 5	8, 366	1. 0	3, 067	12, 645
21('09)	492, 446	359	492, 805	58. 7	8, 272	1. 0	3, 109	12, 335
22('10)	490, 138	356	490, 494	58. 4	8, 097	1. 0	3, 444	11, 724
23('11)	490, 178	360	490, 538	58. 2	7, 809	0. 9	2, 392	10, 796
24('12)	490, 920	−	490, 920	58. 1	7, 434	0. 9	2, 365	10, 583
25('13)	481, 425	−	481, 425	57. 6	7, 465	0. 9	2, 334	10, 238
26('14)	485, 318	−	485, 318	57. 7	7, 674	0. 9	2, 329	9, 958
27('15)	506, 134	−	506, 134	58. 4	8, 842	1. 0	2, 362	9, 817
28('16)	486, 198	−	486, 198	57. 4	8, 553	1. 0	2, 318	9, 792
29('17)	488, 828	−	488, 828	57. 3	8, 405	1. 0	2, 370	9, 705
30('18)	498, 732	−	498, 732	57. 5	8, 253	1. 0	2, 371	9, 557
令和元('19)	504, 746	−	504, 746	57. 7	8, 063	0. 9	2, 329	9, 355
2('20)	507, 473	−	507, 473	57. 6	8, 307	0. 9	2, 332	9, 255
3('21)	515, 469	−	515, 469	57. 9	8, 078	0. 9	2, 351	9, 212
4('22)	529, 053	−	529, 053	58. 2	7, 710	0. 8	2, 409	9, 243
5('23)	**530, 587**	**−**	**530, 587**	**58. 3**	**7, 182**	**0. 8**	**2, 456**	**9, 115**

(注) 1　各年とも3月31日現在の値である。(ただし、平成13年までは4月1日現在。)
2　平成13年度から調査対象区分が変更されたため、平成12年度までの非営利団体は、民営研究機関の数値を使用している。
3　平成13年までの企業等、非営利団体、公的機関の研究者は研究本務者のみである。
4　(a)は産業連関表において生産活動主体が「産業」に分類されている 特殊法人・独立行政法人（民間系）、(b)は科学技術に関する試験研究又は調査研究を行うことを目的とする特殊法人・独立行政法人（国・地方公共団体系）である。

(単位：人)(Unit:persons)

機　　関 organizations			大　学　等 Universities and Colleges					合　計 Total	
(b) (※2)	計(C) Total	割合 C/E (%)	国　立 National	公　立 Public	私　立 Private	計(D) Total	割合 D/E (%)	(E)	割合 (%) Total
3,750	29,894	4.6	107,175	17,554	119,844	244,573	37.9	644,977	100.0
3,835	29,907	4.5	111,608	18,434	122,894	252,936	38.0	664,855	100.0
4,083	30,263	4.4	114,629	19,479	125,318	259,426	38.0	682,590	100.0
4,167	30,346	4.3	119,210	20,206	127,805	267,221	38.3	697,780	100.0
4,173	30,241	4.2	122,858	21,104	129,250	273,212	37.9	720,560	100.0
4,453	30,212	4.1	125,386	21,737	132,545	279,668	38.3	731,017	100.0
4,863	30,910	4.1	125,955	21,749	133,322	281,026	37.1	757,244	100.0
4,936	30,987	4.1	125,796	22,090	133,479	281,365	36.9	761,857	100.0
5,104	31,228	4.2	126,749	21,974	133,560	282,283	37.6	750,739	100.0
15,424	33,750	4.5	126,673	21,978	132,059	280,710	37.1	756,336	100.0
16,135	33,891	4.5	128,159	22,217	130,928	281,304	37.1	757,339	100.0
16,487	33,711	4.3	131,106	21,963	131,261	284,330	36.1	787,264	100.0
16,891	33,894	4.3	134,028	22,266	134,853	291,147	36.8	790,932	100.0
16,967	34,035	4.2	135,454	22,483	137,539	295,476	36.0	819,931	100.0
17,038	33,593	4.1	138,179	22,548	140,466	301,193	36.4	826,565	100.0
16,993	32,705	4.0	137,531	22,133	142,828	302,492	36.6	827,291	100.0
16,606	32,050	3.8	138,346	22,298	145,203	305,847	36.5	838,974	100.0
17,547	32,715	3.9	139,415	22,067	147,505	308,987	36.8	840,293	100.0
19,234	32,422	3.8	141,472	22,312	148,315	312,099	37.0	842,868	100.0
19,216	32,164	3.8	142,667	22,272	148,973	313,912	37.2	844,430	100.0
18,995	31,567	3.8	143,313	22,679	149,252	315,244	37.7	835,701	100.0
18,617	30,904	3.7	144,299	23,049	150,310	317,658	37.7	841,554	100.0
18,194	30,373	3.5	145,374	23,595	152,602	321,571	37.1	866,920	100.0
18,132	30,242	3.6	146,103	23,776	152,221	322,100	38.0	847,093	100.0
18,163	30,238	3.5	147,741	24,172	154,320	326,233	38.2	853,704	100.0
18,682	30,610	3.5	148,905	24,144	156,306	329,355	38.0	866,950	100.0
18,901	30,585	3.5	147,686	25,222	158,519	331,427	37.9	874,821	100.0
18,945	30,532	3.5	148,399	25,800	160,443	334,642	38.0	880,954	100.0
18,589	30,152	3.4	149,212	25,996	161,641	336,849	37.8	890,548	100.0
18,784	30,436	3.4	152,025	26,649	162,457	341,131	37.6	908,330	100.0
18,575	**30,146**	**3.3**	**152,876**	**26,604**	**162,998**	**342,478**	**37.6**	**910,393**	**100.0**

5　平成24年の「科学技術研究調査報告」から、「企業等」は「企業」に変更され、「企業等」に含まれていた「特殊法人・独立行政法人」は、「公的機関」の「特殊法人・独立行政法人」に移された。平成24年以降の「企業等」の計は、「企業」の値

(※1)　Public corporations and enterprises, and incorporated administrative agency

(※2)　Government-affiliated agencies and research institutions, and uncorporated administrative agency

研　究　者　数 （2－2）

Researchers by Sector

専門別<Number of researchers by field of science and speciality (Head-counts 2023)>

（単位：人）(Unit:persons)

専門 Field of science ＼ 組織 Organization		計 Total	企業 Business enterprises	非営利団体 Non-profit institutions	公的機関 Public organizations	大学等 Universities and Colleges
総数	**Total**	**962,554**	**618,551**	**8,343**	**34,511**	**301,149**
自然科学	Natural sciences and engineering total	**857,875**	608,943	7,328	31,644	209,960
理学	Physical sciences total	**201,299**	160,182	1,547	7,607	31,963
数学	Mathematics	**9,593**	5,152	50	91	4,300
情報科学	Information science	**81,673**	75,618	149	639	5,267
物理	Physics	**16,503**	8,394	145	1,282	6,682
化学	Chemistry	**59,160**	52,466	397	1,977	4,320
生物	Biology	**19,721**	9,835	444	1,935	7,507
地学	Geology	**3,657**	592	156	847	2,062
その他	Others	**10,992**	8,125	206	836	1,825
工学	Engineering and technology total	**467,290**	410,552	3,983	8,501	44,254
機械・船舶・航空	(a)	**165,122**	154,820	1,050	1,799	7,453
電気・通信	(b)	**156,632**	142,962	575	1,932	11,163
土木・建築	(c)	**32,374**	22,684	1,155	929	7,606
材料	Material	**37,772**	32,843	348	1,505	3,076
繊維	Textile technology	**3,679**	3,110	17	125	427
その他	Others	**71,711**	54,133	838	2,211	14,529
農学	Agricultural sciences total	**42,427**	19,079	746	10,422	12,180
農林・獣医・畜産	(d)	**22,427**	5,125	522	7,157	9,623
水産	Fishery	**3,768**	783	61	1,808	1,116
その他	Others	**16,232**	13,171	163	1,457	1,441
保健	Medical sciences total	**146,859**	19,130	1,052	5,114	121,563
医学・歯学	Medicine and dentistry	**98,947**	1,937	874	3,192	92,944
薬学	Pharmacy	**22,951**	14,697	112	1,054	7,088
その他	Others	**24,961**	2,496	66	868	21,531
人文・社会科学、その他	Social sciences and humanities, Other subjects	**104,678**	9,607	1,015	2,867	91,189

（注）1　令和5年3月31日現在の値である。
　　2　研究者数（実数）を専門的知識の別によって区分したものである。
　　3　大学等は研究者のうち本務者のみの値である。

総務省「科学技術研究調査報告」を基に文部科学省作成

(a) Mechanical engineering, shipbuilding and aeronautical engineering
(b) Electrical engineering and telecommunications engineering
(c) Civil engineering and architecture
(d) Agriculture and forestry, veterinary and animal husbandry

研　究　費（6－1）

R&D Expenditures

組織別 研究者一人当たり研究費<R&D Expenditures per Researcher by Sector>
＜人文・社会科学を含む＞Including Social Sciences and Humanities

（単位：万円）(Unit: 10,000yen)

年度 FY ＼ 組織 Organization	全体 Total	企業 Business enterprises	非営利団体 Non-profit institutions	公的機関 Public organizations	大学等 Universities and Colleges
平成14('02)	2,202	2,685	3,037	4,376 (6,194)	1,273
15('03)	2,135	2,563	3,102	4,331 (6,967)	1,248
16('04)	2,141	2,603	2,981	4,418 (7,304)	1,223
17('05)	2,176	2,647	3,471	4,061 (6,217)	1,257
18('06)	2,234	2,757	3,826	4,258 (7,544)	1,224
19('07)	2,290	2,859	3,709	4,218 (7,460)	1,237
20('08)	2,241	2,767	3,303	4,516 (8,931)	1,231
21('09)	2,052	2,443	3,151	4,455 (6,936)	1,260
22('10)	2,030	2,448	3,194	4,369 (9,098)	1,209
23('11)	2,058	2,500	3,112	4,152 (6,840)	1,239
24('12)	2,073	2,528	2,980	4,337 (6,970)	1,246
25('13)	2,155	2,615	2,772	4,949 (9,285)	1,288
26('14)	2,188	2,684	2,647	4,790 (9,551)	1,272
27('15)	2,236	2,815	2,716	4,554 (9,420)	1,256
28('16)	2,159	2,725	2,779	4,222 (6,570)	1,230
29('17)	2,197	2,767	2,924	4,470 (6,979)	1,238
30('18)	2,232	2,820	2,814	4,542 (7,473)	1,248
令和元('19)	2,222	2,801	2,901	4,594 (7,582)	1,252
2 ('20)	2,160	2,689	2,984	4,838 (8,003)	1,230
3 ('21)	2,173	2,689	2,846	4,971 (9,040)	1,256
4 ('22)	**2,274**	**2,852**	**3,153**	**4,992 (8,454)**	**1,276**

（注）1　公的機関の( )は、公的機関のうち国営研究機関の数値である。
　　　2　大学等については、研究本務者１人当たりの研究費である。

研　究
R&D

<人文・社会科学を含む>Including Social Sciences and Humanities

項目 Item / 年度 FY	国内総生産(a) GDP (兆円) (trillion yen)	研 究 費(b) R&D expenditures (億円) (100 million yen)	政府負担(c) Government funded R&D (億円) (100 million yen)	国防研究費(d) Defense R&D (億円) (100 million yen)
平成4('92)	483.2556	139,094.93	26,967.17	1,269.89
5('93)	482.6076	137,091.39	29,658.49	1,371.75
6('94)	489.3788	135,960.30	29,181.77	1,407.88
7('95)	497.7400	144,082.36	32,924.00	1,544.99
8('96)	509.0958	150,793.15	31,605.51	1,652.79
9('97)	513.6129	157,414.99	32,038.52	1,753.40
10('98)	503.3241	161,399.25	34,984.92	1,441.76
11('99)	499.5442	160,105.88	35,037.49	1,465.29
12('00)	504.1188	162,893.36	35,407.64	1,360.81
13('01)	493.6447	165,279.98	34,769.43	1,489.88
14('02)	489.8752	166,750.53	34,526.81	1,434.78
15('03)	493.7475	168,041.55	33,944.67	1,608.12
16('04)	498.4906	169,375.84	33,890.68	1,855.22
17('05)	503.1867	178,452.24	33,896.97	1,445.81
18('06)	510.9376	184,631.02	33,350.73	1,835.76
19('07)	515.8043	189,437.67	33,060.72	1,572.90
20('08)	492.0670	188,000.63	33,455.60	1,840.88
21('09)	474.0402	172,463.00	34,957.21	1,317.45
22('10)	479.2046	171,099.51	33,071.55	1,713.53
23('11)	473.2826	173,790.84	32,325.86	968.17
24('12)	472.5965	173,245.59	33,074.66	1,076.31
25('13)	483.1103	181,336.28	35,374.23	1,668.69
26('14)	489.6234	189,713.00	34,894.18	1,615.40
27('15)	532.1914	189,391.30	33,273.94	1,517.45
28('16)	539.2543	184,326.45	32,016.34	1,060.11
29('17)	547.4085	190,504.00	32,735.88	1,222.45
30('18)	548.3670	195,260.07	32,734.56	1,041.68
令和元('19)	559.6988	195,757.11	32,900.65	1,289.95
2('20)	535.5099	192,364.69	33,600.70	1,280.24
3('21)	550.5304	197,407.91	35,086.72	1,139.20
4('22)	**566.4897**	**207,039.55**	**35,694.41**	**1,645.40**

(注) 1 Aは研究費の対国内総生産比(b/a)、Bは研究費の政府負担割合(c/b)、Cは国防を除く研究費の政府負担割合(c-d)/(b-d)、Dは政府負担研究費の対国内総生産比(c/a)である。

2 国内総生産、研究費、政府負担、国防研究費は年度、研究者数、人口は年の値である。

3 研究費及び研究者数は人文・社会科学を含む。

4 研究者数は、各年度の年度末（3月31日）現在（ただし、平成13年までは4月1日現在）。

5 国防研究費は、国の科学技術関係予算（当初予算）のうち防衛省（ただし、平成18年度までは防衛庁）所管分である。

6 人口は10月1日現在の値である。

費 （6－2）
Expenditures

A b/a (%)	B c/b (%)	C (c−d)/(b−d) (%)	D c/a (%)	研究者数 Researchers （人） (persons)	人口 Population （万人） (10,000 persons)
2.88	19.4	18.6	0.56	620,014	12,456.7
2.84	21.6	20.8	0.61	644,977	12,493.8
2.78	21.5	20.6	0.60	664,855	12,526.5
2.89	22.9	22.0	0.66	682,590	12,557.0
2.96	21.0	20.1	0.62	698,280	12,585.9
3.06	20.4	19.5	0.62	720,560	12,615.7
3.21	21.7	21.0	0.70	731,017	12,647.2
3.21	21.9	21.2	0.70	757,244	12,666.7
3.23	21.7	21.1	0.70	761,857	12,692.6
3.35	21.0	20.3	0.70	756,336	12,731.6
3.40	20.7	20.0	0.70	757,339	12,748.6
3.40	20.2	19.4	0.69	787,264	12,769.4
3.40	20.0	19.1	0.68	790,932	12,778.7
3.55	19.0	18.3	0.67	819,931	12,776.8
3.61	18.1	17.2	0.65	826,565	12,790.1
3.67	17.5	16.8	0.64	827,291	12,803.3
3.82	17.8	17.0	0.68	838,974	12,803.4
3.64	20.3	19.7	0.74	840,293	12,803.2
3.57	19.3	18.5	0.69	842,868	12,805.7
3.67	18.6	18.1	0.68	844,430	12,783.4
3.67	19.1	18.6	0.70	835,701	12,759.3
3.75	19.5	18.8	0.73	841,554	12,741.4
3.87	18.4	17.7	0.71	866,920	12,723.7
3.56	17.6	16.9	0.63	847,093	12,709.5
3.42	17.4	16.9	0.59	853,704	12,704.2
3.48	17.2	16.6	0.60	866,950	12,691.9
3.56	16.8	16.3	0.60	874,821	12,674.9
3.50	16.8	16.3	0.59	880,954	12,655.5
3.59	17.5	16.9	0.63	890,548	12,614.6
3.59	17.8	17.3	0.64	908,330	12,550.2
3.65	**17.2**	**16.6**	**0.63**	**910,393**	**12,494.7**

資料 1 （国内総生産）内閣府「国民経済計算確報」及び「国民経済計算年次推計」
2 （研究費、政府負担、研究者数）総務省統計局「科学技術研究調査報告」
3 （国防研究費）内閣府のデータを基に文部科学省作成
4 （人口）総務省統計局「国勢調査」及び「人口推計」

研　　究
R&D

組織別<R&D Expenditures by Sector>

＜人文・社会科学を含む＞Including Social Sciences and Humanities

組織 Organization / 年度 FY	企業等 Business enterprises				非営利団体 Non-profit institution		公的 Public	
	会社 Companies	(a) (※1)	計(A) Total	割合 A/E (%)	(B)	割合 B/E (%)	国営 National	公営 Public
平成4('92)	9,541,757	18,928	9,560,685	68.7	612,427	4.4	373,004	288,631
5('93)	9,028,186	25,422	9,053,608	66.0	618,179	4.5	422,193	300,054
6('94)	8,947,451	32,802	8,980,253	66.1	636,800	4.7	404,172	300,515
7('95)	9,332,438	63,459	9,395,896	65.2	640,021	4.4	484,917	291,893
8('96)	10,026,582	31,827	10,058,409	66.7	679,251	4.5	447,366	288,807
9('97)	10,620,651	37,705	10,658,357	67.7	716,967	4.6	474,120	279,099
10('98)	10,668,070	131,993	10,800,063	66.9	714,068	4.4	474,238	291,222
11('99)	10,520,427	109,735	10,630,161	66.4	689,609	4.3	488,781	286,482
12('00)	10,766,366	93,848	10,860,215	66.7	707,069	4.3	499,508	273,139
13('01)	11,364,628	86,383	11,451,011	69.3	361,570	2.2	214,302	260,076
14('02)	11,496,855	79,985	11,576,840	69.4	332,664	2.0	202,161	249,788
15('03)	11,704,668	54,271	11,758,939	70.0	321,968	1.9	225,382	239,553
16('04)	11,847,859	19,417	11,867,276	70.1	298,796	1.8	246,374	230,978
17('05)	12,727,231	18,610	12,745,840	71.4	309,775	1.7	209,382	229,498
18('06)	13,310,724	16,667	13,327,391	72.2	322,878	1.7	257,472	219,261
19('07)	13,802,977	27,456	13,830,433	73.0	310,282	1.6	228,786	211,134
20('08)	13,613,769	20,709	13,634,478	72.5	273,229	1.5	277,668	202,605
21('09)	11,960,478	23,365	11,983,844	69.5	255,138	1.5	238,868	196,245
22('10)	11,991,607	18,426	12,010,033	70.2	249,419	1.5	217,617	176,936
23('11)	12,271,778	-	12,271,778	70.6	231,328	1.3	161,761	171,813
24('12)	12,170,475	-	12,170,475	70.2	222,484	1.3	162,669	162,622
25('13)	12,691,955	-	12,691,955	70.0	212,709	1.2	216,255	159,075
26('14)	13,586,360	-	13,586,360	71.6	234,024	1.2	225,587	164,961
27('15)	13,685,745	-	13,685,745	72.3	232,266	1.2	218,365	162,057
28('16)	13,318,291	-	13,318,291	72.3	233,554	1.3	155,718	162,502
29('17)	13,798,898	-	13,798,898	72.4	241,322	1.3	165,468	167,745
30('18)	14,231,616	-	14,231,616	72.9	226,887	1.2	174,057	166,554
令和元('19)	14,212,065	-	14,212,065	72.6	240,971	1.2	176,802	167,215
2('20)	13,860,823	-	13,860,323	72.1	241,067	1.3	188,155	160,964
3('21)	14,224,449	-	14,224,449	72.1	219,424	1.1	217,780	158,596
4('22)	**15,130,639**	**-**	**15,130,639**	**73.1**	**226,470**	**1.1**	**207,625**	**154,809**

(注) 1　平成13年度から調査対象区分が変更されたため、平成12年度までの非営利団体は民営研究機関の数値を使用している。

2　(a)は産業連関表において生産活動主体が「産業」に分類されている特殊法人・独立行政法人（民間系）、(b)は科学技術に関する試験研究又は調査研究を行うことを目的とする特殊法人・独立行政法人（国・地方公共団体系）である。

(単位：百万円)(Unit: million yen)

機関 Organizations			大学等 Universities and Colleges					合計 Total	
(b) (※2)	計(C) Total	割合 C/E (%)	国立 National	公立 Public	私立 Private	計(D) Total	割合 D/E (%)	(E)	割合 (%)
498, 466	1, 160, 101	8. 3	1, 077, 675	138, 430	1, 360, 176	2, 576, 281	18. 5	13, 909, 493	100. 0
556, 394	1, 278, 641	9. 3	1, 191, 676	144, 959	1, 422, 077	2, 758, 712	20. 1	13, 709, 139	100. 0
521, 740	1, 226, 427	9. 0	1, 163, 036	160, 477	1, 429, 038	2, 752, 551	20. 2	13, 596, 030	100. 0
613, 322	1, 390, 132	9. 6	1, 311, 399	177, 474	1, 493, 313	2, 982, 187	20. 7	14, 408, 236	100. 0
592, 361	1, 328, 534	8. 8	1, 296, 359	173, 288	1, 543, 474	3, 013, 120	20. 0	15, 079, 315	100. 0
553, 757	1, 306, 976	8. 3	1, 300, 615	182, 796	1, 575, 788	3, 059, 199	19. 4	15, 741, 499	100. 0
637, 454	1, 402, 914	8. 7	1, 406, 556	184, 576	1, 631, 747	3, 222, 879	20. 0	16, 139, 925	100. 0
706, 468	1, 481, 731	9. 3	1, 395, 167	184, 088	1, 629, 831	3, 209, 086	20. 0	16, 010, 588	100. 0
740, 986	1, 513, 633	9. 3	1, 385, 637	188, 106	1, 634, 675	3, 208, 418	19. 7	16, 289, 336	100. 0
1, 007, 645	1, 482, 024	9. 0	1, 390, 794	186, 617	1, 655, 980	3, 233, 392	19. 6	16, 527, 998	100. 0
1, 031, 261	1, 483, 211	8. 9	1, 435, 972	183, 965	1, 662, 401	3, 282, 338	19. 7	16, 675, 053	100. 0
995, 205	1, 460, 139	8. 7	1, 410, 828	181, 350	1, 670, 930	3, 263, 109	19. 4	16, 804, 155	100. 0
1, 020, 195	1, 497, 546	8. 8	1, 368, 291	188, 409	1, 717, 266	3, 273, 966	19. 3	16, 937, 584	100. 0
943, 320	1, 382, 200	7. 7	1, 490, 493	184, 788	1, 732, 129	3, 407, 410	19. 1	17, 845, 224	100. 0
953, 708	1, 430, 440	7. 7	1, 427, 753	176, 527	1, 778, 113	3, 382, 392	18. 3	18, 463, 102	100. 0
939, 454	1, 379, 374	7. 3	1, 450, 074	179, 033	1, 794, 572	3, 423, 678	18. 1	18, 943, 767	100. 0
967, 091	1, 447, 364	7. 7	1, 433, 965	187, 892	1, 823, 136	3, 444, 992	18. 3	18, 800, 063	100. 0
1, 022, 425	1, 457, 538	8. 5	1, 550, 974	184, 895	1, 813, 911	3, 549, 780	20. 6	17, 246, 300	100. 0
1, 021, 966	1, 416, 519	8. 3	1, 422, 721	177, 083	1, 834, 176	3, 433, 979	20. 1	17, 109, 951	100. 0
1, 001, 899	1, 335, 473	7. 7	1, 462, 410	198, 632	1, 879, 464	3, 540, 506	20. 4	17, 379, 084	100. 0
1, 043, 901	1, 369, 191	7. 9	1, 474, 998	204, 921	1, 882, 490	3, 562, 409	20. 6	17, 324, 559	100. 0
1, 153, 968	1, 529, 297	8. 4	1, 550, 776	207, 641	1, 941, 251	3, 699, 668	20. 4	18, 133, 628	100. 0
1, 064, 212	1, 454, 760	7. 7	1, 545, 433	221, 594	1, 929, 131	3, 696, 157	19. 5	18, 971, 300	100. 0
996, 810	1, 377, 232	7. 3	1, 467, 052	219, 992	1, 956, 844	3, 643, 887	19. 2	18, 939, 130	100. 0
958, 376	1, 276, 596	6. 9	1, 449, 616	230, 379	1, 924, 208	3, 604, 203	19. 6	18, 432, 645	100. 0
1, 035, 153	1, 368, 366	7. 2	1, 454, 526	220, 209	1, 967, 078	3, 641, 813	19. 1	19, 050, 400	100. 0
1, 048, 519	1, 389, 130	7. 1	1, 451, 146	237, 781	1, 989, 446	3, 678, 374	18. 8	19, 526, 007	100. 0
1, 058, 479	1, 402, 496	7. 2	1, 456, 564	234, 447	2, 029, 170	3, 720, 180	19. 0	19, 575, 711	100. 0
1, 109, 496	1, 458, 614	7. 6	1, 449, 574	241, 096	1, 985, 295	3, 675, 965	19. 1	19, 236, 469	100. 0
1, 136, 620	1, 512, 996	7. 7	1, 538, 135	234, 452	2, 011, 336	3, 783, 923	19. 2	19, 740, 791	100. 0
1, 142, 316	**1, 504, 750**	**7. 3**	**1, 541, 443**	**246, 069**	**2, 054, 584**	**3, 842, 096**	**18. 6**	**20, 703, 955**	**100. 0**

3 平成24年の「科学技術研究調査報告」から、「企業等」は「企業」に変更され、「企業等」に含まれていた「特殊法人・独立行政法人」は、「公的機関」の「特殊法人・独立行政法人」に移された。平成23年度以降の「企業等」の計は「企業」の値。

(※1) Public corporations and enterprises, and incorporated administrative agency
(※2) Government-affiliated agencies and research institutions, and incorporated administrative agency

研　究

R&D

負担源別<R&D Expenditures by Source of Funds>

＜人文・社会科学を含む＞Including Social Sciences and Humanities

負担源 Source of funds / 年度及び実施機関 FY, Sector of performance	研究費総額 Total	国・地方公共団体 Central government and Local governments 金額 Funds	割合 (%)	民間 Non-government 金額 Funds	割合 (%)
平成14('02) 総額 Total	16,675,053	3,452,681	20.7	13,162,679	78.9
15('03) 総額 Total	16,804,155	3,394,467	20.2	13,363,122	79.5
16('04) 総額 Total	16,937,584	3,389,068	20.0	13,497,488	79.7
17('05) 総額 Total	17,845,224	3,389,697	19.0	14,397,353	80.7
18('06) 総額 Total	18,463,102	3,335,073	18.1	15,066,683	81.6
19('07) 総額 Total	18,943,767	3,306,072	17.5	15,577,912	82.2
20('08) 総額 Total	18,800,063	3,345,560	17.8	15,387,924	81.9
21('09) 総額 Total	17,246,300	3,495,721	20.3	13,682,504	79.3
22('10) 総額 Total	17,109,951	3,307,155	19.3	13,732,042	80.3
23('11) 総額 Total	17,379,084	3,232,586	18.6	14,069,558	81.0
24('12) 総額 Total	17,324,559	3,307,466	19.1	13,945,666	80.5
25('13) 総額 Total	18,133,628	3,537,423	19.5	14,508,173	80.0
26('14) 総額 Total	18,971,300	3,489,418	18.4	15,403,583	81.2
27('15) 総額 Total	18,939,130	3,327,394	17.6	15,527,012	82.0
28('16) 総額 Total	18,432,645	3,201,634	17.4	15,105,968	82.0
29('17) 総額 Total	19,050,400	3,273,588	17.2	15,662,885	82.2
企業 Business enterprises	13,798,898	128,822	0.9	13,562,323	98.3
公的機関 Public Organizations	1,368,366	1,322,985	96.7	44,431	3.2
大学等 Universities and Colleges	3,641,813	1,736,692	47.7	1,901,274	52.2
非営利団体 Non-profit institutions	241,322	85,089	35.3	154,857	64.2
30('18) 総額 Total	19,526,007	3,273,456	16.8	16,141,858	82.7
企業 Business enterprises	14,231,616	116,858	0.8	14,012,076	98.5
公的機関 Public Organizations	1,389,130	1,342,190	96.6	44,395	3.2
大学等 Universities and Colleges	3,678,374	1,728,610	47.0	1,946,249	52.9
非営利団体 Non-profit institutions	226,887	85,798	37.8	139,139	61.3
令和元('19) 総額 Total	19,575,711	3,290,065	16.8	16,179,149	82.6
企業 Business enterprises	14,212,065	116,203	0.8	13,998,124	98.5
公的機関 Public Organizations	1,402,496	1,357,883	96.8	42,302	3.0
大学等 Universities and Colleges	3,720,180	1,726,195	46.4	1,989,322	53.5
非営利団体 Non-profit institutions	240,971	89,784	37.3	149,402	62.0
2('20) 総額 Total	19,236,469	3,360,070	17.5	15,780,176	82.0
企業 Business enterprises	13,860,823	119,766	0.9	13,653,010	98.5
公的機関 Public Organizations	1,458,614	1,414,344	97.0	41,476	2.8
大学等 Universities and Colleges	3,675,965	1,739,566	47.3	1,932,503	52.6
非営利団体 Non-profit institutions	241,067	86,393	35.8	153,187	63.5
3('21) 総額 Total	19,740,791	3,508,672	17.8	16,119,804	81.7
企業 Business enterprises	14,224,449	143,266	1.0	13,975,892	98.3
公的機関 Public Organizations	1,512,996	1,461,173	96.6	49,617	3.3
大学等 Universities and Colleges	3,783,923	1,827,492	48.3	1,952,681	51.6
非営利団体 Non-profit institutions	219,424	76,741	35.0	141,614	64.5
4('22) 総額 Total	**20,703,955**	**3,569,441**	**17.2**	**16,996,842**	**82.1**
企業 Business enterprises	15,130,639	207,230	1.4	14,793,797	97.8
公的機関 Public Organizations	1,504,750	1,454,103	96.6	49,175	3.3
大学等 Universities and Colleges	3,842,096	1,830,700	47.6	2,006,407	52.2
非営利団体 Non-profit institutions	226,470	77,409	34.2	147,463	65.1

(注) 1 科学技術研究調査の結果を基に文部科学省において算出

費 (6－4)
Expenditures

(単位：百万円)(Unit: million yen)

企業等 Companies		私立大学 Private Universities and Colleges		非営利団体 Non-profit institutions		外国 From abroad	
金額 Funds	割合 (%)	金額 Funds	割合 (%)	金額 Funds	割合 (%)	金額 Funds	割合 (%)
11, 547, 678	69. 3	1, 494, 977	9. 0	120, 022	0. 7	59, 694	0. 4
11, 736, 214	69. 8	1, 499, 152	8. 9	127, 758	0. 8	46, 566	0. 3
11, 836, 575	69. 9	1, 541, 932	9. 1	118, 980	0. 7	51, 028	0. 3
12, 721, 934	71. 3	1, 548, 919	8. 7	126, 501	0. 7	58, 174	0. 3
13, 344, 362	72. 3	1, 594, 366	8. 6	127, 954	0. 7	61, 345	0. 3
13, 830, 001	73. 0	1, 608, 408	8. 5	139, 503	0. 7	59, 783	0. 3
13, 620, 907	72. 5	1, 634, 519	8. 7	132, 498	0. 7	66, 579	0. 4
11, 937, 141	69. 2	1, 617, 784	9. 4	127, 579	0. 7	68, 074	0. 4
11, 950, 481	69. 8	1, 646, 335	9. 6	135, 225	0. 8	70, 754	0. 4
12, 234, 670	70. 4	1, 690, 021	9. 7	144, 867	0. 8	76, 940	0. 4
12, 122, 916	70. 0	1, 689, 268	9. 8	133, 482	0. 8	71, 427	0. 4
12, 623, 696	69. 6	1, 734, 432	9. 6	150, 045	0. 8	88, 033	0. 5
13, 533, 988	71. 3	1, 729, 197	9. 1	140, 398	0. 7	78, 299	0. 4
13, 630, 959	72. 0	1, 754, 590	9. 3	141, 464	0. 7	84, 724	0. 4
13, 243, 702	71. 8	1, 722, 855	9. 3	139, 411	0. 8	125, 043	0. 7
13, 746, 189	72. 2	1, 763, 521	9. 3	153, 174	0. 8	113, 926	0. 6
13, 549, 977	98. 2	329	0. 0	12, 017	0. 1	107, 753	0. 8
37, 799	2. 8	469	0. 0	6, 162	0. 5	950	0. 1
101, 824	2. 8	1, 762, 640	48. 4	36, 810	1. 0	3, 848	0. 1
56, 589	23. 4	83	0. 0	98, 185	40. 7	1, 376	0. 6
14, 208, 479	72. 8	1, 800, 148	9. 2	133, 231	0. 7	110, 692	0. 6
14, 003, 674	98. 4	120	0. 0	8, 281	0. 1	102, 682	0. 7
37, 914	2. 7	461	0. 0	6, 020	0. 4	2, 545	0. 2
109, 178	3. 0	1, 799, 455	48. 9	37, 615	1. 0	3, 515	0. 1
57, 713	25. 4	112	0. 0	81, 315	35. 8	1, 950	0. 9
14, 213, 268	72. 6	1, 835, 552	9. 4	130, 331	0. 7	106, 497	0. 5
13, 994, 980	98. 5	90	0. 0	3, 055	0. 0	97, 738	0. 7
35, 566	2. 5	439	0. 0	6, 297	0. 4	2, 310	0. 2
116, 566	3. 1	1, 834, 940	49. 3	37, 817	1. 0	4, 663	0. 1
66, 156	27. 5	83	0. 0	83, 162	34. 5	1, 785	0. 7
13, 841, 653	72. 0	1, 786, 979	9. 3	151, 545	0. 8	96, 224	0. 5
13, 641, 112	98. 4	251	0. 0	11, 647	0. 1	88, 047	0. 6
33, 567	2. 3	499	0. 0	7, 411	0. 5	2, 793	0. 2
110, 809	3. 0	1, 786, 124	48. 6	35, 569	1. 0	3, 895	0. 1
56, 165	23. 3	105	0. 0	96, 918	40. 2	1, 487	0. 6
14, 176, 796	71. 8	1, 804, 097	9. 1	138, 911	0. 7	112, 315	0. 6
13, 964, 728	98. 2	119	0. 0	11, 045	0. 1	105, 291	0. 7
43, 043	2. 8	310	0. 0	6, 264	0. 4	2, 205	0. 1
109, 863	2. 9	1, 803, 487	47. 7	39, 331	1. 0	3, 750	0. 1
59, 162	27. 0	181	0. 1	82, 271	37. 5	1, 069	0. 5
15, 005, 131	**72. 5**	**1, 842, 897**	**8. 9**	**148, 816**	**0. 7**	**137, 672**	**0. 7**
14, 779, 888	97. 7	178	0. 0	13, 733	0. 1	129, 612	0. 9
41, 970	2. 8	533	0. 0	6, 672	0. 4	1, 473	0. 1
121, 462	3. 2	1, 842, 048	47. 9	42, 896	1. 1	4, 989	0. 1
61, 811	27. 3	138	0. 1	85, 515	37. 8	1, 598	0. 7

性格別研究費<R&D Expenditures by type of actibity>

＜自然科学のみ＞ Natural sciences and engineering only

年度及び実施機関 FY, Sectors of performance ＼ 性格 Character of work	社内研究実施機関数 Number of R&D performing organizations	総額 Total
平成14('02) 総額 Total	14,963	15,343,626
15('03) 総額 Total	26,128	15,492,798
16('04) 総額 Total	23,762	15,599,901
17('05) 総額 Total	19,657	16,472,099
18('06) 総額 Total	20,150	17,092,747
19('07) 総額 Total	23,738	17,556,245
20('08) 総額 Total	18,184	17,407,769
21('09) 総額 Total	15,759	15,865,512
22('10) 総額 Total	17,110	15,742,252
23('11) 総額 Total	14,038	16,009,819
24('12) 総額 Total	14,788	15,947,732
25('13) 総額 Total	13,748	16,737,559
26('14) 総額 Total	17,162	17,577,220
27('15) 総額 Total	17,140	17,517,011
28('16) 総額 Total	20,193	17,033,410
29('17) 総額 Total	16,593	17,651,516
企業 Business enterprises	13,496	13,771,859
公的機関 Public Organizations	422	1,304,246
大学等 Universities and Colleges	2,360	2,352,434
非営利団体 Non-profit institutions	315	222,977
30('18) 総額 Total	16,021	18,123,463
企業 Business enterprises	12,902	14,196,212
公的機関 Public Organizations	430	1,325,891
大学等 Universities and Colleges	2,377	2,397,466
非営利団体 Non-profit institutions	312	203,893
令和元('19) 総額 Total	15,985	18,165,672
企業 Business enterprises	12,840	14,169,402
公的機関 Public Organizations	429	1,355,233
大学等 Universities and Colleges	2,405	2,419,516
非営利団体 Non-profit institutions	311	221,520
2('20) 総額 Total	17,437	17,839,266
企業 Business enterprises	14,252	13,816,562
公的機関 Public Organizations	430	1,394,490
大学等 Universities and Colleges	2,448	2,410,812
非営利団体 Non-profit institutions	307	217,403
3('21) 総額 Total	18,714	18,340,915
企業 Business enterprises	15,480	14,185,573
公的機関 Public Organizations	427	1,441,628
大学等 Universities and Colleges	2,508	2,512,411
非営利団体 Non-profit institutions	299	201,303
4('22) 総額 Total	**21,586**	**19,282,317**
企業 Business enterprises	18,317	15,091,682
公的機関 Public Organizations	427	1,425,347
大学等 Universities and Colleges	2,550	2,558,456
非営利団体 Non-profit institutions	292	206,831

(注) 1 内部使用研究費のうち自然科学（理学、工学、農学、保健）に使用した研究費を性格別に区分したもの（人文・社会科学系の機関も含む）。

費 (6－5)
Expenditures

(単位：百万円)(Unit: million yen)

基礎研究 Basic Research	割合 (%)	応用研究 Applied research	割合 (%)	開発研究 Development	割合 (%)
2, 298, 896	15. 0	3, 503, 195	22. 8	9, 541, 535	62. 2
2, 316, 931	15. 0	3, 567, 933	23. 0	9, 607, 933	62. 0
2, 239, 012	14. 4	3, 589, 801	23. 0	9, 771, 088	62. 6
2, 355, 047	14. 3	3, 754, 619	22. 8	10, 362, 433	62. 9
2, 375, 566	13. 9	3, 787, 748	22. 2	10, 929, 433	63. 9
2, 417, 086	13. 8	4, 075, 069	23. 2	11, 064, 090	63. 0
2, 392, 651	13. 7	4, 065, 205	23. 4	10, 949, 912	62. 9
2, 387, 749	15. 0	3, 837, 331	24. 2	9, 640, 432	60. 8
2, 310, 378	14. 7	3, 638, 133	23. 1	9, 793, 741	62. 2
2, 375, 888	14. 8	3, 658, 661	22. 9	9, 975, 270	62. 3
2, 410, 721	15. 1	3, 605, 614	22. 6	9, 931, 397	62. 3
2, 541, 204	15. 2	3, 810, 334	22. 8	10, 386, 021	62. 1
2, 603, 197	14. 8	3, 816, 611	21. 7	11, 157, 411	63. 5
2, 545, 457	14. 5	3, 792, 324	21. 6	11, 179, 230	63. 8
2, 591, 176	15. 2	3, 533, 094	20. 7	10, 909, 140	64. 0
2, 764, 334	15. 7	3, 620, 073	20. 5	11, 267, 109	63. 8
1, 146, 460	8. 3	2, 202, 530	16. 0	10, 422, 869	75. 7
299, 339	23. 0	451, 078	34. 6	553, 830	42. 5
1, 264, 044	53. 7	878, 529	37. 3	209, 860	8. 9
54, 491	24. 4	87, 935	39. 4	80, 550	36. 1
2, 750, 286	15. 2	3, 775, 360	20. 8	11, 597, 817	64. 0
1, 111, 707	7. 8	2, 343, 474	16. 5	10, 741, 031	75. 7
307, 600	23. 2	449, 631	33. 9	568, 660	42. 9
1, 281, 716	53. 5	901, 019	37. 6	214, 731	9. 0
49, 263	24. 2	81, 236	39. 8	73, 395	36. 0
2, 745, 173	15. 1	3, 707, 272	20. 4	11, 713, 227	64. 5
1, 073, 076	7. 6	2, 272, 760	16. 0	10, 823, 566	76. 4
318, 188	23. 5	445, 755	32. 9	591, 290	43. 6
1, 304, 167	53. 9	902, 720	37. 3	212, 629	8. 8
49, 742	22. 5	86, 036	38. 8	85, 742	38. 7
2, 676, 780	15. 0	3, 645, 633	20. 4	11, 516, 853	64. 6
1, 019, 245	7. 4	2, 202, 728	15. 9	10, 594, 589	76. 7
304, 262	21. 8	454, 021	32. 6	636, 207	45. 6
1, 307, 410	54. 2	892, 087	37. 0	211, 314	8. 8
45, 863	21. 1	96, 796	44. 5	74, 744	34. 4
2, 810, 085	15. 3	3, 779, 113	20. 6	11, 751, 717	64. 1
1, 069, 702	7. 5	2, 284, 453	16. 1	10, 831, 417	76. 4
337, 839	23. 4	475, 782	33. 0	628, 007	43. 6
1, 357, 996	54. 1	936, 891	37. 3	217, 525	8. 7
44, 548	22. 1	81, 987	40. 7	74, 768	37. 1
2, 805, 699	**14. 6**	**3, 891, 440**	**20. 2**	**12, 585, 178**	**65. 3**
1, 035, 414	6. 9	2, 355, 015	15. 6	11, 701, 253	77. 5
339, 080	23. 8	492, 246	34. 5	594, 021	41. 7
1, 386, 444	54. 2	954, 031	37. 3	217, 981	8. 5
44, 760	21. 6	90, 148	43. 6	71, 923	34. 8

費目別研究費<R&D Expenditures by type of cost>

年度及び実施機関 FY, Sectors of performance ＼ 費目 Type of cost	研究費総額 Total	人件費 Labour costs	割合 (%)	原材料費 Materials	割合 (%)
平成14('02) 総額 Total	16,675,053	7,399,615	44.4	2,750,181	16.5
15('03) 総額 Total	16,804,155	7,631,443	45.4	2,785,558	16.6
16('04) 総額 Total	16,937,584	7,611,525	44.9	2,816,867	16.6
17('05) 総額 Total	17,845,224	7,932,521	44.5	2,849,337	16.0
18('06) 総額 Total	18,463,102	8,085,143	43.8	2,955,689	16.0
19('07) 総額 Total	18,943,767	8,194,187	43.3	2,963,835	15.6
20('08) 総額 Total	18,800,063	8,159,490	43.4	2,909,134	15.5
21('09) 総額 Total	17,246,300	7,895,806	45.8	2,366,658	13.7
22('10) 総額 Total	17,109,951	7,967,109	46.6	2,420,484	14.1
23('11) 総額 Total	17,379,084	8,007,071	46.1	2,361,231	13.6
24('12) 総額 Total	17,324,559	7,928,464	45.8	2,441,894	14.1
25('13) 総額 Total	18,133,628	7,921,884	43.7	2,569,444	14.2
26('14) 総額 Total	18,971,300	8,280,474	43.6	2,661,790	14.0
27('15) 総額 Total	18,939,130	8,194,134	43.3	2,700,708	14.3
28('16) 総額 Total	18,432,645	8,123,392	44.1	2,548,356	13.8
29('17) 総額 Total	19,050,400	8,353,863	43.9	2,593,569	13.6
企業 Business enterprises	13,798,898	5,466,732	39.6	2,195,619	15.9
公的機関 Public Organizations	1,368,366	438,026	32.0	153,391	11.2
大学等 Universities and Colleges	3,641,813	2,370,885	65.1	204,069	5.6
非営利団体 Non-profit institution	241,322	78,221	32.4	40,490	16.8
30('18) 総額 Total	19,526,007	8,489,396	43.5	2,668,744	13.7
企業 Business enterprises	14,231,616	5,563,241	39.1	2,289,282	16.1
公的機関 Public Organizations	1,389,130	445,117	32.0	136,388	9.8
大学等 Universities and Colleges	3,678,374	2,401,315	65.3	205,204	5.6
非営利団体 Non-profit institution	226,887	79,722	35.1	37,870	16.7
令和元('19) 総額 Total	19,575,711	8,531,773	43.6	2,550,135	13.0
企業 Business enterprises	14,212,065	5,588,421	39.3	2,134,126	15.0
公的機関 Public Organizations	1,402,496	443,256	31.6	164,266	11.7
大学等 Universities and Colleges	3,720,180	2,420,615	65.1	209,174	5.6
非営利団体 Non-profit institution	240,971	79,481	33.0	42,569	17.7
2('20) 総額 Total	19,236,469	8,597,205	44.7	2,349,972	12.2
企業 Business enterprises	13,860,823	5,665,232	40.9	1,947,615	14.1
公的機関 Public Organizations	1,458,614	444,944	30.5	136,764	9.4
大学等 Universities and Colleges	3,675,965	2,410,051	65.6	220,008	6.0
非営利団体 Non-profit institution	241,067	76,979	31.9	45,585	18.9
3('21) 総額 Total	19,740,791	8,620,095	43.7	2,330,617	11.8
企業 Business enterprises	14,224,449	5,669,790	39.9	1,902,712	13.4
公的機関 Public Organizations	1,512,996	440,744	29.1	141,819	9.4
大学等 Universities and Colleges	3,783,923	2,438,441	64.4	241,369	6.4
非営利団体 Non-profit institution	219,424	71,120	32.4	44,717	20.4
4('22) 総額 Total	**20,703,955**	**8,815,803**	**42.6**	**2,451,846**	**11.8**
企業 Business enterprises	15,130,639	5,861,448	38.7	1,995,843	13.2
公的機関 Public Organizations	1,504,750	427,400	28.4	174,716	11.6
大学等 Universities and Colleges	3,842,096	2,453,385	63.9	235,316	6.1
非営利団体 Non-profit institution	226,470	73,569	32.5	45,969	20.3

（注）1　平成25年度から、「無形固定資産購入費」が「その他の経費」から分離し追加された。

費 (6－6)

Expenditures

(単位：百万円)(Unit: million yen)

有形固定資産購入費		無形固定資産購入費		リース料		その他の経費	
Expenditures on tangible fixed assets	割合 (%)	Expenditure on intangible fixed asse	割合 (%)	Lease fee	割合 (%)	Other expenses	割合 (%)
1, 752, 587	10. 5	…	…	177, 221	1. 1	4, 595, 450	27. 6
1, 737, 555	10. 3	…	…	180, 797	1. 1	4, 468, 803	26. 6
1, 562, 737	9. 2	…	…	178, 354	1. 1	4, 768, 100	28. 2
1, 754, 328	9. 8	…	…	179, 670	1. 0	5, 129, 368	28. 7
1, 766, 923	9. 6	…	…	185, 587	1. 0	5, 469, 760	29. 6
1, 824, 723	9. 6	…	…	163, 741	0. 9	5, 797, 282	30. 6
1, 671, 824	8. 9	…	…	160, 929	0. 9	5, 898, 686	31. 4
1, 548, 576	9. 0	…	…	146, 186	0. 8	5, 289, 074	30. 7
1, 417, 059	8. 3	…	…	131, 185	0. 8	5, 174, 113	30. 2
1, 513, 058	8. 7	…	…	115, 570	0. 7	5, 382, 154	31. 0
1, 475, 822	8. 5	…	…	105, 196	0. 6	5, 373, 184	31. 0
1, 752, 314	9. 7	114, 433	0. 6	98, 193	0. 5	5, 677, 359	31. 3
1, 623, 312	8. 6	169, 176	0. 9	91, 278	0. 5	6, 145, 270	32. 4
1, 505, 478	7. 9	191, 136	1. 0	86, 123	0. 5	6, 261, 551	33. 1
1, 521, 934	8. 3	171, 968	0. 9	86, 240	0. 5	5, 980, 755	32. 4
1, 595, 899	8. 4	179, 603	0. 9	79, 137	0. 4	6, 248, 328	32. 8
1, 009, 994	7. 3	169, 398	1. 2	34, 879	0. 3	4, 922, 276	35. 7
215, 370	15. 7	6, 528	0. 5	12, 982	0. 9	542, 070	39. 6
341, 542	9. 4	2, 331	0. 1	29, 163	0. 8	693, 823	19. 1
28, 993	12. 0	1, 347	0. 6	2, 113	0. 9	90, 160	37. 4
1, 595, 899	8. 4	179, 603	0. 9	79, 137	0. 4	6, 248, 328	32. 8
1, 009, 994	7. 3	169, 398	1. 2	34, 879	0. 3	4, 922, 276	35. 7
215, 370	15. 7	6, 528	0. 5	12, 982	0. 9	542, 070	39. 6
341, 542	9. 4	2, 331	0. 1	29, 163	0. 8	693, 823	19. 1
28, 993	12. 0	1, 347	0. 6	2, 113	0. 9	90, 160	37. 4
1, 733, 768	8. 9	229, 742	1. 2	80, 559	0. 4	6, 449, 736	32. 9
1, 142, 657	8. 0	217, 373	1. 5	38, 987	0. 3	5, 090, 500	35. 8
207, 231	14. 8	7, 462	0. 5	12, 227	0. 9	568, 054	40. 5
352, 790	9. 5	3, 540	0. 1	27, 618	0. 7	706, 444	19. 0
31, 089	12. 9	1, 366	0. 6	1, 727	0. 7	84, 738	35. 2
1, 764, 772	9. 2	250, 933	1. 3	73, 558	0. 4	6, 200, 029	32. 2
1, 104, 514	8. 0	238, 320	1. 7	32, 774	0. 2	4, 872, 368	35. 2
256, 558	17. 6	7, 484	0. 5	12, 444	0. 9	600, 420	41. 2
379, 670	10. 3	3, 646	0. 1	25, 613	0. 7	636, 977	17. 3
24, 030	10. 0	1, 482	0. 6	2, 728	1. 1	90, 264	37. 4
1, 814, 451	9. 2	243, 420	1. 2	73, 506	0. 4	6, 658, 701	33. 7
1, 164, 291	8. 2	224, 986	1. 6	31, 222	0. 2	5, 231, 447	36. 8
256, 358	16. 9	13, 428	0. 9	13, 623	0. 9	647, 024	42. 8
378, 160	10. 0	3, 424	0. 1	25, 959	0. 7	696, 569	18. 4
15, 642	7. 1	1, 581	0. 7	2, 703	1. 2	83, 661	38. 1
1, 876, 947	**9. 1**	**265, 316**	**1. 3**	**74, 799**	**0. 4**	**7, 219, 245**	**34. 9**
1, 232, 711	8. 1	246, 143	1. 6	34, 263	0. 2	5, 760, 230	38. 1
272, 693	18. 1	13, 650	0. 9	12, 545	0. 8	603, 745	40. 1
353, 910	9. 2	3, 849	0. 1	25, 285	0. 7	770, 351	20. 1
17, 633	7. 8	1, 675	0. 7	2, 705	1. 2	84, 919	37. 5

科学技術関係予算
Budget for Science and Technology

(単位：百万円)(Unit:million yen)

項目 Item / 年度 FY	科学技術振興費 Promotion of science and technology A	対前年度伸び率 Percent changes to previous year (%)	その他の研究関係費 Other S & T functions B	対前年度伸び率 Percent changes to previous year (%)	一般会計中の科学技術関係経費 General account S & T C=A+B	対前年度伸び率 Percent changes to previous year (%)	特別会計中の科学技術関係経費 Special account S & T D	対前年度伸び率 Percent changes to previous year (%)	科学技術関係経費総額 Total budget for S & T in central government E=C+D	対前年度伸び率 Percent changes to previous year (%)
平成15('03)	12,298	3.9	6,554	△ 2.1	18,852	1.7	17,122	1.2	35,974	1.5
16('04)	12,841	4.4	16,823	156.7	29,664	57.4	6,419	△62.5	36,084	0.3
17('05)	13,170	2.6	16,345	△ 2.8	29,515	△ 0.5	6,264	△ 2.4	35,779	△ 0.8
18('06)	13,312	1.1	16,667	1.9	29,979	1.6	5,764	△ 8.0	35,743	△ 0.1
19('07)	13,477	1.2	16,428	△ 1.4	29,905	△ 0.2	5,208	△ 9.7	35,113	△ 1.8
20('08)	13,628	1.1	16,770	2.1	30,398	1.6	5,310	2.0	35,708	1.7
21('09)	13,777	1.1	16,414	△ 2.1	30,191	△ 0.7	5,449	2.6	35,639	△ 0.2
22('10)	13,334	△ 3.2	17,197	4.8	30,531	1.1	5,359	△ 1.6	35,890	0.7
23('11)	13,352	0.1	17,213	0.1	30,565	0.1	6,083	13.5	36,648	2.1
24('12)	13,135	△ 1.6	16,729	△ 2.8	29,864	△ 2.3	7,063	16.1	36,927	0.8
25('13)	13,007	△ 1.0	16,570	△ 0.9	29,578	△ 1.0	6,520	△ 7.7	36,098	△ 2.2
26('14)	13,372	2.8	17,102	3.2	30,474	3.0	6,039	△ 7.4	36,513	1.2
27('15)	12,857	△ 3.9	16,610	△ 2.9	29,467	△ 3.3	5,309	△12.1	34,776	△ 4.8
28('16)	12,930	0.6	15,225	△ 8.3	28,155	△ 4.5	7,514	41.5	35,669	2.6
29('17)	13,045	0.9	15,338	0.7	28,383	0.8	7,497	△ 0.2	35,880	0.6
30('18)	13,175	1.0	17,319	12.9	30,494	7.4	7,908	5.5	38,401	7.0
令和元('19)	13,597	3.2	20,542	18.6	34,139	12.0	8,237	4.2	42,377	10.4
2('20)	13,639	0.3	22,054	7.4	35,693	4.5	8,094	△ 1.7	43,787	3.3
3('21)	13,638	△ 0.0	19,780	△10.3	33,418	△ 6.4	7,776	△ 3.9	41,194	△ 5.9
4('22)	13,787	1.1	21,094	6.6	34,881	4.4	8,040	3.4	42,921	4.2
5('23)	**13,942**	**1.1**	**21,228**	**0.6**	**35,170**	**0.8**	**12,712**	**58.1**	**47,882**	**11.6**

(注) 1 科学技術基本計画（第1期～第4期）の策定に伴い、平成13、18、23年度に対象経費の範囲が見直されている。
2 平成28年度以降は調査・集計方法が見直されている。
3 各年度とも当初予算である。
4 一般会計中の科学技術関係経費のうち、国立大学法人等については、平成18年度以前は国費である。
5 運営費交付金及び施設整備費補助金に、自己収入（病院収入、授業料、受託事業等）を含めた総額から算定している（この額は、国立大学等が法人化される前の国立学校特別会計制度における科学技術関係経費に相当する額である）。平成18年度からは、自己収入を含まない算定方法に変更した。

資料 内閣府のデータを基に文部科学省作成

科学技術関係予算
Budget for Science and Technology

省庁別 <By Ministry or Agency> (単位：億円)(Unit:100million yen) 100million yen)

省庁別 Ministry, Agency ＼ 年度 FY	平成30('18)	令和元('19)	2('20)	3('21)	4('22)	5('23)
国会 Diet	11	12	12	12	12	11
内閣官房 Cabinet Secretariat	625	625	653	653	626	626
内閣府 Cabinet Office	1,067	1,233	1,280	1,190	1,254	1,218
警察庁 National Police Agency	22	24	23	23	22	23
デジタル庁 Digital Agency	—	—	—	—	53	49
復興庁 Reconstruction Agency	359	312	248	275	299	391
総務省 Min.of Internal Affairs and Communications	991	1,082	1,830	1,133	1,065	1,060
法務省 Min.of Justice	12	12	12	12	11	12
外務省 Min.of Foreign Affairs	148	150	132	156	345	637
財務省 Min.of Finance	13	10	10	11	11	10
文部科学省 Min.of Education, Culture, Sports, Science & Technology	20,902	21,876	21,224	20,598	20,599	20,579
厚生労働省 Min.of Health, Labour & Welfare	1,698	2,333	2,643	1,787	2,863	2,345
農林水産省 Min.of Agriculture, Forestry & Fisheries	1,658	2,000	2,048	1,949	1,997	1,925
経済産業省 Min.of Economy, Trade & Industry	6,558	6,786	6,889	6,645	6,430	11,043
国土交通省 Min.of Land, Infrastructure & Transport	1,825	2,920	3,681	4,013	4,058	4,127
環境省 Min.of the Environment	1,470	1,712	1,821	1,597	1,630	1,591
防衛省 Min.of Defense	1,042	1,290	1,280	1,139	1,645	2,199
合計 Total	38,401	42,377	43,787	41,194	42,921	47,882

(注) 1 各年度とも当初予算である。
2 内閣府の値には消費者庁も含まれている。

資料 内閣府のデータを基に文部科学省作成

技 術 貿

Technology

項目 Item / 年度 FY	日銀統計 Statistics of Bank of Japan			総務省 Statistics of Ministry
	対価受取額(A) Receipts(A) 百万円（百万ドル） million yen	対価支払額(B) Payments(B) 百万円（百万ドル） (million dollar)	収支比 Ratio (A)/(B)	対価受取額（C） Receipts(C) 百万円（百万ドル） million yen
平成5('93)	435,100（3,913)	790,600（7,110)	0.550	400,362（3,600)
6('94)	542,700（5,310)	856,100（8,376)	0.634	462,128（4,521)
7('95)	618,200（6,572)	944,500 (10,041)	0.655	562,077（5,976)
8('96)	756,200（6,952)	1,096,700 (10,082)	0.690	703,033（6,463)
9('97)	929,700（7,684)	1,155,700（9,552)	0.804	831,563（6,873)
10('98)	953,000（7,280)	1,186,200（9,061)	0.803	916,098（6,998)
11('99)	966,700（8,487)	1,101,900（9,673)	0.877	960,800（8,435)
12('00)	1,188,100 (11,024)	1,218,000 (11,302)	0.975	1,057,853（9,816)
13('01)	1,236,600 (10,175)	1,370,300 (11,275)	0.902	1,246,814 (10,259)
14('02)	1,390,700 (11,091)	1,370,500 (10,930)	1.015	1,386,769 (11,060)
15('03)	1,438,800 (12,411)	1,289,300 (11,121)	1.116	1,512,189 (13,044)
16('04)	1,771,700 (16,376)	1,524,800 (14,094)	1.162	1,769,428 (16,355)
17('05)	2,126,200 (19,291)	1,668,900 (15,142)	1.274	2,028,286 (18,402)
18('06)	2,404,200 (20,672)	1,791,400 (15,403)	1.342	2,378,176 (20,449)
19('07)	2,677,600 (22,740)	1,964,000 (16,679)	1.363	2,482,267 (21,081)
20('08)	2,451,900 (23,722)	1,848,800 (17,887)	1.326	2,225,470 (21,531)
21('09)	2,162,000 (23,106)	1,575,400 (16,837)	1.372	2,015,329 (21,538)
22('10)	2,391,600 (27,245)	1,616,800 (18,419)	1.479	2,436,638 (27,758)
23('11)	2,431,600 (30,469)	1,521,800 (19,069)	1.598	2,385,208 (29,887)
24('12)	2,482,400 (31,112)	1,636,900 (20,515)	1.517	2,721,046 (34,103)
25('13)	3,297,100 (33,783)	1,878,900 (19,252)	1.755	3,395,176 (34,788)
26('14)	4,172,300 (39,382)	2,139,400 (20,193)	1.950	3,660,325 (34,549)
27('15)	4,478,200 (36,996)	2,082,800 (17,207)	2.150	3,949,833 (32,631)
28('16)	4,237,600 (38,951)	2,262,600 (20,797)	1.873	3,571,922 (32,832)
29('17)	4,741,000 (42,268)	2,349,300 (20,945)	2.018	3,884,441 (34,631)
30('18)	5,148,700 (46,627)	2,589,700 (23,453)	1.988	3,871,058 (35,057)
令和元（'19)	5,001,800 (45,884)	2,998,900 (27,510)	1.668	3,662,598 (33,599)
2('20)	4,728,800 (44,288)	3,067,100 (28,725)	1.542	3,100,980 (29,042)
3('21)	5,347,900 (48,726)	3,305,700 (30,119)	1.618	3,620,587 (32,988)
4('22)	**6,304,600 (47,944)**	**3,305,700 (29,212)**	**1.641**	**4,995,858 (37,991)**

（注） 日銀統計は1996年1月分から集計方法等が変更され、1995年度までの値も改訂された。
また、2014年1月分からも集計方法が変更された。

資料 日本銀行「国際収支統計」、「国際収支統計季報」、「国際収支統計月報」
総務省統計局「科学技術研究調査報告」

易　　額
Trade value

統　　計 of Internal Affairs and Communication		新　　規　　分 (New contracts)		
対価支払額(D) Payments(D) 百万円 (百万ドル) (million dollar)	収支比 Ratio (C)/(D)	対価受取額(E) Receipts(E) 百万円 (百万ドル) million yen	対価支払額(F) Payments(F) 百万円 (百万ドル) (million dollar)	収支比 Ratio (E)/(F)
362, 974 (3, 264)	1. 103	62, 777 (565)	44, 871 (404)	1. 399
370, 693 (3, 627)	1. 247	56, 488 (553)	52, 422 (513)	1. 078
391, 715 (4, 165)	1. 435	84, 411 (897)	50, 405 (536)	1. 675
451, 169 (4, 148)	1. 558	100, 757 (926)	71, 831 (660)	1. 403
438, 400 (3, 623)	1. 897	185, 167 (1, 530)	59, 251 (490)	3. 125
430, 054 (3, 285)	2. 130	64, 835 (495)	53, 212 (406)	1. 218
410, 296 (3, 602)	2. 342	75, 392 (662)	51, 217 (450)	1. 472
443, 287 (4, 113)	2. 386	71, 464 (663)	62, 100 (576)	1. 151
548, 379 (4, 512)	2. 274	… (…)	… (…)	…
541, 713 (4, 320)	2. 560	… (…)	… (…)	…
563, 764 (4, 863)	2. 682	… (…)	… (…)	…
567, 643 (5, 247)	3. 117	… (…)	… (…)	…
703, 707 (6, 385)	2. 882	… (…)	… (…)	…
705, 388 (6, 065)	3. 371	… (…)	… (…)	…
710, 510 (6, 034)	3. 494	… (…)	… (…)	…
600, 044 (5, 805)	3. 709	… (…)	… (…)	…
534, 901 (5, 717)	3. 768	… (…)	… (…)	…
530, 070 (6, 039)	4. 597	… (…)	… (…)	…
414, 760 (5, 197)	5. 751	… (…)	… (…)	…
448, 637 (5, 623)	6. 065	… (…)	… (…)	…
577, 749 (5, 920)	5. 877	… (…)	… (…)	…
513, 045 (4, 843)	7. 135	… (…)	… (…)	…
602, 646 (4, 979)	6. 554	… (…)	… (…)	…
452, 890 (4, 163)	7. 887	… (…)	… (…)	…
629, 801 (5, 615)	6. 168	… (…)	… (…)	…
590, 992 (5, 352)	6. 550	… (…)	… (…)	…
543, 635 (4, 987)	6. 737	… (…)	… (…)	…
559, 816 (5, 243)	5. 539	… (…)	… (…)	…
620, 073 (5, 650)	5. 839	… (…)	… (…)	…
713, 666 (5, 427)	**7. 000**	… (…)	… (…)	…

論　文　数
Published Papers

主要国の論文数シェア
<Share of total number of papers in selected countries (Percentage)>

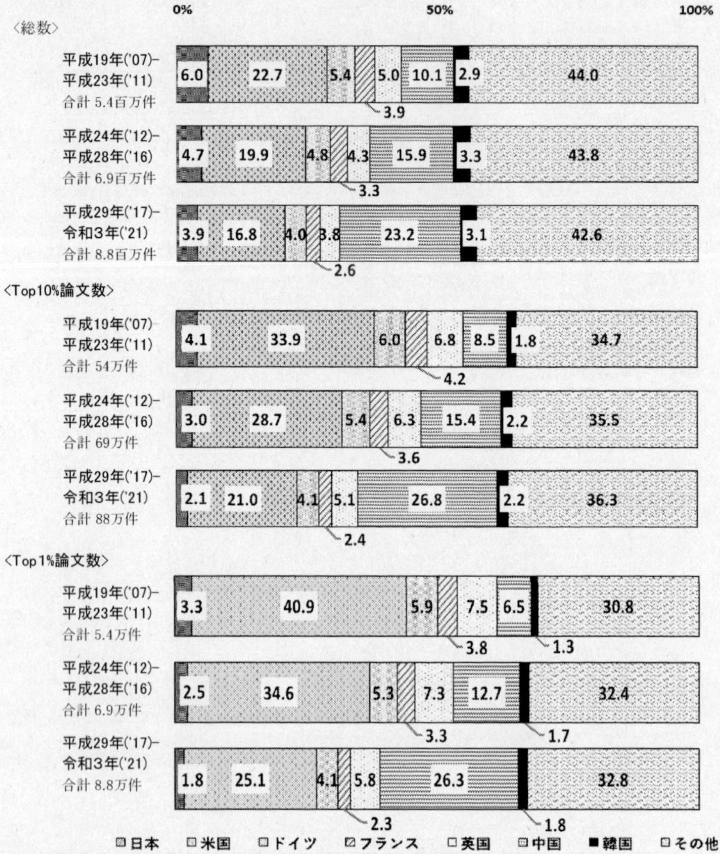

（注）1　各年の値は、全分野での論文数の単年、分数カウント法として算出。５年累積値として表示。
　　　2　分析対象は、Article, Reviewとし、年の集計は出版年（Publication year, PY）を用いた。
　　　　Top10%（及びTop1%）補正論文数は22分野ごとに抽出。分類できない論文は除外して算出。

資料：文部科学省 科学技術・学術政策研究所「科学技術指標2023」を基に、文部科学省が加工・作成。

学　位　授　与　数（2－1）
Graduate Degrees Award Cumulative Degree Awarded

①学位授与数累計（平成3年6月末） Until June 30, 1991

区分	博士 Doctor's degree 旧制 Old system univ. (1)	新制 New system university 計 Total	国立大学 National	公立大学 Local	私立大学 Private	修士 Master's degree
計 Total	**89,857**	**175,007**	**116,005**	**14,257**	**44,745**	**449,356**
学術 Interdisciplinary studies	…	1,179	1,013	82	84	3,110
文学 Literaure	1,636	2,178	1,151	86	941	56,793
教育学 Educational science	…	638	601	…	37	19,183
神学 Theology	3	23	…	…	23	2,047
社会学 Sociology	…	155	86	…	69	2,918
国際学 International science	…	…	…	…	…	1,850
法学 Law	848	930	534	31	365	14,519
政治学 Political science	7	44	…	…	44	1,719
行政学 Public administration	…	…	…	…	…	338
経済学 Economics	610	1,212	766	63	383	14,343
商学 Commerce	108	353	40	28	285	10,189
経営学 Businece management	25	118	50	20	48	3,543
理学 Science	5,830	20,369	17,656	1,267	1,446	52,046
医学 Medicine	69,672	86,191	49,575	9,622	26,994	…
医科学 Medical science	…	…	…	…	…	458
歯学 Dentistry	…	11,259	2,724	704	7,831	…
薬学 Pharmacology	918	6,343	4,781	650	912	16,297
看護学 Nursing	…	…	…	…	…	228
保健学 Health care	…	312	291	…	21	464
衛生学 Hygienics	…	…	…	…	…	144
栄養学 Dietetics	…	…	…	…	…	350
工学 Engineering	6,715	30,323	25,466	1,167	3,690	194,908
芸術工学 Design engineering	…	…	…	…	…	331
商船学 Mercantile marine	…	…	…	…	…	411
農学 Agriculture	3,287	11,809	10,558	440	811	29,748
獣医学 Veterinary medicine	116	1,155	317	97	741	6,035
水産学 Fishery	※ 82 (2)	416	396	…	20	2,514
家政学 Home economics	…	…	…	…	…	2,572
芸術学 Fine arts	…	…	…	…	…	10,437
体育学 Physical education	…	…	…	…	…	1,861

(1) Degrees awarded up to 1962
(2) Those for forestry

②学位授与数累計（平成3年7月～令和3年3月末） From July 1, 1991 to March 31, 2021

区分	博士 Doctor's degree 計 Total	国立大学 National	公立大学 Local	私立大学 Private	修士 Master's degree
計 Total	**457,275**	**315,618**	**28,476**	**113,181**	**1,935,738**
人文 Humanities	19,627	10,629	821	8,177	133,711
社会 Social Science	21,876	11,034	1,306	9,536	228,429
理学 Science	42,762	35,418	2,418	4,926	182,342
工学 Engineering	105,511	86,471	3,674	15,366	857,162
農学 Agriculture	32,554	27,912	1,143	3,499	114,578
保健 Health	195,840	113,014	17,376	65,450	118,238
家政 Home economics	472	84	43	345	8,078
教育 Education	6,101	4,782	34	1,285	125,563
芸術 Fine arts	2,513	1,363	339	811	47,200
その他 Others	30,019	24,911	1,322	3,786	120,437

(注) 1 文部科学省高等教育企画課調べ。大学改革支援・学位授与機構が行った学位授与の数は含まれていない。
2 ①表の旧制博士の欄※印の箇所は林学博士。
3 ①表の旧制博士は学位令(明20勅令第13号・明31勅令第344号及び大9勅令第200号)による認可数で，昭37.3.31をもって終了した総数である。
4 ①表の新制博士は，学校教育法(昭22法律第26号)及び学位規則(昭28文部省令第9号)により昭32年度から授与されて文部大臣に平3.6.30までに報告された総数である。
5 ②表の博士，修士の授与件数は，平3年7月の学位規則改正後から令2.3.31までに授与され，文部科学大臣に報告された総数である。

学　位　授
Graduate Degree Awarded

年次別学位授与数

区　分	計 Total	人文科学 Humanities	社会科学 Social science	理　学 Science	工　学 Engineering	農　学 Agriculture
修　士						
昭和40年度	5, 967	966	874	932	2, 272	406
45	11, 301	1, 699	1, 483	1, 484	4, 448	1, 149
50	13, 422	1, 988	1, 586	1, 482	5, 821	1, 135
55	15, 396	1, 976	1, 552	1, 710	6, 975	1, 168
60	21, 270	2, 090	1, 612	2, 133	9, 612	2, 336
平成 2	27, 059	2, 262	2, 282	2, 984	13, 117	1, 868
7	46, 086	3, 417	5, 057	4, 676	21, 681	2, 886
12	60, 836	4, 446	8, 328	5, 724	26, 957	3, 661
17	74, 210	5, 491	9, 499	6, 518	31, 252	4, 339
22	78, 739	5, 172	8, 942	7, 253	33, 158	4, 677
24	77, 378	5, 222	8, 768	7, 129	34, 594	4, 388
25	74, 187	4, 846	8, 304	6, 934	32, 935	4, 231
26	72, 449	4, 691	7, 949	6, 910	32, 148	4, 009
27	72, 126	4, 658	7, 837	6, 805	32, 240	4, 019
28	72, 256	4, 632	7, 786	7, 008	32, 344	4, 096
29	72, 694	4, 514	7, 700	7, 034	32, 659	4, 226
30	74, 370	4, 540	7, 893	7, 270	33, 721	4, 203
令和元	74, 720	4, 370	8, 084	7, 483	33, 567	4, 350
2	**73, 093**	**4, 028**	**7, 721**	**6, 961**	**33, 752**	**4, 176**
国　立	**42, 959**	**1, 324**	**2, 484**	**4, 566**	**21, 864**	**3, 400**
公　立	**4, 552**	**228**	**391**	**465**	**1, 758**	**219**
私　立	**25, 582**	**2, 476**	**4, 846**	**1, 930**	**10, 130**	**557**
博　士						
昭和40年度	3, 911	50	82	416	419	241
45	4, 688	57	91	611	853	353
50	4, 592	75	84	676	986	385
55	6, 269	77	76	822	1, 186	527
60	7, 978	86	127	860	1, 404	697
平成 2	10, 633	129	183	835	1, 967	719
7	13, 532	344	359	1, 243	3, 312	1, 108
12	16, 076	601	610	1, 586	3, 964	1, 241
17	17, 396	801	973	1, 633	4, 195	1, 321
22	16, 760	946	1, 010	1, 534	3, 693	1, 233
24	15, 902	883	1, 011	1, 394	3, 636	1, 059
25	15, 427	798	850	1, 423	3, 456	1, 062
26	15, 045	734	887	1, 377	3, 538	941
27	15, 024	723	889	1, 390	3, 275	912
28	15, 040	697	852	1, 436	3, 243	933
29	15, 118	730	860	1, 408	3, 246	942
30	15, 143	742	848	1, 403	3, 253	913
令和元	15, 128	727	835	1, 295	3, 161	917
2	**15, 564**	**672**	**786**	**1, 322**	**3, 345**	**892**
国　立	**10, 386**	**360**	**410**	**1, 076**	**2, 682**	**743**
公　立	**1, 076**	**27**	**38**	**58**	**152**	**31**
私　立	**4, 102**	**285**	**338**	**188**	**511**	**118**

(注)1　文部科学省高等教育企画課調べ。
大学改革支援・学位授与機構が行った学位授与の数は含まれていない。
2　※1について，平成3年7月に学位規則が改正されたことにより，分類が難しくなったため平成3年7月以降は工学に含まれるようにした。
3　※2について，平成3年7月に学位規則が改正されたことにより，学術修士，学術博士の学位の種類が廃止されたことに伴い，平成3年7月以降は分野的には「その他」となっている。

与　　　数（2－2）
by Field of Study

保健 医・歯学 Medicine & Dentistry	保健 その他 Others	家政 Home economics	教育 Education	商船 ※1 Mercantile marine	芸術 Fine arts	学術 ※2 Interdisciplinary studies	区分
							Master's degree
…	204	44	134	…	135	…	1965
…	423	82	337	…	196	…	70
…	491	94	415	26	384	…	75
39	658	106	569	20	443	180	80
41	936	124	1,517	23	613	233	85
53	1,220	154	2,036	44	627	412	90
1,870		290	3,713	…	985	1,511	95
2,841		245	4,593	…	1,183	2,858	2000
4,851		283	4,931	…	1,785	5,261	05
6,441		306	4,482	…	2,007	6,301	10
4,655		294	4,481	…	2,093	5,754	12
4,724		267	4,463		2,006	5,477	13
4,824		265	4,311		1,977	5,365	14
4,800		276	4,253		1,927	5,311	15
4,739		269	4,113		1,962	5,307	16
4,998		255	3,836		1,966	5,506	17
5,064		254	3,696		2,046	5,683	18
5,165		264	3,597		1,939	5,901	19
5,197		**270**	**3,005**		**1,990**	**5,993**	**20**
2,498		**54**	**2,274**		**481**	**4,014**	National
719		**30**	**24**		**319**	**399**	Local
1,980		**186**	**707**		**1,190**	**1,580**	Private
							Doctor's degree
2,583	93	…	27	…	…	…	1965
2,386	276	…	61	…	…	…	70
2,161	210	…	15	…	…	…	75
3,288	249	…	34	…	…	10	80
4,374	353	…	23	…	…	54	85
6,043	393	…	40	…	…	324	90
6,679		5	86	…	18	378	95
7,053		17	127	…	43	834	2000
6,760		12	240	…	121	1,340	05
6,315		17	284	…	158	1,570	10
6,106		36	269	…	126	1,382	12
6,099		31	257		134	1,317	13
5,856		17	318		127	1,250	14
6,181		28	278		123	1,225	15
6,206		21	308		142	1,202	16
6,205		15	280		126	1,306	17
6,273		20	323		112	1,256	18
6,372		25	304		117	1,375	19
6,786		**22**	**310**		**100**	**1,329**	**20**
3,807		**6**	**252**		**44**	**1,006**	National
688		**4**	**0**		**15**	**63**	Local
2,291		**12**	**58**		**41**	**260**	Private

(1) Included in "Engineering." after the partial amendment to the Regulation on Academic Degrees in July 1991.
(2) From July 1991,the colum for "Interdisciplimary studies" refers to "Others"

特　許　件　数
Japanese Patents, by Nationality of Applicant

出　願 <Patent Applications>　(単位：件)(Unit:cases)

年 Year	日本人 Japanese	比率 Ratio (%)	外国人 Foreigner	比率 Ratio (%)	計 Total
平成4('92)	338,019	90.9	33,875	9.1	371,894
5('93)	332,345	90.7	34,141	9.3	366,486
6('94)	319,938	90.6	33,363	9.4	353,301
7('95)	334,612	90.6	34,603	9.4	369,215
8('96)	340,101	90.3	36,514	9.7	376,615
9('97)	350,807	89.6	40,765	10.4	391,572
10('98)	359,381	89.4	42,551	10.6	401,932
11('99)	360,180	88.8	45,475	11.2	405,655
12('00)	387,364	88.7	49,501	11.3	436,865
13('01)	386,767	88.1	52,408	11.9	439,175
14('02)	369,458	87.7	51,586	12.3	421,044
15('03)	362,711	87.8	50,381	12.2	413,092
16('04)	368,416	87.1	54,665	12.9	423,081
17('05)	367,960	86.2	59,118	13.8	427,078
18('06)	347,060	84.9	61,614	15.1	408,674
19('07)	333,498	84.2	62,793	15.8	396,291
20('08)	330,110	84.4	60,892	15.6	391,002
21('09)	295,315	84.7	53,281	15.3	348,596
22('10)	290,081	84.2	54,517	15.8	344,598
23('11)	287,580	83.9	55,030	16.1	342,610
24('12)	287,013	83.7	55,783	16.3	342,796
25('13)	271,731	82.7	56,705	17.3	328,436
26('14)	265,959	81.6	60,030	18.4	325,989
27('15)	258,839	81.2	59,882	18.8	318,721
28('16)	260,244	81.7	58,137	18.3	318,381
29('17)	260,292	81.7	58,189	18.3	318,481
30('18)	253,630	80.9	59,937	19.1	313,567
令和元('19)	245,372	79.7	62,597	20.3	307,969
2('20)	227,348	78.8	61,124	21.2	288,472
3('21)	222,452	76.9	66,748	23.1	289,200
4('22)	**218,813**	**75.6**	**70,717**	**24.4**	**289,530**

資料　特許庁「特許庁年報」、「特許行政年次報告書」

特　許　件　数

Japanese Patents, by Nationality of Applicant

登　録 <Patents Granted>　　(単位：件)(Unit:cases)

年 Year	日本人 Japanese	比率 Ratio (%)	外国人 Foreigner	比率 Ratio (%)	計 Total
平成4('92)	78,993	85.8	13,107	14.2	92,100
5('93)	77,311	87.5	11,089	12.5	88,400
6('94)	72,757	88.3	9,643	11.7	82,400
7('95)	94,804	86.9	14,296	13.1	109,100
8('96)	187,681	87.3	27,419	12.7	215,100
9('97)	129,937	88.0	17,749	12.0	147,686
10('98)	125,704	88.9	15,744	11.1	141,448
11('99)	133,960	89.3	16,099	10.7	150,059
12('00)	112,269	89.2	13,611	10.8	125,880
13('01)	109,375	89.8	12,367	10.2	121,742
14('02)	108,515	90.4	11,503	9.6	120,018
15('03)	110,835	90.5	11,676	9.5	122,511
16('04)	112,527	90.6	11,665	9.4	124,192
17('05)	111,088	90.4	11,856	9.6	122,944
18('06)	126,804	89.7	14,595	10.3	141,399
19('07)	145,040	87.9	19,914	12.1	164,954
20('08)	151,765	85.8	25,185	14.2	176,950
21('09)	164,459	85.1	28,890	14.9	193,349
22('10)	187,237	84.1	35,456	15.9	222,693
23('11)	197,594	82.9	40,729	17.1	238,323
24('12)	224,917	81.9	49,874	18.1	274,791
25('13)	225,571	81.4	51,508	18.6	277,079
26('14)	177,750	78.3	49,392	21.7	227,142
27('15)	146,749	77.5	42,609	22.5	189,358
28('16)	160,643	79.1	42,444	20.9	203,087
29('17)	156,844	78.6	42,733	21.4	199,577
30('18)	152,440	78.4	42,085	21.6	194,525
令和元('19)	140,865	78.3	39,045	21.7	179,910
2('20)	140,322	78.2	39,061	21.8	179,383
3('21)	141,853	76.9	42,519	23.1	184,372
4('22)	**155,117**	**77.0**	**46,303**	**23.0**	**201,420**

資料　特許庁「特許庁年報」、「特許行政年次報告書」

国別・分野別のノーベル賞の受賞者数（1901～2023年）
Distribution by Field and Country in the number of Nobel Prize Winners, 1901 to 2023

分野 Item / 国名 Country	物理学 Physics	化学 Chemistry	生理学・医学 Physiology or Medicine	経済学 Economics	文学 Literature	平和 Peace	計 Total
アメリカ United States	94	74	109	65	12	25	379
イギリス United Kingdom	23	30	32	9	12	12	118
ドイツ Germany	26	31	16	1	8	4	86
フランス France	17	11	10	3	17	9	67
スウェーデン Sweden	4	5	9	2	8	5	33
スイス Switzerland	5	7	6	—	2	10	30
日本 Japan	*12*	*8*	*5*	*—*	*2*	*1*	*28*
ロシア（旧ソ連含む） Russian Federation (Former U.S.S.R.)	11	2	2	1	3	3	22
オランダ Netherlands	9	4	2	2	—	1	18
カナダ Canada	6	4	2	2	1	2	17
イタリア Italy	4	1	3	—	6	1	15
オーストリア Austria	4	2	4	—	2	2	14
デンマーク Denmark	3	2	5	—	3	1	14
ノルウェー Norway	—	1	2	3	4	2	12
イスラエル Israel	—	5	—	2	1	3	11
ベルギー Belgium	1	1	4	—	1	4	11

分野 Item / 国名 Country	物理学 Physics	化学 Chemistry	生理学・医学 Physiology or Medicine	経済学 Economics	文学 Literature	平和 Peace	計 Total
オーストラリア Australia	—	—	6	—	1	—	7
南アフリカ South Africa	—	—	1	—	2	4	7
インド India	1	—	—	2	1	2	6
スペイン Spain	—	—	1	—	5	—	6
アイルランド Ireland	1	—	—	—	3	1	5
アルゼンチン Argentine	—	1	2	—	—	2	5
ハンガリー Hungary	1	1	2	—	1	—	5
ポーランド Poland	—	—	—	—	4	1	5
エジプト Arab Republic of Egypt	—	1	—	—	1	2	4
中国 China	—	—	1	—	1	1	3
フィンランド Finland	—	1	—	—	1	1	3
その他 Others	3	2	3	1	18	42	69
計	225	194	227	93	120	141	1,000

資料 文部科学省調べ(ノーベル財団資料 等)

(注) 1 ノーベル財団の発表等に基づき、文部科学省において、試行的に取りまとめている。

2 日本の受賞者のうち、南部陽一郎博士(2008年物理学賞)、中村修二博士(2014年物理学賞)、眞鍋淑郎博士(2021年物理学賞)は、米国籍で受賞している。

3 2017年文学賞受賞のカズオ・イシグロ氏は日本出生ではあるが、日本の受賞者には計上していない。

(Note) Some numbers may not add due to counting dual national in each country.

国指定等文化財件数
Cultural Properties Designated by the

区分	有形文化財（美術工芸品） Tangible Cultural Properties (Fine Arts and Crasts)			有形文化財（建造物） Tangible Cultural Properties (Structures)			無形文化財 Intangible Cultural Properties		
	国宝 National Treasures	重要文化財 Important Cultural Properties	登録有形文化財 Registered Tangible Cultural Properties	国宝 National Treasures	重要文化財 Important Cultural Properties	登録有形文化財 Registered Tangible Cultural Properties	重要無形文化財保持者 Important Intangible Culturak Properties Individual RecognitionHolders	重要無形文化財総合認定保持者の団体又は保持団体 Important Intangible Cultural Properties Group Recognition Holding Groups	登録無形文化財 Registered Intangible Cultural Properties
北海道	2	30			33	147			
青森	3	27			34	101		1	
岩手	7	54		1	27	102			
宮城	3	43	3	3	22	205	1		
秋田	1	14			28	210			
山形	5	72		1	30	196			
福島	2	64		1	35	266			
茨城	2	46			33	294	1	1	
栃木	10	124		7	35	265	1		
群馬		36		1	27	343	1		
埼玉	3	57	1	1	27	204	2	1	
千葉	4	48			29	304	1		
東京	289	2,761	2	2	88	448	40	12	3
神奈川	18	296		1	56	314	3		
新潟	1	51			37	558	2	1	
富山		30	1	2	20	157	1		
石川	2	88			48	289	9	1	
福井	4	84	1	2	30	237	1	1	
山梨	3	57		2	54	166			
長野	3	101	1	6	89	612			
岐阜	4	107	1	3	52	278	2	1	
静岡	12	190		1	35	301			
愛知	6	259		3	84	553	1		
三重	4	164		2	26	316		1	
滋賀	34	643		22	189	500	1		
京都	185	1,911	2	52	301	617	11		1
大阪	57	582	1	5	101	836	9	1	
兵庫	10	361		11	112	753	2		
奈良	142	1,067	2	64	267	323			
和歌山	29	311		7	85	327			

(都道府県別)

Japanese Government

(JANUARY 1, 2024)

民俗文化財 Folk Cultural Properties				記念物 Monuments			重要文化的景観 Important Cultural Landscapes	重要伝統的建造物群保存地区 Important Preservation Districts for Groups of Traditional Buildings	選定保存技術 Selected Conservation Techniques	
重要有形民俗文化財 Important Tangible Folk Cultural Properties	重要無形民俗文化財 Important Intangible Folk Cultural Properties	登録有形民俗文化財 Registered Tangible Folk Cultural Properties	登録無形民俗文化財 Registered Intangible Folk Cultural Properties	特別史跡名勝天然記念物 Special Historic Sites, Special Places of Scenic Beauty and Special Natural Monuments	史跡名勝天然記念物 Historic Sites, Places of Scenic Beauty and Natural Monuments	登録記念物 Registered Monuments			保持者 Holders	保存団体 Preservation Groups
4	2			6	91	1	1	1		
8	8	1		2	38	4		2	1	
9	8			8	74	3	2	1		1
1	6			3	68			1	1	
6	17	1		2	29	1		2		
10	6			2	48		2			1
8	9	1			80	1		3		1
1	3	2		3	41	3		1		1
1	5			3	46	4		1	1	2
3	4	2		4	76		1	2		
9	8	1		4	36	1		1	4	
2	6			2	49	3		1	2	
9	8			5	76	2	1		9	12
2	7	1			71	9			1	
17	13	1			69	1	2	1		
4	9	2		4	34	2		5		
14	8	2	1	2	46	1	3	8		1
1	5	1		2	47	3	3	3		
2	4	1		2	50	2		2		
7	10	2		3	65	9	2	7	2	
14	12	2		3	68	1	1	6		
2	11	1		5	83	2		1		
6	12	1		1	67	2		2	2	1
1	10	1		1	65	2		1		
1	6	3	1	3	81	3	7	4	4	1
5	10	4		14	141	1	3	7	17	15
3	2			2	81	5	1	1	2	1
7	7	2		1	75	5	1	6	2	1
4	7			12	149		1	3	6	1
1	7	1		1	54	6	1	1		

国指定等文化財件数
Cultural Properties Designated by the

区分	有形文化財（美術工芸品） Tangible Cultural Properties (Fine Arts and Crasts)			有形文化財（建造物） Tangible Cultural Properties (Structures)			無形文化財 Intangible Cultural Properties		
	国宝 National Treasures	重要文化財 Important Cultural Properties	登録有形文化財 Registered Tangible Cultural Properties	国宝 National Treasures	重要文化財 Important Cultural Properties	登録有形文化財 Registered Tangible Cultural Properties	重要無形文化財保持者 Important Intangible Culturak Properties Individual RecognitionHolders	重要無形文化財総合認定保持者の団体又は保持団体 Important Intangible Cultural Properties Group Recognition Holding Groups	登録無形文化財 Registered Intangible Cultural Properties
鳥取	2	38		1	18	252	1		
島根	2	75		3	26	208		1	
岡山	7	112		2	57	352	1		
広島	12	150		7	63	295			
山口	6	101		3	40	110	1		
徳島		31			21	212			
香川	4	91		2	31	448	2		
愛媛	9	112		3	50	175			
高知	2	69		1	21	282			
福岡	12	171			45	209	2	1	
佐賀	1	38	1		14	127	3	2	
長崎		36	1	3	37	129			
熊本		39		2	30	194			
大分	2	57		2	33	233		1	
宮崎		13			11	109			
鹿児島	1	28		1	12	123			
沖縄	1	17		1	23	83	9	5	
補遺		16							
2府県以上									
地域定めず									
計	906	10,872	17	231	2,565	13,761	108	31	4

(注)1　文化庁調べ。
2　重要文化財の件数は国宝の件数を含む。
3　補遺は，現在所有者不明のもの，または，戦後連合国側に提出したまま返還されないもの。
4　美術工芸品の県別の件数は，平成29年9月現在で把握している件数を基準としている。
5　史跡名勝天然記念物の件数は，特別史跡名勝天然記念物の件数を含む。
6　重要文化財（建造物）「旧筑後川橋梁（筑後川昇開橋）」については福岡県と佐賀県にまたがるため，両県それぞれで計上している（そのため，各県を合計した件数と合計欄の件数は一致しない）。
7　登録有形文化財（建造物）「わたらせ渓谷鐵道笠松トンネル」については栃木県と群馬県に，登録有形文化財（建造物）「唐沢堰堤」については山梨県と長野県にまたがるため，両県それぞれで計上している（そのため，各県を合計した件数と，合計欄の件数は一致しない）。
8　登録記念物「白水の滝」については大分県と熊本県に，登録記念物「瓢簞島」については広島県と愛媛県にまたがるため，両県それぞれで計上している（そのため，各県を合計した件数と，合計欄の件数は一致しな
9　登録記念物（遺跡及び名勝地）「牧野記念庭園（牧野富太郎宅跡）」及び「岡倉天心旧宅・庭園及び大五浦・小五浦」については登録基準が遺跡関係と名勝地関係の双方に及ぶため，両方に計上している。

（都道府県別）
Japanese Government

(JANUARY 1, 2024)

民俗文化財 Folk Cultural Properties				記念物 Monuments			重要文化的景観	重要伝統的建造物群保存地区	選定保存技術 Selected Conservation Techniques	
重要有形民俗文化財 Important Tangible Folk Cultural Properties	重要無形民俗文化財 Important Intangible Folk Cultural Properties	登録有形民俗文化財 Registered Tangible Folk Cultural Properties	登録無形民俗文化財 Registered Intangible Folk Cultural Properties	特別史跡名勝天然記念物 Special Historic Sites, Special Places of Scenic Beauty and Special Natural Monuments	史跡名勝天然記念物 Historic Sites, Places of Scenic Beauty and Natural Monuments	登録記念物 Registered Monuments	Important Cultural Landscapes	Important Preservation Districts for Groups of Traditional Buildings	保持者 Holders	保存団体 Preservation Groups
1	3	3		2	49	3	1	3		
10	7	2		1	94	7	1	3	1	
1	4	2		2	71	2		5		1
7	4	1		3	49	3		4	2	
11	5	1		3	92	4	1	5	2	
7	4	1		1	32	1	1	3		1
10	3	3	1	3	39	1		1		
1	2			1	42	4	3	3		
4	2		1	2	31		6	2	1	1
1	11	1		6	127	2	1	5		
2	6			3	37	1	1	4	1	
	8			3	69	3	7	4		
1	5			2	69	2	10			
4	6	1		1	71	8	5	2		
3	6			4	67	3	1	3		
	11			6	70	2		4		
	9	1		1	90	7	2	2	1	3
1	3			6	46					
				14	96					
226	329	49	4	164	3,239	128	72	127	62	45

宗教団体数・教師数・信者数

区　分	計	神道系	仏教系	キリスト教系	諸　教
宗教団体数	210, 380	86, 847	84, 513	8, 498	30, 522
神　社	80, 709	80, 624	22	0	63
寺　院	76, 634	17	76, 563	4	50
教　会	28, 119	4, 801	1, 838	7, 099	14, 381
布教所	18, 006	800	1, 655	629	14, 922
その他	6, 912	605	4, 435	766	1, 106
教師数	627, 849	66, 320	339, 678	32, 701	189, 150
男	302, 404	42, 087	158, 556	28, 622	73, 139
女	325, 445	24, 233	181, 122	4, 079	116, 011
信者数	162, 991, 299	83, 964, 368	70, 759, 447	1, 262, 924	7, 004, 560

(注)1　令和4年12月31日現在である。
　2　この統計は宗教法人を対象として、その関連で非法人宗教団体をとらえているので、非法人宗教団体のみを有する包括宗教団体及び単立宗教団体はこの統計の対象外である。
　3　信者数が日本の総人口を上回るのは、二重所属などによる。
資料　文化庁「宗教年鑑　令和5年版」(宗教統計調査)

宗 教 法 人 数

区 分	計	包括宗教法人		被包括宗教法人		単立宗教法人
		文部科学大臣所轄のもの (A)	都道府県知事所轄のもの	(A)に包括されるもの	(A)以外の包括宗教団体に包括されるもの	
計	179, 339	368	25	171, 050	545	7, 351
神道系	84, 332	120	6	81, 775	243	2, 188
仏教系	76, 868	156	11	73, 661	233	2, 807
キリスト教系	4, 846	66	7	2, 802	61	1, 910
諸教	13, 293	26	1	12, 812	8	446

(注) 令和4年12月31日現在である。
資料 文化庁「宗教年鑑 令和5年版」(宗教統計調査)

教 育 委
Boards of

区分	都道府県 Prefectural	計 Total	市 City	特別区 Special ward	町 Town
昭和40年	46	3, 592	560	23	2, 000
45	46	3, 457	562	23	1, 992
50	47	3, 439	642	23	1, 930
55	47	3, 438	645	23	1, 949
60	47	3, 441	651	23	1, 965
平成2	47	3, 428	655	23	1, 968
7	47	3, 422	663	23	1, 970
11	47	3, 418	671	23	1, 967
15	47	3, 365	677	23	1, 934
19	47	1, 932	782	23	825
25	47	1, 819	789	23	742
27	47	1, 814	790	23	741
29	47	1, 811	791	23	740
令和元	47	1, 809	792	23	739
3	**47**	**1, 806**	**792**	**23**	**739**
<人口規模別>					
10万人以上	…	285	263	22	—
3万人以上10万人未満	…	484	418	1	63
8千人以上3万人未満	…	524	109	—	396
8千人未満	…	443	2	—	280

(注) 1 各年5月1日現在である。
2 「人口規模別」教育委員会数には，全部教育事務組合，一部教育事務組合，共同設置及び広域連合教育委員会の数は含まない。
3 市町村及び特別区の人口は，総務省「住民基本台帳に基づく人口，人口動態及び世帯数」（令和3年1月1日現在，総計）による。
資料 文部科学省「地方教育費調査報告書」（うち教育行政調査）

教育長及び教育委員会
Full-time

区分	計 Total	教育長 Superintendent	指導主事 Supervisor	うち充て指導主事 of which teachers in origin	社会教育主事 Social education director	うち派遣社会教育主事 of which dispatched to municipal boards of ed.
都道府県教育委員会						
昭和40年	12, 551	46	2, 561	1, 851	601	…
45	14, 081	46	3, 419	2, 564	704	…
50	17, 142	47	3, 779	2, 741	1, 922	1, 075
55	18, 046	47	3, 891	2, 894	2, 491	1, 667
60	18, 095	47	4, 141	3, 133	2, 516	1, 699
平成2	18, 361	47	4, 480	3, 260	2, 498	1, 654
7	18, 819	47	4, 608	3, 522	2, 392	1, 610
11	18, 473	47	4, 645	3, 523	2, 063	1, 266
15	18, 082	47	4, 634	3, 443	1, 803	971
19	16, 529	46	4, 477	3, 063	1, 025	398
25	15, 563	47	4, 574	2, 889	722	127
27	15, 729	46	4, 657	2, 924	705	130
29	16, 078	46	4, 854	2, 941	688	120
令和元	15, 971	47	4, 873	2, 977	667	111
3	**16, 257**	**47**	**5, 010**	**3, 011**	**586**	**88**
市町村教育委員会						
昭和40年	26, 680	3, 468	1, 390	986	1, 844	…
45	32, 172	3, 330	1, 950	1, 264	2, 042	…
50	42, 406	3, 296	2, 706	1, 250	3, 800	1, 103
55	49, 458	3, 298	3, 171	1, 435	5, 203	1, 840
60	52, 425	3, 215	3, 454	1, 460	5, 437	1, 741
平成2	58, 755	3, 216	3, 837	1, 307	5, 284	1, 727
7	64, 962	3, 201	4, 188	1, 174	5, 252	1, 730
11	64, 690	3, 194	4, 457	1, 164	4, 630	1, 412
15	64, 047	3, 135	4, 700	1, 162	3, 921	1, 159
19	57, 588	1, 785	5, 345	1, 168	2, 120	424
25	55, 303	1, 720	6, 119	1, 399	1, 432	140
27	55, 026	1, 716	6, 388	1, 257	1, 305	130
29	57, 248	1, 724	6, 814	1, 334	1, 270	120
令和元	59, 724	1, 723	7, 229	1, 288	1, 209	111
3	**62, 856**	**1, 724**	**7, 696**	**1, 331**	**1, 116**	**89**

(注) 1 各年5月1日現在である。
2 本務職員である。
3 昭和59年度より恒常的臨時職員は調査対象としていない。
資料 文部科学省「地方教育費調査報告書」（うち教育行政調査）

員 会 数
Education

村 Village	全部教育事務組合 Syndicates: for the whole of educational administration affairs	一部教育事務組合 Syndicates: for the part of educational administration affairs	共同設置教育委員会 Syndicates: for the wide area educational administration affairs	広域連合教育委員会 Jointly established Boards of education	区分
820	…	189	…	…	1965
681	2	187	10	…	70
631	1	198	14	…	75
609	1	197	14	…	80
595	1	195	11	…	85
581	1	189	11	…	90
572	1	185	8	…	95
563	1	185	7	1	99
547	1	175	7	1	03
195	—	106	1	—	07
183	…	79	1	2	13
182	…	75	1	2	15
182	…	72	1	2	17
182	…	70	1	2	19
182	…	**67**	**1**	**2**	**21**
					by population served
—	…	…	…	…	over 100,000 persons
2	…	…	…	…	30,000～100,000
19	…	…	…	…	8,000～ 30,000
161	…	…	…	…	under 8,000

事務局職員数
Staff

社会教育主事補 Assistant social education director	事務職員 Clerical personnel	技術職員 Technical personnel	労務職員 Labor personnel	恒常的臨時職員 Temporary employee	区分
					Prefectural Boards of Education
66	8,759	462	…	56	1965
77	9,040	469	249	77	70
75	10,196	680	310	133	75
70	10,361	683	272	231	80
51	10,360	763	217	…	85
39	10,354	749	194	…	90
48	10,675	861	188	…	95
54	10,687	812	165	…	99
56	10,638	781	123	…	03
31	10,222	656	72	…	07
38	9,542	600	40	…	13
32	9,647	607	35	…	15
29	9,773	659	29	…	17
30	9,685	643	26	…	19
42	**9,847**	**701**	**24**	…	**21**
					Municipal Boards of Education
433	17,621	1,488	…	436	1965
511	21,044	1,530	1,214	551	70
582	28,020	1,702	1,615	685	75
591	32,454	1,831	1,914	996	80
460	35,982	2,116	1,761	…	85
361	41,446	2,277	2,334	…	90
367	47,251	2,549	2,154	…	95
293	47,692	2,549	1,875	…	99
175	47,708	2,580	1,828	…	03
61	44,048	2,655	1,574	…	07
25	41,695	2,738	1,574	…	13
34	41,654	2,579	1,350	…	15
35	43,301	2,795	1,309	…	17
47	45,322	3,023	1,171	…	19
39	**47,673**	**3,285**	**1,323**	…	**21**

学 校 教
School Education

国 立 学 校 <National Schools and Institutions>

区 分	計 Total	幼稚園 Kindergarten	小学校 Elementary school	中学校 Lower sec. school	義務教育学校 Compulsory education school	高等学校 Upper sec. school	中等教育学校 Secondary school
昭和30年度('55)	31,593	46	631	606	…	373	…
35('60)	52,430	74	909	841	…	582	…
40('65)	153,860	164	2,496	2,349	…	1,334	…
45('70)	294,892	418	4,357	4,733	…	1,920	…
50('75)	666,638	1,291	8,951	8,858	…	3,453	…
55('80)	1,165,542	2,100	13,662	13,403	…	5,430	…
60('85)	1,369,488	2,121	16,125	15,076	…	5,446	…
平成 2('90)	1,679,109	2,536	16,222	15,338	…	6,304	…
7('95)	2,272,388	2,958	20,966	18,647	…	7,916	…
12('00)	2,409,524	3,060	18,972	16,750	…	6,811	1,032
17('05)	2,831,510	3,651	21,347	17,969	…	7,024	1,177
22('10)	2,812,065	3,984	20,177	17,657	…	6,295	2,134
26('14)	3,259,347	3,874	24,074	19,294	…	7,238	2,856
27('15)	3,169,435	3,956	21,499	19,861	…	6,609	2,455
28('16)	3,097,217	3,762	19,722	18,026	―	6,965	2,425
29('17)	3,170,722	3,932	19,333	17,808	1,035	6,743	2,354
30('18)	3,170,577	4,120	19,684	18,381	1,337	6,700	2,316
令和 元('19)	3,278,990	4,135	21,490	18,630	1,825	7,160	2,298
2('20)	3,349,959	4,212	22,618	20,207	2,240	7,420	2,412
3('21)	3,498,745	4,615	20,648	18,046	2,345	7,394	2,286
4('22)	**3,528,115**	**4,303**	**22,010**	**19,066**	**2,859**	**6,790**	**2,500**
消 費 的 支 出 Current expenditure	3,147,027	3,926	19,508	17,367	2,643	6,678	2,301
人 件 費 Salaries	1,150,425	2,662	13,231	11,959	1,733	4,599	1,630
教 員 給 与 Teachers	652,380	2,549	12,389	11,465	1,689	4,408	1,527
職 員 給 与 Non-teaching staff	498,045	113	841	495	44	191	104
教 育 研 究 費 Education & research	734,198	597	3,238	2,630	459	980	320
管 理 費 Maintenance & repairs	272,006	173	711	494	115	97	4
補 助 活 動 事 業 費 Auxiliary program	12,003	4	37	32	4	11	0
所 定 支 払 金 Fixed charges	323,940	489	2,255	2,242	333	990	347
その他の消費的支出 Other	654,455	1	35	10	―	2	―
資 本 的 支 出 Capital expenditure	381,087	377	2,502	1,699	215	112	199
土 地 費 Land	1,814	―	―	―	―	―	―
建 築 費 Construction	191,874	327	2,272	1,511	193	37	191
設 備 ・ 備 品 費 Equipment & materials	184,112	50	229	186	22	75	7
図 書 購 入 費 Books	3,287	0	1	1	―	0	1

(注) 1 文部科学省の支出に係る経費は含まれていない。
2 大学には，大学附属病院・大学附置研究所の経費を含む。
3 高等専門学校には，公立大学法人立を含む。
資料 文部科学省「学校基本統計（学校基本調査報告書）」

育　　　費　(3－1)
Expenditure

(単位：百万円)(Unit:million yen)

特別支援学校 Schools for special needs education	大学 University (1)	短期大学 Junior college	高等専門学校 College of tech.	国立養護教諭養成所 NTINT(2)	専修学校 Specialized training college	各種学校 Miscellaneous school	(別掲)放送大学 The Open Univ. of Japan
62	29, 770	105	…	…	…	…	…
71	49, 643	309	…	…	…	…	…
557	140, 517	769	4, 890	424	…	360	…
1, 471	267, 032	1, 474	12, 056	421	…	1, 010	…
5, 290	598, 997	5, 787	31, 276	700	…	2, 036	…
7, 442	1, 061, 599	10, 879	49, 142	…	1, 642	244	…
9, 267	1, 253, 643	13, 741	52, 554	…	1, 331	184	6, 250
11, 884	1, 541, 054	19, 727	64, 958	…	949	139	7, 879
13, 960	2, 102, 515	18, 973	85, 859	…	520	74	12, 550
16, 046	2, 245, 708	11, 616	92, 110	…	429	50	17, 713
15, 394	2, 676, 485	4, 349	87, 522	…	244	—	…
15, 549	2, 667, 606	—	82, 488	…	159	—	…
16, 812	3, 104, 790	—	80, 349	…	59	—	…
15, 544	3, 018, 291	—	81, 163	…	57	—	…
15, 428	2, 953, 209	—	77, 626	…	53	—	…
15, 799	3, 024, 601	—	79, 057	…	58	—	…
16, 198	3, 022, 506	—	79, 276	…	58	—	…
17, 621	3, 120, 519	—	85, 253	…	59	—	…
17, 101	3, 184, 698	—	89, 001	…	50	—	…
16, 470	3, 332, 101	—	94, 806	…	32	—	…
16, 666	**3, 356, 904**	—	**96, 982**	…	**36**	—	…
15, 655	3, 005, 296	—	73, 617	…	36	—	…
11, 924	1, 058, 880	—	43, 784	…	23	—	…
11, 475	577, 027	—	29, 829	…	23	—	…
449	481, 853	—	13, 955	…	—	—	…
1, 413	710, 929	—	13, 624	…	9	—	…
257	264, 902	—	5, 252	…	0	—	…
16	10, 922	—	976	…	0	—	…
2, 042	305, 475	—	9, 765	…	4	—	…
3	654, 187	—	217	…	—	—	…
1, 011	351, 608	—	23, 364	…	—	—	…
—	1, 814	—	—	…	—	—	…
877	170, 101	—	16, 363	…	—	—	…
133	176, 505	—	6, 904	…	—	—	…
0	3, 187	—	97	…	—	—	…

(1) Including expenditure for research institutes and hospitals attached to universities.
(2) National Training Institute for Nursing Teachers.

学　　校　　教

School

公立学校（２－１）<Local Public Schools and Institutions>

区　分	計 Total	幼稚園 Kinder-garten	幼保連携型認定こども園 Integrated center for early childhood education and care	小学校 Elementary school	中学校 Lower sec. school	義務教育学校 Compulsory education school	高等学校 Upper sec. school
昭和35年度('60)	517, 228	3, 420	…	250, 611	161, 289	…	96, 215
40('65)	1, 092, 688	9, 628	…	507, 483	309, 759	…	248, 039
45('70)	2, 225, 811	30, 685	…	1, 089, 973	579, 831	…	480, 519
50('75)	6, 285, 061	106, 455	…	3, 101, 432	1, 622, 733	…	1, 289, 955
55('80)	10, 270, 596	177, 260	…	5, 083, 612	2, 600, 102	…	2, 051, 885
60('85)	11, 927, 307	189, 199	…	5, 304, 853	3, 347, 753	…	2, 616, 479
平成2('90)	13, 830, 211	234, 461	…	6, 188, 775	3, 713, 728	…	3, 053, 084
7('95)	15, 129, 384	258, 949	…	6, 739, 030	3, 900, 323	…	3, 406, 377
12('00)	14, 793, 453	268, 824	…	6, 559, 606	3, 736, 978	…	3, 335, 185
17('05)	13, 953, 119	243, 775	…	6, 334, 988	3, 473, 213	…	2, 987, 001
22('10)	13, 672, 930	235, 180	…	6, 238, 607	3, 508, 924	…	2, 717, 889
27('15)	13, 626, 290	207, 792	55, 028	6, 086, 916	3, 465, 611	…	2, 771, 349
29('17)	13, 558, 393	193, 407	92, 190	5, 975, 088	3, 424, 695	42, 997	2, 769, 175
30('18)	13, 440, 376	184, 828	108, 529	5, 924, 225	3, 359, 381	50, 323	2, 725, 567
令和元('19)	13, 816, 679	180, 909	124, 221	6, 185, 002	3, 446, 862	60, 812	2, 706, 817
2('20)	14, 163, 073	168, 289	130, 941	6, 410, 730	3, 521, 891	87, 753	2, 714, 299
3('21)	**13, 636, 714**	**159, 495**	**140, 850**	**6, 007, 963**	**3, 374, 690**	**100, 360**	**2, 728, 653**
消費的支出 Current expenditure	11, 216, 022	138, 727	119, 942	4, 888, 133	2, 748, 947	57, 845	2, 257, 413
人件費 Salaries	9, 163, 995	111, 161	98, 909	3, 955, 035	2, 226, 710	45, 035	1, 838, 093
本務教員給与 Full-time teachers	5, 933, 632	71, 218	58, 405	2, 581, 636	1, 477, 845	30, 761	1, 131, 405
兼務教員給与 Part-time teachers	137, 880	5, 673	7, 256	47, 674	27, 954	824	36, 793
事務職員給与 Non-teaching staff	313, 973	750	582	120, 526	66, 173	1, 470	94, 256
その他の職員給与 Other staff	600, 137	13, 147	16, 003	281, 941	115, 164	2, 659	108, 007
その他 Other (1)	2, 178, 372	20, 373	16, 663	923, 259	539, 573	9, 321	467, 633
教育活動費 School activities (2)	448, 914	4, 696	3, 199	212, 193	135, 189	3, 135	73, 645
管理費 Maintenance & repairs	694, 272	11, 549	8, 123	341, 322	171, 951	4, 103	119, 266
修繕費 Repairs	113, 978	2, 102	781	53, 580	27, 484	499	23, 897
その他の管理費 Maintenance, etc.	580, 294	9, 447	7, 341	287, 742	144, 468	3, 604	95, 370
補助活動費 Auxiliary program	864, 879	9, 943	8, 940	357, 296	202, 665	5, 256	221, 143
所定支払金 Fixed charges	43, 963	1, 378	771	22, 287	12, 431	316	5, 265
資本的支出 Capital expenditure	1, 621, 168	12, 010	15, 360	740, 577	408, 499	36, 733	315, 465
土地費 Land	35, 545	658	402	19, 426	11, 581	940	1, 914
建築費 Construction	1, 322, 736	9, 574	14, 001	618, 746	336, 898	34, 492	227, 784
設備・備品費 Equipment & materials	247, 416	1, 713	944	94, 456	54, 548	1, 189	84, 230
図書購入費 Books	15, 471	65	13	7, 949	5, 473	112	1, 537
債務償還費 Loan charges	799, 523	8, 759	5, 549	379, 253	217, 244	5, 781	155, 776

（注）1　「人件費」の「その他」は，共済組合等負担金，恩給費等及び退職・死傷手当である。

2　専修学校・各種学校については，昭和59年度までは高等学校卒業を入学資格とする課程のみを置く学校は含まれていなかったが，昭和60年度から調査対象としている。

資料　文部科学省「地方教育費調査報告書」

(1) Including pension for teachers and staff.

(2) Cost for special activities, which include classroom activities, school council, school excursion, and expendable supplies for instruction.

教　育　費 (3－2)
Education Expenditure

(単位：百万円)(Unit: million yen)

中等教育学校 Secondary school	特別支援学校 Schools for Spec. Needs Ed.	高等専門学校 College of tech.	専修学校 Spec. train. col.	各種学校 Miscel-laneous school
…	5,361	…	…	332
…	16,358	899	…	523
…	42,326	1,638	…	838
…	159,722	3,056	…	1,707
…	351,005	4,249	835	1,648
…	434,675	5,563	20,073	8,711
…	583,871	13,564	35,175	7,552
…	753,132	10,235	57,170	4,167
…	832,638	9,991	47,488	2,744
7,245	851,052	8,827	46,208	810
13,835	909,538	4,841	43,500	616
20,414	974,593	1,937	42,301	349
19,918	995,126	2,381	42,952	464
22,738	1,016,341	1,874	46,150	422
20,951	1,044,570	2,456	43,694	383
22,244	1,060,231	1,827	44,438	428
24,370	**1,054,317**	**1,803**	**43,885**	**327**
20,645	943,087	1,709	39,261	316
16,823	840,043	1,393	30,568	226
11,256	551,369	887	18,712	140
526	9,567	20	1,584	10
785	25,484	166	3,757	26
651	60,853	5	1,689	18
3,605	192,770	316	4,826	32
1,094	12,537	24	3,169	34
1,401	32,068	179	4,277	33
357	4,521	14	723	21
1,044	27,546	165	3,555	12
1,280	57,600	99	654	1
47	839	14	594	22
3,184	85,950	95	3,283	11
—	622	—	2	—
2,826	76,415	37	1,963	—
323	8,746	56	1,200	11
35	166	2	118	—
542	25,280	—	1,340	—

公立学校 (2－2)
(単位：百万円)(Unit:million yen)

区分	計 Total	大学 University	短期大学 Junior college
35('60)	13,424	12,241	1,182
40('65)	28,843	26,042	2,801
45('70)	50,334	44,293	6,041
50('75)	102,717	88,783	13,934
55('80)	168,580	145,238	23,342
60('85)	241,272	207,870	33,402
平成2('90)	357,438	323,005	34,433
7('95)	529,167	466,657	62,510
12('00)	507,979	471,937	36,042
17('05)	479,989	457,207	22,782
22('10)	511,475	498,627	12,848
27('15)	605,752	596,397	9,356
29('17)	642,035	631,238	10,797
30('18)	659,252	647,881	11,372
令和元('19)	691,839	682,886	8,954
2('20)	733,938	723,945	9,993
3('21)	771,015	761,837	9,177
4('22)	**774,561**	**766,066**	**8,495**
消費的支出 Current expenditure	709,628	702,054	7,574
人件費 Salaries	273,047	268,633	4,414
教員給与 Teachers	141,183	137,818	3,365
職員給与 Non-teaching staff	131,864	130,815	1,049
教育研究費 Education & research	99,695	98,600	1,095
管理費 Maintenance	145,532	144,704	829
補助活動事業費 Auxiliary program	3,242	3,163	79
所定支払金 Fixed charges	68,296	67,195	1,101
その他の消費的支出 Other	1,382	1,377	5
資本的支出 Capital expenditure	64,933	64,012	921
土地費 Land	—	—	—
建築費 Construction	31,887	31,300	587
設備・備品費 Equipment & materials	31,887	31,601	286
図書購入費 Books	1,159	1,111	48

(注) 大学には，大学附属病院・大学附置研究所の経費を含む。
資料 文部科学省「学校基本統計（学校基本調査報告書）」

私立学校 <Private Schools and Institutions>

区　分	計 Total	幼稚園 Kinder-garten	幼保連携型認定こども園 Integrated center for early childhood education and care	小学校 Elementary school	中学校 Lower sec. school	高等学校 Upper sec. school
昭和35年度('60)	115,984	6,162	…	914	2,978	20,381
40('65)	368,899	25,394	…	2,837	10,934	106,419
45('70)	680,067	65,101	…	5,824	15,746	141,295
50('75)	1,805,251	221,175	…	15,676	42,164	341,118
55('80)	3,506,511	426,542	…	30,019	76,184	640,117
60('85)	5,183,425	482,331	…	38,127	117,019	927,266
平成2('90)	6,934,921	610,176	…	47,404	156,194	1,138,672
7('95)	7,780,643	673,253	…	61,722	228,843	1,280,967
12('00)	7,821,789	717,801	…	59,474	229,317	1,250,871
17('05)	8,324,467	755,752	…	66,196	246,137	1,152,183
22('10)	8,318,610	758,595	…	72,990	263,524	1,121,473
27('15)	9,306,497	785,009	190,074	84,477	274,107	1,222,562
29('17)	9,545,113	790,514	403,648	81,023	266,865	1,204,234
30('18)	9,642,682	774,361	485,674	85,476	272,286	1,200,714
令和元('19)	9,995,139	774,717	591,657	85,193	266,730	1,204,577
2('20)	9,926,351	750,992	653,994	87,999	265,306	1,192,641
3('21)	**10,131,730**	**750,943**	**703,477**	**89,085**	**273,705**	**1,203,972**
消費的支出 Current expenditure	8,578,371	631,881	604,569	77,144	237,855	1,008,198
人件費 Salaries	5,134,345	461,281	473,459	56,546	177,785	731,857
教員給与 Teachers	3,057,638	356,772	250,359	46,408	149,791	589,043
職員給与 Non-teaching staff	1,794,268	84,866	208,877	7,579	18,229	98,875
その他 Other	282,439	19,643	14,223	2,559	9,765	43,939
教育研究経費 Education & research	3,010,745	170,600	131,110	16,344	46,548	214,485
管理経費 Maintenance & repairs	433,281	－	－	4,254	13,521	61,857
資本的支出 Capital expenditure	1,101,895	88,286	62,427	8,339	24,628	128,076
施設費 Land & building	821,296	74,362	50,238	6,266	19,216	102,147
土地費 Land	91,027	7,625	5,408	502	653	5,536
建物費 Building	432,492	48,210	29,424	4,434	10,296	56,451
構築物支出 Other construction	52,567	7,559	6,296	532	1,971	11,576
建設仮勘定 Temporary account for buildings	202,753	－	－	783	6,211	28,130
その他 Other	42,456	10,967	9,110	16	85	455
設備費 Equipment	280,600	13,924	12,189	2,073	5,412	25,929
費 Educational equipment & materials	213,757	6,695	5,280	1,724	4,521	20,239
図書購入費 Books	14,581	184	188	118	300	876
その他 Other	52,262	7,045	6,721	231	591	4,814
債務償還費 Loan charges	451,464	30,777	36,481	3,603	11,222	67,698

資料　文部科学省「学校基本統計（学校基本調査報告書）」（昭和35～40年度），「私立学校の財務状況調査」（昭和45～平成9年度），日本私立学校振興・共済事業団「今日の私学財政」（平成10年度以降）より別途算出。

育　　　　費　（3－3）
Education Expenditure

（単位：百万円）(Unit:million yen)

中等教育学校 Secondary school	特別支援学校 Schools for Special Needs Ed.	大学 University	短期大学 Junior college	高等専門学校 College of tech.	専修学校 Specialized training college	各種学校 Miscel-laneous school	学校法人 School corporation
…	59	30, 839	3, 606	…	…	19, 007	※ 32, 039
…	154	146, 570	24, 229	1, 031	…	51, 332	…
…	234	293, 829	53, 977	1, 407	…	102, 653	…
…	609	722, 106	124, 802	1, 991	…	177, 109	158, 502
…	1, 866	1, 395, 282	235, 878	2, 175	199, 077	180, 484	318, 888
…	2, 128	2, 006, 827	373, 758	3, 005	388, 772	228, 519	615, 672
…	2, 945	2, 748, 026	487, 645	5, 099	750, 753	282, 393	705, 613
…	3, 198	3, 379, 882	541, 538	3, 584	845, 299	250, 920	511, 437
85	2, 882	3, 712, 005	405, 028	4, 051	682, 734	122, 807	634, 735
4, 523	2, 752	4, 222, 840	275, 563	3, 278	827, 110	117, 183	650, 950
7, 086	2, 428	4, 568, 745	212, 552	3, 725	656, 824	89, 787	560, 879
10, 511	3, 740	4, 994, 193	195, 549	3, 071	742, 144	117, 291	683, 769
11, 138	4, 151	5, 127, 887	177, 671	3, 025	732, 495	114, 783	627, 679
10, 620	3, 863	5, 172, 090	173, 820	3, 197	714, 490	122, 698	623, 393
11, 228	4, 020	5, 304, 290	167, 598	3, 159	715, 794	120, 797	745, 377
10, 867	4, 051	5, 367, 479	166, 971	3, 178	720, 968	126, 577	575, 328
11, 883	**4, 401**	**5, 527, 216**	**158, 411**	**3, 014**	**722, 715**	**122, 419**	**560, 490**
9, 922	3, 781	4, 860, 816	140, 643	2, 793	615, 619	98, 330	286, 820
7, 040	2, 919	2, 565, 021	91, 575	1, 970	331, 625	66, 228	167, 038
5, 874	2, 339	1, 306, 120	59, 138	1, 512	234, 599	46, 269	9, 414
901	492	1, 141, 385	26, 822	401	81, 485	16, 179	108, 176
265	88	117, 516	5, 615	57	15, 541	3, 780	49, 448
2, 320	862	2, 033, 010	35, 970	573	283, 994	32, 102	42, 827
562	－	262, 784	13, 098	250	－	－	76, 955
1, 570	418	569, 171	13, 528	219	72, 695	15, 813	116, 726
1, 281	357	383, 580	9, 645	169	54, 442	13, 089	106, 504
14	14	38, 536	430	－	12, 467	245	19, 598
1, 065	83	200, 210	6, 645	165	29, 120	10, 162	36, 226
24	39	17, 408	675	3	768	939	4, 775
178	－	126, 125	1, 872	－	－	－	39, 455
－	221	1, 300	22	－	12, 087	1, 742	6, 450
289	61	185, 591	3, 884	51	18, 253	2, 724	10, 222
229	41	154, 067	2, 963	40	12, 789	1, 314	3, 855
18	2	11, 481	428	2	609	127	249
42	18	20, 043	492	9	4, 856	1, 283	6, 118
391	203	97, 229	4, 239	1	34, 401	8, 276	156, 943

（注）1　「学校法人」欄の※（昭和35年度）は各学校に区分されない共通経費である。
2　昭和35～45年度の学校法人経費は調査していない。
3　平成10年度以降の学校法人経費には各学校に区分されない経費を含む。
4　「人件費」の「その他」は，役員報酬，退職金等である。

地方の社会教育費
Expenditure of Local Governments on Social Education

(単位：千円)(Unit:thousand yen)

区分	計 Total	都道府県 Prefectural government	市町村 Municipal government
昭和35年度('60)	14, 937, 400	3, 908, 354	11, 029, 046
40('65)	40, 939, 274	8, 208, 974	32, 730, 300
45('70)	127, 806, 237	27, 680, 758	100, 125, 479
50('75)	382, 023, 447	62, 223, 029	319, 800, 418
55('80)	952, 675, 480	125, 851, 953	826, 823, 527
60('85)	1, 225, 664, 698	194, 429, 644	1, 031, 235, 054
平成2('90)	2, 033, 668, 777	314, 682, 332	1, 718, 986, 445
7('95)	2, 802, 456, 391	520, 776, 305	2, 281, 680, 086
12('00)	2, 514, 796, 146	408, 170, 635	2, 106, 625, 511
17('05)	2, 043, 670, 125	346, 123, 522	1, 697, 546, 603
22('10)	1, 640, 877, 515	199, 164, 001	1, 441, 713, 514
27('15)	1, 614, 141, 635	175, 025, 899	1, 439, 115, 736
29('17)	1, 579, 873, 704	177, 495, 530	1, 402, 378, 174
30('18)	1, 526, 739, 937	160, 946, 433	1, 365, 793, 504
令和元('19)	1, 559, 094, 923	169, 746, 332	1, 389, 348, 591
2('20)	1, 514, 255, 552	134, 279, 326	1, 379, 976, 226
3('21)	**1, 507, 348, 311**	**137, 346, 944**	**1, 370, 001, 367**
公民館費 Citizens' public hall	213, 406, 595	…	213, 406, 595
図書館費 Library	289, 350, 430	28, 043, 487	261, 306, 943
博物館費 Museum	155, 957, 418	41, 928, 915	114, 028, 503
体育施設費 Public physical ed. & sports facility	334, 430, 071	23, 125, 240	311, 304, 831
青少年教育施設費 Center for children & youths	41, 436, 157	15, 752, 287	25, 683, 870
女性教育施設費 Women's education center	670, 641	15, 179	655, 462
文化会館費 Culture hall	111, 535, 216	184, 539	111, 350, 677
その他の社会教育施設費 Other social ed. facility	102, 188, 311	5, 557, 933	96, 630, 378
教育委員会が行った社会教育活動費 Social ed. programs provided by boards of education	150, 449, 814	9, 130, 546	141, 319, 268
文化財保護費 Protection of cultural properties	107, 923, 658	13, 608, 818	94, 314, 840

資料　文部科学省「地方教育費調査報告書」

地方の教育行政費
Expenditure of Local Governments on Educational Administration

(単位：千円)(Unit: thousand yen)

区分	計 Total	都道府県 Prefectural government	市町村 Municipal government
昭和35年度('60)	20, 766, 600	8, 199, 341	12, 567, 259
40('65)	51, 599, 725	20, 734, 690	30, 865, 035
45('70)	111, 770, 745	43, 302, 936	68, 467, 809
50('75)	289, 193, 112	101, 337, 487	187, 855, 625
55('80)	454, 466, 972	150, 762, 061	303, 704, 911
60('85)	586, 986, 809	186, 595, 663	400, 391, 146
平成2('90)	806, 659, 828	255, 006, 739	551, 653, 089
7('95)	1, 023, 085, 676	319, 902, 257	703, 183, 419
12('00)	1, 067, 460, 029	322, 418, 605	745, 041, 424
17('05)	997, 866, 103	303, 956, 550	693, 909, 553
22('10)	947, 687, 167	292, 523, 359	655, 163, 808
27('15)	956, 379, 628	285, 749, 572	670, 630, 056
29('17)	969, 849, 768	289, 400, 061	680, 449, 707
30('18)	1, 002, 402, 343	297, 071, 166	705, 331, 177
令和元('19)	1, 008, 273, 620	288, 021, 030	720, 252, 590
2('20)	1, 121, 798, 854	333, 114, 542	788, 684, 312
3('21)	**1, 063, 151, 488**	**306, 140, 356**	**757, 011, 132**
<支出項目別内訳> Expenditures by resource category			
消費的支出 Current expenditure	1, 024, 113, 825	294, 075, 591	730, 038, 234
資本的支出 Capital expenditure	27, 370, 300	6, 725, 432	20, 644, 868
債務償還費 Loan charges	11, 667, 363	5, 339, 333	6, 328, 030
<財源別内訳> Expenditures by source of funds			
地方債・寄附金以外の公費 Public expenditure except local bond and donation	1, 055, 610, 517	305, 270, 961	750, 339, 556
国庫補助金 National subsidies	28, 659, 535	11, 215, 698	17, 443, 837
都道府県支出金 Prefectural expenditure	303, 486, 506	294, 055, 263	9, 431, 243
市町村支出金 Municipal expenditure	723, 464, 476	—	723, 464, 476
地方債 Local bond	6, 135, 732	801, 418	5, 334, 314
公費組入れ寄附金 Donation included in public expenditure	1, 405, 239	67, 977	1, 337, 262

資料　文部科学省「地方教育費調査報告書」

保護者支出
Survey of Household Expenditure on Education

支出項目別（令和３年度）　　　　（単位：円）(Unit:yen)

区分	幼稚園 Kindergarten		小学校 Elementary school		中学校 Lower secondary school		高等学校（全日制） Upper secondary school	
	公立 (public)	私立 (private)	公立 (public)	私立 (private)	公立 (public)	私立 (private)	公立 (public)	私立 (private)
学習費総額 Total	165,126	308,909	352,566	1,666,949	538,799	1,436,353	512,971	1,054,444
学校教育費 Spending on school education	61,156	134,835	65,974	961,013	132,349	1,061,350	309,261	750,362
入学金・入園料 Enrollment fee/entrance fee	270	13,005	99	42,756	253	72,542	7,211	43,570
入学時に納付した施設整備費等 Facilities maintenance cost paid at enrollment	76	2,115	49	17,814	120	30,070	3,928	22,771
入学検定料 Exam fee	36	708	10	5,476	134	19,756	5,004	5,503
授業料 Tuition fee	5,533	27,972	…	536,232	…	476,159	52,120	288,443
施設整備費等 Facilities maintenance cost	…	9,032	…	91,325	…	96,868	…	60,323
修学旅行費 School trip expense	41	64	3,149	3,981	11,853	12,837	15,647	16,613
校外活動費 Outside school expenses	744	1,520	2,134	14,883	3,971	18,151	3,909	9,936
学級・児童会・生徒会費 Classroom activities & students' council membership fee	2,144	837	3,473	9,393	5,434	12,330	8,821	13,061
その他の学校納付金 Other school fee	1,907	3,204	1,907	26,542	4,440	24,017	12,558	20,301
PTA会費 PTA membership fee	4,146	3,359	2,566	5,880	3,465	8,598	5,931	9,325
後援会費 Booster club membership fee	60	388	85	5,294	834	7,300	4,866	8,393
寄附金 Contribution	176	542	82	24,190	365	14,120	629	4,405
教科書費・教科書以外の図書費 Textbooks & other books (1)	2,991	4,509	4,866	18,804	9,584	33,196	31,249	38,461
学用品・実験実習材料費 Stationery & instruction materials	8,049	11,575	19,420	31,128	22,784	35,382	21,854	25,798
教科外活動費 Extra-curricular activities	482	4,131	2,294	8,709	24,172	37,172	39,395	47,013
通学費 Transportation	6,330	21,052	1,125	47,210	7,245	84,233	52,283	81,093
制服 School uniform	3,216	6,713	2,698	35,859	21,253	50,696	26,110	36,086
通学用品費 Goods for commuting	12,800	11,341	16,637	21,398	11,018	17,558	12,776	11,976
その他 Other	12,155	12,768	5,380	14,139	5,424	10,365	4,970	7,291
学校給食費 School lunch	13,415	29,917	39,010	45,139	37,670	7,227	…	…
学校外活動費 Spending on out-of-school activities	90,555	144,157	247,582	660,797	368,780	367,776	203,710	304,082
補助学習費 Supplementary learning	29,885	42,118	120,499	377,663	303,136	262,322	171,377	246,639
家庭内学習費 Expenditure for education at home	8,982	11,881	14,398	42,699	16,276	40,028	22,640	31,786
通信教育・家庭教師費 On-line classes, home tutor expenses	8,404	11,969	23,237	52,946	29,379	36,964	16,301	26,530
学習塾費 Private cram school	11,621	17,636	81,158	273,629	250,196	175,435	120,397	171,149
その他 Other	878	632	1,706	8,389	7,285	9,895	12,039	17,174
その他の学校外活動費 Other out-of-school activities	60,670	102,039	127,083	283,134	65,644	105,454	32,333	57,443
体験活動・地域活動 Outdoor & community activities	2,234	4,311	3,635	14,803	995	5,656	1,342	1,903
芸術文化活動 Artistic activities	14,766	25,355	31,986	92,380	19,567	33,591	9,460	16,501
ｽﾎﾟｰﾂ・ﾚｸﾘｴｰｼｮﾝ活動 Sports & recreation	24,765	46,424	56,751	87,705	30,247	28,795	6,778	12,956
国際交流体験活動 International exchange	267	1,163	434	3,052	65	5,857	2,045	8,118
教養・その他 Others	18,638	24,786	34,277	85,194	14,770	31,555	12,708	17,965

（注）1　幼児・児童・生徒一人当たりの教育費（年間）である。
　　　2　教科書費については，高等学校（全日制）のみ調査している。
資料　文部科学省「子供の学習費調査報告書」
　　(1) Figures of Kindergarten, Elementary school and Lower secondary school don't include expenditure for textbooks.

教　育　費
per Student (Annual Amount), 2021
年 次 別

(単位：円) (Unit:yen)

区　分	平成18年度 2006	平成20年度 2008	平成22年度 2010	平成24年度 2012	平成26年度 2014	平成28年度 2016	平成30年度 2018	**令和3年度 2021**
公立幼稚園 Public Kindergarten								
学校教育費 for school educaiton	133, 346	131, 678	129, 581	131, 624	119, 175	120, 546	120, 546	**61, 156**
学校給食費 school lunch	14, 390	14, 932	18, 834	17, 920	19, 382	20, 418	20, 418	**13, 415**
学校外活動費 for out-of-school activities	103, 588	83, 014	83, 505	80, 556	83, 707	92, 983	92, 983	**90, 555**
私立幼稚園 Private Kindergarten								
学校教育費 for school educaiton	368, 392	369, 786	358, 313	340, 464	319, 619	318, 763	318, 763	**134, 835**
学校給食費 school lunch	25, 153	27, 577	28, 078	26, 891	36, 836	29, 924	29, 924	**29, 917**
学校外活動費 for out-of-school activities	144, 861	143, 863	151, 127	120, 072	141, 553	133, 705	133, 705	**144, 157**
公立小学校 Public elementary school								
学校教育費 for school educaiton	56, 655	56, 019	54, 929	55, 197	59, 228	60, 043	60, 043	**65, 974**
学校給食費 school lunch	40, 937	41, 536	42, 227	42, 035	43, 176	44, 441	44, 441	**39, 010**
学校外活動費 for out-of-school activities	236, 542	210, 168	206, 937	208, 575	219, 304	217, 826	217, 826	**247, 582**
私立小学校 Private elementary school								
学校教育費 for school educaiton	780, 001	792, 604	835, 202	822, 467	885, 639	870, 408	870, 408	**961, 013**
学校給食費 school lunch	30, 843	35, 836	46, 052	40, 229	46, 089	44, 807	44, 807	**45, 139**
学校外活動費 for out-of-school activities	562, 340	564, 300	584, 069	559, 661	604, 061	613, 022	613, 022	**660, 797**
公立中学校 Public lower sec. school								
学校教育費 for school educaiton	133, 183	138, 042	131, 501	131, 534	128, 964	133, 640	133, 640	**132, 349**
学校給食費 school lunch	36, 563	37, 430	35, 448	36, 114	38, 422	43, 730	43, 730	**37, 670**
学校外活動費 for out-of-school activities	302, 006	305, 009	292, 562	282, 692	314, 455	301, 184	301, 184	**368, 780**
私立中学校 Private lower sec. school								
学校教育費 for school educaiton	957, 893	946, 594	990, 398	997, 526	1, 022, 397	997, 435	997, 435	**1, 061, 350**
学校給食費 school lunch	7, 254	590	9, 429	3, 380	4, 154	8, 566	8, 566	**7, 227**
学校外活動費 for out-of-school activities	304, 244	289, 075	278, 863	294, 250	312, 072	320, 932	320, 932	**367, 776**
公立高等学校 Public upper sec. school								
学校教育費 for school educaiton	343, 922	356, 937	237, 669	230, 837	242, 692	275, 991	275, 991	**309, 261**
学校給食費 school lunch	…	…	…	…	…	…	…	**…**
学校外活動費 for out-of-school activities	176, 581	159, 249	155, 795	155, 602	167, 287	174, 871	174, 871	**203, 710**
私立高等学校 Private upper sec. school								
学校教育費 for school educaiton	785, 289	782, 953	685, 075	722, 212	740, 144	755, 101	755, 101	**750, 362**
学校給食費 school lunch	…	…	…	…	…	…	…	**…**
学校外活動費 for out-of-school activities	259, 945	197, 898	237, 641	244, 604	255, 151	285, 067	285, 067	**304, 082**

学　生　生　活　費
Income and Expenditure of a Student (Annual Amount), 1976 to 2020

大学・昼間部<University -- Day course>　　(単位：千円)(Unit:thousand yen)

区　分	支出 Expenditure 計 Total	学費 Expenses for education	生活費 Expenses for living	収入 Income 計 Total	家庭からの給付 Parental contri-bution	奨学金 Scholar-ship	アルバイト Part-time job	定職・その他 Steady job, etc.
昭和51年度('76)	742.2	297.0	445.2	753.3	579.6	31.7	134.1	7.9
53('78)	900.3	393.7	506.6	922.2	705.3	39.7	165.3	11.9
55('80)	1,082.2	493.4	588.8	1,108.9	830.3	64.1	203.0	11.5
57('82)	1,230.5	587.8	642.7	1,338.1	998.4	76.8	233.7	29.2
59('84)	1,323.6	666.9	656.7	1,401.9	1,044.4	73.4	266.5	17.6
61('86)	1,423.0	730.5	692.5	1,509.7	1,121.0	89.2	285.9	13.6
63('88)	1,523.2	804.5	718.7	1,599.6	1,175.5	94.7	314.2	15.2
平成 2('90)	1,643.3	860.5	782.8	1,815.4	1,314.9	104.9	386.1	9.5
	1,833.5	949.9	883.6	1,921.7	1,396.1	115.1	398.5	12.0
6('94)	1,846.2	1,008.9	837.3	1,893.3	1,415.0	112.9	353.4	12.0
8('96)	1,940.3	1,064.6	875.7	2,065.5	1,561.5	118.5	364.5	21.0
10('98)	1,928.9	1,078.4	850.5	2,051.7	1,502.4	143.7	369.5	36.1
12('00)	2,058.2	1,121.4	936.8	2,150.2	1,556.0	183.5	376.1	34.6
14('02)	2,017.7	1,161.2	856.5	2,237.8	1,556.7	225.8	358.7	96.6
16('04)	1,940.8	1,168.5	772.3	2,200.3	1,449.2	308.5	344.7	97.9
18('06)	1,895.1	1,171.3	723.8	2,190.5	1,496.3	300.3	336.3	57.6
20('08)	1,859.3	1,183.0	676.3	2,198.8	1,449.4	336.7	358.3	54.4
22('10)	1,830.5	1,170.0	660.5	1,988.5	1,227.5	402.7	306.9	51.4
24('12)	1,880.1	1,175.5	704.6	1,997.3	1,215.2	408.5	322.6	51.0
26('14)	1,862.1	1,195.3	666.8	1,971.4	1,193.8	400.0	321.8	55.8
28('16)	1,884.2	1,193.4	690.8	1,965.9	1,180.7	385.3	356.1	43.8
30('18)	1,913.5	1,208.8	704.7	2,001.3	1,196.6	359.6	401.5	43.6
02('20)	**1,813.0**	**1,148.7**	**664.3**	**1,927.6**	**1,144.7**	**373.2**	**366.5**	**43.2**

資料　平成14年度までは文部科学省，平成16年度からは日本学生支援機構調べ。

短期大学・昼間部<Junior College -- Day Course> (単位：千円)(Unit:thousand yen)

区分	支出 Expenditure			収入 Income				
	計 Total	学費 Expenses for education	生活費 Expenses for living	計 Total	家庭からの給付 Parental contri-bution	奨学金 Scholar-ship	アルバイト Part-time job	定職・その他 Steady job, etc.
昭和51年度('76)	690.1	354.0	336.1	678.4	581.9	12.9	69.4	14.2
53('78)	824.9	454.3	370.6	828.7	715.8	16.7	81.9	14.3
55('80)	916.8	504.5	412.3	948.0	784.6	32.1	116.3	15.0
57('82)	1,036.2	585.8	450.4	1,205.6	981.4	35.4	153.7	35.1
59('84)	1,097.3	646.5	450.8	1,149.2	935.5	31.8	165.0	16.9
61('86)	1,190.2	725.0	465.2	1,265.6	1,031.7	37.2	172.7	24.0
63('88)	1,289.9	785.3	504.6	1,371.5	1,104.2	40.5	205.1	21.7
平成 2('90)	1,388.1	844.1	544.0	1,535.8	1,197.7	45.7	285.9	6.5
4('92)	1,529.6	929.5	600.1	1,621.0	1,266.5	46.1	295.8	12.6
6('94)	1,574.7	991.0	583.7	1,613.1	1,283.8	50.6	265.2	13.5
8('96)	1,677.4	1,055.6	621.8	1,791.9	1,410.0	70.7	293.7	17.5
10('98)	1,692.0	1,060.0	632.0	1,781.4	1,350.1	85.4	310.4	35.5
12('00)	1,792.4	1,085.4	707.0	1,870.1	1,415.9	131.5	293.9	28.8
14('02)	1,785.1	1,099.5	685.6	1,949.9	1,353.4	214.7	293.4	88.4
16('04)	1,664.7	1,099.2	565.5	1,901.3	1,253.6	268.6	280.1	99.0
18('06)	1,640.2	1,112.8	527.4	1,907.6	1,269.0	290.2	283.6	64.8
20('08)	1,580.0	1,102.8	477.2	1,913.3	1,211.8	332.7	312.2	56.6
22('10)	1,591.6	1,113.6	478.0	1,750.2	993.1	434.4	255.8	66.9
24('12)	1,651.8	1,091.9	559.9	1,762.0	989.9	433.0	251.2	87.9
26('14)	1,580.5	1,104.0	476.5	1,679.8	931.3	402.5	261.9	84.1
28('16)	1,587.3	1,089.3	498.0	1,667.8	913.9	387.5	297.2	69.2
30('18)	1,627.6	1,089.8	537.8	1,717.8	893.1	433.2	338.8	52.7
02('20)	1,555.9	1,061.7	494.2	1,655.3	846.0	435.0	300.1	74.2

居住形態別（大学・昼間部）Details of Income and Expenditure of a Student (Annual

区分	自宅 Living at parent's home				学寮 University dormitory		
	国立 National	公立 Local	私立 Private	平均 All	国立 National	公立 Local	私立 Private
収入 Income	**1,154.0**	**1,160.0**	**1,829.2**	**1,731.7**	**1,440.2**	**1,490.4**	**2,107.6**
家庭からの給付 Parental contribution	589.0	518.4	1,020.4	955.2	659.8	767.6	1,414.1
奨学金 Scholarship	181.4	252.5	356.8	334.3	444.7	470.4	483.1
アルバイト Part-time job	354.0	360.5	415.9	407.2	258.3	220.2	164.4
定職収入・その他 Steady job, etc.	29.6	28.6	36.1	35.0	77.4	32.2	46.0
支出 Expenditure	**987.1**	**993.0**	**1,704.8**	**1,601.5**	**1,274.9**	**1,321.3**	**2,090.6**
授業料 Tuition fee	490.0	489.4	1,033.2	954.7	368.9	458.1	992.9
その他の学校納付金 Other fee	10.3	19.0	151.3	131.3	13.8	48.3	148.5
修学費 Learning activities	50.1	54.4	45.9	46.7	55.2	48.6	51.1
課外活動費 Extra-curricular activities	20.7	11.0	16.2	16.5	31.3	13.5	39.6
通学費 Transportation	61.8	69.0	66.2	65.8	8.4	8.1	13.9
小計(学費) Total expenses for education	632.9	642.8	1,312.8	1,215.0	477.6	576.6	1,246.0
食費 Meals	80.3	72.6	86.7	85.5	264.0	190.9	230.1
住居・光熱費 Accommodation	...	...	...	...	227.0	277.4	315.8
保健衛生費 Health care	36.6	41.3	41.4	40.9	36.1	30.3	38.1
娯楽・し好費 Recreation	113.5	111.3	131.1	128.5	116.3	99.5	116.5
その他の日常費 Miscellaneous	123.8	125.0	132.8	131.6	153.9	146.6	144.1
小計(生活費) Total expenses for living	354.2	350.2	392.0	386.5	797.3	744.7	844.6

（注） 令和２年度調査の結果である。

Amount), 2020 (単位：千円)(thousand yen)

	下宿，アパート，その他 Rental apartment, etc.				平 均 Average			
平 均 All	国 立 National	公 立 Local	私 立 Private	平 均 All	国 立 National	公 立 Local	私 立 Private	平 均 All
1,987.0	**1,853.0**	**1,825.4**	**2,497.0**	**2,252.7**	**1,577.8**	**1,523.7**	**2,033.8**	**1,927.6**
1,279.3	1,164.8	981.3	1,637.1	1,444.2	927.9	772.0	1,219.1	1,144.7
476.7	317.4	436.6	464.9	419.5	276.7	357.3	395.8	373.2
180.5	320.8	367.0	334.6	333.3	328.8	359.3	375.4	366.5
50.5	50.0	40.5	60.4	55.7	44.4	35.1	43.5	43.2
1,943.2	**1,721.8**	**1,689.0**	**2,414.3**	**2,151.0**	**1,431.8**	**1,372.9**	**1,928.6**	**1,813.0**
881.4	487.7	486.5	1,073.5	853.1	481.2	486.8	1,041.5	914.9
124.9	8.9	17.5	162.5	105.4	9.7	19.2	154.2	122.0
51.7	47.0	46.5	45.7	46.1	48.6	50.0	46.2	46.8
37.6	26.9	13.1	23.3	23.5	25.0	12.2	19.8	20.3
12.9	8.5	12.1	17.7	14.5	27.5	36.8	49.0	44.7
1,108.5	579.0	575.7	1,322.7	1,042.6	592.0	605.0	1,310.7	1,148.7
234.4	288.4	265.6	267.4	273.4	212.6	178.8	146.9	160.0
300.9	530.4	493.0	483.0	497.7	322.2	270.6	156.2	190.9
37.6	40.2	43.9	43.1	42.3	38.6	42.3	41.7	41.2
116.1	136.9	137.4	135.7	136.2	127.3	124.8	131.3	130.3
145.7	146.9	173.4	162.4	158.8	139.1	151.4	141.8	141.9
834.7	1,142.8	1,113.3	1,091.6	1,108.4	839.8	767.9	617.9	664.3

日本の学校系統図

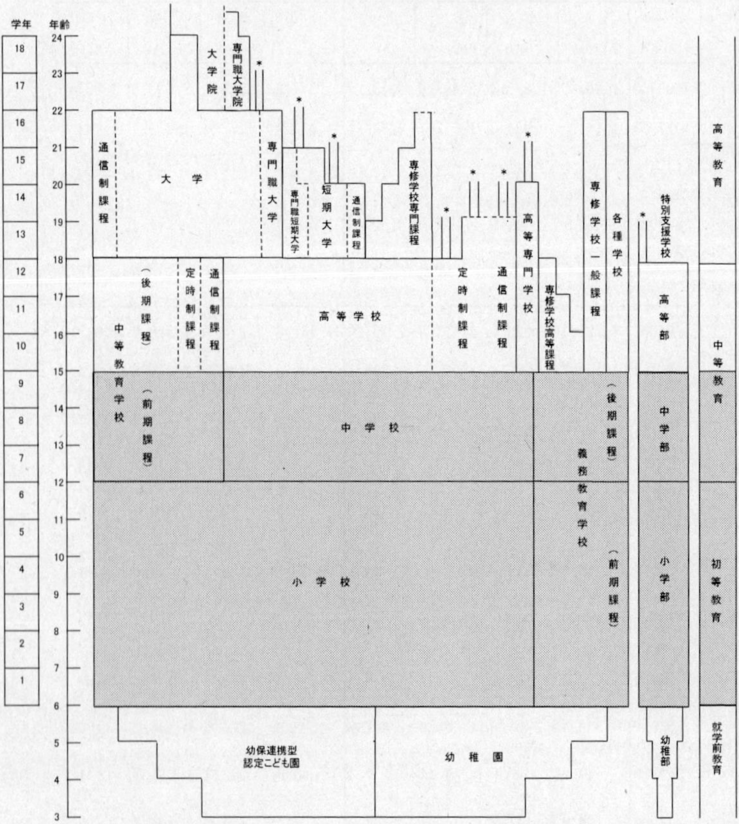

（注）(1) ▨ 部分は義務教育を示す。
(2) ＊印は専攻科を示す。
(3) 高等学校、中等教育学校後期課程、大学、短期大学、特別支援学校高等部には修業年限1年以上の別科を置くことができる。
(4) 幼保連携型認定こども園は、学校かつ児童福祉施設であり0～2歳児も入園することができる。
(5) 専修学校の一般課程と各種学校については年齢や入学資格を一律に定めていない。

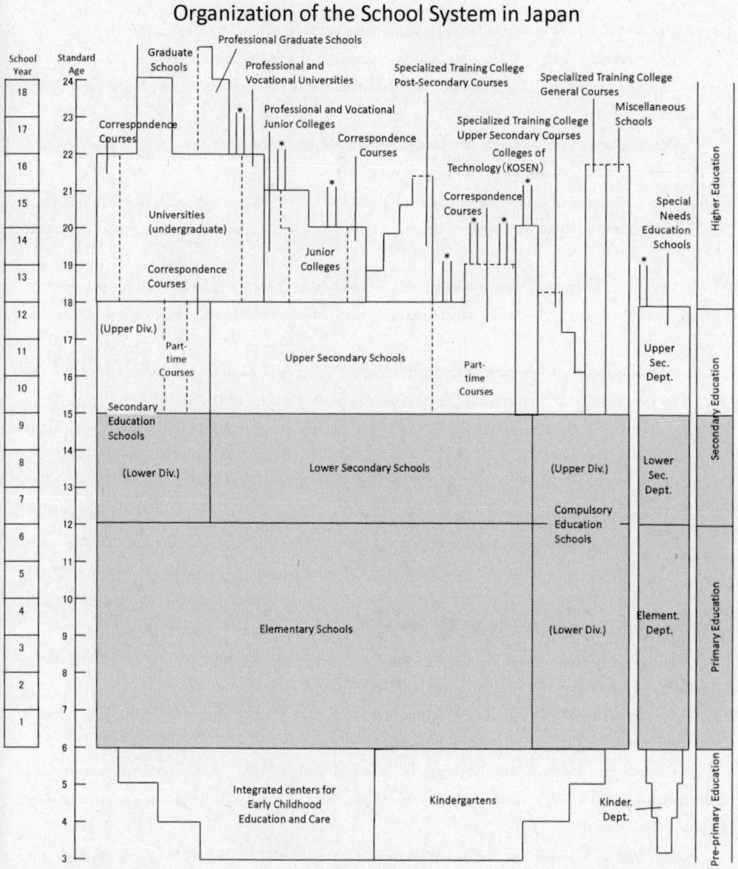

(Notes)

(1)The gray sections are compulsory education.

(2) * indicates advanced courses

(3) Upper secondary schools, upper division of Secondary Education Schools, universities, junior colleges, and upper secondary department of Schools for Special Needs Education can have separate courses with course terms of 1 year or more.

(4) A child aged from 0 to 2 years old can attend Integrated centers for Early Childhood Education and Care because it functions as school as well as child welfare institution.

(5) Age and admission requirements for Specialized Training College General Courses and Miscellaneous Schools are not defined uniformly.

School System

The modern school system of Japan began from the promulgation of the school system in 1872.

The Fundamental Law of Education and the School Education Law were enacted in 1947 and the 6-3-3-4-year system of school education was established aiming at realizing the principle of equal opportunity for education.

Upper secondary schools were first established in 1948, offering full-time and part-time courses, and in 1961 correspondence courses were added to the system.

The new system for universities began in 1949. The junior college system was established on a provisional basis in 1950 and on a permanent basis in 1964, following an amendment to the School Education Law.

Colleges of technology were initiated as an educational institution in 1962 to provide lower secondary school graduates with a five-year consistent education (five-and-a-half years in the case of mercantile marine studies).

At first, special schools were established separately by types of disabilities, such as Schools for the Blind, for the Deaf, for the Intellectually Disabled, the Physically Disabled and the Health Impaired. Recently, in order to cope with children with multiple disabilities, the School Education Law was partially amended and the former school system was turned into "Schools for Special Needs Education" system that can accept several types of disabilities, which was enacted in FY2007.

In addition, there are kindergartens for pre-school children, and specialized training colleges and other miscellaneous vocational schools, which are offering technical courses or those for various practical purposes.

Also, pursuant to the amendments to the School Education Law and other legislation in June 1998, the six-year secondary education school can be established to enable consistent education covering teachings at both lower and upper secondary schools from FY1999.

Professional graduate school was established in 2003 (its predecessor was established in 2000), reflecting the demands of practical education for fostering highly-specialized professionals.

Integrated centers for early childhood education and care were newly established in April 2015. These have the functions of both schools and child welfare facilities.

Compulsory education schools were newly established in April 2016. These have institutions comprising grades 1 through 9 that provide consistent basic education at the elementary and lower secondary levels.

Pursuant to revisions in the School Education law in 2017, a system was instituted for the establishment of professional and vocational universities and professional and vocational junior colleges as new types of universities and colleges that will foster specialists and professionals through practical and high-quality vocational education, and was established in April 2019.

Brief notes on each of the different types of educational institutions shown in the diagram are given below.

1. Kindergartens (Yôchien)

Kindergartens aim at helping pre-primary-school children develop their mind and body by providing a sound educative environment for them. Kindergartens cater for children aged 3, 4 and 5, and provide them with one- to three-year courses.

2. Integrated Centers for Early Childhood Education and Care (Yôhorenkeigata-ninteikodomoen)

These facilities have the functions and characteristics of both kindergartens and nursery centers and also provide child-rearing support services for local communities.

3. Elementary Schools (Shôgakkô)

All the children who have attained the age of 6 are required to attend elementary school for six years. Elementary schools aim at giving children between the ages of 6 and 12 primary general education suited to the stage of their mental and physical development.

4. Lower Secondary Schools (Chûgakkô)

All the children who have completed elementary school are required to study in lower secondary school for three years until the end of the school year in which they reach the age of 15. Lower secondary schools give children between the ages of 12 and 15 general secondary education suited to the stage of their mental and physical development, on the basis of the education given in elementary school.

5. Compulsory Education Schools (Gimukyôiku-gakkô)

Compulsory Education Schools are institutions comprising grades 1 through 9 that provide consistent basic education at the elementary and lower secondary levels. Each school is staffed with a principal and faculty members who have teaching licenses for both elementary and lower secondary education.

6. Upper Secondary Schools (Kôtô-gakkô)

Those who have completed nine-year compulsory education in elementary and lower secondary school may go on to upper secondary school. Students must normally take entrance examinations to enter upper secondary school.

In addition to full-day courses, there are also part-time and correspondence courses. Full-day courses last three years, while both part-time and correspondence courses last three years or more. The last two courses are mainly intended for young workers who wish to pursue their upper secondary studies in a flexible manner in accordance with their own needs. All these courses lead to a certificate of the upper secondary education.

In terms of the content of teaching provided, the upper secondary school courses may also be classified into three categories: general, specialized and integrated courses.

General courses provide mainly general education suited to the needs of both those who wish to advance to higher education and those who are going to get a job but have chosen no specific vocational area.

Specialized courses are mainly intended to provide vocational or other specialized education for those students who have chosen a particular vocational area as their future career.

These courses may be further classified into: agriculture, industry, commerce, fishery, home economics, nursing, science-mathematics, physical education, music, art, English language and other courses.

Integrated courses were introduced in 1994. These courses offer a wide variety of subject areas and subjects from both the general and the specialized courses,

in order to adequately satisfy students' diverse interests, abilities and aptitudes, future career plans, etc.

7. Secondary Education Schools (Chûtô-kyôiku-gakkô)

In April 1999, a new type of six-year secondary education school, called "Secondary Education School" was introduced into our school system. Secondary education schools combine lower and upper secondary school education in order to provide lower secondary education and upper secondary general and specialized education through 6 years. The lower division in the first three years provides lower secondary school education and the upper division in the latter three years gives upper secondary school education.

8. Special Needs Education Schools etc. (Tokubetsu-Shien-gakkô)

Special Needs Education **Schools** are schools for children with comparatively severe disabilities and aim at giving education suited to their individual educational needs. Those schools comprise four levels of departments, namely, kindergarten, elementary, lower secondary and upper secondary departments. (The elementary and lower secondary are compulsory education.) After school system was turned into the current system that permits schools to accept several types of disabilities in 2007, this new implementation is gradually spreading.

Special Needs Education is provided also in regular schools. Special classes are small classes for children with comparatively mild disabilities that may be established in regular elementary and lower secondary schools. It may also be established as a branch class in a hospital for sick children.

There is another program of resource rooms (in regular elementary, secondary and upper secondary schools) where children with disabilities who are enrolled in and studying most of the time in regular classes may visit resource rooms few times a week to receive special instruction.

9. Institutions of Higher Education

Institutions of higher education in Japan include universities, junior colleges and colleges of technology. In addition, specialized training colleges offering postsecondary courses (see 8 below) may be regarded as one type of higher education institution.

a. Universities (Daigaku) are intended to conduct teaching and research in depth in specialized academic disciplines and provide students with advanced knowledge. Universities require for admission the completion of upper secondary schooling or its equivalent, and offer courses of at least four years leading to a bachelor's degree (Gakushi).

Universities may set up a graduate school offering advanced studies in a variety of fields leading to master's (Shushi) and doctor's (Hakushi) degrees. Graduate schools normally last five years, consisting of the first two-year courses leading to a master's degree and the following three-year courses leading to a doctor's degree. However, there is a possibility for those who are especially successful in their studies to get a master's degree in one year, and a doctor's degree in two years.

Professional graduate schools (Senmonshoku-daigakuin) assume a leadership role in various areas of society, providing graduate courses (professional degrees) (Shushi(Senmonshoku)) which specialize in fostering highly-specialized professionals who will be active internationally. These schools have been established to train professionals in the fields of law (law schools) (Hoka-daigakuin), education (professional graduate schools for teacher education) (Kyoshoku-daigakuin), accounting, business administration, management of technology (MOT) and public policy. Professional graduate school's course of study extends for two years (less than two years according to the school's regulation) or three years for law schools, and after its completion, students can proceed to doctoral course.

b. **Junior Colleges (Tanki-daigaku)** aim at conducting teaching and research in specialized subjects and at developing in students such abilities as are required for vocational or practical life.

Junior colleges require for admission the completion of upper secondary schooling or its equivalent, and offer two- or three- year programs in different fields of study, which lead to the title of associate degree (Tanki-daigakushi).

Most courses offered in these colleges are in such fields as teacher training, home economics, nursing science, humanities and social sciences.

The great majority of the students in these colleges are women.

Those who have completed junior college may go on to university and their credits acquired at junior college may be counted as part of the credits leading to a bachelor's degree.

Junior colleges are also allowed to offer advanced courses which may lead to a bachelor's degree.

c. **Professional and vocational universities (Senmonshoku-daigaku) and professional and vocational junior colleges (Senmonshoku-tanki-daigaku)** are one type of university and junior college respectively. They conduct teaching and research in occupational fields for which specialization is required.

Professional and vocational universities and professional and vocational junior colleges provide education to students so that they can achieve the abilities to develop practical and applicable skills necessary to become professionals.

As with other universities and junior colleges, required for admission to a professional and vocational university or a professional and vocational junior college is the completion of high school or its equivalent.

The professional and vocational universities are based on a four-year system, the completion of which leads to the conferral of a "bachelor's degree (professional) (Gakushi (Senmonshoku))". The courses for the professional and vocational junior colleges are either two or three years, the completion of which entitles the conferral of an "associate degree (professional) (Tanki-daigakushi (Senmonshoku))".

d. Colleges of Technology (Kôtô-senmon-gakkô), unlike universities or junior colleges, accept those who have completed lower secondary schooling, and offer five-yeaconsistent programs (five-and-a-half years in the case of mercantile marinestudies)

They were established in 1962, intended to conduct teaching in specialized subjects in depth and to develop in students such abilities as are required for vocational life. Students who have completed colleges of technology are granted the title of associate (Jun-gakushi) and may apply for admission to the upper division of university. Colleges of Technology are also allowed to offer a two-years advanced courses, which follow the five-year program in order to provide a higher level of technical education.

10. Specialized Training Colleges (Senshû-gakkô) and Miscellaneous Schools (Kakushu-gakkô)

In addition to the above mentioned institutions of primary, secondary and higher education, there are educational institutions known as "specialized training colleges" and "miscellaneous schools", which offer a variety of practical vocational and technical education programs in response to diverse demands of people in a changing society. The great majority of these schools are privately controlled.

a. Courses provided in **Specialized Training Colleges (Senshû-gakkô)** may be classified into three categories: upper secondary, postsecondary and general courses. Each course gives at least 40 students systematic instruction, lasting not less than one year, for 800 class hours or more per year.
Specialized training colleges offering upper secondary courses are called "upper secondary specialized training schools (Koto-senshu-gakko)" and those offering postsecondary courses are called "professional training colleges (Senmon-gakko) ."

The former require for admission the completion of compulsory education, while the latter accept those who have graduated from the upper secondary schools or upper secondary courses of specialized training colleges and award the title, "technical associate (Senmonshi)," to those who complete post-secondary courses that fulfill certain criteria, including a study period of at least two years. Students who have completed an upper secondary course lasting three years or more of specialized training colleges designated by the Minister are entitled to apply for a university place.

b. Miscellaneous Schools (Kakushu-gakkô) provide people with vocational and practical training such as dressmaking, cooking, book-keeping, typing, automobile driving and repairing, computer techniques, etc. Most courses in miscellaneous schools require for admission the completion of lower secondary schooling. These courses normally last one year or more with at least 680 class hours per year, but there are also shorter courses of three months or more.

諸外国に関する統計情報及び学校系統図は
下記よりご確認いただけます。

「諸外国の教育統計」の最新版をご参照ください。

18歳人口と高等教育機関への進学率等の推移

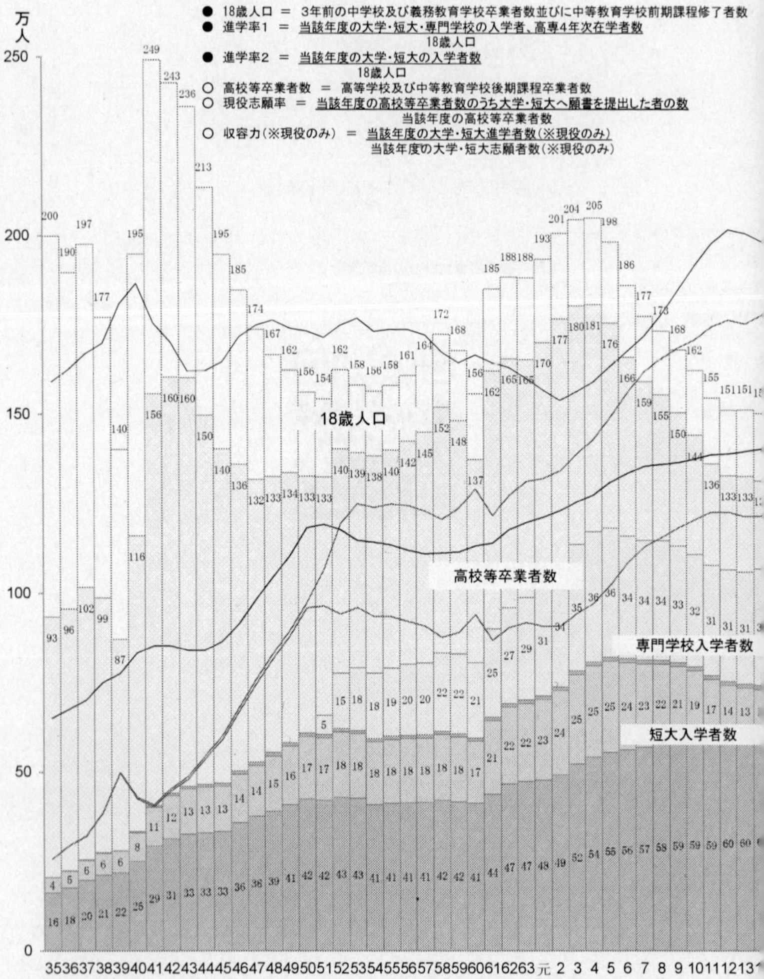

出典：文部科学省「学校基本統計」、令和17年～23年については国立社会保障・人口問題研究所「日本の将来推計人口（平成29年推計）
※進学率、現役志願率については、小数点以下第2位を四捨五入しているため、内訳の計と合計が一致しない場合がある。

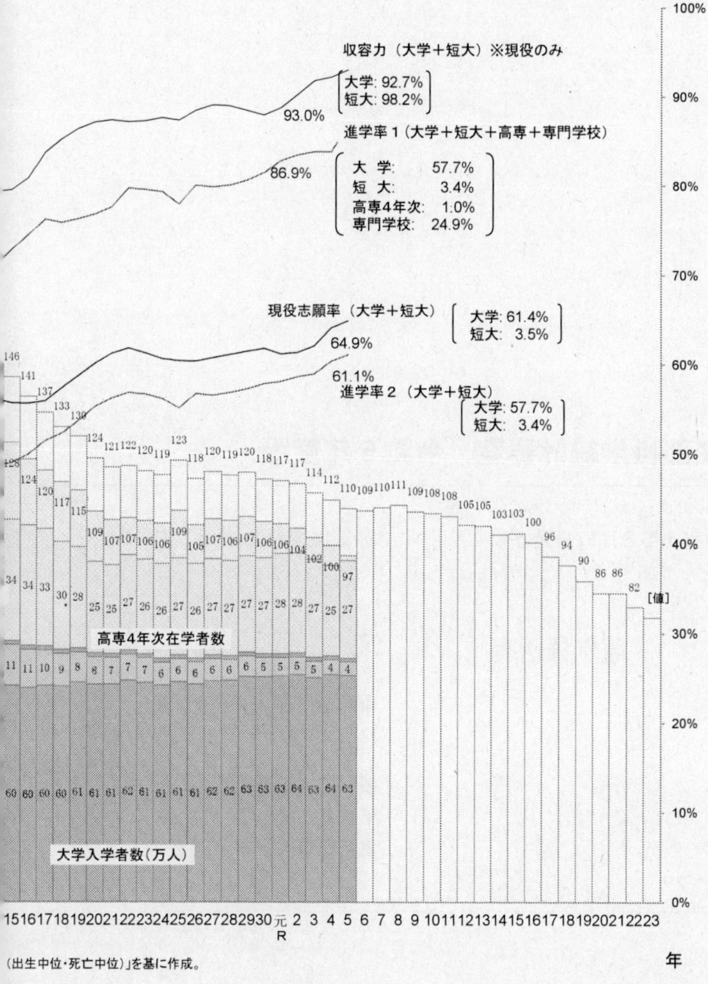
収容力（大学＋短大）※現役のみ
大学: 92.7%
短大: 98.2%
93.0%
進学率１（大学＋短大＋高専＋専門学校）
大　学:　57.7%
短　大:　3.4%
高専4年次:　1.0%
専門学校:　24.9%
86.9%
現役志願率（大学＋短大）
大学: 61.4%
短大:　3.5%
64.9%
61.1%
進学率２（大学＋短大）
大学: 57.7%
短大:　3.4%
高専4年次在学者数
大学入学者数（万人）
[値]
100%
90%
80%
70%
60%
50%
40%
30%
20%
10%
0%
元
R
年

（出生中位・死亡中位）」を基に作成。

文部科学統計要覧　令和６年度版

令和６年５月17日発行　　定価は表紙に表示してあります。

著作権所有　文　部　科　学　省
〒100-8959
東京都千代田区霞が関３－２－２
電　話（03）5253－４１１１

発　　行　株式会社双葉レイアウト
〒106-0041
東京都港区麻布台2−2−12 三貴ビル
電　話（03）3586−９４２２

落丁，乱丁本はお取り替えします。

ISBN978-4-9913027-2-5

政府刊行物販売所一覧

政府刊行物のお求めは、下記の政府刊行物サービス・ステーション（官報販売所）
または、政府刊行物センターをご利用ください。

（令和6年2月1日現在）

◎政府刊行物サービス・ステーション（官報販売所）

	〈名　称〉	〈電話番号〉	〈FAX番号〉
札　幌	北海道官報販売所	011-231-0975	271-0904
	（北海道官書普及）		
青　森	青森県官報販売所	017-723-2431	723-2438
	（成田本店）		
盛　岡	岩手県官報販売所	019-622-2984	622-2990
仙　台	宮城県官報販売所	022-261-8320	261-8321
	（仙台政府刊行物センター内）		
秋　田	秋田県官報販売所	018-862-2129	862-2178
	（石川書店）		
山　形	山形県官報販売所	023-622-2150	622-6736
	（八文字屋）		
福　島	福島県官報販売所	024-522-0161	522-4139
	（西沢書店）		
水　戸	茨城県官報販売所	029-291-5676	302-3885
宇都宮	栃木県官報販売所	028-651-0050	651-0051
	（亀田書店）		
前　橋	群馬県官報販売所	027-235-8111	235-9119
	（煥乎堂）		
さいたま	埼玉県官報販売所	048-822-5321	822-5328
	（須原屋）		
千　葉	千葉県官報販売所	043-222-7635	222-6045
横　浜	神奈川県官報販売所	045-681-2661	664-6736
	（横浜日経社）		
東　京	東京都官報販売所	03-3292-3701	3292-1670
	（東京官書普及）		
新　潟	新潟県官報販売所	025-271-2188	271-1990
	（北越書館）		
富　山	富山県官報販売所	076-492-1192	492-1195
	（Booksなかだ掛尾本店）		
金　沢	石川県官報販売所	076-234-8111	234-8131
	（うつのみや）		
福　井	福井県官報販売所	0776-27-4678	27-3133
	（勝木書店）		
甲　府	山梨県官報販売所	055-268-2213	268-2214
	（柳正堂書店）		
長　野	長野県官報販売所	026-233-3187	233-3186
	（長野西沢書店）		
岐　阜	岐阜県官報販売所	058-262-9897	262-9895
	（郁文堂書店）		
静　岡	静岡県官報販売所	054-253-2661	255-6311
名古屋	愛知県第一官報販売所	052-961-9011	961-9022
豊　橋	・豊川堂内	0532-54-6688	54-6691

	〈名　称〉	〈電話番号〉	〈FAX番号〉
名古屋駅前	愛知県第二官報販売所	052-561-3578	571-7450
	（共同新聞販売）		
津	三重県官報販売所	059-226-0200	253-4478
	（別所書店）		
大　津	滋賀県官報販売所	077-524-2683	525-3789
	（澤五車堂）		
京　都	京都府官報販売所	075-746-2211	746-2288
	（大垣書店）		
大　阪	大阪府官報販売所	06-6443-2171	6443-2175
	（かんぽう）		
神　戸	兵庫県官報販売所	078-341-0637	382-1275
奈　良	奈良県官報販売所	0742-20-8001	20-8002
	（啓林堂書店）		
和歌山	和歌山県官報販売所	073-431-1331	431-7938
	（宮井平安堂内）		
鳥　取	鳥取県官報販売所	0857-51-1950	53-4395
	（鳥取今井書店）		
松　江	島根県官報販売所	0852-20-8811	20-8085
	（今井書店）		
岡　山	岡山県官報販売所	086-222-2646	225-7704
	（有文堂）		
広　島	広島県官報販売所	082-962-3590	511-1590
山　口	山口県官報販売所	083-922-5611	922-5658
	（文栄堂）		
徳　島	徳島県官報販売所	088-654-2135	623-3744
	（小山助学館）		
高　松	香川県官報販売所	087-851-6055	851-6059
松　山	愛媛県官報販売所	089-941-7879	941-3969
高　知	高知県官報販売所	088-872-5866	872-6813
福　岡	福岡県官報販売所	092-721-4846	751-0385
	・福岡県庁内	092-641-7838	641-7838
	・福岡市役所内	092-722-4861	722-4861
佐　賀	佐賀県官報販売所	0952-23-3722	23-3733
長　崎	長崎県官報販売所	095-822-1413	822-1749
熊　本	熊本県官報販売所	096-277-9600	344-5420
大　分	大分県官報販売所	097-532-4308	536-3416
	（大分図書）	097-553-1220	551-0711
宮　崎	宮崎県官報販売所	0985-24-0386	22-9056
	（田中書店）		
鹿児島	鹿児島県官報販売所	099-285-0015	285-0017
那　覇	沖縄県官報販売所	098-867-1726	869-4831
	（リウボウ）		

◎政府刊行物センター（全国官報販売協同組合）

	〈電話番号〉	〈FAX番号〉
霞が関	03-3504-3885	3504-3889
仙　台	022-261-8320	261-8321

各販売所の所在地は、コチラから→ https://www.gov-book.or.jp/portal/shop/